面 向 2 1 世 纪 课 程 教 材

普通高等教育“十五”国家级规划教材

政治学原理

（第二版）

主编 王惠岩

副主编 韩冬雪 周光辉

参 编 （按撰写章节先后为序）
王浦劬 谭君久 严 强
林尚立 朱光磊

高等教育出版社

内容简介

本书第一版为教育部"高等教育面向21世纪课程教材"和"九五"国家级重点教材，现为普通高等教育"十五"国家级规划教材。

本书是在1999年版的《政治学原理》基础上修改而成，由我国著名政治学家王惠岩教授主编，参编者均为我国各重点高校长期从事政治学理论教学与研究的知名学者。与前版相比，本书除在各个章节增加一些反映时代发展需要和学术研究新成果的内容之外，还增加了"国家与宗教"和"中国政治文明"两章，使全书在内容和结构方面进一步得到充实和完善。全书以马克思主义基本原理为指导，对政治学的基本概念和理论体系作出准确和深入浅出的阐释；概念准确清晰，逻辑严谨，文字流畅；可作为高等学校政治学与行政学专业的教科书，也可供思想政治教育、法学等专业使用和社会读者阅读。

本书配有网络课程，内容包括与每章内容相关的知识点介绍、练习自测题、内容总结、常见问题分析等。读者可以通过书后的学习卡上网学习。

图书在版编目（CIP）数据

政治学原理/王惠岩主编.—2版.—北京：高等教育出版社，2006.2（2018.5重印）
ISBN 978-7-04-018147-0
Ⅰ.政… Ⅱ.王… Ⅲ.政治学-高等学校-教材 Ⅳ.D0
中国版本图书馆CIP数据核字(2006)第003418号

策划编辑 周亚权 责任编辑 高 英 封面设计 刘晓翔
版式设计 史新薇 责任校对 胡晓琪 责任印制 韩 刚

出版发行	高等教育出版社	网 址	http://www.hep.edu.cn
社 址	北京市西城区德外大街4号		http://www.hep.com.cn
邮政编码	100120	网上订购	http://www.landraco.com
印 刷	保定市中画美凯印刷有限公司		http://www.landraco.com.cn
开 本	787×960 1/16		
印 张	23.75	版 次	1999年5月第1版
字 数	440 000		2006年2月第2版
购书热线	010-58581118	印 次	2018年5月第34次印刷
咨询电话	400-810-0598	定 价	39.00元

本书如有缺页、倒页、脱页等质量问题，请到所购图书销售部门联系调换

物 料 号 18147-00

目　　录

第一章　绪　论

政治是人类社会一种特殊的历史现象。它产生于人与人之间的利害冲突，是社会中占据统治地位的阶级，通过建立以暴力为基础的国家政权，利用法律这种强制性的手段来调节利益分配，解决社会冲突的活动。因此，政治现象的基本内容，是围绕着争夺和掌握国家政权而展开的一系列活动。同人类社会的任何活动一样，政治活动是有规律可循的。政治学这门学科，就是研究人类政治活动的规律性的一门科学。但是，由于政治活动是社会中的各个阶级和利益集团，通过掌握国家政权来进行社会价值资源分配的活动，因而建立一种什么样的国家制度，按照一种什么样的价值原则来进行利益分配，每个阶级都具有其各自不同的政治理念和价值原则。所以，任何一种政治学说，都是某一些阶级的利益和意志的直接反映。这也就决定了政治学不可能是一种对人类社会的政治活动规律进行简单归纳的实证科学，而是一种具有鲜明的阶级性和意识形态色彩的学说。

这本教材是对马克思主义政治学原理体系的阐述和说明。它运用马克思主义的基本观点、立场和方法，对政治学理论的基本概念和范畴，进行科学的阐释。必须强调的是，马克思主义的政治学说具有其特定的概念内涵和逻辑体系。马克思主义政治学理论体系的根本特征，在于它是建立在无产阶级的世界观和方法论的基础之上的学说，它集中地反映了人类社会中绝大多数人的利益和要求。同时，马克思主义的政治学原理体系又不是凭空而来的，而是在汲取了人类思想文化的优秀遗产基础上，提出的一种具有鲜明的阶级性和科学性的政治学说。因此，要准确和深入地理解马克思主义政治学说，首先必须要掌握好政治学的基础知识，对人类政治思想发展的历史和线索有一个基本的了解。为此，本章将对政治学的研究对象、发展历史和内容分类等作一概括性的介绍。

第一节　政治学的研究对象

从一般意义上讲，政治学是研究人类社会政治现象的学科领域。因此，要确定政治学的研究对象，首先应该了解什么是政治。

一、政治的含义

在西方，“政治”这个概念是从希腊语的 polis 一词演化而来的，它的最初含义是指希腊的古代城邦，即城市国家。西方政治学的奠基人之一亚里士多德撰写的名著《政治学》，就是在这个意义上使用“政治”概念的。在古希腊的政治思想家看来，政治主要指的是国家的活动。这种认识至今仍有广泛的影响。在古代中国，“政治”一词早在《尚书》、《论语》、《周礼》等古代典籍中就已经出现（“政”和“治”常常被分开使用）。但应该指出，当时所赋予“政治”一词的含义，与古代西方对于政治的理解是不同的。我国古代的“政治”，主要是统治的意思。它主要讲的是“治国之道”，即根据某种特定的道德伦理原则来建立国家制度，并通过这种制度和政治活动来治理国家。这种对政治即是“治国平天下”的理解，在我国传统社会中一直延续了两千多年。

政治学研究对象的确定，首先将取决于对政治概念的理解。然而，自从政治学诞生以来，关于什么是政治的问题，一直是个众说纷纭、争执不休的话题。古往今来，不同的思想家对它进行了各种不同的解释。我们可以把这些观点大致归纳为两种，一种是传统的解释和当代西方政治学者的解释；另一种是马克思主义的解释。前者的代表人物，由于他们所代表的阶级利益和所处的历史条件的限制，以及对于政治的观察角度和侧重点不同，他们对政治的解释也是多种多样的。在这里，我们可以将这些解释归纳为以下几种观点：

(1) 用道德的观点解释政治，把政治等同或归结为伦理道德。无论是西方还是中国，在古代，政治学和伦理学是混在一起的。各个思想家都用道德的观点解释政治，认为政治的最高目的，就是为了使人和社会达到最高的道德境界。我国古代的儒家思想是道德政治的典型代表。如孔子说：“政者，正也。子帅以正，孰敢不正?”（《论语·颜渊》）他把“政”解释为正，所谓正就是正道，也就是符合礼义的道德。儒家强调“礼治”、“德政”就是要求统治者按照礼法来进行统治，并强调统治者要以身作则，自己本身首先要正，也即具有良好的道德素质，才能很好地进行统治。西方古代的思想家柏拉图、亚里士多德也把政治与伦理混在一起，柏拉图所设计的“理想国”就是“公道或正义之国”，而“公道”乃是灵魂的至德。公道既是个人的道德，也是国家的道德。柏拉图认为，政治意义上的善应该是“哲学家管理国家，武士管理军队，支配人民工作，而人民则供给国家以劳动物质。”这就是公道，即每个人在社会中按其本性去做其分内的事，而不管其分外之事。因此，国家的正义就是保证社会成员各守其位。人类最高的生活就是公道或正义的生活，这是政治活动的最高目的。亚里士多德也认为，国家是表现为最高的善，是人们的一种道德生活的体现。城邦的目的就是使人们在城邦中过有道德的生活。近代德国的康德、黑格尔也把国家与伦理视为一体，认为国家就是人类伦理精神的集中体现，是一个具有传统的道德精神的社会实体。所有这些观点都把政治视为一种最高的道德活动，认为只有通过有道德、有学问的贤人哲学家来治理国家，才能实现理想的政治目的。

（2）认为政治是一种法律现象，将政治说成是立法和执法的过程。持这种观点的人认为，政治的主要现象——国家是法律的产物，因为国家是为了制定法律和执行法律而设置的。有的学者还认为，国家作为一个法人，是权利与义务的主体，它拥有独立的人格，具有表示意志及行动的能力。如纯粹法学派的代表人物凯尔森说过："我们只是把国家当成一个法律现象，一个法人……国家是国内法律秩序所创立的社团。国家作为一个法人，是这个社团的人格化，或者是构成这个社团的国家法律秩序的人格化。"[①] 这里，凯尔森把国家说成是一种法律现象，实质上也就是把政治界定为一种法律现象，因为政治活动主要是通过国家来进行的。

（3）将政治视为争夺权力以及施展谋略和玩弄权术的活动。文艺复兴时期，意大利思想家马基雅维里，在西方政治思想史上第一次将政治与伦理分开，提出了政治是君主夺取国家政权和维护其统治的权术活动的观点。他在《君主论》（我国早期中译本曾将此书译为《霸术》）中指出：政治就是人与人之间争夺权力的斗争。因此，君主必须要像狮子一般凶猛、像狐狸一样的狡猾。他主张政治就是用力量来统治人，用权术来欺骗人。从事政治的人，必须要以不断增强自身实力的方式来保持和维护自己的权力。政治活动的这种特征，要求君主必须要不择手段，残酷、欺骗、背雅弃义、不讲情面等等。马基雅维里完全摆脱了伦理学对政治的限制，重新规定了政治活动的本质。德意志帝国的首相俾斯麦也曾说过："政治就是当政者运筹帷幄的活动。"这也是把政治说成是当政者的统治艺术。中国古代的法家，也把政治理解为对权力的追逐和运用。他们认为，政治就是集势以胜众，任法以齐民，因术以御群的事务。韩非就曾经提出："势者胜众之资也。""王也者，势也"。直到目前，西方仍有许多学者把政治视为一种以权力为核心而展开的运筹活动，由此可见马基雅维里权力政治观的深远影响。例如，美国政治学家哈罗德·拉斯韦尔就认为，"政治行为"就是人们为权力而进行的活动。"研究政治就是研究权力的形成和分享。"[②] 德国的社会学家马克斯·韦伯也认为："政治意指力求分享权力或力求

① 凯尔森：《法和国家的一般理论》，哈佛大学出版社 1945 年版，第 225 页。

② 拉斯韦尔和卡普兰：《权力和社会：政治学研究的框架》，耶鲁大学出版社 1950 年版，第 9 页。

影响权力的分配。”①

(4) 将政治看作是“管理众人之事”即管理公共事务的活动。我国近代民主革命的先驱孙中山在阐述其民权主义时说：“政治两字的意思，浅而言之，政就是众人之事，治就是管理，管理众人的事便是政治。有管理众人之事的力量，便是政权。”② 他还认为，“国家最大的问题就是政治，如果政治不良，在国家里无论什么问题都不能解决。”③ 虽然孙中山的定义对政治的实质及其内涵仍未作出准确的阐述，但这一定义无疑标志着我国近代政治观的一种进步。在西方也有许多学者将政治视为管理或与管理有关的活动。例如英国政治学家麦肯齐就曾指出：目前在英国最通用的定义是奥克肖特的定义，即认为政治是“参与一个社会的全面的管理进程。”④

(5) 把政治解释为围绕着政府制定和执行政策而进行的活动，是一种实现“社会价值的权威性分配的活动。”20 世纪 50 年代以来，盛行于西方特别是美国的政治概念，是将政治视为围绕政府决策所进行的各种社会活动。例如：“政治是指选择公务员和促进政策的活动”、“政治即政府制定政策的过程”等等。在这些观点中，最具影响力的政治概念，是美国政治学家戴维·伊斯顿的“权威性价值分配说”。他在《政治体系》一书中提出，政治是“为社会作出和执行权威性分配（具有约束力的决策）的行为或相互交往。”⑤ 此后，他又进一步将政治界定为“与社会所进行的价值的权威性分配有关的那种社会交往。”⑥ 虽然有的西方学者仍然坚持认为政治就是国家制定政策的活动，但“权威性分配说”具有很大的影响。

上述各种观点，都从某一个侧面说明了政治的某些特征，因而都有其一定的合理性，但是它们都没有涉及政治这一社会现象的本质。马克思主义政治学说的特征，就在于它从根本上阐明了政治活动的实质，从而对政治作出了科学的解释。虽然马克思主义经典作家没有专门、系统地对政治下定义，但在不同场合从不同角度都作过深刻的论述。

马克思、恩格斯在《共产党宣言》中指出：“一切阶级斗争都是政治斗争。”⑦ 列宁说：“政治就是各阶级之间的斗争。”⑧ 他还说：“什么是‘政治’？

---

① 马克斯·韦伯：《经济与社会》，商务印书馆 1997 年版，第 731 页。
② 《孙中山选集》，人民出版社 1981 年版，第 692～693 页。
③ 《孙中山选集》，人民出版社 1981 年版，第 738～739 页。
④ 麦肯齐：《政治学》，英文版，第 168 页。
⑤ 《国际社会科学百科全书》“政治学”词条，英文版，1968 年。
⑥ D.W.Jachson：《政治分析导论》，1978 年英文版，第 13 页。
⑦ 《马克思恩格斯选集》第 1 卷，人民出版社 1995 年版，第 281 页。
⑧ 《列宁选集》第 4 卷，人民出版社 1995 年版，第 308 页。

(1) 无产阶级先锋队对本阶级群众。(2) 无产阶级对农民。(3) 无产阶级（和农民）对资产阶级。"[①] 毛泽东也曾指出："政治，不论革命的和反革命的，都是阶级对阶级的斗争，不是少数个人的行为。"[②] 列宁又说："马克思主义认为，只有当阶级斗争不仅发展到政治领域，而且还涉及政治中最本质的东西即国家政权的机构时，那才是充分发达的、'全民族的'阶级斗争。"[③] "政治就是参与国家事务，给国家定方向，确定国家的活动方式、任务和内容。"[④] 列宁着重指出："政治是经济的集中表现……政治同经济相比不能不占首位。不肯定这一点，就是忘记了马克思主义的最起码的常识。"[⑤] 根据马克思主义经典作家对政治的论述，我们可以将政治的实质和含义归纳为以下几点：

第一，政治的根源是经济，政治是经济的集中表现，政治关系归根到底是由经济关系决定的。这说明政治不是脱离经济而孤立存在的，政治的性质由经济基础的性质所决定，但又反作用于经济基础。作为生产关系总和的经济基础，决定着社会的阶级结构、阶级的经济地位以及阶级的经济利益。政治和经济的相互作用过程，反映着阶级关系及阶级利益的复杂关系。各个阶级之间在经济上的根本对立，必然集中地表现为政治斗争。因而，有什么样的经济关系，就有什么样的政治关系。一切脱离经济关系而孤立地讲政治关系的观点都是错误的。强调经济对政治的决定性作用，是马克思主义政治学的根本特征。

第二，政治的实质是阶级关系。在阶级社会中，阶级性是政治的基本特性。这里的阶级关系不仅包括了敌对阶级之间的关系，还包括了其他类型的阶级关系。具体地说，主要有统治阶级与被统治阶级的关系，领导阶级与同盟者的关系，统治阶级内部的关系等。在人民掌握政权，消灭了剥削阶级之后，除了在一定时期、一定范围内还存在着阶级斗争之外，国内的政治关系主要是人民内部关系。这时，政治本质方面的内容已不是阶级斗争，而是如何在社会成员中进行公平和公正的社会价值分配以及政治制度本身的现代化、民主化问题。社会主义民主政治的任务，是指导并服务于全社会的物质生产和精神生产，其核心是不断促进社会生产力的发展和推动社会主义精神文明的建设问题。国家的主要职能是协调和解决社会中人与人之间的局部利益冲突关系，管理某些社会公共事务，但这种职能也将逐渐交还给社会。在没有阶级差别的共产主义社会，由于不存在人与人之间的利害冲突，政治将自行退出历史舞台。社会管理组织的唯一功能是管理社会公共事务，保障每个人的自由发展。

---

① 《列宁全集》第 41 卷，人民出版社 1986 年版，第 379 页。

② 《毛泽东选集》第 3 卷，人民出版社 1991 年版，第 866 页。

③ 《列宁全集》第 23 卷，人民出版社 1990 年版，第 249 页。

④ 《列宁文集》俄文版，第 21 卷，第 41 页。

⑤ 《列宁全集》第 40 卷，人民出版社 1986 年版，第 279 页。

第三，政治的核心是政治权力。任何阶级要实现自己的目的，都必须掌握对国家或社会的最高统治权。无论是剥削阶级占统治地位的社会，还是人民掌握政权的社会，政治关系的存在与解决，都是通过政治权力实现的。政治权力的中心问题是国家。它是关系全部政治的主要的和根本的问题。它包括公共权力即国家将如何产生，统治阶级如何利用国家进行统治；被统治阶级如何反对统治者直至最后夺取政权。在人民掌握政权的条件下，人民如何运用政权实现自己的利益和镇压敌对势力的反抗，如何通过政权来协调和解决人民内部的矛盾和利益关系等等。

第四，政治活动是科学，是艺术。马克思主义认为，政治作为一种社会现象，它是有规律可循的。我们可以用辩证唯物主义和历史唯物主义方法来研究它，从错综复杂的政治现象中找到其自身的规律性，并在政治实践中，通过掌握政治的客观规律来达到自己的目的。因此，政治是统治阶级如何利用政权扩大自己，如何争取同盟者，如何打击敌人的一种艺术。作为一个政治家，只有懂得这一点，才能认清政治现象的本质，把握其变化和发展的规律。

根据马克思主义经典作家的论述，我们可以对政治概念作如下界定：政治是阶级社会中以经济为基础的上层建筑，是经济的集中表现，是以政治权力为核心展开的各种社会活动和社会关系的总和。

二、政治学的研究对象

政治学的研究对象是以对政治的理解而界定。马克思主义认为，政治活动的核心就是国家政权。国家政权是所有阶级社会上层建筑的核心部分，是政治上层建筑的主体。因此，政治学应抓住政治中最本质、最主要、最根本的问题，即国家政权问题作为主要的研究对象。这就要求在研究中根据一定的社会经济条件和阶级状况来揭示国家的产生、发展和消亡的规律，研究各种国家形态更替和政权组织形式变化的规律；研究国家活动和职能，及其得以实现的方式和手段；研究国家制定政策，处理阶级关系、民族关系和其他各种政治关系和问题的方式和方法。

政治学的研究对象应以国家政权或国家问题为核心。这虽然突出了政治学研究的重点，但又绝不能把政治学仅仅限于对国家问题的研究，或者说政治学就是国家学。因为这样做容易使政治学的研究对象失之过窄，无法将政治学所涉及的各个领域和因素包容进去。所以，对政治学的研究对象应作这样的表述，即以公共权力为中心的政治关系、政治制度、政治思想、政治文化和政治行为及其发展规律，都是政治学的研究对象。这种概括既突出了政治学的研究重点，即建立在一定经济基础上的公共权力，又能顾及政治学研究对象的全面性和具体性。

三、政治学的研究范围

对政治学研究对象的界定，规定了政治学研究的内涵。依据研究对象这一内涵，可以推导出政治学研究的外延，即政治学的研究范围。为了适应时代发展的需要，根据我国社会主义民主政治建设的特点，以马克思主义的基本理论为指导，吸取各国政治学发展过程中的经验，我们可以将政治学的研究范围归纳为以下六个领域。

(1) 政治学基础理论（包括政治思想史）。它是建立政治制度，指导国家政治活动的基本原理，是政治学的基础与核心。理论与历史是密不可分的，政治思想史是对政治思想发展过程的归纳和总结，因而它也是政治理论的重要组成部分。总之，这一部分应包括：马克思主义政治学原理、中外政治思想史、当代政治学理论和政治哲学、政治学方法论等。

(2) 中国政治。这是我国政治学研究的主要内容。马克思主义政治学的特点是理论与实际相结合。总结我国社会主义民主政治制度建设的经验，逐步改革与完善社会主义中国的政治制度，是政治学研究的主要现实任务。它包括中国政治史、当代中国政治制度、党的领导和建设、地方政府、民族区域自治问题，以及当代中国的政治参与和决策过程、政治发展、传统政治文化的现代化等问题。

(3) 比较政治。对各国政治制度进行比较研究，包括横向的现实比较研究和纵向的历史比较研究，将有助于我们深入了解外国政治制度产生和发展的过程，吸取和借鉴其他国家的经验。这个领域包括各国的政治制度、政治史、政治过程、比较政治文化、政治发展以及地区研究和国别政治研究等。

(4) 公共政策。现代政治学的突出特点之一，是对政府制定与执行政策过程的研究日益发展。这是近代实证科学方法进入政治学领域后所出现的一个新的研究领域。对于这种研究内容与研究方法，我们应予以密切的注意，注意借鉴和吸收其中的合理成分，为我国社会主义民主政治的建设服务。总体来说，公共政策包括决策科学、政策分析以及对各类政策的专题研究等。

(5) 行政管理。社会主义国家具有组织和领导社会主义建设的任务。为了更好地利用国家政权来建设社会主义事业，必须提高国家政权的行政效率，掌握管理现代国家的专业科学知识。这个领域包括行政学原理、国家公务员制度与人事行政学、行政法学、领导科学、市政学与城市管理学等学科。

(6) 国际政治。国际政治是一种复杂的国家间的政治现象，它反映了国际社会中各种力量在不同背景下，围绕着国家利益冲突而产生的分化组合、力量对比和权力的角逐。国际政治涉及国家的独立、主权、国与国之间的平等、和平共处、友好合作以及与此相反的渗透、颠覆、侵略、战争等等。现代国际关系错综复杂，斗争尖锐，国家间的冲突日益频繁、广泛。目前，我国已与世界上100多个国家和地区建立了外交关系，这就需要我们熟悉国际形势，了解当代国际关系的历史背景、世界政治格局的演变过程和各国对外政策的来龙去脉。国际政治学是现代社会出现的一门新的学科，它主要包括：国际政治、国际法、国际组织、国际关系史、中国外交史、现代国际关系与我国外交政策、外交学与外交及领事业务、现代战争与和平以及国际战略学等问题。

由于政治学的研究领域日益广泛，它的分支学科也将越来越细。随着社会的发展，政治学的内部学科分类也一定会不断变化。从目前看来，上述分类比较符合我国政治学的现状。政治学原理这门课程，主要是根据政治学的研究内涵即对象所形成的理论体系。政治学研究的外延部分则由相应专门的研究领域课程或分支学科来承担。政治学原理虽然不可能囊括所有政治学研究的范围，但它对所有政治学的研究领域都具有指导作用，是政治学研究的理论基础。

四、政治学与其相关学科的关系

政治学是一门科学，科学是人类认识世界的成果，也是改造世界的思想武器。根据研究对象的不同，科学可以分为若干学科门类，每一类都包括其本身特定的研究领域。同时，在不同科学领域之间还有若干边缘科学。传统的人文学科包括文学、历史学和哲学等学科领域；传统的社会科学则包括经济学、政治学、法学等学科。20世纪以来，在这些传统学科的基础之上，又出现了许多新的边缘学科。如政治学领域就出现了新政治经济学、政治心理学、政治社会学、政治人类学、政治文化学等边缘学科，各门科学都以具有矛盾特殊性的特定客体作为其研究对象。各门科学都以其研究对象的特殊性而成为一门独立的学科。同时也由于它们研究的对象的共性而互相联系，统一构成了一个具有内在联系的科学体系或学科群。政治学吸收其他相关学科的认识成果来研究自己所分析的问题，可以使它能够深入到导致政治现象出现的各种因素及这些因素的各个层面来全面地分析问题，通过各个层面和角度的分析来探索政治的本质和发展规律。在基本理论方面，政治学与哲学、经济学、法学具有十分密切的联系。正确地理解和把握政治学与这些学科的关系，对于深入地开展政治学研究，特别是对政治学原理的研究，将是十分必要的。

政治学与哲学的关系。自从人类创造出哲学以来，它就与政治产生了密切的联系。哲学作为人类自然知识和社会知识的高度总结和抽象概括，它所探求的是自然界、社会和人类思维发展的一般规律。因此，哲学始终居于人类知识的最高层次，属于社会意识的最高形式。同时，哲学还是一种世界观和方法论。它对于任何一种社会现象，都必然要作出价值评判。正因为如此，任何阶级或学派的政治学理论，必然都要以某种哲学上的价值观念作为自己的合理性基础。因为哲学作为一种关于人类与世界以及人与人之间关系的学说，它与对人性的看法和人的价值问题的设定是密不可分的。例如，传统政治观的逻辑起点，认为人性是完善的或者是可以趋于完善的，因而基于这种观点所设计的政治制度，则以贤人即道德上的完人治国为基本原则，这种政治思维方式，在古代中国和古希腊社会都占据着统治地位。这种观点归根结底都来自于认为人性是可以趋向完善的这样一种看法。与此相反，现代西方政治哲学的逻辑基点则认为人性将永远是不完善、有弱点的，因而道德上的完人是不存在的，对任何人都应持一种不信任的态度。从这种观点出发，现代西方政治理论提出了分权、法治等原则，其目的在于限制掌握权力的人滥用权力。上述这两种政治思维方式的不同，说明哲学（尤其是人学）与政治学之间的密切关系。事实上，在人类社会发展的历史进程中，几乎每一种新的和具有影响的哲学流派出现之后，都会引起政治学基本理论或政治学研究方法论的某些变化，并导致了新的政治学流派的出现，以及现有政治学流派的分化或消亡。例如，现实主义政治学就是随着近代哲学领域中，人的价值观念出现根本改变以及实证主义和功利主义出现之后的产物。它最终导致了西方政治学从传统走向现代的历史性转折。

马克思主义的政治学说，主要是在马克思主义的历史唯物主义基础上形成和发展起来的。它以马克思主义的哲学为方法论，在汲取人类政治思想史上的优秀成果基础上，形成了自己的理论体系。在改革开放以前，人们往往教条地理解马克思的历史唯物主义，用国家与法的一般理论来代替政治学的研究，把政治学看成是没有必要存在的学科而取缔。这种现象反映了当时的时代局限性。实际上，马克思主义关于人的学说和关于自由、平等、人权的理论，正是马克思主义政治学说的价值哲学基础，对这些理论作出深入的研究和阐释，建构马克思主义政治哲学的理论体系，用辩证唯物主义指导我国政治学的研究，对政治正义、公民的权利义务关系、物质文明和精神文明建设的关系作出符合我国国情的解释，是我国政治学理论研究中一项十分重要的课题。

政治学和经济学的关系。经济学是研究各种经济关系和经济活动规律的科学，它大体分为政治经济学、市场经济学、宏观经济学和微观经济学等。政治学与经济学的联系非常密切。这一方面是因为经济关系决定了政治关系的性质，有什么样的经济基础就有什么样的政治上层建筑，政治是经济的集中表现。在资本主义自由竞争时期，资产阶级所采取的夜警国家原则，是与当时自由竞争的经济特点相适应的。当资本主义进入到垄断时期，由于商品生产的社会化和国际化程度的空前提高，资本主义社会的基本矛盾日益加深，资产阶级国家不得不直接地、大量地和经常地介入和干预社会经济生活，担负起资本主义“总指挥者”、“总调节器”的职能。这种变化说明，经济生活的变化必然会引起社会政治关系的改变，一种新的经济现象的出现，必然会导致政治关系的变化和调整。另一方面，导致政治学与经济学联系的另一个重要因素，就是关于公平和效率的关系的问题。通常认为，经济学所要解决的是“效益”问题，即如何最有效地利用自然资源，生产出更多的商品，创造更大的利润和增加社会财富总量。政治学所关心的则是：“怎样实现公平和社会正义”的问题，也即如何在社会成员中合理地分配社会价值的问题。我们不妨做个比喻，如果把要生产和分配的东西比作一块蛋糕，经济学关心的是如何有效地利用原料而把这块蛋糕制作得又大又好，而政治学关心的则是如何把这块蛋糕合理地分配给社会成员，以实现某种特定的政治价值原则。因此，政治学与经济学二者之间是紧密联系，相互作用的，任何政治学理论，都不能脱离特定的经济学而孤立地存在和发展。马克思主义的政治学说，是建立在马克思主义经济学对资本主义生产方式的深入剖析基础之上的，它与对资本主义剩余价值理论的揭示紧密相关。因此，我们研究马克思主义政治学，必须以马克思主义经济学为基础。同时，我们还要密切关注资本主义社会经济活动的最新变化，注意研究一些新的经济理论，从而有针对性地推动马克思主义政治学的不断发展和完善，使政治学始终关注现实社会中经济关系的新变化，为建立一种体现人与人之间真正平等的社会制度，推动社会的进步而不断做出贡献。

政治学和法学的关系。法学以人类社会的强制性行为规范——法律为研究对象。由于政治与法律都是一种具有强制性的社会现象，因而法学与政治学具有不可分割的相关性。在历史上，政治学和法学曾经长期处于彼此不分的状态。古希腊思想家柏拉图的《理想国》和亚里士多德的《政治学》，就是把政治和法结合在一起来进行论述的，在他们看来，政治学和法学是一个问题的两个方面。在欧洲中世纪，天主教会居于最高的统治地位，哲学、政治学和法学都成了神学的附庸。17、18 世纪资产阶级革命时期，政治学虽然逐渐摆脱了神学的桎梏，但它还是与法学结合在一起的。曾经为资产阶级革命摇旗呐喊的启蒙思想家们，既是政治学家，同时又是法学家。他们的著作，例如洛克的《政府论》、卢梭的《社会契约论》、孟德斯鸠的《论法的精神》等，可以说都是兼具政治学和法学两方面内容的著作。19 世纪以后，政治学和法学各自成为一门独立的学科。但是，由于许多问题如民主和法治、立法与决策、分权和制衡、国家、政党制度、公民与国家的关系、政治参与和决策程序等，均具有政治学和法学的两方面内容，所以政治学和法学两者之间的联系，仍然非常密切。当然，这并不意味着政治学要把法的问题与政治问题并列研究，甚至用对法的研究取代对政治的研究。

政治学与法学虽然有着非常密切的联系，但它们各自的研究重点却是不同的。政治学所研究的是人类社会中的权力现象，权力是其研究的核心，特别是公共权力以及围绕公共权力而展开的各类现象。而法学的研究对象则以特定的法律主体的权利和义务关系为重点，即研究立法、执法、守法、司法中人们权利和义务界限的确定、规范化、制度化以及权利的行使，义务的履行等一系列活动。

总的来说，由于法是进行政治活动和实现政治目标的一种规范和手段，特别是在现代社会，民主政治就是在法律约束下的政治，政治必须采取合法性的形式，有规则和有秩序地运行，因而政治和法具有内在的统一性，政治学和法学也就具有必然的联系。特别是像宪法学、立法学、行政法学等学科，本身就兼具政治学和法学的双重性质。

第二节 政治学的历史发展

一、中国古代政治学和西方政治学的历史演变

1. 中国古代的政治学

中国古代社会实行的是君主专制的政体形式，是奴隶主阶级、封建阶级掌握政治权力的时代。各个朝代、各个国家都是以君主制政体形式来组织政权的，虽然君主制的具体形式，体制并不完全一样。自秦汉以来，中央集权的君主专制制度成为两千多年封建社会的基本国家制度。在政治思想方面，虽然也有君权神授的学说来论证君主权力的合理性，但政治理论的主要内容，是阐述如何治理国家，如何治国平天下的道理。春秋战国时期是我国奴隶制瓦解、封建制形成的历史转折时期。在这种社会关系大动荡条件下出现的“百家争鸣”局面，实际上是各种政治思想之间的论战。这个时期产生了许多著名的社会思想家，如孔子、孟子、荀子、墨子、老子、庄子、韩非子等等。他们都对如何治国平天下发表了许多精辟的见解，其中大部分观点在我国历史上一直是各派政治家、思想家所争论的主题。从这个意义上而言，政治学虽然在中国古代没有成为一门独立的学科，但就其研究的内容而言，已经具有两千多年的悠久历史。

在先秦时代的诸子百家中，对我国政治生活影响最为深远的是以孔孟为代表的儒家政治思想；以老庄为代表的道家政治思想和以韩非为代表的法家政治思想。儒、道、法三家，在我国社会的政治思想发展史上具有重要的代表意义。

由孔丘所创立、孟轲进一步发展和完善的儒家学派，是我国历史上影响最大的学派，长期占据着思想统治地位。其主要典籍是《论语》和《孟子》两书。儒家的政治学说，概括起来有两个主要方面。首先是坚持“为国以礼”

(《先进》)的政治原则，这就是所谓的“礼治”。孔子的目的就是以周代的礼法来调整人与人之间的相互关系。其次，儒家学派提出“为政以德”(《为政》)的治国之道，即所谓的“德治”思想。孔子注重对人的道德教化，反对单靠政令、刑罚来维持社会统治；注重用“宽厚”的办法来进行统治，并要求统治者应该加强自身的道德修养。孔子所提出的这种统治方略，经过孟子的进一步阐释和发展，又被归结为“以德行仁”的“王道”，并以此来反对“以力假仁”的“霸道”。在两千多年的封建统治中，这一套统治术始终是封建地主阶级维护统治、奴役和欺骗人民的基本手段。

法家是与儒家相对立的主要流派。韩非是先秦法家思想的集大成者，著有《韩非子》一书。他反对孟子的“仁政”和“王道”，主张“霸道”和“以法治国”。他把慎到的“势”、商鞅的“法”、申不害的“术”融为一体，形成了一整套法家的治国理论。他对君主的统治术作了较为详细的描述，其中许多思想早于马基雅维里的《君主论》1700多年。两千多年来，法家在我国社会虽然一直居于儒家之下，但在封建社会和半殖民地半封建社会的政治生活中，却一直发挥着极其重要的作用。

儒家与法家的治国思想虽然各自持着“德治”和“法治”以及“王道”和“霸道”两种治国原则，但他们都主张以积极的手段来治理国家。老子和庄子的政治思想则与此相反，他们主张采用消极无为的手段来进行政治统治。所谓的“无为而治”，就是要求国家尽可能不去干扰人们的社会生活。但这并非意味着统治者应该放弃对国家的治理。老子说过：“为无为，则无不治矣。”(《老子》第三章)由此可见，他的目标还是要达到“治”，具体而言，就是实现其“小国寡民”的理想社会。老子“无为而治”的治国思想，一直被历代统治者作为一种补充性手段，用来缓和阶级矛盾、维持社会统治，并在实际政治生活中与儒法思想一道起着重要的互补作用。“无为而治”主要被作为一种权术思想，成为统治者调节其内部矛盾、缓和阶级矛盾、维护其统治的重要方法。它不仅对中国的政治文化具有非常深远的影响，而且还引起了当代一些外国学者的浓厚兴趣。

儒、法、道三家的治平之学，各有特点、互相对立、互相渗透。中国两千多年的封建统治，正是这三派思想交错运用、互为表里和互相补充的历史。虽然它们均属于封建统治阶级的意识形态，但从对传统文化的总结、借鉴以及古为今用的角度来说，在目前仍然具有一定的参考价值。

2．西方政治学的发展脉络

西方的政治学最早发端于古希腊社会，其主要的代表人物是柏拉图和亚里士多德。柏拉图是古希腊时代最为著名的思想家，他在其代表作《理想国》中，提出了自己的政治理想。这本书一直被视为西方政治思想的最初萌芽。与柏拉图不同，亚里士多德则是西方社会第一个试图将政治问题与伦理问题加以区别的思想家。他认为伦理学研究的是个人的善，政治学研究的是群体的善，因而他试图在理想的政治组织和政治关系中来寻求善的结论。亚里士多德生活的时代，正值古希腊城邦奴隶制国家不断走向解体的时期。为了挽救当时摇摇欲坠的城邦制度，他在总结希腊158个城邦国家的治国经验和教训的基础上，写下了《政治学》这部对后世影响深远的传世之作。在这部著作中，他从“人是天生的政治动物”这一命题出发，系统地阐述了他关于国家的起源、性质、目的、任务和活动原则的观点，提出了关于公共权力的性质、国家政体分类以及法治理论。他认为最好的城邦政治，是以中产阶级为基础的民主政治。这些概念和理论的出现，奠定了西方政治学的基本范畴和体系，在西方政治思想史上产生了深远的影响。正因如此，亚里士多德的《政治学》被公认为是西方政治学的真正开山之作，他本人也由此而成为西方政治学的奠基者。

中世纪是西欧社会的黑暗时代，前后长达1200余年。在这一时期，基督教神学一直在意识形态领域占据着统治地位，任何一门学问，都变成了神学的婢女。政治学也成为神学统治的思想工具。神学政治论的主要代表人物是奥古斯丁和托马斯·阿奎那。这两个人的政治思想虽然不尽相同，但其共同的特点都是从上帝的意旨来解释一切，极力鼓吹人的原罪学说、神创等级理论和君权神授论，主张神权高于王权，世俗王权必须服从于教权。这种政治理论实际上反映了当时教会领主企图直接掌握世俗政治的现实利益要求，同时也为中世纪的等级压迫制度罩上了一层神圣的灵光，与古希腊和罗马的政治学说相比，它具有浓厚的蒙昧主义色彩。

文艺复兴时期是西方政治学发生历史性转折的阶段。在这一时期，政治学逐步摆脱了宗教神学和传统伦理道德观念的束缚。新时代的政治思想家们，开始以理性和经验的目光来观察和阐释政治现象。此后，西方社会的政治思想，基本上是沿着两条线索发展的：一条是近代资产阶级政治学说的形成和发展，另一条是近代无产阶级政治学说的形成和发展。这两条发展线索，各自又先后经历了若干不同的发展阶段。

15世纪至16世纪，是西方近代政治学的形成时期。在这一阶段，西欧社会资本主义的生产方式在封建社会中迅速成长。与此相应，新兴资产阶级的政治思想家也开始为建立资本主义制度锻造思想武器，被马克思称为新时代第一个政治思想家的马基雅维里，在他的《君主论》一书中，不仅提出了政治关系的基础是财产关系的著名论断，而且从国家的目的出发，第一次提出政治问题与伦理问题在性质上的根本区别。他主张为了实现夺取权力和掌握权力这一目的，可以采用一切可以采用的手段和方法。马基雅维里曾就人性和权力之间的关系问题作了大量的论述。与他同时代的政治思想家布丹，则在他的代表作

《共和六论》一书中，从人类社会的历史经验出发，考察和解释了国家与主权的关系，创立了近代资产阶级国家的主权学说，主张建立脱离教会集权统治的世俗政权和独立统一的民族国家。这些政治主张，集中地反映了当时资产阶级反对封建割据，要求建立资本主义政治制度的利益要求，因而是一种具有历史进步意义的政治主张。然而，就在资本主义生产方式开始形成的同时，以莫尔和康帕内拉为代表的早期空想社会主义政治思想，则远远地超出了资产阶级政治思想家这种反封建专制和争取政治平等的范围。他们在各自的代表作《乌托邦》和《太阳城》中，不仅猛烈地抨击了当时私有制度的罪恶与腐朽，而且精心描绘了一个建立在公有制基础之上的，一切社会成员都享有平等权利的理想社会蓝图。尽管这一蓝图还带有浓厚的空想色彩，但它却反映了当时正在形成中的无产阶级的政治要求以及对美好社会的向往和追求。他们揭开了近代无产阶级政治学说史的第一页，并为科学社会主义政治学说的建立，提供了直接的思想资源。

17 世纪至 18 世纪，是西方近代政治学的繁荣阶段。在这段历史时期，适应资产阶级革命的需要，在欧美各国产生了许多著名的资产阶级政治思想家。如荷兰的格老秀斯和斯宾诺莎，英国的霍布斯和洛克，法国的伏尔泰、孟德斯鸠和卢梭，美国的杰斐逊、潘恩和汉密尔顿等。他们所提出的各种政治主张，构成了近代资产阶级政治原则的理论基础。如他们根据自然权利与自然法理论提出的天赋人权学说、社会契约理论、分权制衡学说和贯穿于这些思想原则中的自由、平等等近代资产阶级的价值理念，不仅为欧美资产阶级革命提供了直接的思想来源和建立政治制度的根据，同时也奠定了现代西方政治学说的基本原则和理论体系。但是，正如马克思主义经典作家所言，“18 世纪的伟大思想家们，也同他们的一切先驱者一样，没有能够超出他们自己的时代使他们受到的限制。”① 这些思想家的政治主张，不过是资产阶级在革命时期的政治经济利益的反映。而这一阶段出现的空想社会主义政治思想，却大大超出了资产阶级狭窄的视野和“整个旧世界秩序的思想范围”，它直接地反映了当时还不够成熟的无产阶级的政治要求和理想。如英国的温斯坦莱，法国的摩莱里、马布利和巴贝夫，就是这一阶段空想社会主义政治思想的典型代表。他们不仅对封建专制主义深恶痛绝，而且对英国资产阶级革命后确立的资本主义制度，也持彻底的批判态度，他们要求建立共同劳动、共同分配、废除私有制、实行公有制的，实现人人真正平等的社会共和国。这些政治主张，在人类社会政治思想的发展史上，将永远闪烁着不可磨灭的光辉。

18 世纪末至 19 世纪末，是西方近代政治学的发展和变革阶段。这一阶

① 《马克思恩格斯选集》第 3 卷，人民出版社 1995 年版，第 356 页。

段，随着资产阶级的政治统治地位在欧美各国的普遍确立，资产阶级的政治思想家开始逐渐抛弃了革命时期的批判精神，转而开始鼓吹自由主义和实证主义的政治学说，为资本主义的社会秩序辩护。以孔斯坦、边沁为代表的自由主义政治思想家，在个人主义基础上提出了近代资产阶级的功利主义原则，抽象地强调个人自由，反对国家对私人经济活动的干预。以孔德、斯宾塞为代表的实证主义政治思想家，则企图用自然科学的方法来论证资本主义制度下阶级“合作”和社会“团结”的必然性，主张用“社会政体”来代替国家；用“社会团结”来调和阶级对立；用资本主义的和平发展观念同无产阶级日益成熟的革命思想相抗衡。因此，这一阶段的资产阶级政治学说开始日益走向保守和反动。在这一时期，无产阶级的政治学说也得到了很大发展，出现了以圣西门、傅立叶和欧文为代表的空想社会主义学说。他们以深刻、犀利的笔锋，无情地鞭笞了资本主义的政治制度以及整个近代资产阶级社会的道德文明体系。他们怀着极大的热情，详尽地勾画了未来社会的理想蓝图。始于莫尔的空想社会主义政治学说，这时已经达到了它所能达到的最高点，并构成了马克思主义的思想来源。

19 世纪后期，资本主义世界的范围不断扩大，资本主义社会的内部矛盾也开始日益加剧，政治、经济矛盾愈演愈烈。随着工业的发展，工人阶级队伍的日益扩大、教育的普及以及普选权范围的扩大，不断引发了人们对政治问题的关注。资产阶级要维护和巩固其逐渐陷入深刻危机的统治，则不能不加强研究政治领域出现的一些新的问题。这个时期的资产阶级政治学，已经完全从哲学和伦理学中独立出来，成为一个拥有许多学者的专门学科。由此开始一直到目前为止，西方政治学的发展先后经历了三个历史阶段。

第一个阶段从 19 世纪末开始至第一次世界大战为止。这个时期的西方政治学主要以国家为研究对象，当时的政治学者们认为，国家的起源、性质和类型，政治制度和政府机构与宪法等法律密切相关，又同为一定社会的上层建筑。在这种观念的支配下，当时政治学的研究方法，除了偏重制度的研究外，还注重法律主义的研究方法。这种方法从法律的角度来研究国家、政府与法律之间的关系。如认为国家是通过法律而产生的，为执行法律而建立的，国家必须服从法律。它所研究的主要问题是：国家的起源、性质和分类、政府的结构与类型，宪法的条文及类别。因此在这个时期，宪法成为政治学理论的主要研究对象。

第二个阶段是第一次世界大战之后到第二次世界大战前夜。第一次世界大战以后，由于十月社会主义革命的胜利和 20 世纪 30 年代出现的全球性经济危机，震动了整个资本主义世界。这对资产阶级政治学也是一个很大的冲击。当时，资产阶级不得不放弃资本主义的自由放任政策，国家开始干预经济，“罗斯福新政”就是其典型的代表。所谓“罗斯福新政”，即运用资产阶级国家政权采取一些改良主义措施：如通过大规模举办公共工程和社会救济事业来刺激经济增长，增加政府开支，维持适当的就业和建立若干社会福利制度，对缓和经济危机起到了一定的作用，并促进了垄断资本主义与国家的结合。适应这个变化，资产阶级的政治学由以研究国家制度为主题，演变为以研究权力为主要方向。因此，有人提出了政治学是研究权力现象的科学的主张。美国政治学家哈罗德·拉斯韦尔提出：“政治研究即是对于权力及拥有权力者的研究”。所谓权力，按照他们的解释，是指“一个人或一个团体，可以依照其自身的愿望，去支配其他的人或团体的能力。”这就是说，凡是个人与个人之间、团体与团体之间、个人与团体之间所存在的支配关系，都属于权力关系，也即政治关系。这样，政治现象就不只限于国家的活动，而存在于一切社会关系之中。但是，有一部分人则认为，在这个意义上所界定的权力现象涉及的范围过于宽泛，政治学不宜研究如此广泛的权力现象，因而主张把政治现象的范围缩小，只承认与国家有关的权力现象才是政治现象，它包括国家本身的权力现象以及影响政治决策的非官方权力现象。

第三个阶段始于第二次世界大战以后。这个时期西方政治学的研究方向又从权力逐渐转变为政策的制定过程。许多学者认为，“政治即是政府制定与执行政策的过程”，“凡是围绕政府决策中心所发生的事件，即可被定义为政治现象。”这种观点认为，政治系统属于人类社会的次级系统，这个系统的主要功能是根据社群系统（各阶级、阶层、集团等）的需要，通过政策的制定与执行对各种价值进行权威性分配。由于社会中的价值资源是有限的，不能满足所有人的需要，而且各种人或集团的需要又必然存在着不同的差异，因而必须要通过一种社会强制力来进行权威性的分配。他们认为，参与这种权威性政策的制定与执行过程的各种社会活动，都属于政治现象。西方政治学研究方向的这种转变，主要是由于第二次世界大战以后，资本主义世界的各种社会矛盾的深化与加剧，垄断资产阶级为了维持它的统治，进一步加强了政府的权力，由所谓的“立法国家”转向“行政国家”，它反映了资产阶级对于政治学理论的新的要求。

行为主义方法是20世纪以来西方政治学的主要研究方法。这种方法的主要特征是运用行为科学的方法来研究影响人的政治行为的各种因素，并力图从中找出人类政治行为的规律性。行为主义政治学主要采用了现代社会学、心理学和文化人类学的研究方法。它在两次世界大战之间形成，二战以后迅速发展，在60年代发展到全盛时期，70年代开始走向衰落。

行为主义政治学认为，传统政治学所使用的制度研究方法和法律研究方法，只能研究政治现象的表面，而无法研究实际政治现象中的各种心理和文化因素，只有通过研究政治行为，才可能触及影响和导致产生政治现象的真正原因。行为主义政治学主要研究影响政治行为的各种因素和政治行为的规律性。如进行民意测验、研究影响集团的政治行为的心理因素、研究决定政府决策的各种人为因素、研究国家执行政策的全部行为过程等等。

行为主义政治学认为，政治学作为解释人的政治行为的规律性的科学，它应该能够被经验地证明。人的行为不仅应包括一般的个体行为，也应包括团体、组织、集团、政府以及政治领导人的行为。行为不仅指人的活动，而且还包括人的心理和情感因素，以及影响人的行为动机的其他动因，如个体成长过程中的家庭环境、教育和职业的影响等因素。行为主义政治学采取了实证主义的研究方法，他们利用调查和计量的数据和结果，来验证人的行为动机和结果之间的逻辑关系。因而在实际的调查研究中，它大量采用了许多自然科学的数理统计方法和手段。

行为主义政治学的最大缺陷，就是单纯用现象调查的方法和计量方法来说明政治行为的动机和规律性，因而它不可能认识政治现象的实质。因为实证主义的调查方法所得出的结论，其根据只能停留在表面现象上。使用自然科学的方法来研究政治现象，虽然具有一定的科学性，但不能仅仅依赖它。因为自然科学对它研究的对象是不加任何价值评价的，但社会科学的研究却需要以价值判断为前提，即判断社会现象的善恶是非和阶级性质。不同的阶级和个人具有不同的价值观念，人们在研究社会现象时，不可能离开某种价值判断，也即人们的意识形态是不同的。因此，任何社会科学不可能回避价值判断这一基本的前提。行为主义政治学宣称他们的研究方法和结论是纯客观的，是没有任何价值色彩的，但这是根本不可能的。正如美国行为主义政治学的权威戴维·伊斯顿在他对行为主义政治学进行全面反省时所说，面对具有是非价值标准的政治现象而采取所谓的价值中立态度，本身就是一种价值选择。

尽管从20世纪初以来，行为主义政治学以其科学主义的形式而成为西方最流行的学派，但它发展到70年代以后，这种只重视量化研究而不重视定性研究的倾向终于发生了改变。西方政治学又开始重新转向对传统政治学研究方法的侧重。正是在这种背景下，被人们冷落了近一个世纪的政治哲学开始复兴。在目前的西方政治学理论领域，美国政治哲学家罗尔斯的《正义论》和诺齐克的《无政府、国家与乌托邦》两部著作，具有很大的理论影响。

二、马克思主义政治学的形成和发展

马克思主义政治学的出现，是政治学说史上的一个具有划时代意义的转折。19世纪40年代，世界资本主义体系已经形成。随着资本主义的日益发展，资本主义的矛盾逐渐暴露，资本主义生产方式引起的社会危机日趋严重。

无产阶级和资产阶级之间的矛盾也不断激化。无产阶级开始以资产阶级掘墓人的身份登上历史舞台。在这种历史背景下，马克思和恩格斯创立了辩证唯物主义和历史唯物主义学说。马克思主义的出现，不但给无产阶级的政治理论奠定了真正科学的基础，而且也是政治学发展史上的一个重大的转折，它标志着一个新的时代的开始。

《共产党宣言》是无产阶级的第一个政治纲领，它奠定了马克思主义政治学理论体系的基础，对马克思主义政治学的基本原理作了比较系统的阐述。其主要内容是:

第一，它提出了国家是阶级组织的观点。马克思主义以前的政治学，都把国家看成是超阶级的组织，认为国家是人们的“联合体”或“共同体”。无论是封建社会的“君权神授论”，还是资产阶级的“社会契约论”，都企图要证明国家的永恒性质。马克思根据对人类社会历史发展规律的分析，提出了国家是一个历史现象，它不是从来就有的，也不会永远存在的观点。他指出，国家是社会发展到一定阶段的产物，是阶级矛盾不可调和的表现。国家的本质是阶级的专政，国家职能是国家本质的外部表现，国家的对外职能是国家对内职能的延续，它们都是由国家的本质所决定的。

第二，《宣言》明确指出了有文字记载以来，人类的历史是阶级斗争的历史，阶级斗争的核心是政权问题。政治从来就是有阶级的政治，阶级关系和阶级斗争是政治关系的基本内容。因而在研究政治现象时，必须运用阶级分析方法，透过复杂的政治现象，分析这些政治现象的阶级本质，并找出其中的规律性。阶级斗争始终是围绕着夺取、建立、巩固和维护政权而进行的，因为国家作为建立在一定经济基础之上的上层建筑，是维护经济基础的最重要的工具。因此，政治中最核心的问题是国家政权问题。国家是实现政治权力的机器，强制性和主权性，是区别国家与其他社会组织的主要标志。

第三，《宣言》提出了无产阶级专政的理论，这不仅是马克思主义政治学的核心和主要观点，同时也表明了马克思主义国家学说的阶级性。无产阶级专政是无产阶级革命的第一步，是达到消灭一切阶级和进入无阶级社会的过渡形式，其目的是实现共产主义。马克思主义认为，政治集中地反映了阶级的整体的根本利益。社会集团在经济上的利害冲突，必然表现为阶级斗争；阶级斗争又必然导致争夺政治统治权的斗争；阶级斗争是各个阶级之间为实现其各自经济利益的政治活动方式。无产阶级只有通过夺取政权，实现无产阶级专政，并运用国家政权，才能建立社会主义的生产方式。只有通过发展社会生产力，逐步建立在经济上真正平等的社会关系，才能使无产阶级得到彻底的自由和解放。共产主义的实现，也就意味着阶级和国家的消亡。马克思主义的无产阶级专政学说，是马克思主义政治学说的核心之一，它表明了马克思主义政治学与资本主义政治学的根本区别。因此，列宁指出，只有承认阶级斗争，同时也承认无产阶级专政的人，才是真正的马克思主义者。它不仅为无产阶级的革命斗争指明了方向，而且指明了无产阶级专政是从资本主义向共产主义过渡的必经阶段。

第四，《宣言》强调指出，无产阶级在政治上不是用共和制来代替君主制，不是简单地要求国家形式的改变，而是要“同传统的所有制关系实行最彻底的决裂。”① 它不是用一种私有制来代替另一种私有制，而是要以生产资料公有制来代替私有制，从根本上消灭私有制和剥削制度，建立无产阶级政权，从而实现真正的民主。马克思主义以前的政治学，都避而不谈国家的历史类型问题，利用国家的政体概念来回避和掩盖国家的本质。马克思主义政治学则鲜明地指出，国家的历史类型，是由它的社会经济基础所决定的。在阶级社会中，有什么样的社会经济基础，就有在这种经济关系中占据统治地位的阶级利用国家权力来进行阶级统治，因而也就有什么性质的国家。国家的历史类型将随着经济基础的变化而变化。无产阶级革命的目的，是要推翻资本主义私有制，建立社会主义公有制的经济基础。这一具有历史意义的根本转折在上层建筑方面的表现，就是以无产阶级专政来代替资产阶级专政。马克思主义关于国家历史类型的论述，明确地指出了国家的阶级本质和历史特征，它不仅解决了对于世界上各种国家如何从根本性质上进行科学分类的问题，而且还阐明了国家发展的历史规律。

第五，《宣言》系统地阐述了无产阶级的政党学说。马克思主义以前的政治学，都回避了政党的阶级性质，而马克思主义政治学则认为，政党是阶级的组织，是阶级斗争的产物。各阶级之间的斗争必然要发展成为政治斗争。各阶级、阶层之间的政治斗争，最集中的表现就是政党之间的斗争。因此，政党作为一种特殊的政治团体，是在一定的历史条件下的产物，并且也将在一定的历史条件下消亡。它是一种特殊的政治历史现象，是实现政治统治的工具，是为了实现阶级利益而建立的政治团体。它不仅要把阶级意志集中起来，还需要把集中起来的阶级意志上升为国家意志。由于将阶级意志上升为国家意志的任务，必须要通过国家政权机关制定的法律和政策的形式才能完成。因而，政党的根本目的，就是要夺取政权和掌握政权，以行使国家权力的方式来达到自己的目的。在资产阶级国家中，无论是实行共和制还是君主立宪制，政权的建立都是由政党来完成的。无产阶级政党是社会主义国家政权的领导核心。党对社会的领导，通常是通过国家机关来实现的，党在方针政策方面对各类国家机关的领导，是国家机关正确执行其职能的根本保证。因此，同资产阶级政党政治

---

① 《马克思恩格斯选集》第1卷，人民出版社1995年版，第293页。

不同，无产阶级政党对社会主义国家机关起着领导、监督和保障作用。

马克思主义政治学的上述观点表明，它真正地实现了政治学的科学性与阶级性的统一，革命性与实践性的统一。马克思主义以前的政治学之所以不能成为真正反映人类社会历史发展规律的科学，不仅是时代的局限性所决定，更重要的是其阶级的局限性所使然。

《共产党宣言》所阐述的上述基本原理，为马克思主义政治学奠定了科学的理论基础。在关于人的学说方面，针对资产阶级政治学说的理论起点——抽象人性论，马克思在《关于费尔巴哈的提纲》、《〈黑格尔法哲学批判〉导言》、《德意志意识形态》等著作中，也作出了深入的批判。马克思提出，“人的本质并不是单个人所固有的抽象物，在现实性上，它是一切社会关系的总和。”① 现实中具体的人总要与他人发生社会交往，形成一定的利益关系。利益关系的调整，就是人们的政治生活。任何政治都以客观的社会关系为基础形成，其本质是对社会生活的全局利益关系进行公共调控。马克思主义认为人是政治生活的主体，“人就是人的世界，就是国家、社会”②，“国家的职能和活动是人的职能……国家的职能等等只不过是人的社会特质的存在和活动的方式”③。政治生活发生在人们的交往过程中，但人的政治主体性实现却是渐进的、逐步展开的。在剥削阶级占统治地位的社会里，统治者把民众当作客体、对象和工具，只有少数统治者或管理者才是政治主体。马克思说：“专制制度唯一的原则就是轻视人类，使人不成其为人，……专制制度总是把人看得很下贱。”④ 近代资产阶级人道主义政治思想的提出，虽然改变了人们对人与人、人与社会和国家关系的理解，实现了一场关于人的认识方面的革命。但是，资本主义制度的建立，只是用政治和法律的形式确认了人的独立、自由、平等，它在形式上摧毁了人对人的依赖关系，但却又形成了一种人对物的依赖关系。并且，资产阶级革命所实现的政治解放，只是把人的政治主体性还给了社会中的一部分人——资产阶级而已。马克思主义认为，人类理想社会的形态，将是个人发展与人类发展的和谐结合与统一。“人终于成为自己的社会结合的主人，从而也就成为自然界的主人，成为自己的主人——自由的人”⑤。共产主义的最终目的是全人类的自由与解放，为了实现人的自由而全面的发展。马克思主义经典作家关于人的自由与发展的论述，是我们在社会主义民主政治建设过程中，树立以人为本的政治观的重要思想资源。

---

① 《马克思恩格斯选集》第 1 卷，人民出版社 1995 年版，第 18 页。
② 《马克思恩格斯选集》第 1 卷，人民出版社 1995 年版，第 1 页。
③ 《马克思恩格斯全集》第 1 卷，人民出版社 1956 年版，第 270 页。
④ 《马克思恩格斯选集》第 1 卷，人民出版社 1995 年版，第 411 页。
⑤ 《马克思恩格斯选集》第 3 卷，人民出版社 1995 年版，第 760 页。

此外，恩格斯在马克思的《人类学笔记》基础上整理和撰写的《家庭、私有制和国家的起源》、列宁的《国家与革命》、斯大林的《论列宁主义基础》、毛泽东的《论人民民主专政》、《关于正确处理人民内部矛盾的问题》以及《邓小平文选》中关于政治体制改革的论述等，也都对马克思主义的政治学说作了重要的阐述。这些文献是我们学习和研究政治学、丰富和完善马克思主义政治学体系的理论指南。

当代中国政治学研究的主要课题，是在马克思主义、邓小平理论和“三个代表”重要思想指导下，根据我国社会政治、经济和文化事业发展的需要，认真总结我国社会主义民主建设的宝贵经验，深入挖掘和继承我国历史文化中所蕴涵的优秀价值遗产；在贯彻“以人为本”的社会主义政治理念，探索社会主义民主政治模式过程中，逐步建立和完善符合我国国情的、具有中国特色的政治学理论体系。这也是我国政治学界目前所面临的主要任务。

第三节　政治学的研究方法

一、政治学的研究方法

马克思主义政治学的研究方法，是辩证唯物主义和历史唯物主义。它要求辩证地、客观地认识和分析政治现象，从一定的历史条件出发考察政治现象，从社会经济生活中去探究政治发展的动因，指出政治活动与社会物质存在之间的矛盾和内在联系。它要求透过现象看本质，真正揭示政治现象的客观性和规律性。它具体包括以下几项主要方法：

(1) 具体问题具体分析。即研究任何政治问题，都必须把它置于一定的历史、社会、文化范围内进行考察，联系它们产生和发展的特定历史背景和环境来进行分析。

(2) 从具体到一般，再从一般到具体。即在研究政治现象时，不能凭借主观设定的模式，必须从具体的问题入手，逐步得出具有普遍性的结论，然后再用普遍性的理论来指导具体的实践。

(3) 理论联系实际。即政治学研究要紧密联系活生生的政治现象，尤其是结合中国社会主义建设的实际，使政治理论能够指导实践，并在实践中不断使其丰富和完善。

(4) 阶级分析。即在考察阶级社会中的任何政治现象时，都应找出它所体现的阶级关系，从本质上深刻揭示政治现象的阶级本质。

(5) 经济分析。即从政治归根结底是经济的反映，物质生活的生产方式制约着政治生活这一基本观点出发，认识和分析政治现象的规律性。

在上述方法论原则的指导下，政治学研究还需要采取具体的研究方法。其中比较常用的有：

（1）历史研究法。从政治现象的产生、发展和演变的角度来进行研究，目的是探讨政治活动和政治关系发展的规律性，并预测政治现象的发展趋势。政治史的研究，侧重通过有计划、有步骤地提出问题的方法来开辟自己的研究领域和空间，它重视对历史事实的分析，力求用因果性来解释人类政治活动的规律性。它在宏观方面，解释引起制度变迁的政治、经济、文化心理、自然等因素，在微观方面，通过把握领袖人物的生活经历和人格类型，揭示这些因素在政治活动中的特定作用。

（2）制度研究法。就是从政治制度的形成与演变角度，来探求制度结构类型变化规律的方法。对制度的研究主要有两种倾向，传统政治学的制度研究法主要是静态分析方法，它把政治学看成一种法律规范的科学，研究国家制度的结构和法制等制度性问题，其注意力大多集中在对政府正式机构和与此相关的法律或宪法文件的研究上。诸如探讨国家主权、联邦制和宪政体制等基本概念。动态分析方法，主要是研究制度的功能变化、政治制度在社会体系中的关系、制度模式的相互冲突和协调，制度形成过程中的行为关系机制。这些方法对于发展中国家的社会政治稳定、政治制度建设方面的研究，具有很强的现实意义。由于发展中国家正处于制度转型阶段，制度的转型与过渡能否顺利地进行，将直接关系到社会能否稳定协调地发展。

（3）比较研究法。比较研究法是通过分析两个或两个以上的政治现象的相同点和相异点，来发现政治现象本质和规律的方法，通俗地说，这种方法就是“同中求异、异中求同”的方法。它可以采取纵向的比较，也可以采取横向的比较。纵向的比较是从历史的角度来比较政治现象，即比较过去、现在和未来的政治现象；横向比较是比较同一历史阶段的不同政治现象，如对当代西方各种政治制度的比较研究。比较政治研究一直是政治学领域的重要研究方法，它在当代政治学的研究领域中占有十分重要的地位。

（4）结构—功能研究法。政治结构—功能分析方法，主要是试图通过剖析政治结构和政治功能来揭示政治系统运转的规律性。它的基本任务，是解释某种特定的政治现象、政治行为模式和政治系统的特定功能。政治结构这个概念在政治学研究中具有重要意义。因为政治发展的主要标志首先就是国家结构的民主化问题，国家政权作为一种最高的权力结构，它包括立法机关、行政机关、司法机关之间的权力关系以及中央与地方之间的权力关系，等等。此外，政党结构、利益团体结构、公民的政治文化结构等，也是结构分析的对象。结构和功能分析是密切相关的，任何结构都具有这样或那样的功能。政治系统的主要功能有：利益表达、利益整合、政治沟通、法规制定、法规执行等。政治结构—功能方法是一种被广泛应用的研究方法，它有助于人们理解各种政治现象之间以及政治现象与社会现象之间的复杂关系。它研究各种政治组织、政治机构和政治设施之间的关系，把复杂的政治设施分解成各种各司其职的政治结构，为深入细致地分析政治现象创造条件。它作为一种科学方法，为政治学研究提供了许多新的概念，如正结构、负结构、正功能、负功能等等。

此外，当代的政治学研究还采取了多学科综合研究的方法，以便从各个方面和各种角度来分析和考察政治现象。当代政治学与其他社会科学和许多自然科学相互交叉，并因此出现了一系列新的边缘学科，如政治社会学、政治心理学、政治经济学、地缘政治学、生态政治学、政治人类学、计量政治学等。目前，这种跨学科式的综合研究方法虽然还不够成熟，但这一趋向标志着政治学研究正在不断向深度和广度发展，它将对政治学方法论的革新产生深远的影响。

二、学习和研究政治学的意义

我国将政治学作为独立学科来研究，始于20世纪初，30年代开始有了较大发展，比西方落后了近百年。新中国成立以后，在苏联模式的影响下，政治学一直被视为“资产阶级的伪科学”。在1952年高等院校的院系调整时，所有的政治学系均被撤销，政治学课程被取消。这种状况使我国政治学的研究和教学工作中断了30余年。党的十一届三中全会以后，政治学研究开始受到重视。邓小平在《坚持四项基本原则》的讲话中指出：“政治学、法学、社会学以及世界政治的研究，我们过去多年忽视了，现在也需要赶快补课。”① 在科学地总结我国社会主义政治实践中的经验教训的基础上，党和国家非常重视政治学研究的恢复和发展，政治学的繁荣兴旺时期正在到来，学习和研究政治学的意义，也开始逐渐被越来越多的人们所认识。

（1）学习政治学有助于增强公民意识，提高政治文化水平。我国公民一向具有较强的政治认同感和政治信任感，因而政策资源的动员及社会利益的调节和整合较为容易，从而使党和国家的政策能够得以顺利地实施。同时，我国社会还具有很强的政治凝聚力。但是，由于历史的原因，我国公民对自己的公民权利和义务的认知程度还比较低，政治主体意识、政治参与能力和政治效应感也相对薄弱，许多人的思想深处还残存着许多封建的政治意识和心理、情感等因素。因此，通过政治学的教育和研究，可以深入地进行社会主义民主政治与法治知识的普及和宣传，这将有助于提高公民的政治素质，建设具有中国特色的现代政治文化，为我国的社会主义现代化建设创造一个良好的政治文化

① 《邓小平文选》第2卷，人民出版社1994年版，第180～181页。

基础。

（2）学习政治学有助于借鉴和吸取外国政治的合理因素，促进我国社会主义民主政治的建设。我国正在进行的政治体制改革，目的是建设社会主义民主政治，以保证人民更加广泛地行使当家作主的权利。政治体制改革需要马克思主义政治学理论的指导，因为缺乏理论指导的改革将是盲目的改革，在实践上必然导致失误或失败，同时也不能对失误或失败进行科学的总结，成功的改革往往得力于充分的理论准备和对改革方案的科学论证。我国的政治体制改革必须要坚定不移地进行，不改革是没有出路的。在政治体制改革的实践中，政治学将担负起指导实践的重任。

我们从事政治学研究，不仅要研究我国政治实践中的历史经验教训，科学地分析、研究其他国家的政治体制及其改革的经验，而且还要对各个国家的政治体制及其历史变革进行科学的考察和分析，批判地借鉴和吸收其合理的积极因素。例如西方国家的民主程序、监督机制、文官制度、中央与地方的分权制度、限任制和其他一些法治机制等等，都有些积极的因素可以为我所用。在吸取人类一切文明的基础上，"我们的制度将一天天完善起来，它将吸收我们可以从世界各国吸收的进步因素，成为世界上最好的制度"。①

（3）学习政治学有助于提高广大干部的管理才能，实现决策的科学化和管理的民主化。列宁说："无产阶级要想战胜资产阶级，就必须造就出自己的、即无产阶级的'阶级的政治家'，而这些政治家同资产阶级的政治家比起来应该毫不逊色"。② 在过去的战争年代里，我们党培养造就了许多无产阶级政治家，他们为祖国的解放事业建立了不朽的功勋，在建设人民民主专政政权的过程中发挥了重要的作用。当前，我国社会主义市场经济的发展，要求一切决策及管理活动都要建立在科学和民主的基础之上。在这方面，政治学将发挥非常重要的作用，通过政治学基本理论的学习和研究，用科学的理论与方法武装干部和群众，对政治形势进行科学分析和认识，对政治过程进行科学预测和控制，对政治决策进行科学咨询和论证，对政治活动进行科学管理和设计，对政治信息进行科学分析和加工，将会不断地提高我们的决策水平和社会管理水平。因此，从提高公民的政治素质和国家公务人员的决策管理水平的意义上，应该大力提倡学习政治学，以提高全民的政治素质和理论水平。

---

① 《邓小平文选》第2卷，人民出版社1994年版，第337页。

② 《列宁全集》第39卷，人民出版社1986年版，第59页。

第二章　国家与阶级

研究国家这一根本的政治现象，最重要的是说明国家的起源、本质和消亡问题。对这些基本问题的说明和阐释是关于国家的一般理论，也是国家的基本原理。由于对它们的认识是说明国家一切现象的出发点和立足点，所以，科学地认识和把握这些基本问题，就成为正确地回答和解释各种政治问题和政治现象的基础。列宁曾经说过："国家问题是一个最复杂最难弄清的问题，也可说是一个被资产阶级的学者、作家和哲学家弄得最混乱的问题。"① 实际上，马克思主义政治学与一切非马克思主义政治学的根本分歧，也是从这些基本问题开始的。马克思主义经典作家深入地研究了国家的历史发生过程，揭示了国家发生、发展的历史演化规律，从而科学地阐明了这个最复杂的政治问题。

马克思主义认为，政治，在阶级社会表现为阶级关系和阶级斗争，离开了阶级矛盾和斗争，就没有什么政治可言。但阶级关系和阶级斗争的根本问题是国家政权。国家自始至终都离不开阶级，将国家与阶级联系在一起研究，能够更准确、更科学地说明国家的起源、本质和消亡问题。

第一节　国家的起源

国家起源理论是马克思主义国家学说的重要组成部分。马克思主义的创始人，在他们的早期著作《德意志意识形态》、《哲学的贫困》、《共产党宣言》中，就对国家的起源问题给予了极大的关注。后来，在《反杜林论》、《家庭、私有制和国家的起源》、《费尔巴哈和德国古典哲学的终结》等著作中，更进一步论证了这个问题。特别是恩格斯在《家庭、私有制和国家的起源》一书中，对这一问题作了十分精辟、详细和科学的论证。列宁称赞这本书时说："其中每一句话都是可以相信的，每一句话都不是凭空说的，而是根据大量的史料和政治材料写成的"。②

---

① 《列宁选集》第4卷，人民出版社1995年版，第24页。

② 《列宁选集》第4卷，人民出版社1995年版，第27页。

关于国家起源的研究，概括地说，主要阐明了两个基本观点：第一，国家不是从来就有的，它是社会发展到一定阶段的产物，这是说明国家产生的时间问题；第二，国家的出现，是社会内部发展的结果。它是生产的发展、私有制的出现、阶级的形成、阶级矛盾不可调和的产物。这是说明国家产生的原因问题。

一、原始氏族公社制度

“国家不是从来就有的。曾经有过一个时候是没有国家的。”① 那么，在国家产生之前，即在人类社会发展的初级阶段，人类的社会制度和社会组织是何种形式呢？它是原始社会制度和氏族社会组织，这是人类社会发展的初期阶段所存在的最早的社会制度的组织形式。

恩格斯在《家庭、私有制和国家的起源》一书的序言中指出：“根据唯物主义观点，历史中的决定性因素，归根结底是直接生活的生产和再生产。但是，生产本身又有两种。一方面是生活资料即食物、衣服、住房以及为此所必需的工具的生产；另一方面是人类自身的生产，即种的繁衍。一定历史时代和一定地区内的人们生活于其下的社会制度，受着两种生产的制约：一方面受劳动的发展阶段的制约，另一方面受家庭的发展阶段的制约。劳动越不发展……社会制度就越在较大程度上受血族关系的支配。”②

根据马克思主义的观点，制约社会制度的“劳动的发展阶段”，主要指生产力的发展水平及与当时生产力性质相适应的生产关系。在人类社会的初期阶段，由于生产工具十分简陋，生产手段非常落后，生产力水平很低，人们不能以个人的力量为生存而斗争。人们只有携手合作，才能战胜恶劣的自然条件以自存。为了生存，人们不得不集体地进行劳动；集体地制作工具；集体地获取生活资料；用集体的力量去同自然力和野兽作斗争。由此产生了集体劳动的必然性，产生了生产资料和劳动产品公有制的必然性。马克思曾经指出：“这种原始类型的合作生产或集体生产显然是单个人的力量太小的结果，而不是生产资料公有化的结果。”③

制约社会制度的“家庭的发展阶段”是指人们婚姻关系发展变化的形式，即人种的繁衍的变化形式。在原始公社制度下，人们的“亲属关系在一切蒙昧民族和野蛮民族的社会制度中起着决定作用。”④ 因为表示亲属关系的父亲、

① 《列宁选集》第4卷，人民出版社1995年版，第27页。

② 《马克思恩格斯选集》第4卷，人民出版社1995年版，第2页。

③ 《马克思恩格斯全集》第19卷，人民出版社1965年版，第434页。

④ 《马克思恩格斯选集》第4卷，人民出版社1995年版，第25页。

母亲、兄弟、姐妹、舅父、外甥、姑母、侄女等称谓，并不是简单的荣誉称号，而是一种负有完全确定的、异常郑重的相互义务的称呼。这些义务的总和便构成这些氏族社会制度的实质部分。因此，原始社会人们之间的联系，是以这种血缘关系为纽带的。

人们之间的这种亲属关系的变化是迟缓的，用恩格斯的话说是“僵化的”。但是家庭形式是随着社会的发展而不断变化的，即婚姻形式是发展变化的。人类最古老、最原始的家庭形式是群婚，即整个一群男子和整个一群女子互为所有的婚姻形式。群婚的第一个阶段的家庭形式是血缘家庭。这里群婚集团是按辈份划分的。这是一种禁止父母与子女间通婚的婚姻形式。这是家庭形式的最初阶段，在这里，能依辈份追溯世系的血缘关系。其后，发展为普那路亚家庭。这是兄弟姐妹间禁止结婚的一种家庭形式。由于姐妹们的共同丈夫不是兄弟，而互称普那路亚（同伴之意）；同样，兄弟们的共同妻子也不是姐妹，亦互称普那路亚。因此，把这种家庭形式称为普那路亚家庭。

氏族就是由普那路亚家庭直接引起的。兄弟姐妹间婚姻关系的禁例一经确立，上述集团便转化为氏族了。恩格斯说：“氏族，直到野蛮人进入文明时代为止，甚至再往后一点，是一切野蛮人所共有的制度。……同时，出乎意料地给我们阐明了原始时代——国家产生以前社会制度的基本特征。”① 就是说，最古老、最原始的群婚和血缘家庭，尚不能构成社会组织，直到氏族产生，才形成了原始的社会组织。

氏族，是具有血缘亲属关系、同族内部禁止结婚的人们的集团。它是原始公社制度的社会经济单位，也是原始社会的社会组织。

按生产发展阶段来说，氏族是在蒙昧时代中期产生的（采用鱼类为食物并使用火），在高级阶段继续发展起来（弓箭的发明），到野蛮时代的低级阶段（制陶、驯养动物、种植植物）达到了全盛时代。

在氏族制度前期，由于普那路亚式的群婚和妇女在生产与生活中占主要地位，社会处于母权制氏族时期，后来，生产力不断发展，畜牧业出现，男子的经济作用和社会作用增长，父权制氏族代替了母权制氏族。

氏族作为社会组织，它是“整个社会的根本细胞（摩尔根）”。由于氏族内部禁止结婚，就必然地同其他氏族发生婚姻关系；由于人口的增加，一个原有的氏族逐渐分裂为若干新氏族；由于定居和劳动生产率的增长，社会经济组织单位需要扩大。这样，关系较密切的几个氏族，便结成了氏族联盟，这种联盟就是部落。在原始公社解体和阶级出现的时期里，部落之间的矛盾也增加了，一些利害相关的部落又结成部落联盟。这样，在原始公社制度下，有氏族、部

① 《马克思恩格斯选集》第4卷，人民出版社1995年版，第82页。

落、部落联盟几种形式。但这些形式都没有越出氏族组织的基本特征，它们是氏族制度的几种组织形式。

氏族，是国家产生以前人类社会普遍存在的社会组织形式。在有些国家中，现在还可以发现氏族制度的遗迹。在19世纪中期，美国的人类学家和考古学家摩尔根（1818—1881）经过长期的对美国印第安人生活的研究，于1877年写了《古代社会》一书，对国家产生前的社会状态及社会发展，特别是通过对易洛魁人的氏族制度的研究，提出了许多有价值的科学论证。马克思和恩格斯对摩尔根关于古代社会的研究予以很高的评价。恩格斯的《家庭、私有制和国家的起源》一书，就是批判地利用了摩尔根的研究成果而写成的。恩格斯在这一著作中，不但揭示了原始公社制度的发展规律、发展阶段及其瓦解的原因，而且明确地论述了氏族制度的特征及其在历史上的地位和意义。

根据人类学家和考古学家对氏族社会的具体分析，认为氏族制度具有以下几个特点：

第一，氏族内部禁止通婚。这是氏族的根本规则，也是维系氏族的纽带。以血缘关系联系社会成员，是氏族制度的本质。部落和部落联盟虽然有疆域，但这仅仅是氏族成员居住的地方，而非联结氏族成员的组织领域。管理社会成员的社会组织以血缘关系为基础，而非按地区管理居民。这是认识国家产生以前的社会组织时所必须把握的基本点。实际上，国家产生的过程也就是逐渐地破坏血缘关系而按地域划分居民的过程。

第二，氏族制度的组织机构——议事会，是一切成年男女平等表达意见的民主集会。

第三，氏族成员有互相帮助、互相保护的义务。本氏族成员受侮辱或受迫害，全体成员都为被害者复仇。典型的做法就是氏族社会的血族复仇的习惯。

与原始共产主义的经济基础相适应，原始社会的氏族制度和氏族组织的管理模式是一种原始民主制。这种原始民主制具有如下几个特征：

第一，原始民主制是原始社会氏族内部的共同事务的管理体制，而不是一种国家形式。人类学的研究表明，为生存而依赖群体生活是人类的一个根本特征。当人类以群体的形式同外部自然力抗争以求生存和发展时，首先面临着一个无法回避的问题，即如何解决内部成员之间的协作问题。为实现共同目标，以一定形式规则将人类群体组织起来是解决各种群体内部协作问题的有效办法。人类群体在寻求发展的实践过程中形成了形式多样的整合机制和组织形式，每种整合机制和组织形式其实都是适应于解决人类必须对付的各种生存问题而产生的。原始民主制的原始性就在于，原始民主制度和组织形式是人类社会初期在求生存的长期演化过程中自发形成的。这种自然性的基本特征是，人与人之间存在一种自然联系，联系的基础或纽带就是同一血缘关系。在这种以血缘关系为纽带“而自然形成的共同体”中，虽然也存在管理活动，但这种管理活动与以后形成的国家所从事的管理活动有着本质的区别。其特点是，管理所依靠的不是强力，而是管理者的威信和被管理者服从的自觉性。在原始社会的氏族内部，没有专门的军队、警察、法庭、监狱等强制力机构，也没有严格的社会等级划分。氏族组织的管理活动主要是组织生产、分配，调解内部纠纷，处理对外交涉和其他共同事务。正如列宁所说的：“在人们还在不大的氏族中生活的原始社会里……还看不到国家存在的标志。我们看到的是风俗的统治，是族长所享有的威信、尊敬和权力，我们看到这种权力有时是属于妇女的——妇女在当时还不像现在这样处于无权的被压迫的地位——但是在任何地方我们都看不到什么一种特殊等级的人分化出来管理他人并为了管理而系统地一贯地掌握着某种强制机构即暴力机构”。①

第二，原始民主制是氏族全体成员享有的民主制度，而不是国家产生后的阶级民主制。由于在氏族公社内部，生产资料和生产品都是全体公社成员所公有，共同劳动，共同分享劳动成果，没有私有财产，没有阶级差别，这就决定了人与人之间关系的平等性，决定了人人都有平等地管理共同事务的权利。不仅氏族内部的共同事务由全体成年男女组成的议事会公开讨论来决定，而且，氏族和部落的首领也由全体成员选举产生，并且随时可能被成员们所撤换。

第三，原始民主制中的权力是处于社会之中的，“自然发生的共同体的权力”，而不是像国家权力那样成为独立的、站在社会之上的支配主体。凡是有组织的地方，无论是简单的，还是复杂的组织中都存在有权力。如果没有权力，具有不同的愿望、目标和动机的无数个人，就不可能以集体的形式协调一致地从事各种活动。氏族之所以需要首领，是因为原始社会简单协作的集体劳动，需要统一指挥，氏族首领的任务首先就是指挥和安排生产。但由于氏族的范围小，生产工具简陋，组织管理简单，不需要有专人来从事管理；低下的生产力水平，也不能供养专门的管理者；同时氏族首领也没有自己的特殊利益，所以，这就决定了原始民主制中的氏族首领，不可能成为特权人物，成为与社会相脱离的独立的力量，氏族首领在氏族内部享有很高的权威，但这种权威是纯粹建立在个人的品质、经验和才能之上的，是父亲般的、纯粹道德性质的。这与以国家为代表的公共权力有着本质的区别，恩格斯对这种区别作了生动的描述：“文明国家的一个最微不足道的警察，都拥有比氏族社会的全部机构加在一起还要大的‘权威’；但是文明时代最有势力的王公和最伟大的国家要人或统帅，也可能要羡慕最平凡的氏族酋长所享有的，不是用强迫手段获得的，无可争辩的尊敬。后者是站在社会之中，而前者却不得不企图成为一种处于社

① 《列宁选集》第4卷，人民出版社1995年版，第27～28页。

会之外和社会之上的东西。”①

恩格斯在分析易洛魁人氏族制度时，对这种原始民主制的特点，给予了很高的评价，他赞美到：“这种十分单纯质朴的氏族制度是一种多么美妙的制度呵！没有大兵、宪兵和警察，没有贵族、国王、总督、地方官和法官，没有监狱，没有诉讼，而一切都是有条有理的。一切争端和纠纷，都由当事人的全体即氏族或部落来解决，或者由各个氏族相互解决；血族复仇仅仅当作一种极端、很少应用的威胁手段；……虽然当时的公共事务比今日多得多……可是，丝毫没有今日这样臃肿复杂的管理机关。一切问题，都由当事人自己解决，在大多数情况下，历来的习俗就把一切调整好了。不会有贫穷困苦的人，因为共产制的家庭经济和氏族都知道它们对于老年人、病人和战争残废者所负的义务。大家都是平等、自由的，包括妇女在内。他们还不曾有奴隶；奴役异族部落的事情，照例也是没有的。”②

这种田园牧歌式的原始民主制度，就其淳朴性来说固然是美妙的，但社会发展的客观规律决定它必然灭亡。因为这种在生产力水平极低的情况下形成的社会制度，并不能适应生产力进一步发展及其所带来的一切新条件，当它成为生产力发展的障碍的时候，就不能不解体了。

二、国家的产生及其与氏族组织的区别

氏族制度是适应生产力水平低下和原始共产制生产关系的社会组织。随着生产的发展，生产关系的改变，氏族制度也逐渐解体了。因此，氏族制度的解体是社会内部生产发展的必然结果。随着人类社会向野蛮时期中级阶段过渡，冶炼金属开始，人类进入“青铜器时代”。这个时期在生产上一个重大变化就是畜牧部落从其他部落中分离出来，即第一次社会大分工。这次大分工产生了如下三个结果：

第一，由于畜牧部落的分离，分离出去的畜牧部落，不仅获得足够的食品——肉、乳及乳制品等等，而且获得日益增多的大批原料，如兽皮、羊毛等等。这就使经常的交换成为可能。最初的交换是在氏族间、部落间进行，后来又开始在个人之间进行。

第二，由于生产的增长，家畜的驯养与繁殖，生产品的增多，私有制出现了。人的劳动生产出比维持其生活所必需的更多的生产品，劳动力成了人们向往的事情，有了人剥削人的可能。过去把俘虏杀死，现在将其变为奴隶，于是，第一次社会大分工产生了第一次社会大分裂：人们被分为主人与奴隶，剥

① 《马克思恩格斯选集》第4卷，人民出版社1995年版，第172页。

② 《马克思恩格斯选集》第4卷，人民出版社1995年版，第95页。

削者与被剥削者。

第三，父权制代替了母权制和家长制家庭的出现。由于畜群这个新的财富的出现，男子把畜群集中在自己手中，成了畜群的所有者，在氏族中跃居主导地位。对偶婚的出现、家长制氏族的形成，母权制氏族被父权制氏族所代替，恩格斯认为这“是女性的具有世界历史意义的失败”。①

家长制家庭，是以一个男子为首的大家庭公社，它包括有一家之长及其晚辈，也包括一些奴隶。家长制家庭的主要特点：一是把非自由人包括在家庭内；二是父权。恩格斯考察了“家庭”一词的来源，在古罗马，家庭最初是指家庭奴隶，不是指夫妻子女；另一个含义指遗产。家长制家庭出现的必然后果是：一是家庭的财产包括奴隶归家庭所私有；二是父亲的财产由其子女继承，女性的财产不能让外氏继承，只允许她们在氏族内部通婚，从根本上冲击了氏族制度，使氏族制度出现了一个裂口。恩格斯说：“由于母权制的倾覆、父权制的实行、对偶婚制向专偶婚制的逐步过渡而被确认，并且永久化了。但是这样一来，在古代的氏族制度中就出现了一个裂口：个体家庭已经成为一种力量，并且以威胁的姿态与氏族对抗了。”②

人类社会发展到野蛮时代的高级阶段，生产力进一步发展，其重要标志就是使用铁。由于铁的应用，出现了铁刀、铁犁、铁斧。这些生产工具的改变，使农业能在面积广大的土地上耕种，使手工业日趋完善，于是发生了第二次社会大分工，手工业从农业中分离出来。这次大分工产生了如下三个主要结果：

第一，奴隶制的巩固与发展。由于生产工具的改进，劳动生产率的增长，劳动力的价值提高了。在前一阶段对奴隶的使用还是零散的现象，到这时，它已经发展成为社会制度的一个本质组成部分了。这表现在奴隶已不再是简单的助手了，他们成了田野和手工工场的主要劳动力。

第二，个体家庭开始成了社会经济单位。由于各个家庭之间产生了财产上的差别，于是又出现了富人与穷人的新的阶级划分。恩格斯说：“各个家庭首长之间的财产差别，炸毁了各地迄今一直保持着的旧的共产制家庭公社；同时也炸毁了为这种公社而实行的土地的共同耕作。”③ 这就是说，土地已经完全过渡为私有财产了。

第三，部落联盟的出现。由于人口的增长和不断发生的部落间的战争，各亲属部落紧密地团结起来，形成了部落联盟。部落联盟设立由军事酋长（罗马称勒克斯、雅典称巴墨勒斯）、议事会和人民大会所组成的联盟机关。这种机

① 《马克思恩格斯选集》第4卷，人民出版社1995年版，第54页。

② 《马克思恩格斯选集》第4卷，人民出版社1995年版，第162~163页。

③ 《马克思恩格斯选集》第4卷，人民出版社1995年版，第164页。

关的性质是军事民主制。因为这时的战争和进行战争的组织已成为人们生活的正常活动，于是军事酋长成了不可缺少的常设公职，并且逐渐成为世袭。议事会也逐渐为显贵所把持。这样，世袭王权和世袭贵族的基础奠定下来了。其结果是“氏族制度的机关就逐渐挣脱了自己在民族中，在氏族、同胞和部落中的根子，而整个氏族制度就转化为自己的对立物：它从一个自由处理自己事务的部落组织转变为掠夺和压迫邻近部落的组织，而它的各机关也相应地从人民意志的工具转变为独立的、压迫和统治自己人民的机关了。”①

社会分工促进生产的发展，手工业与农业分工，就产生了直接为了交换的商品生产。由于交换的发展，从社会中分离出一个不从事生产而只从事交换的阶级——商人阶级。这是一个寄生的阶级，它从国内外的生产上榨取油水并很快获得了大量财富和对生产的愈来愈大的统治权，这就是社会的第三次大分工。恩格斯称其为“有决定意义的重要分工”。这次分工的结果有两个：

第一，由于商品交换的发展，出现了金属货币。它是非生产者统治生产者和生产的新手段。于是产生了高利贷的剥削和土地的买卖与抵押，财富更加集中在少数人手里。结果穷人的数量日益增多，于是按财富又把自由民划分为进行剥削的富人和被剥削的穷人。奴隶的数量也大大增加起来，强制性的奴隶劳动已成为整个上层建筑赖以建立的基础。

第二，由于商业活动、土地的买卖与变化，人们为谋生而流动，使原来的氏族与部落的居民杂居起来。这样，自由民中住有奴隶，本地居民中杂居有外乡人。这些变化引起了社会结构的改变，氏族制度面对这些变化已经无能为力了。如由于手工业发展而形成的手工业集团的要求，富人对保护私有财产的要求，城市与乡村的不同要求，本地人与外来居民的不同要求等等，古老的氏族制度都无法解决，需要有新的机关来代替。特别是由于自由民与奴隶、进行剥削的富人和被剥削的穷人之间的利害冲突日益尖锐化，原来在没有阶级对立的条件下生长出来的、没有任何强制力的氏族制度，在这种对立冲突面前，就更不适应了。于是就需要有一个第三种力量，它似乎站在相互斗争的各阶级之上，压制它们的公开冲突，至多允许阶级斗争在经济领域内以合法的形式进行。于是，氏族制度被分工及其后果即社会分裂为阶级所炸毁，被新的机关——国家所代替了。

恩格斯在详细分析了氏族制度解体过程的基础上，对国家的产生作了精辟的论证。他说：“国家是社会在一定发展阶段上的产物；国家是承认：这个社会陷入了不可解决的自我矛盾，分裂为不可调和的对立面而又无力摆脱这些对立面。而为了使这些对立面，这些经济利益互相冲突的阶级，不致在无谓的斗

---

① 《马克思恩格斯选集》第4卷，人民出版社1995年版，第165页。

争中把自己和社会消灭，就需要有一种表面上凌驾于社会之上的力量，这种力量应当缓和冲突，把冲突保持在‘秩序’的范围以内；这种从社会中产生但又自居于社会之上并且日益同社会相异化的力量，就是国家。”①

恩格斯又说：“由于国家是从控制阶级对立的需要中产生的，由于它同时又是在这些阶级的冲突中产生的，所以，它照例是最强大的、在经济上占统治地位的阶级的国家，这个阶级借助于国家而在政治上也成为占统治地位的阶级，因而获得了镇压和剥削被压迫阶级的新手段。”②

恩格斯的这个著名论断，表明了三点：

第一，国家是个历史现象，它不是从来就有的，是社会发展到一定阶段的产物。这表明国家产生的时间。

第二，国家是阶级矛盾不可调和的产物。一切小资产阶级和资产阶级思想家都可以承认国家是阶级和阶级矛盾的产物，但就是不承认国家是阶级矛盾不可调和的产物。因为承认国家是阶级矛盾的产物，就可以把国家说成是居于两个对立的阶级之上的超阶级的国家。国家既不代表剥削阶级，也不代表被剥削阶级，它是高出于一切阶级，调和各阶级利益的力量，这样，无论哪个阶级都不应损害它，更不要打碎它。但恩格斯明确指出：国家是社会陷入了不可解决的自我矛盾，分裂为不可调和的对立面而又无力摆脱这些对立面，为了使这些对立面，这些经济利益相互冲突的阶级，不致在无谓的斗争中把自己和社会消灭才需要表面上凌驾于社会之上的力量。这句话的关键是“表面上”，表面是形式，是现象，而实质则是经济上占统治地位的阶级“获得了镇压和剥削被压迫阶级的新手段”。这就说明了国家产生的实质和根源。同一切小资产阶级和资产阶级思想家的关于国家起源的观点划清了界限。

第三，国家的作用是缓和冲突，是把冲突控制在秩序的范围以内。这里所说缓和是对各阶级不偏不倚的缓和吗？不是，是把冲突控制在秩序的范围内的缓和。什么是秩序？秩序就是维护当时的社会生产方式、阶级统治，就是统治阶级的根本利益。被统治阶级破坏不行，统治阶级内部的个别人和集团破坏也不行。这就很清楚地看出国家是代表谁的利益，是哪个阶级的国家了。所以恩格斯说：“它照例是最强大的、在经济上占统治地位的阶级的国家。”

因此，列宁在解释恩格斯上述那段话时反复强调：“国家是阶级矛盾不可调和的产物和表现。在阶级矛盾客观上不能调和的地方、时候和条件下，便产生国家。反过来说，国家的存在证明阶级矛盾不可调和。”③

---

① 《马克思恩格斯选集》第4卷，人民出版社1995年版，第170页。

② 《马克思恩格斯选集》第4卷，人民出版社1995年版，第172页。

③ 《列宁选集》第3卷，人民出版社1995年版，第114页。

国家是阶级矛盾不可调和的产物和表现，是一切国家产生的普遍规律。但在不同的历史条件下，有不同的形式。这就形成了国家产生形式的多样性。

恩格斯在《家庭、私有制和国家的起源》中，分析了国家在氏族制度废墟上产生的三种主要形式：

第一种是雅典国家的产生形式，它是国家产生的“最纯粹最典型的形式”。恩格斯说：“在这里，国家是直接地和主要地从氏族社会本身内部发展起来的阶级对立中产生的。”①

第二种是罗马国家产生的形式。罗马在氏族制度的末期，在氏族内部分化出世袭贵族，他们控制着公有土地，并掌握着氏族的权力。当时罗马氏族部落中杂居着许多外来居民，即平民。他们在经济上占有重要地位，但不能享有罗马氏族成员的权利，而又要承担义务。他们为争得与氏族成员的平等权利，同罗马贵族展开了尖锐的斗争。经过平民斗争，成立新的人民大会，参加成员按服兵役而定。只要按财产等级服兵役就享有同等的权利，于是，这个新的制度代替了旧的氏族组织而逐渐发展为国家机关。恩格斯说：“平民的胜利炸毁了旧的氏族制度，并在它的废墟上面建立了国家”。②

第三种是征服罗马帝国的日尔曼人国家的形式。这是日尔曼部落征服广阔的外国领土的结果。因为征服者的氏族组织无力统治这样广大的新领土，它必须有自己的国家机构，才能做被征服领土的主人。因而，日尔曼氏族组织的机关，更迅速地转化为国家机关。但征服罗马只是日尔曼国家形成的直接原因，日尔曼国家产生的决定性原因，仍然是阶级的出现及其矛盾的激化。因为日尔曼部落在国家形成之前已经发生了显著的阶级分化，征服罗马只是加速了阶级和国家产生的过程而已。

上述三种形式，是恩格斯分析了雅典、古罗马和日尔曼人国家产生的历史材料所得出的科学结论。这只是说明在不同的历史条件下原始公社制度瓦解和国家产生的过程有各种不同形式，并不是说只有这三种形式。尽管国家产生的途径有所不同，但国家产生的根源却是一致的，是阶级矛盾不可调和的产物，外部条件只起加速或延缓的作用。

国家是在氏族组织瓦解的基础上产生的，但它绝不是原始社会氏族组织的简单继承，它是与氏族组织有根本区别的特殊组织。

第一，国家是按地区划分居民，氏族组织是以血缘关系划分居民。所谓划分，是指对一定地域上的居民以什么为基础进行管理。氏族组织管理居民是以血缘关系为基础，即以一定的亲属联系为单位；而国家对居民的管理则是以居

---

① 《马克思恩格斯选集》第4卷，人民出版社1995年版，第169页。

② 《马克思恩格斯选集》第4卷，人民出版社1995年版，第169页。

住的地域的联系为基础，在共同居住的地域上，居民的成分改变了，社会成员的结构改变了，人们之间的关系改变了，再以血缘关系相联系的组织形式，已经解决不了人们之间的新的关系。

第二，公共权力的设立。所谓公共权力，是指武装的人——军队、警察和物质的附属物——监狱和强制机关。原始社会的氏族组织没有公共权力。国家组织设立公共权力表明：由于阶级的出现，阶级矛盾的不可调和，维持社会秩序和解决人们之间的冲突，再用那种毫无强制力的氏族组织已经不管用了，需要一种新的机关，即具有公共权力的强制力机关才能维持社会的存在。在原始社会也有武装组织和社会权力，但它是为全民所有、保护全民利益的。而国家所设立的公共权力是掌握在统治阶级手里用来镇压被统治阶级的工具。恩格斯说："这个特殊的公共权力之所以需要，是因为自从社会分裂为阶级以后，居民的自动的武装组织已经成为不可能了。"①

三、剥削阶级思想家关于国家起源的理论

国家的起源问题，由于它直接涉及国家的本质，牵涉到各个阶级的利益，所以一切剥削阶级的思想家，都根据本阶级的利益和当时的历史条件，提出种种非科学的解释，有意无意地歪曲国家的起源问题。我们对于剥削阶级思想家关于国家起源的理论，不一一予以分析，只对其中影响较大的几种论点，扼要地进行分析批判。

1. 神权论

这种理论认为，国家源于神，是根据神的意志建立的，国家的权力来源于神（天、上帝）。这种观点在古代政治思想中占有重要的地位。古代奴隶制和封建制国家的统治阶级，曾利用这种观点来维护他们的统治。

在我国古代，神权思想是很发达的。所谓"天道"就是把统治阶级的权力说成为来自天命。把帝王称作"天子"（上天的儿子），说他们是天意的执行者。在古籍记载中，所谓"天子作民父母以为天下王"（《尚书·洪范》），"天工，人其代之"（《尚书·皋陶谟》），就是神权思想。

在外国，神权说，最早发生于古代犹太的神权政治君主国。基督教早期代表也曾提出过这个思想。但是，神权思想的发达却是在中世纪。中世纪是欧洲历史上的"黑暗时代"，基督教的势力支配了整个思想界。当时封建主阶级的思想家在教权和皇权的斗争中，不论是主张教权高于皇权还是皇权高于教权的人，都宣扬神权思想，认为"一切权力来自神"。集中世纪反动思想之大成的天主教教士托马斯·阿奎那（1225—1274）曾经大肆宣扬"除上帝外，别无权

---

① 《马克思恩格斯选集》第4卷，人民出版社1995年版，第171页。

力”的观点，认为一切国家的权力都来自上帝。直到16世纪，一些思想家（如鲍煦）还力图用神权论证国王的无限权力，把这种理论作为专制君主的护身符。

神权论纯粹是从宗教的观点出发，把剥削阶级国家说成是神的意志的体现，用来迷惑人民群众对于国家本质的认识，反对被压迫人民起来革命。因而，它从来就是反科学的观点。

2. 契约论

在资本主义上升时期，契约论是资产阶级关于国家起源的最有影响的学说。16世纪到18世纪，许多著名的资产阶级哲学家、法学家和政治学家，如荷兰的格老秀斯（1583—1645）、斯宾诺莎（1632—1677），英国的霍布斯（1588—1679）、洛克（1632—1704），法国的卢梭（1712—1778）等人，在国家起源的问题上，都主张契约说。这种学说的基本论点，把国家的产生说成是人们订立契约的结果。

资产阶级的契约论，包括两种含义：一种是用来说明国家的起源，一种是用来说明统治者与被统治者的关系。

用契约论说明国家起源的人，都主张在国家出现以前，人类有一种原始的自然状态，但他们对这种自然状态的解释又各有不同。霍布斯认为，在自然状态下每个人都有自然权利，都干他们愿意干的事情，但人性都是自私的，而体力又差不多，这就必然产生为了满足自身要求而相互竞争。因此，在自然状态下，是“一切人反对一切人的战争”，存在着“不断的恐惧、暴死的危险，以及人性孤寂、贫穷、险恶和匮乏”。他认为，避免这一状态的唯一途径就是人们订立契约，建立一个有绝对权威的统治者统治的国家。因此，他主张君主专制。

洛克也认为在国家产生以前，人都有“自然权利”，但他和霍布斯不同的是，他认为自然权利并不是每个人都自私地想干什么就干什么，而是对别人的正当要求。拥有自然权利者之间，不是竞争、战争，而是彼此关联的义务和责任。洛克认为，人们有三种主要的自然权利：一是生存；二是自由；三是财产私有。洛克虽然不认为自然状态像霍布斯所说的是战争的没有正义的状态，但他认为自然状态也不是尽善尽美的，也有矛盾。因此，就需要一个裁判来仲裁纷争和惩罚对自然状态的破坏行为。因此，人们订立契约建立国家，其职能是保护人们的自然权利。他主张君主立宪制。

卢梭也认为国家以前有自然状态，但他否认在自然状态下，人有自然权利。他认为在自然状态下，人们是平等自由的，和平快乐的。个人没有自然权利，一切权利都是社会的，体现社会权利的是人们的“共同意志”，而这个共同意志是全体人民的。个人的自由是道德原则的体现，共同的意志是最高的道德，个人服从"共同意志"是真正的自由。因而，产生了卢梭的主权在民的思想，而国家是人们共同订立契约的结果。

总之，契约论都主张不能长久地停留在国家以前的那种自然状态下，为脱离这种自然状态，人们就互相订立一种契约，成立国家，来保障财产和安全。

契约论是没有事实根据的非科学的理论。不但他们所说的自然状态只是一种臆测和假设，而且众人缔约建立国家，在事实上也是不可能的。因此，反对契约论的人，常常问道：人们什么时候在什么地方签订过社会契约？当原始人对国家和法律尚没有任何概念时，他们怎么能够想到签订契约？这些问题是契约论者无法回答的。很多著名的思想家都指出契约论是一种虚构，是没有科学价值的。所以，到 19 世纪的时候，这种学说日渐式微。

契约论虽然缺乏科学根据，但在资产阶级反对封建制度的斗争中，却起过积极的进步作用。这种学说不但超越了神权论的国家起源理论，指出了国家是人类自觉创立的，而且提出了统治权来自人民主权观点，从而鼓舞了资产阶级反对封建制的斗争。但到了资产阶级取得政权后，契约论就变成了维护资产阶级统治，为资产阶级统治的合理性作辩护的工具，已没有什么进步的作用了。

3. 暴力论

暴力论者认为，国家起源于掠夺和征服，是人对人使用暴力的结果。德国的哲学家和经济学家杜林（1833—1921）和 19 世纪末 20 世纪初资产阶级法学家兼社会学家巩普洛维赤，就是这种理论的鼓吹者。

杜林强调暴力是社会发展的决定性因素。巩普洛维赤认为国家是一个部落对另一个部落征服的结果，他在《国家概论》中说："国家经常是一个部落对另一个部落施以暴力的结果而出现的，它表现为较强的部落对较弱的土著居民的征服与奴役。"

无产阶级的叛徒考茨基也是暴力论的拥护者。他认为阶级与国家的形成是许多部落因征服而互相联合的结果，其中强者战胜弱者就是阶级形成和国家产生的原因。他在《唯物史观》一书中说："战胜的部落使战败的部落从属于自己，没收他们的全部土地，其后强迫战败的部落为战胜的部落做工，并强迫他们纳贡和缴租。每当发生这种情况时，便产生阶级划分，但是这并不是将一个团体划分成几个小团体，而是相反的把两个团体结为一个，其中一个就做了统治阶级与剥削阶级；而另一个则成为被压迫与被剥削的阶级；战胜者为了统治被征服者而建立的强制性机关就成为国家了。"

暴力论是缺乏说服力的。因为，他们认为政治上奴役行动先于经济发展的过程。这样，暴力论者不能回答为什么强者要侵略弱者，并且使弱者从属于自己。如果没有部落内私有制的出现使剥削成为可能，那么强者要弱者从属于自己又是为什么？显然暴力论是无法解释的。他们的观点的非科学性主要在于，抹煞国家是社会内部发展的结果。暴力在一定条件下对国家的形成起过促进作用，但它不是国家产生的原因。如果没有内部的经济发展的要求，单纯的暴力是不会产生国家的。这些观点，恩格斯在《家庭、私有制和国家的起源》中用大量丰富的历史材料作出了科学的论证。值得特别指出的是，考茨基认为阶级、国家及剥削是侵略战争的结果，其要害在于否定国家是阶级矛盾不可调和的产物。由于国家的产生和国家的本质密切相关，否认了国家是阶级矛盾不可调和的产物，也就否定了国家是一个阶级压迫另一个阶级的工具。这样，他所要维护的资产阶级专政的国家，就不是压迫无产阶级的工具了。因此，他反对阶级斗争，反对无产阶级革命，反对无产阶级专政，从而堕落成为无产阶级的叛徒。

第二节 国家的本质与职能

国家的本质问题，是政治学的一个核心问题。政治学中的其他基本问题，如统治形式、统治机构、统治方法、民主、专政、政党、集团、政治人物、国际关系等问题的提出与解决，全在于对国家本质的理解。国家本质问题不仅具有重大的理论意义，还具有重大的现实意义。因为它是一个国家制定对内对外政策的阶级基础，我们研究任何一个国家的内外政策，如果不从它的本质着眼，就很难了解它的政策的实质所在。

马克思主义政治学和一切剥削阶级政治学的根本区别，也是从对国家本质如何理解开始的。目前，在西方各国特别是美国的政治学发展很快，有各种各样的理论、学派。尽管他们在基础理论、方法论上各有差异，但有一个根本点，即都是建立在他们对国家本质理解的共同基础上。我们在研究西方政治学时，对这个根本点必须保持清醒的认识。列宁曾经说过："在社会主义革命在全世界已经开始并且恰好在几个国家内获得胜利的时候，在反对全世界资本的斗争特别尖锐的时候，这个问题即国家问题就具有重大的意义，可以说，已经成为最迫切的问题，成为当代一切政治问题和一切政治争论的焦点了。"① 在诸多国家问题中的首要问题，就是国家本质问题。因此，列宁又说："目前几乎所有的政治争论、分歧和意见，都是围绕着国家这一概念的。"② 国家的概念，就是把国家这一事物最本质的特征用精炼的语言概括出来，它是对国家本质的表述。

---

① 《列宁选集》第4卷，人民出版社1995年版，第36页。

② 《列宁选集》第4卷，人民出版社1995年版，第36页。

一、马克思主义关于国家的定义

马克思主义经典作家在深入地研究了国家的各种基本问题、科学地分析了国家产生的基本原因以及发展变革的规律、概括了各种不同类型国家的共同特点及其在社会生活中的地位和作用的基础上，为国家的含义作了界定："国家是维护一个阶级对另一个阶级的统治的机器。……国家是一个阶级压迫另一个阶级的机器，是迫使一切从属的阶级服从于一个阶级的机器。"①

这个定义是列宁对马克思恩格斯阐述的国家观点的最全面的概括。它有三层含义：国家是有阶级社会的组织；国家是阶级统治；国家是个机器。下面从这三个方面来阐述马克思主义关于国家的定义的具体含义。

第一，国家是有阶级社会的组织。马克思主义认为，国家不是从来就有的，而是社会发展到一定历史阶段的产物。国家的出现是社会内部矛盾运动发展的结果。它是随着生产的发展，私有制的出现，阶级的形成，阶级矛盾不可调和而产生的。在阶级社会以前，人类社会经历了漫长的原始公社社会制度。当时的生产力很不发达，生产关系是以原始公有制为基础的平等关系。人们的社会组织不是国家，而是以血缘关系为基础的氏族和部落或更大的部落联盟。这种简单的社会关系和社会组织是适应当时简单和低水平的生产力的。由于生产的发展，剩余产品的出现，剥削成为可能，阶级形成了。人与人之间关系的性质改变了，原始公社制度已不适应新的生产力发展和社会关系的改变。于是，伴随着阶级矛盾的不可调和便产生了国家。同样，国家也必然伴随着阶级、阶级矛盾的消灭，而自行消亡。这就是国家产生、发展、消亡的必然规律。

第二，国家是阶级统治。这是表明国家的本质。所谓国家的本质，就是指国家是哪个阶级的政权，或称哪个阶级的专政。马克思主义国家观认为，人类有史以来的一切国家都是阶级的国家，国家的实质是阶级专政。

国家作为产生于社会又自居于社会之上的一种力量，在表面上所采取的不是阶级组织的形式，而是一种共同的形式。正如恩格斯所说的，国家"是整个社会的正式代表，是社会在一个有形的组织中的集中表现"。② 国家正是以社会公共利益主体的身份成为整个社会的人格代表，取得了共同体的形式外观。这种共同体的形式表现在，国家的管理对象是全体国民，国家所制定的法律，对全社会所有成员都具有普遍的约束力；国家权力不仅在社会各种类型的权力中效用最高，而且总是以社会整体的代表的身份，作为社会秩序的维护者和解

① 《列宁选集》第4卷，人民出版社1995年版，第31、33页。

② 《马克思恩格斯选集》第3卷，人民出版社1995年版，第631页。

决各种纠纷和冲突的最终仲裁者出现的。但是国家的这种共同体的形式外观并不是国家的本质特征，它只是国家的一种外观形式，隐蔽在这种形式之后的是国家的阶级本质。用马克思的话说："正是由于特殊利益和共同利益之间的这种矛盾，共同利益才采取国家这种与实际的单个利益和全体利益相脱离的独立形式，同时采取虚幻的共同体的形式。"① 由于国家所采取的这种共同体的外观形式，使人们对国家本质的认识变得困难起来，导致一些人将国家这种虚幻的共同体形式等同于国家的本质。可以说，社会契约论就是这些理论的代表。马克思主义经典作家对国家的认识并没有停留在国家的外观上，而是深入到国家的内部，探寻国家究竟体现社会中哪部分人的意志来揭示国家的本质。在一定意义上说，是从国家的本质，还是从国家的外观形式来认识国家，是马克思主义国家观与非马克思主义国家观的基本区别。

马克思主义认为国家是适应统治阶级的需要，依照统治阶级的意志建立起来的。因为在阶级社会里，生产资料是为经济上占统治地位的阶级所占有，他们就是用生产资料的所有权迫使被统治阶级服从他们的奴役和剥削。但是，仅在经济上占统治地位是不够的，不巩固的，还需要有政治统治，即需要利用具有强制力的政权的力量来保证经济上的统治地位。这就决定了政权是属于在经济上占统治地位的阶级。所以，国家的本质就是政权的阶级性质，就是指那个阶级的统治。在剥削阶级社会，任何一个阶级的统治权，都是先由经济统治权产生的。如资产阶级先是在封建社会内部逐步获得经济权力，在条件成熟的时候夺取政权，成为政治上的统治阶级。无产阶级的政权，虽然是在没有形成社会主义经济基础的条件上获得的，但夺取政权后，首先就要剥夺资产阶级的权力，建立社会主义经济基础，这才能巩固无产阶级政权。这就是经济决定政治的道理。政治统治是经济基础的上层建筑，是为它的经济基础服务的。

虽然，政治统治要服务于经济统治，但是，政治统治与经济统治不同。一个阶级的经济统治之所以要靠政治统治来维持和巩固，就是因为政治统治的力量有着自己的特点。首先，政治统治是统治阶级的联合力量，是统治阶级共同的集体的意志和力量的表现。在剥削阶级社会里，统治阶级在经济上的统治通常表现为私人的统治，如：单个的封建地主对他所属的农奴的统治与奴役；一个资本家对他的工厂工人的剥削与统治。然而，政治统治则表现为公共的统治，它不是统治者与被统治者单人的关系，而是表现为统治者与被统治者整体的关系，被统治者服从的不是统治阶级中的单个人，而是统治阶级的集体的意志和力量。因此，政治统治是指一个阶级联合力量的统治。马克思、恩格斯在《共产党宣言》中针对资产阶级政权（政治统治）的性质指出："现代的国家政

① 《马克思恩格斯选集》第1卷，人民出版社1995年版，第84页。

权不过是管理整个资产阶级的共同事务的委员会罢了。”① 就是指的资产阶级统治，是资产阶级的联合力量。其次，政治统治还是统治阶级的有组织的力量。所谓有组织的力量，是指政治统治是一个有组织的统一整体。它表现为统治阶级的意志通过一定的制度、程序上升为国家意志，也就是把统治阶级意志制定为政策、法律、命令，强制被统治阶级接受与遵守。当然，也不允许统治阶级内部的个人、集团随意违犯。因此，政治统治是通过“国家意志”实现的，而国家意志就是政治统治的主要内容。

马克思主义认为，国家意志就是统治阶级强迫被统治阶级接受服从的意志，是经过一定制度和程序制定出来而上升为国家意志的统治阶级意志。但是国家意志所以能够实现，主要在于它有保证遵守的手段，这个手段就是强力或称暴力。因此，强力是实现国家意志的后盾和基础。所以，通常又把以强制力为基础的政治统治称为专政。政治统治（即阶级统治）和阶级专政是同一含义，都是表现国家本质的。

一切非马克思主义的学者，往往从专政的字面和形式上说明它的含义，认为专政是一定的国家形式，它的特点是统治者滥用暴力，专横不法，不民主，甚至把专政和独裁作为同义语。其实，这是对专政概念的曲解。

马克思主义关于“专政”的概念，是指国家的本质，而不是指国家的形式。恩格斯说：“国家无非是一个阶级镇压另一个阶级的机器，而且在这一点上民主共和国并不亚于君主国。”② 这就是说，专政的实质是阶级统治，而不是民主制或民主制等国家形式。

虽然专政必须有强制力，但专政并非仅仅是强制力，而且列宁曾经说过，无产阶级专政主要还不是强制力。因为无产阶级专政有组织经济文化建设的任务，这个任务，不是靠强制力，而主要靠思想教育和组织工作，靠发挥人民群众的积极性、创造性实现。就是剥削阶级专政，在它管理社会公共事务时，也不是完全靠强制力，只是以强制力作为后盾而已。

专政从统治阶级方面来说，如果专政是一个阶级的，则是一个阶级的专政，如资产阶级专政。如果是以一个阶级为领导，联合几个同盟者阶级实行对敌对阶级的统治，则这个专政也称为阶级联盟。如无产阶级专政也可以称为工农联盟。所以，专政的科学含义，就是阶级统治或政治统治。

第三，国家是个机器。机器顾名思义是个工具，而且是个复杂的工具。它是由许多部件所组成的互相联系的有机整体，这就是我们所说的国家机构。任何社会组织都有一定的机构，即组织体系。但国家是一个特殊的机器。它特殊

① 《马克思恩格斯选集》第 1 卷，人民出版社 1995 年版，第 274 页。

② 《马克思恩格斯选集》第 3 卷，人民出版社 1995 年版，第 13 页。

在什么地方？就在于它具有公共权力。这是国家组织与其他社会组织的根本区别。

二、国家权力

国家权力是指反映统治阶级意志的、并作为社会整体代表的，以强制力保障实施的、管理社会公共事务的权力。

国家权力的产生是由于社会成分的复杂化，社会关系的非均衡状态，使得人们为了获得利益和生存资源而引发的阶级矛盾和冲突日益频繁和激烈。原来的那种以血缘为纽带，依靠“自然发生的共同体的权力”来维系，并以习俗为主要调整手段的社会整合机制已不足以建立正常的社会秩序了。为了防止社会由于内部矛盾和冲突的不断激化而导致整个社会的毁灭，就需要一种特殊的社会力量。这种力量通过集中化的、常设的、专门的机构来行使，它的作用在于缓和社会冲突，把冲突控制在一定的“秩序”范围之内。以国家为表现形式的公共权力正是适应这种需要应运而生的。它是社会公共职能独立化，社会内部分裂成管理者与被管理者的结果。正如马克思所说的：“随着城市的出现，必然要有行政机关、警察、赋税等等，一句话，必然要有公共的政治机构。”①

国家权力与社会相分离的具体表现有三方面：第一，管理者的常任化和管理机构的专门化，也就是形成了行使这种权力的专门人员——官吏和各种形式的专门机构——国家机关。第二，职业性的常备军的建立。有组织的暴力之所以需要，“是因为自从社会分裂为阶级以后，居民的自动的武装组织已经成为不可能了。”② 第三，赋税制度的确立。赋税作为社会全部剩余产品中的特殊组成部分，成为保持公共权力存在和运作的经济基础。

国家权力作为公共权力是以完成一定公共职能为前提的，恩格斯指出：“政治统治到处都是以执行某种社会职能为基础，而且政治统治只有在它执行了它的这种社会职能时才能持续下去。”③ 马克思主义还认为，国家权力并非纯粹的为满足公共需要建立的，实际上，它是阶级权力通过一定形式上升为国家权力的结果。国家权力所表达的国家意志就其本质是统治阶级的意志。虽然，在社会成员之间的利益差异和冲突日益频繁和激化的情况下，没有这种社会分裂，没有一批专门从事管理的人和机构以社会整体的名义来行使公共管理的职能，就无法保持社会的基本秩序的统一。但是，问题在于，公共权力的发生机制不是依据某种自然的关系形成的，而是在社会的冲突中，冲突的优胜者

① 《马克思恩格斯选集》第1卷，人民出版社1995年版，第104页。

② 《马克思恩格斯选集》第4卷，人民出版社1995年版，第171页。

③ 《马克思恩格斯选集》第3卷，人民出版社1995年版，第523页。

（特别是占有生产资料的集团）根据本阶级的利益和意志建立的。正是因为这种不对称的、不是自然发生的社会关系，所以才需要制定正式的规则加以严格的限定。公共权力的产生是人类社会由原始状态进入文明状态的必要条件，然而这毕竟是以一部分人对另一部分人的控制，是以某种人身强制的存在为代价的。公共权力本质上是一种异化的社会力量，因为它产生于社会反过来又凌驾于社会之上，公众的权力变成了支配公众的权力。

从发生学的角度说，权力与人类社会存在着一种共生的关系。但是，国家权力却是人类社会分裂为阶级以后，随着国家的产生而形成的。与其他权力相比，国家权力特性主要表现在如下几个方面：

第一，强制力的垄断性。国家权力具有特殊的力量就在于它是一种“有组织的暴力”。“这种公共权力在每一个国家里都存在。构成这种权力的，不仅有武装的人，而且还有物质的附属物，如监狱和各种强制设施。”① 自从国家产生以后，国家权力就垄断了有组织地、系统地使用强制力的合法性，不再允许任何其他形式的暴力组织的合法存在。在这个意义上讲，国家权力与原始社会的权力的区别主要不在于是否具有强制性，而在于它是一种有组织的暴力，是强制力的垄断。

第二，普遍的约束力。国家权力作为一种公共权力，对全社会成员都具有约束力，即不仅对被统治阶级成员具有约束力，而且统治阶级内部成员也要在国家权力的约束之下。

第三，主权性。主权是国家权力的主要属性，也是一个独立国家所不可缺少的条件。在国家内部，主权是指至高无上的权力，即在社会各种类型的权力中，国家权力的效用最高；在国际关系中，主权是指一个国家的权力的独立性，即一个国家具有独立自主地处理对内对外事务的最高权力。如果一个国家失去了主权，实际上也就不成其为独立的国家。所以，一个国家的主权是不容侵犯的，侵犯和破坏一个国家的主权，就是危及这个国家的生存。

国家主权，是统治阶级专政的全权在政治、法律上的表现。剥削阶级国家权力的根本特征是同人民大众的对立和分离。社会主义国家的一切权力属于人民，人民通过一定的组织形式行使国家权力，体现国家权力同人民大众根本利益的一致性。但由于具体行使国家权力的国家机构也是独立设置的，社会主义国家机关对国家权力的运用需要密切与人民大众的联系，反对各种形式的官僚主义的消极腐败现象。

综上所述，马克思主义关于国家的定义所概括的三层含义是：国家是有阶级社会的组织，当阶级出现，阶级矛盾不可调和就产生了国家，当阶级完全消

① 《马克思恩格斯选集》第4卷，人民出版社1995年版，第171页。

灭，国家就消亡了；国家的本质是阶级统治、阶级专政，它不是一成不变的，当生产力发展，生产关系改变，通过社会变革，国家的阶级性质也就随之改变；国家是个实体物，是社会组织，是机器、工具。它是实现统治权力的机器，这个“统治权力”具有强制性、普遍性和主权性，它是国家权力同其他权力不同的主要标志。

为了进一步理解国家的含义，还需要区分国家与国度的不同。国外的一些非马克思主义的学者，往往从国家主权、领土、居民三个方面来界定国家，故称为“国家三要素”说。这是从国家的表面现象，从政治地理意义上解释国家。它的要害是抹煞国家的阶级实质，掩盖国家的本质和阶级使命，因而是不科学的。

马克思主义国家学说虽然反对国家三要素说，但对主权、领土、人口也是非常重视的，并认为这是从地理意义上区别各国的标志。每一个国家都是整个世界体系中的一个政治单位。在国际交往中，无论国家性质如何，都需要按一定地域、居民和政权所构成的政治单位，即政治地理意义上的国家相往来。我们日常所说的日本、美国、法国等国家，就是在这种意义上的称谓。马克思主义经典作家，为了把同作为阶级统治的国家区别开，称这种地理意义上的国家为国度。马克思在《哥达纲领批判》中说：“不同的文明国度中的不同的国家，不管它们的形式如何纷繁，却有一个共同点：它们都建立在现代资产阶级社会的基础上，只是这种社会的资本主义发展程度不同罢了。”①

马克思在上文中，使用了国家与国度两个概念。国家是按历史发展阶段，按阶级性质划分的；国度不是按社会发展阶段，而是按政治地理位置划分的。这种不同划分的目的，就在于不要把两种概念混淆，更不能以国度的概念代替国家的概念。

三、国家的基本职能

国家职能是国家本质的内在要求和具体体现，是国家活动的总方向、基本使命、基本目的，是指全部国家机器的基本职责和整体功能。任何国家的活动都表现为两种基本职能：内部的职能和外部的职能。内部职能的主要任务是实行社会控制，以求得经济发展、社会稳定；外部职能的主要任务是防御外来侵略，保卫国家安全。

在具体的国家活动中，国家的内部职能与外部职能是密切地联系在一起的，二者之间是相互依存、相互促进的辩证统一关系。只有加强内部职能，增强综合国力，特别是增强国家的政治、经济和军事的实力，才可能有效地实现

① 《马克思恩格斯选集》第3卷，人民出版社1995年版，第313页。

国家的外部职能；同样，有效地发挥外部职能，如通过成功的外交活动建立一个和平的周边环境，对国内政权的巩固和社会发展也会起到重要作用。

一般地说，在和平时期，内部职能与外部职能相比，内部职能居于主要地位。因为，任何国家的统治阶级如果不首先巩固自己在国内的统治地位，不首先推动国内经济与社会发展，就没有必要的社会政治条件和物质力量来保卫国家安全或对外扩张。但在特定的历史条件下，如战争时期，外部职能将可能上升为主要职能。在这样的特定时期，外部职能执行的情况如何，将会直接影响到国内政权的巩固与社会发展。

从国家活动的性质和方式的角度说，国家的内部职能可以相对地划分为政治职能和社会职能两种。

国家的政治职能即国家的阶级统治职能，是国家运用暴力、法制等特殊的强制力，控制被统治阶级，镇压被统治阶级及一切破坏现存的政治法律秩序、社会秩序的分子的反抗的政治管理职能。由于这种职能主要是通过阶级的统治和镇压来实现，所以，有时又叫镇压职能。国家的政治职能是国家的性质决定的，具有鲜明的阶级性。

国家的社会职能即统治阶级运用国家权力执行对社会公共事务的社会管理职能。国家的社会职能是国家本质的一个方面的体现，它执行国家意志即统治阶级的意志，受政治法律制度的制约，同样具有鲜明的阶级性，国家的社会职能也具有政治性质。

从理论上说，社会管理职能存在的前提是社会的存在，而政治统治职能存在的前提则是国家的存在。这意味着，社会管理职能对人类社会而言，具有共生性，与人类社会相始终。而政治统治职能对于人类社会而言，只是历史的产物，并非永恒存在，它随国家的出现而产生，随国家消亡而消亡。

国家的政治职能与社会职能是相互依存、密不可分的。在阶级社会，从根本上讲，社会管理职能是为统治阶级服务的，同时，这种职能的执行和实现，必须依靠国家权力，所以它又与政治统治密切地联系在一起，在这个意义上讲，政治职能是社会职能的前提；另一方面，政治职能又必须以社会职能为基础，因为，国家只有有效地实现了社会管理职能，政治统治才能够得以持续。

虽然，在任何阶级社会中国家都具有这两种内部职能，但由于社会发展水平不同，国家的两种内部职能所行使的范围、深度和方式是不一样。在前资本主义社会中，国家所承担的社会管理职能是比较有限的，而政治职能却占据主导地位，这与当时社会的生产发展水平和生产方式密切相关。随着资本主义的兴起，特别是工业化过程的加快，新兴城市不断涌现，资本主义国家的社会管理职能，无论是范围、深度和方式，与前资本主义国家的社会职能相比，都有了较大的发展。资本主义国家进入垄断阶段后，随着国有垄断资本与私人垄断资本的相互融合，国家对社会生活实行全面的干预。“在这里，国家管制、控制、指挥、监视和监护着市民社会——从它那些最广大的生活表现起，直到最微不足道的行动止，从它的最一般的生存形式起，直到个人的私生活止”。[①]需要指出的是：国家社会管理职能的逐渐扩大，既不是对国家政治职能的否定，也不是意味着国家政治职能的削弱。国家社会管理职能的扩大，是社会发展的必然要求。在资本主义社会，在国家社会管理职能扩大的情况下，国家的政治职能的实现方式和其表现形式发生了较大的变化，但这种变化并没有改变为资产阶级统治服务的性质。正如恩格斯所指出的：“无论转化股份公司和托拉斯，还是转化为国家财产，都没有消除生产力的资本属性。”因此“现代国家，不管它的形式如何，本质上都是资本主义的机器，资本家的国家，理想的总资本家”。[②]

社会主义国家是人类历史上最后一个历史类型的国家，其本质是无产阶级专政。尽管社会主义国家同其他一切类型的国家一样，也具有两种职能，即政治职能和社会职能。但是，由于社会主义制度基本建立之后，经济结构和阶级结构发生了根本变化，这些职能在本质上已不同于以前的任何国家。因为，社会主义全民所有制和集体所有制已经成为社会主义国家的经济基础；剥削阶级作为一个阶级已经消灭，社会上只有工人阶级（包括知识分子）、社会主义农民和其他劳动者，以及拥护社会主义和祖国统一的爱国者。在这个阶段，国内的主要矛盾已不是工人阶级和资产阶级的矛盾，而是“人民日益增长的物质文化需要同落后的社会生产之间的矛盾。”[③] 因此，社会主义国家在这个阶段的主要任务，就不再是剥夺者，而是集中力量发展生产力，进行社会主义现代化建设。国家的工作重点，国家活动的主要方向“必须转移到以经济建设为中心的社会主义现代化建设上来，大力发展社会生产力，并在这个基础上逐步改善人民的物质文化生活”。[④]

社会主义国家是从资本主义向共产主义迈进的一个过渡阶段。所以，社会主义国家的两种职能，不是一成不变的。社会主义国家在不同发展阶段上内部职能的变化，不是表现为一个职能的消逝和另一个职能的新生，而是两种职能的主要与次要地位的变换。而变化的根据，是社会主义国家不同发展阶段的社会主要矛盾和主要任务的变化。这种变化的基本趋势是：政治职能将随着社会

---

① 《马克思恩格斯选集》第1卷，人民出版社1995年版，第624页。

② 《马克思恩格斯选集》第3卷，人民出版社1995年版，第753页。

③ 《中国共产党中央委员会关于建国以来党的若干历史问题的决议》，人民出版社1981年版，第54页。

④ 《中国共产党中央委员会关于建国以来党的若干历史问题的决议》，人民出版社1981年版，第54页。

的发展、阶级差别和阶级斗争范围的缩小而逐渐缩小其作用范围，而社会管理职能则适应国民经济与社会发展和经济体制改革的要求日益扩展、深化。

在社会主义初级阶段，社会主义国家的国家职能体现社会主义国家本质和社会主义建设的根本任务的总体要求。其社会职能上升为主要职能，表现为组织经济和文化建设。而政治职能，由于剥削阶级已被消灭，已不占主要地位了，因此主要表现为进行民主和法制建设，保证社会政治稳定，同时打击反社会主义势力和分子。

第三节 国家的消亡

一、国家消亡的历史必然性

马克思主义的历史唯物主义观点揭示了人类社会发展的规律，揭示了国家是人类社会的一个历史现象，它有发生、发展、灭亡的客观规律。马克思主义认为，国家是阶级出现后，阶级矛盾不可调和的产物，当生产力高度发展之后，随着阶级的消灭，国家也必然随之消亡。恩格斯指出："阶级不可避免地要消失，正如它们从前不可避免地产生一样。随着阶级的消失，国家也不可避免地要消亡。在生产者自由平等的联合体的基础上按新方式来组织生产的社会，将把全部国家机器放到它应该去的地方，即放到古物陈列馆去，同纺车和青铜斧陈列在一起"。[①] 这就是说，当阶级消灭以后，作为解决阶级矛盾的工具的国家，就成为社会上所不需要的东西了。

二、国家消亡的条件与途径

国家必然要走向消亡，但国家的消亡是有条件的。这个条件就是要消灭阶级。消灭阶级，当然不仅要消灭剥削阶级，而且要消灭一切阶级，消灭一切阶级差别，彻底铲除阶级产生和存在的一切根源，使阶级及其差别既不能存在，也不能再产生。只有具备了这样的条件，国家才会消亡。而具备这样条件的社会，就是最高级的人类社会——共产主义社会。马克思在描述共产主义社会的情景时指出："在共产主义社会高级阶段，在迫使个人奴隶般地服从分工的情形已经消失，从而脑力劳动和体力劳动的对立也随之消失之后；在劳动已经不仅仅是谋生的手段，而且本身成了生活的第一需要之后；在随着个人的全面发展，他们的生产力也增长起来，而集体财富的一切源泉都充分涌流之后——只有在那个时候，才能完全超出资产阶级权利的狭隘眼界，社会才能在自己的旗

① 《马克思恩格斯选集》第4卷，人民出版社1995年版，第174页。

帜上写上：各尽所能，按需分配！”① 这就是说，在共产主义的高级阶段，工农之间、城乡之间、脑力劳动与体力劳动之间的差别已经消除了，阶级的差别也就不存在了。因此，只有共产主义社会，才是国家消亡的条件。

为什么只消灭了剥削阶级，国家还不能消亡，必须在阶级差别消灭之后，国家才会消亡？马克思在《哥达纲领批判》，列宁在《国家与革命》中着重阐明了这个问题。

从经济方面看，社会主义社会虽然解决了所有制问题，从根本上消除了国家存在的社会条件，但由于社会生产力水平还达不到使物质极大丰富的程度，因此，在分配领域只能实行“按劳分配”的原则。只要是按劳分配就必然存在着事实上的不平等，而事实上不平等的存在就需要国家和法律。

从政治方面看，在社会主义社会，剥削阶级虽然被消灭了，但由于国内国际各方面的因素，阶级斗争还在一定范围内长期存在。只要有阶级斗争的存在，国家就不会消亡。剥削阶级消灭以后，阶级斗争还会在一定范围内长期存在，这是马克思、列宁所未预见到的，是我们党对十月革命后国际共产主义运动和我国社会主义革命和建设的实践经验的科学总结。

由于上述经济和政治方面的原因，其中主要是存在事实上的不平等，还需要法律规范来调整人们之间的关系。只要有法，就需要有保证法律实现的具有强制性的国家机关。

只有到了共产主义，生产力高度发展了，物质财富极大丰富了，阶级差别消失了，分配领域里实行“按需分配”，才不需要法，也就不需要国家了。因为“按需分配”表明：第一，人变了。由于生产力高度发展，要求全面发展的人进行劳动，现代科学技术的发展证明了这种发展趋势。这样，脑力劳动与体力劳动的差别消灭了。第二，人对劳动的态度变了。劳动不是谋生的手段，而是生活的第一需要。特别是人们都具有高度的共产主义觉悟，都能尽自己所能进行劳动。第三，人与人的关系变了。人与人之间不存在为私利的竞争了。由公共生活规则代替了法律规范来调整人与人之间的关系。人们都习惯地、自觉地遵守生活规则，因而，无需国家强制，无需暴力，也就是不需要强制性的国家机关了。所以，恩格斯说：“那时，国家政权对社会关系的干预在各个领域中将先后成为多余的事情而自行停止下来。那时，对人的统治将由对物的管理和对生产过程的领导所代替。国家不是‘被废除’的，它是自行消亡的。”②

国家的消亡不仅需要一定的条件，而且，国家消亡的途径也是有一定规律性的。列宁说：“‘国家消亡’这个说法选得非常恰当，因为它既表明了过程的

① 《马克思恩格斯选集》第3卷，人民出版社1995年版，第305页。

② 《马克思恩格斯选集》第3卷，人民出版社1995年版，第631页。

渐进性，又表明了过程的自发性。”① 这里所说的渐进性，是指国家消亡也是一个相当长的历史过程。随着使国家消亡的经济条件和精神条件的逐渐完备，人们之间关系的逐渐改变，作为强制性的暴力机器的国家，才逐渐成为社会上所不需要的东西了。所谓自发性，是指国家的消亡不是什么人发布命令的结果，它是国家这个事物自身发生作用的结果，是国家在充分发挥了自己职能之后的必然归宿，也就是说，它不是被废除的，而是自行消亡的。这是马克思主义关于国家消亡途径的一般原理。关于国家消亡的具体时间和采用什么形式等具体问题，有待于未来的实践加以说明。正如列宁所说的：“我们只能谈国家消亡的必然性，同时着重指出这个过程是长期的，指出它的长短将取决于共产主义高级阶段的发展速度，而把消亡的日期或消亡的具体形式问题作为悬案，因为现在还没有可供解决这些问题的材料。”②

马克思主义关于国家消亡的理论科学地阐明了国家的历史命运，明确提出了国家消亡的必然性、国家消亡的条件和途径。

① 《列宁选集》第3卷，人民出版社1995年版，第191页。
② 《列宁选集》第3卷，人民出版社1995年版，第198页。

第三章　国家的历史类型及其更替

研究国家的历史类型及其更替的客观规律，是政治学理论研究的基本问题之一，也是一个被非马克思主义思想家弄得十分混乱的问题。在阶级社会发展的不同时期，代表统治阶级利益的政治学家和法学家曾经从不同的角度对国家进行了分类，其共同特征是离开国家的阶级实质来界定国家的类型，将国家看作是超阶级的永恒存在物，从而为维护剥削阶级的政治统治提供合理性论证。马克思主义关于国家的历史类型及其更替的理论，从分析国家赖以存在的经济基础以及代表这一经济基础的统治阶级在国家中的地位入手，对国家的阶级本质进行了深刻的剖析，从而科学地阐明了国家的分类问题。

第一节　国家的历史类型

一、国家历史类型的含义

国家的历史类型问题，是指国家的分类问题。在人类历史上和当今世界上，存在着许多各种各样的国家。根据这些千差万别的国家的共同特点加以分类，是政治学者长期以来研究的重要课题之一。

不同的政治学家曾根据国家的不同方面特征，运用不同的标准对国家进行分类。系统地对国家进行分类，最早是从亚里士多德开始的。他以掌握国家权力的人数多少为标准，把国家划分为三类：君主国，指国家权力掌握在一个人手中的国家；贵族国，指国家权力掌握在少数人手中的国家；民主国，指国家权力掌握在多数人，即民众手中的国家。在这三类国家中，又有正常国家和变态国家之分，正常国家是指为多数人谋福利的国家，君主国、贵族国、民主国即属于这类国家；变态国家是指以谋私利为目的的国家，包括：专制国家（一人掌权），寡头国家（少数人掌权），暴民国家（多数平民掌权）。

亚里士多德关于国家的分类对以后的西方学者产生了较大的影响。在中世纪，有的学者在亚里士多德的分类的基础上，又加上一个神权国，即上帝（神）掌权的国家，用以解释中世纪的神权国家。除此之外，有的学者按照本国政府对于国家主权的掌握程度，把国家划分为：主权国、部分主权国、殖民地国家。还有的学者按照地理环境作为划分的标准，把国家划分为：海洋国、大陆国，等等。

上述分类都是从国家的外部特征上对国家进行分类的。这些分类都没有揭示国家的本质，因而属于国家的非本质分类。由于国家本质上是维护统治阶级利益，进行政治统治和政治管理的组织。因此，国家的分类应当以各种国家所具有的最本质的特点作为划分标准。国家分类的目的，是为了说明人类历史上各个国家的本质及其发展规律。

马克思主义关于国家的历史类型的理论，从国家的本质出发，科学地阐明了国家的分类问题。所谓国家的历史类型，是按国家本质对国家进行的历史分类，是对各式各样国家的具体形态的共性进行的分析和概括。

马克思主义认为，国家是阶级矛盾不可调和的产物，是在社会经济关系中占主导地位的阶级用以实现和维护自己的阶级统治的工具。因此，国家的本质是由这种在社会经济关系中占有主导地位的阶级决定的，围绕着国家的本质划分国家的历史类型，实质上是对建立在同一类型的社会经济基础上的、具有共同阶级本质一切国家的共性的概括。

二、划分国家历史类型的基本标准

恩格斯指出："在古代是占有奴隶的公民的国家，在中世纪是封建贵族的国家，在我们的时代是资产阶级的国家。"① 列宁也指出："你们应当时刻注意到社会从奴隶制的原始形式过渡到农奴制、最后又过渡到资本主义这一基本事实……在人类史上有几十个几百个国家经历过和经历着奴隶制、农奴制和资本主义。"②

从马克思主义经典作家的这些论述中可以得出这样的结论，马克思主义国家学说是从对国家的经济基础和阶级性质的分析出发，指明了划分国家历史类型的实质，同时提出了划分国家的历史类型的基本标准，即社会经济基础和阶级实质。

按照这一标准，国家的历史类型，是对建立在同一类型的社会经济基础和统治阶级的一切国家的共同特征的概括。它表明国家政权掌握在哪个阶级手中，保护什么样的经济基础，即表明国家是哪一个阶级的统治。通过国家历史类型的分析，可以看出一个国家的具体的阶级内容。

国家的历史类型是由赖以存在的社会经济基础所决定的，在阶级社会中，

---

① 《马克思恩格斯选集》第 3 卷，人民出版社 1995 年版，第 631 页。

② 《列宁选集》第 4 卷，人民出版社 1995 年版，第 30 页。

有什么样的社会经济基础，就有什么样的统治阶级凭借国家权力实行的阶级统治，就有什么类型的国家。根据马克思主义社会经济形态的理论，同一社会经济形态的一切国家，都是属于同一历史类型的国家，都是同一类型的社会经济基础的上层建筑。世界上有许许多多的国家，无论它们的外表特征有多大的差异，不论它们的人口多少、地域大小、历史长短，只要是建立在同一社会经济基础上，它们就属于同一历史类型的国家。在分析历史上和当今世界上的各种国家的内外政策时，这是基本线索的立脚点。

自从阶级产生以来，人类社会先后经历了四种社会生产方式，即奴隶制生产方式、封建制生产方式、资本主义生产方式和社会主义生产方式。在这些生产力式中占有主导地位的阶级分别是奴隶主阶级、地主阶级、资产阶级和无产阶级，因此，国家的历史类型相应地分别是奴隶国家、封建国家、资本主义国家和社会主义国家。前三种历史类型的国家，由于它们的经济制度都是以私有制为基础的，都是少数剥削者对广大劳动人民的专政。因此，统称为剥削者类型的国家。但是，由于它们产生的历史条件和历史使命不同，维护的剥削形式不同，因而它们之间又有区别。

社会主义国家，是完全新型的最高历史类型的国家。它建立在社会主义公有制的基础上，是工人阶级和广大劳动人民统治少数剥削者的工具，是建设社会主义，进而为实现共产主义创造物质条件与精神条件的工具。它与一切剥削者历史类型的国家具有根本不同的性质。

第二节 国家历史类型的更替

一、国家历史类型的更替规律

马克思主义国家学说不仅科学地阐明了国家的分类问题，而且，也揭示了一种历史类型的国家发展到一定阶段就要被另外一种历史类型的国家所代替的客观必然性。国家由一种历史类型发展变革为另一种崭新的历史类型，是不以人们意志为转移的。

马克思主义认为，国家历史类型的更替规律，是由生产力与生产关系、经济基础与上层建筑的矛盾运动决定的。生产力与生产关系的冲突是社会变革的经济基础。生产关系一定要适应生产力性质的规律，是社会发展的基本规律。社会制度的变革，包括国家历史类型的变革，是生产关系一定要适应生产力性质的规律发生作用的结果。

当社会的生产力发展到一定阶段，必然要同现存社会和生产关系发生矛盾，从而要求对这种生产关系进行变更。经济基础的这种变更，必然引起上层建筑的变革，在这一变革过程中，国家政权从旧有阶级转移到代表生产力发展要求的新兴阶级手中，旧的国家类型也就被新的国家类型所代替。社会基本矛盾运动的一个阶段由此结束，这一运动的新的阶级由此开始，国家的类型也就进入了新的历史阶段。马克思在《〈政治经济学批判〉序言》中深刻地揭示了这种变革的过程。他指出："社会的物质生产力发展到一定阶级，便同它们一直在其中运动的现存生产关系或财产关系（这只是生产关系的法律用语）发生矛盾。于是这些关系便由生产力的发展形式变成生产力的桎梏。那时社会革命的时代就到来了。随着经济基础的变更，全部庞大的上层建筑也或慢或快地发生变革。"

国家历史类型更替的一般规律，并不排除具体更替和发展过程的特殊性。在不同的社会背景下，由于经济、文化发展水平、历史传统、社会力量构成等方面的差异，国家历史类型更替规律的具体表现方式也是多种多样的。

二、国家历史类型的更替方式

国家历史类型更替的基本方式和途径是政治革命。国家历史类型的更替，是社会政治发展的质变，代表着旧的生产力的阶级及其国家与代表着新的生产力的阶级及其国家在本质上是对立的，而旧的社会制度和国家虽然已经腐败，甚至腐朽到了极点，也不会自行崩溃。旧的统治阶级也绝不会自动地退出历史舞台，只有通过政治革命，推翻旧的政治统治，才能完成一种国家类型向另一种国家类型的历史性转变。

政治改良是社会政治发展的另一种方式。但是，它不是国家历史类型更替的方式和途径。改良的实质是统治阶级在被统治阶级斗争的压力下，被迫作出的某些局部性的让步，它并不会改变社会的根本政治制度和政治形态，因而不能完成国家历史类型的更替。尽管如此，改良毕竟是被统治阶级通过斗争获得的，在某种程度上对被统治阶级是有利的。同时，改良也有利于被统治阶级积蓄革命力量，从而为社会和政治的彻底变革创造条件。

一般地说，革命与改良的区别主要表现在三个方面：第一，革命表示国家政权从一个阶级转移到另一个阶级手中，并摧毁旧的生产关系和上层建筑，建立和发展新的生产关系和上层建筑，使社会得到根本的改造。而改良是在不改变现行的社会经济制度和政治制度的情况下，通过局部的、个别的某些现状的改善来缓和社会矛盾。

第二，革命的发生不是偶然的，而是历史的必然现象，革命的最深刻的根源在于生产关系一定要适应生产力发展的性质，上层建筑一定要适应经济基础的性质。当现存的生产关系成为生产力继续发展的严重阻碍时，代表生产力发展要求的革命阶级，就会起来推翻反动阶级的统治，改变旧的生产关系，促进新的生产方式的建立和发展，推动社会前进。而改良则是在被统治阶级的压力下，迫使统治阶级实行某些让步的政策。

第三，由于革命的根本问题是国家政权问题，在革命阶级推翻旧的国家政权的过程中必然要遭到旧的统治阶级的激烈反抗。所以，革命不是一种和平的进化过程，而必须用暴力手段打碎旧的国家机器，它是一种激烈的社会变动。而改良则是渐进的，是一种和平的、局部的改造过程。

马克思主义者不是一概地反对改良，而是不满足于改良，不停留在改良上。改良是被统治阶级通过斗争而取得的统治阶级的让步，革命者应当利用这些让步积蓄革命力量，进而夺取政权，实现社会的根本变革。而改良主义者则是停留在改良上，满足于统治阶级的让步，甚至阻止群众革命。如英国工党理论家拉斯就曾宣扬“工人可以放弃政权来换取物质福利。”因此，改良主义者实质上以争取统治阶级让步政策为最后目的，是旧的社会制度的维护者。

国家历史类型变革的实际进程也已表明：一切剥削者类型的国家，都是通过社会变革更替的。资本主义制度是最后一种剥削制度，资产阶级是最后一个剥削阶级。代替资产阶级国家而出现的新的国家类型，就是无产阶级通过社会主义革命所建立的社会主义国家。

社会主义国家是人类历史上最高类型的国家，在社会主义社会过渡到共产主义社会之后，国家存在的阶级基础和社会基础逐渐消失，社会主义国家就逐步自行消亡。社会主义国家不是被更替，而是以自行消亡的方式退出历史舞台。

第三节 古代国家的历史类型概述

自阶级社会产生以来，人类经历四种国家类型，奴隶制国家、封建制国家、资本主义国家和社会主义国家。因为有专章对资本主义国家和社会主义国家作详细阐述，在此仅就前两种历史类型作以论述。

一、奴隶制国家

奴隶制国家是人类历史上第一个出现的剥削阶级专政的国家。它是随着原始公社制度的崩溃、奴隶占有制的形成、阶级的出现和阶级矛盾不可调和而产生的。

奴隶制国家是建立在奴隶主占有制经济基础上的上层建筑。奴隶社会的经济基础，是奴隶主不仅占有全部生产资料，而且还占有生产者——奴隶本身。在这种生产关系中，奴隶主享有一切权利，不仅可以占有和买卖奴隶，而且可以随意杀戮奴隶。而奴隶则没有任何政治权利、经济权利，甚至是人身自由和安全，他们不过是奴隶主会说话的生产工具。由于广泛地使用奴隶劳动，其结果使自由农民和手工业者遭到破产，受高利贷者的剥削，变成了失掉生产资料的自由贫民。

奴隶占有制社会的这种阶级结构，就必然地形成奴隶阶级同奴隶主阶级的尖锐矛盾，自由贫民与奴隶主之间也存在着矛盾和斗争。这种矛盾和斗争反映在政治上，就是统治与反抗统治的斗争，达到尖锐时则爆发大规模的奴隶暴动和奴隶起义。

在这种经济基础和阶级结构上建立起来的奴隶制国家，是奴隶主阶级用来维护自己的利益，压迫和剥削奴隶的政治组织，其实质是奴隶主阶级对奴隶的专政。奴隶制国家有两个方面的职能，一是内部职能，一是外部职能。奴隶制国家的本质就是通过其职能反映和体现的。

奴隶制国家的内部职能，是控制奴隶和自由贫民等广大被压迫群众。奴隶主阶级凭借国家的一系列暴力机关，采用极端残酷的手段，镇压奴隶的反抗，实行赤裸裸的暴力统治，这充分反映了奴隶主的剥削形式。如斯巴达，大批屠杀其所奴役的希洛人（奴隶）以恫吓其余的奴隶。在罗马有一条法律规定：奴隶杀害主人时，与这一奴隶同住一屋的全体奴隶均处死刑。而在阶级斗争激化、奴隶起义之后，镇压就更加残酷。例如在斯巴达克领导的奴隶起义失败之后，竟有 6 000 名被俘的奴隶起义者被活活地钉死在十字架上。

奴隶主阶级通过国家控制被压迫阶级的另一种办法，就是利用宗教作为精神武器，以麻痹奴隶和自由民对他们的反抗精神。宗教在奴隶制国家中起着重要作用，寺庙拥有大量的财产，祭司在国家机关中占有显要的地位。如埃及、巴比伦、犹太的祭司在国家机关中都占有显要的地位，而罗马的僧侣被认为是神在人间的代表。他们主持祭典，解释法律，具有很大的权力。中国殷代以后，设太祝，专掌祭祀。宗教和祭祀被认为是一切公民都应信奉和遵守的。对他们的要求稍有违反，就会受到严厉的惩处。如雅典，对于不信神或违反固定的宗教祭祀仪式的人可以判处死刑。

奴隶制国家的外部职能是侵略他国领土或保卫本国领土以防别国侵略。奴隶制国家的外部职能具有重要意义。由于奴隶主对奴隶的非人的虐待和残酷的镇压，使大批奴隶过早地死亡，需要经常有大批的奴隶作补充。因此，对外发动战争、进行掠夺、使俘虏沦为奴隶，就成为劳动力再生产和增加奴隶数量的一种必要的手段。同时，战争也是缓和国内矛盾的一种方法。因此，奴隶制时期，战争是很频繁的。因为奴隶制国家随时准备侵略弱小的国家，同时也必须时刻准备抵抗外来的侵略。如亚速、埃及、罗马都进行过掠夺战争。罗马正是由于进行多次战争，才由一个不大的城市国家，变成了一个包括地中海沿岸各地的领土辽阔的强大帝国。

奴隶制国家，由于各国生产力发展的水平不同，生产资料占有制的方式不同和阶级力量对比关系不同，它们所采取的统治形式也各不相同。古代东方的奴隶制国家，如埃及、巴比伦、亚速、波斯等国，都采用君主制，即所谓东方暴君制。在这种国家里，全部国家权力在形式上属于世袭的君主，他通过复杂的军事官僚机构来管理国家。

在希腊的城邦国家——雅典，则采用奴隶主阶级的民主制。表现为“人民大会”具有很大权力和公职人员是由选举和抽签产生的。当然这种民主只是奴隶主阶级内部的民主。所有的奴隶既被剥夺了一切政治权利，也就更没有参加人民大会和被选为公职的权利了。

在古罗马和斯巴达这样的奴隶制国家中采取的是贵族制。表现为由奴隶主阶级中的少数显要贵族组成的元老院（古罗马）、长老会议（斯巴达）掌握重要权力。其他重要职务也是由军事显贵或土地富有的显贵担任。这种形式很明显地表明：奴隶主阶级的专政是通过奴隶主阶级中的少数显贵的统治来实现的。

奴隶制国家所采取的形式，无论是把统治权力集中于一个人（君主），还是少数人（贵族），还是更多一些人（民主），它们的实质则是共同的，都是奴隶主阶级实行的政治统治，都是奴隶主对奴隶进行的阶级专政。

二、封建制国家

奴隶制社会崩溃以后，人类历史进入了封建专制时期。这个时期在西欧大约经历了约 1300 多年，在我国则有 2300 多年的历史。在这个历史发展阶段中，由于历史条件的不同，各国在经济、政治等方面所表现出的特点也不相同。但是，就其本质而言，它们都是封建大土地占有者对广大农业劳动者进行剥削和压迫的工具。

封建制国家是建立在封建制经济基础之上的上层建筑。封建社会是以自然经济为主的农业社会，农业是最基本的生产部门，土地是最主要的生产资料，决定生产资料与劳动者结合方式的土地所有制则是封建社会生产方式中“现实的关系”，即生产关系的核心。因此，分析封建社会的土地所有制，是我们研究封建社会生产关系、认识封建国家的出发点。

封建社会土地所有制的具体形式主要有四种：领主占有制、地主占有制、国家占有制和自耕农占有制。在西方封建社会的大部分时期，领主占有制是占支配地位的封建土地所有制形式。在这种制度下，土地由国王赐封给大封建主，然后不规则逐级分封给各级领主。下级领主对上级领主承担一定的义务，如提供兵役、交纳贡赋等等。领主管领的领地可以世代相袭，但不能自由买卖。他们在自由的领地上经管庄园，利用特权和暴力压榨附属农奴。其主要剥削手段是把田产分为份地和保有地，农奴使用自己的工具耕种份地来维持自己和家庭的生活，同时无偿为领主耕种保有地，并承担本领地的贡赋、徭役等等。与奴隶制相比，农奴的处境有所改善，领主不能随便屠杀农奴。但是农奴仍然被强制束缚在领地上，成为"他出生的那一块土地的奴隶。"①

我国封建社会占支配地位的土地所有制形式是地主占有制。与西方领主制相反，地产制经济允许土地买卖。我国早在战国时期就打破了"田里不鬻"原则，承认了土地买卖的合法性。在这种制度下，地主获得土地的主要手段不是封授而是购买。他们把自己占有的大量土地分别出租给佃农种，并通过收缴地租的方式榨取农民的剩余劳动。"农民用自己的工具去耕种地主、贵族和皇室的土地，并将收获的四成、五成、六成、七成甚至是八成以上，奉献给地主、贵族和皇室享用。"② 这就是地主制经济的剥削本质。

封建土地国有制就是以国家的名义占有土地。在西方封建社会，国王虽然名义上是全国土地的主人，但土地分封给各级领主掌管，因此其土地所有制实质上并不是国有制而是领主占有制。我国封建社会前期曾出现过屯田、营田、职田、农庄和均田等土地国有制形式，但是，它们本质上不过是扩大了的地主所有制。这不仅是因为当时的国家是地主阶级的代表，而且因为就国家与耕种国有土地的农民之间的关系来看，实质上是一种地主与佃农的租佃关系。也就是说，国家关系不像封建庄园的领主那样具体干涉土地经营，而且农民向国家交纳的赋税实际上也主要不是国家法权的体现，而是一种变相的地租。正如马克思所指出的："如果不是私有土地的所有者，而像在亚洲那样，国家既作为土地所有者，同时又作为主权者而同直接生产者相对立，那么，地租和赋税社会合为一体，或者不如说，不会再有什么同这个地租形式不同的赋税。……在这里，国家就是最高的地主。"③

自耕农占有制就是农民自己占有所耕种的土地，即所谓"一夫挟五口，治百亩"的土地制度。自耕农所占有的土地是少量的，只能作为自己生存的条件，而不是用以剥削他人。在地主所有制占支配地位的封建社会，自耕农的地位是孤立的、极不稳定的。他们的土地成为地主兼并的对象，劳动力则成为佃农、雇农的后备军，同时还要遭受官府的压迫、盘剥。因此，自耕农占有制不论在经济关系中还是在政治影响方面都只能成为地主占有制的附属和补充。

综上所述，在封建社会的四种土地所有制形式中，真正占支配地位、并且对封建制国家起决定作用的，在西方是领主占有制，在中国是地主占有制。这

① 《马克思恩格斯全集》第2卷，人民出版社1957年版，第471页。

② 《毛泽东选集》第2卷，人民出版社1991年版，第624页。

③ 《马克思恩格斯全集》第25卷，人民出版社1974年版，第891页。

两种土地所有制虽然形式有别，但本质是相同的。它们都具有封建社会生产关系的基本特征，即土地由享有一定特权的大土地所有者占有；劳动者耕种领主或地主的土地，并以劳役或实物的形式将维持家庭生产和生活以外的剩余劳动无偿交付给土地所有者；劳动者不像奴隶那样，他们不依附于主人，而且有一个独立生产、生活的单位——家庭。同时也有别于近代的雇佣劳动者，不是出卖劳动力，并以"等价交换"原则从领主或地主那里换取生活资料，而是在超经济强制下把自己的剩余劳动无偿交给土地所有者。可见，在封建的经济关系中，土地占有者和农民处于剥削和被剥削的对立地位，这就决定了封建社会的主要矛盾是农民阶级和大土地占有者阶级之间的矛盾。历史上层出不穷的农民起义就是这一矛盾激化的表现。在这种经济基础上所建立的封建制国家，必然是在生产关系中占统治地位的大土地占有者阶级从政治上对农民阶级实行专政、压迫以维护其阶级统治的工具。

封建制国家的特征是其本质的具体表现，因此，决定封建制国家本质的封建生产关系也就成为封建制国家特征的决定力量。由于西方和中国历史上的封建生产关系采取了不同的形式，在此基础上产生的封建制国家的特征也必然不尽相同。概括地说，西方和中国封建制国家的不同特征表现在下述三个方面：

第一，从国家结构，即中央政权和地方的关系来看，西方采取的是分封割据制，而中国则采取了中央集权制。

马克思主义认为，国家的政治权力是统治阶级用来实现自己经济利益的手段。封建制国家的政治权力当然也是如此，它的基本职能就是对农民阶级实行超经济强制，即迫使农民人身依附于大土地占有者阶级，以便无偿占有农民的剩余劳动。在奴隶制和雇佣奴隶制——资本主义制度中，劳动者是在生产资料占有者的管理下劳动，他们不是生产过程的直接组织者，因而不能直接支配劳动产品，只能从奴隶主和资本家那里领取生活资料或劳动报酬。而封建制则完全不同，农民占有生产工具，并且是全部或部分生产过程的直接组织者，可以直接支配全部或部分劳动产品，因此，没有超经济强制，大土地占有者就无法迫使农民以劳役或实物的形式交出自己的剩余劳动。正如列宁在分析封建社会时所指出的："如果地主没有直接支配农民人身的权力，他就不可能强迫那些分得土地而经营自己的经济的人来为他做工。"① 西方和中国历史上的封建土地所有制形式不同，因此国家政治权力的运用方式，即超经济强制的实施方式也有区别。这一区别正是导致西方和中国的封建社会在国家结构上采取不同形式的直接原因。在西方的领主制经济中，领主的土地由分封而来，世代相袭，不能买卖，因而领主个人作为土地占有者的身份是固定的，有保障的；同时，

① 《列宁全集》第3卷，人民出版社1984年版，第161页。

领主主要以劳役形式占有农民的剩余劳动，这就要求农民对领主有较强的人身依附性。因此，在领主制的封建社会里，土地所有权和实施超经济强制的政治权力都集中在领主个人手中。领主在得到分封的土地时，同时也得到了这块土地上的“特恩权”，即行政、立法、司法、军事、铸币等特权，并以此迫使农民对其人身依附，由于大领主在其所辖领地内几乎行使着全部国家权力，因此形成了封建割据状态，这时的封建制国家实际上不过是若干很少联系的、半独立的领地国家的联合体而已。

中国封建社会的经济基础是地主制生产关系。由于土地可以自由买卖，地主和西方领主相比，作为大土地占有者的身份是不固定的；况且，地主主要以实物或货币地租为手段占有农民的剩余劳动，因此，其个人不可能享有等同于西方领主的政治特权。在中国，实行超经济的强制手段——政治力量是游离于土地关系之外，由国家行政机构统一掌握的，地主个人无权直接运用政治权力压迫农民。农民不是被土地占有者束缚在固定的领地上，而是被国家政权束缚在一个行政区域内，其主要手段就是统一的户籍制度和作为基础工具的乡里、保甲组织。只有运用国家政权的力量，地主阶级作为一个整体才能够实现对农民阶级的超经济强制，从而保障自己的经济利益。我国的封建地主阶级为了满足自己的需要，必然要建立一个强大、统一的国家政权。自秦始皇始，地主阶级就提出了“海内为郡县，法令由一统”（《史记·秦始皇本纪》）的思想，建立了统一中央集权制国家。经过漫长的发展和多次反复，我国最终于10世纪（五代、北宋之交）形成了一套集中统一、下设郡县、由专职官吏操纵的庞大、复杂的国家机器。中国封建社会前期也曾出现过“分封制”，但大都属于封户而不分土，或分土而不治民的情况，与西方中世纪的领主分封制完全不同。总之，中国的中央集权制是地主经济的产物。正如王亚南所说：“没有封建的地主经济作基础，中央集权的专制官僚政体是不可能因为任何理由发生与发展的。”①

在西方封建社会后期，随着生产力的发展和资本主义经济关系的逐渐形成，其经济基础也从领主制转向了地主制，土地可以买卖，地租采用了货币形式。但是，这与中国封建社会的地主制不同，它不是西方封建社会的基本经济形态，而是以封建制向资本主义过渡的经济形式。这时的地主，是对立于贵族领主的，许多人后来转向工、商、金融业，成为近代资产阶级的前身。因此，在这一基础上形成的中央集权制的国家也与中国不同，实际上成为确立资本主义生产关系的先决条件，而不仅仅是维护封建生产关系的工具。

第二，从权力结构，即政治权力的排列组合形式来看，西方实行的是等级

① 王亚南：《中国地主经济封建制度论纲》，华东人民出版社1954年版，第15页。

制，而中国则是官僚制。

西方封建社会的领主制是一种土地所有权与政治特权相结合的制度。因此，逐级分封所形成的严格等级就必然成为权力结构的直接基础。正如恩格斯所说："在中世纪的封建国家中，也是这样，在那里，政治的权力地位是按照地产来排列的。"① 在这种等级制度下，不仅土地所有者必然成为政治权力的掌握者，而且，阶级划分与等级划分也是一致的。统治阶级内部各等级之间有着一定的人身依附关系，不同等级的土地占有者即拥有不同等级的政治特权，没有土地的农奴则成为没有任何政治权利的被剥削、被压迫者。例如西方封建社会中领主与附庸的关系，领主对于依附于他的附庸负责"保护"，附庸则必须对领主"效忠"，即军事上提供军队，政治上参加咨询（领主的会议），经济上纳贡、奉献金钱等等。这种以领地分封为基础的阶梯式的权力结构，是西方封建制国家的重要特征。

中国封建社会的地主制经济关系决定了它不可能形成土地所有制的等级结构，在此基础上，地主阶级在政治、法律上的等级划分也很不严格。所以说，中国不存在西方式的封建等级制。但是，中国的地主阶级为了对农民进行超经济强制，在地主的个人权力范围之外又建立了一整套庞大、复杂的国家机器，由专职官吏行使行政、司法、军事等权力。这就形成了中国封建社会所特有的权力结构——封建官僚制。王亚南正确指出："中国的专制官僚政体是随中国的封建的地主经济的产生而出现的，它主要是建立在那种经济基础上的。"②

中国封建社会的官僚制具有以下三个特点。首先，它是由专职官吏组成的权力机构。各级官僚不是凭借自己在经济上的地位，而是通过举荐、科举等途径，由国家任命而取得官职的，并且按官职领取国家颁布俸禄。因此，从形式上说，政治权力是游离于土地所有权之外的。随着封建地主经济的发展和中央集权的加强，历代统治者不断健全、扩大自己的官职队伍。据明史记载："历代官制，汉七千五官员，唐万八千员，宋极冗至三万四千员。本朝自成化五年武职已愈八万。合文职，盖十万余。"③ 由此可见封建官僚队伍的扩大趋势。

其次，在官僚集团内部，有着按等级划分官职的严密组织。我国第一个封建官僚政权——秦朝建立之初，统治阶级就提出"邦之急，等级"④，把建立官僚等级制度作为当务之急。我国魏晋时代建立了九品三十等的官僚制度，以后为历代封建统治者所沿用。这种官僚集团内部的等级制，是维持君主专制和

① 《马克思恩格斯选集》第4卷，人民出版社1995年版，第173页。

② 王亚南：《中国官僚政治研究》，中国社会科学出版社1981年版，第54页。

③ 《明史·刘体乾传》。

④ 湖北云梦出土的秦简《为吏之道》。

中央集权制的有效手段。

再次，封建官僚按官价高低享有特权，特权成为官僚制的核心。我国封建社会的官吏，除了食取俸禄之外，还享有如下特权：减免赋税，如汉制规定，六百以上官吏军役外免除全家人一切徭役，下级官吏和博士弟子本人终身负役；“官当”，即以官抵罪，如隋《开皇律》规定，犯和罪以官当徒者，五品以上一官当徒二年，九品以上一官当徒一年；“任子”、“荫袭”，即大官僚有权保举自己的子弟做官，如汉制规定，二千石以上官吏，任满三年即可保举子弟一人为“郎”。此外，利用职权谋取私利，因升官而发财者更是封建社会的常见现象。“初来单马执鞭，返去从车百辆”，成为封建官僚的如实写照。西方和中国封建制国家的权力结构虽然形式不同，但其本质却是一致的，它们都是适应大土地占有者阶级的需要，利用政治权力压迫、剥削广大农民的手段。

第三，从政治文化即封建统治阶级控制人民思想的手段来看，西方是直接利用宗教，而中国则是把一种适应地主阶级需要的思想宗教化。

政治上的专制与思想上的迷信是分不开的。利用宗教化的意识形态对人民进行思想统治，是封建社会大土地占有者阶级巩固国家政权，维护自己在经济关系中的统治地位，镇压人民反抗的重要的、不可缺少的手段。但是由于经济基础和政治制度不同，西方和中国的封建统治者在运用这一手段时也采取了不同的方式。

西方封建制国家直接利用宗教垄断政治文化领域，是起因于它们的领主制经济以及由此产生的分封割据制度。宗教具有两个重要特征：一方面，它是一种思想，表现为教义、教条；另一方面，它又是一个组织，表现为教会。这两方面对西方封建统治阶级都是必不可少的。他们利用宗教教义毒害、麻痹人民，让僧侣垄断全部文化教育，使整个思想领域都带有神学色彩，从而禁锢了人们的思想。同时，他们还利用教会组织对抗、削弱王权，维护领主制经济和分封割据制度。在西方封建社会，政教合一是一种普遍现象。教会占有特殊的地位，拥有巨大的权力，对社会生活、政治生活和私人生活的一切方面都加以干涉。教会还享有广泛的司法权，拥有审判机关——宗教裁判所。它不仅审理僧侣案件，而且还审理俗人案件，在反对“异教”的借口下残酷迫害不满现行制度的人们。这样，教会一方面削弱王权，使国王无法把国家统一起来，另一方面加强了对人民的控制，填补了王权削弱所带来的空白。当欧洲封建社会后期领主制开始崩溃，中央集权的民族国家开始形成时，教会在国家政治生活中的作用也随之减弱，这就从反面证明了西方中世纪的宗教具有既统治人们思想又维护领主制经济关系和封建割据制度的双重作用。

中国封建社会的情况与西方不同，它是一个以地主制经济为基础的中央集权的国家。因此，它既需要有一种宗教化的、以盲目信仰为基础的政治文化来控制人们的思想，又不允许有一个像西方的教会那样的组织独立于国家政权之外。在中国封建社会两千多年的历史进程中，宗教从来没有直接干涉政治的权力，中国唯一在本土产生并普及全国的宗教——道教，起源于先秦老庄的“无为”哲学，本身即具有脱离政治的虚无主义倾向。此外，世界上最有影响的三大宗教——佛教、基督教和伊斯兰教在传入中国后即消除了其参与政治的传统。佛教的神职人员甚至称为“出家人”，以示远离“红尘”。这种情况完全是适应中央集权制的结果，表明地主阶级的国家政权不允许在自身之外存在任何其他的政治力量，同时也决定了宗教在中国不能直接作为控制政治文化的手段。

中国历史上的封建制国家采取了一种特殊方法来建立其思想统治，即把孔子的伦理哲学思想宗教化。这不仅因为孔子哲学思想的内容适应封建地主阶级的需要，而且因为这样可以避免产生一个独立于国家之外的教会组织。孔子的儒家学派在创始之初不过是诸子百家之一，而孔子本人也仅仅是一个不甚得志的学者。随着封建社会的发展，统治阶级为了控制人民的思想，不断提高儒家的地位，西汉时期，“罢黜百家，尊崇儒术”，儒家思想成为占统治地位的正统思想。后来，进一步被封为儒教、孔教，孔子本人也随之被神化了。在两千多年的封建历史中，人们对孔孟之道只能盲目信仰，对孔子、孟子只能盲目崇拜。因此，说儒家思想在政治文化方面起了和西方基督教相同的作用，是不为过分的。然而，地主阶级在把孔子的思想宗教化的同时，并没有建立一个孔教会。显然，这也是由中国封建社会特殊的经济、政治条件所决定的。

在我国，孔孟之道在发挥其思想统治作用时，是与宗法思想相结合的。所谓宗法，是指以血缘亲属关系为基础的，规定宗族内部的尊卑、贵贱和上下等级的一种制度。主要表现为同姓宗族内部分为大宗、小宗和嫡长子继承等等。这种制度在统治阶级内部同政治权力相结合，形成了君主专制和官僚门阀制。在劳动人民中，则形成了以族权为中心的父子、兄弟、夫妻等隶属关系。这样，整个社会就形成了君君、臣臣、父父、子子的宗法思想与制度。孔孟之道与这种思想和制度结合在一起，正是为了以此为手段，调整统治阶级内部关系，控制、压迫劳动人民，维护封建统治秩序。正像孔子自己所说的：“其为人也孝弟，而好犯上者鲜矣，不好犯上而好作乱者，未之有也。”（《论语·学而篇》）由此而见，利用孔孟之道和封建宗法思想对人民进行思想统治，是中国封建制国家政治文化方面的一个重要特征。

西方和中国历史上的封建制国家在上述三方面的不同特征表明，封建社会的经济基础对其上层建筑的决定作用，是一种具体的、现实的联系，而不是一种抽象的联系。经济基础不仅决定上层建筑的本质，而且决定着上层建筑的形式。只有全面认识不同国家的上层建筑采用不同形式和表现出不同特征的根本原因，才能深刻理解封建制国家的本质。

第四章　资本主义国家

资本主义国家是在资本主义生产关系形成和发展的基础上，资产阶级经过经济政治斗争，推翻封建地主阶级政治统治或者与封建地主阶级政治妥协后建立起来的，是资产阶级维护其政治地位和资本剥削关系的工具。资本主义国家以资本主义私有制为经济基础，以资本主义市场经济为经济运行方式，以普选制、议会制等形式为政治统治和治理社会方式，以共和制或君主立宪制为基本政权组织形式。从历史的角度看，资本主义国家的建立，对社会生产力挣脱封建政治经济关系和制度的束缚而得到发展起了较大的促进作用，同时也创造了资本主义民主法治意识、制度形态和社会管理方式。[①] 但是，随着生产力的进一步发展，资本主义的私有制与生产力社会化要求的内在矛盾不断发展，这就使得自由资本主义阶段的国家嬗变为垄断资本主义阶段的国家，资本主义的生产关系及其上层建筑成为生产力发展的严重障碍。尽管资本主义国家进行制度的修补和政策的调整，但是，却无法克服其内在的生产力与生产关系的矛盾，这一矛盾决定着资本主义国家的历史命运。

第一节　资本主义国家的本质特征

一、资本主义国家的产生

资本主义国家的产生，是封建社会末期生产力发展的结果，是在此基础上产生的新的资本主义生产关系逐步发展和壮大的政治结果。

资本主义生产关系最初萌芽于西欧社会。经过漫长的中世纪，到 11 世纪，西欧社会生产力有了进步，生产工具逐步改进，农业耕作技术得到突破，从而使得农业生产得到迅速发展。农业的发展，带动了农产品加工业的发展，在这一时期，西欧社会出现了酿酒、榨油、毛纺织业。与此同时，生产分工细化，手工业进一步发展，生产技术得到改进，尤其是冶铁和纺织技术得到了迅速发展。社会生产力的发展，使得生产产品超出了生产者及其家庭自给自足的范围，而生产的

---

① 参见王浦劬主编：《政治学基础》，北京大学出版社 1995 年版，第 243 – 246 页。

社会分工的细化，也使生产的专门化水平提高，从而使得产品的交换成为社会和经济生活的必然要求。这种状况使得社会生产突破了封建生产关系下的自然经济形态，为交换而进行的生产逐步成为社会经济的主要活动方式，由此产生了商品贸易关系和货币关系。商品贸易和货币关系的形成和发展，使欧洲的城市经济得到迅速发展。这种城市经济最初起源于贸易和商品交换的集市，通过集市贸易，产生了比较富裕的手工业者，他们以积累的财富和货币向封建主赎回土地租赁形成的人身依附关系，独立开设手工业作坊或贸易机构，从事商品生产和交易，从而形成了手工业者和商人的聚集地——市镇。市镇的出现，标志着城市经济在西欧的形成。这种城市经济以手工业和商业为主业，从事这些行业的生产和经济活动的主要是手工业主、商人、行会师傅、学徒和帮工，其生产和组织方式主要是行会和同业公会。至 11 世纪，这种经济形态的城市已经遍布欧洲，成为西欧经济的重要组成部分。到 14 世纪，西欧的生产力得到进一步发展，生产分工进一步深化，贸易货币关系进一步扩展，与这些变化和发展相伴随，在工商业发达的地中海沿岸城市中首先发生了生产和经济活动的组织方式的变革，其具体表现为：西欧城市经济中行会式的生产组织方式逐渐被淘汰，手工业作坊主摆脱行会制度的束缚，以雇佣劳动作为主要生产方式，这种生产方式使得帮工和学徒变成了雇佣工人，手工业作坊主转变成了资本家。与此同时，商人控制手工业，将其商业资本投入手工业生产，使商业资本转化为工业资本，这些商人与手工业劳动者签订雇佣合同，也以雇佣劳动作为生产和经济活动方式，在这种雇佣劳动关系的两端同时产生了雇佣工人和资本家。由此可见，这种以资本运行和雇佣劳动为主要内容的生产关系，是在生产力和生产分工不断发展的基础上，在以贸易交换和货币关系为基本特征的市场经济不断发育的过程中，逐步改变生产和经济活动的组织方式而演变形成的。雇佣劳动关系在社会生产和经济活动中主导地位的确立，标志着资本主义生产关系的形成。

资本主义生产关系形成后，促进了当时西欧社会生产力的发展。而生产力的进一步发展，又转而刺激和推动着资本主义生产关系的不断运动和扩展。就这一生产方式运行的特点来看，资本主义雇佣劳动生产关系的扩展，必然要求资本家集聚足够资本，同时，要求大量不具有生产资料的雇佣劳动者的存在。在欧洲资本主义发展过程中，这两方面的要求是通过资本原始积累过程实现的。资本原始积累过程是充满剑与火、血与泪的过程：在国内，资本家通过“圈地”运动等野蛮的经济活动，运用暴力强制性地使农民与生产资料分离，在制造大批雇佣劳动者的同时，也把农业生产资料转化成了资本。在世界范围内，资本家通过灭绝人性的奴隶贸易，拐骗贩卖其他国家和地区的人口，使其沦为雇佣劳动者，并且由此积累巨额资本。同时，他们还进行大规模的殖民活动，通过征服和掠夺殖民地，聚集资本并扩展世界市场。由此可见，“原始积累就是强使劳动者同生产资料分离，把农民从土地上赶走，霸占村社土地，实行殖民制度、国债制度、保护关税制度等等。‘原始积累’在一极造成‘自由的’无产者，在另一极造成货币所有者即资本家”。西欧社会的资本原始积累过程，在较短的时间内制造了大量的资本和劳动力，从而极大地刺激和促进了资本主义生产关系的发展，使得资本主义生产方式得到确立和迅速扩张。

从资本主义生产关系的形成和确立过程可见，这一生产关系的基本特点是：生产资料为资本家私人所有；资本主义生产的目的是为了最大限度地获得剩余价值，因此，以最小的成本获得最大经济收益的资本理性成为资本经济活动的支配性原则；资本主义生产以雇佣劳动的方式进行，劳动力本身成为商品，资本家以劳动者的市场价格购买劳动力，雇佣劳动者在交换过程中不具有封建人身依附关系，而具有出卖自身劳动力的自由权利；资本主义生产以交换和货币关系作为自己存在的必要条件。就资本主义生产关系这些特点来看，它具有与封建生产关系相容的一面，集中体现在它们都是以生产资料的私人占有为所有制形式的，这就决定了资本主义能够在不根本改变私有制的前提下，仅仅通过改变生产和经济活动方式得以生长。同时，资本主义生产关系能够直接在经济领域形成和成长，因此，它可以在不首先触动封建国家政权的条件下得以发生和发展。资本主义生产关系与封建社会的这些相容性，使得它能够在封建社会中得以孕育、产生和形成，如同马克思、恩格斯所指出的那样，“资产阶级赖以形成的生产资料和交换手段，是在封建社会里造成的”。

另一方面，资本主义生产关系作为一种适应生产力要求的新兴生产关系，又具有与封建生产关系相互矛盾，乃至不相容的一面，其主要体现在：资本主义生产关系是雇佣劳动关系，因此，它以雇佣劳动为基本生产和经济活动方式，资本家与雇佣劳动者之间存在着一种劳动力可以自由买卖的商品交换关系，雇佣劳动者在市场上可以自由地出卖自己，而封建的生产关系则是农民与封建地主之间的土地租赁关系，在这种租赁关系上形成了农民对于封建主的人身依附关系，劳动者并没有出卖自身的自由。资本主义生产以追求剩余价值为生产目的，因而其生产具有无限扩展的内在动力，而封建生产关系下的生产以使用价值的生产为目的，以自给自足的生产为限度。资本主义生产以市场的平等交换作为活动的基本条件和方式，在社会经济交换过程中，它排斥超经济的强制因素，而封建经济关系则是建立在暴力和政治权力的超经济强制因素基础上，建立在社会身份等级制基础上的。因此，虽然资本主义生产关系起初孕育和形成于封建社会，但是，由于封建的生产关系越来越严重限制和束缚着社会生产力和资本主义生产关系的发展，因此，随着资本主义生产的发展和成长，资本主义生产关系与封建生产关系的矛盾逐步突出，“在这些生产资料和交换手段发展的一定阶段上，封建社会的生产和交换在其中进行的关系，封建的农业和工场手工业组织，一句话，封建的所有制关系，已经不再适应已经发展的生产力了。这种关系已经在阻碍生产而不是在促进生产了。它变成了生产的桎梏。”① 由于资本主义生产关系代表着生产力发展的要求，因而在与封建生产关系的矛盾和斗争中呈现出强盛的生命力，不断侵蚀瓦解着封建生产关系。到16—17世纪，封建生产关系在西欧国家已经趋于解体，资本主义生产关系已经在若干国家占据了主导地位，从而为资本主义国家的产生奠定了经济基础。

资本主义国家的产生，是资产阶级与封建地主阶级力量对比不断变化，资产阶级在经济政治斗争中逐步占据上风乃至获得胜利的结果。

资本主义国家是资产阶级逐步发展其阶级力量，并且在与封建地主阶级的长期较量和斗争中逐步建立的经济统治和政治统治。资产阶级与封建地主阶级力量对比的变化及其彼此的历史命运，根本上是由各自与之联系的生产关系和生产方式决定的。在封建社会，占据社会经济生活主导地位的是封建生产关系和生产方式。与这种生产关系和生产方式紧密联系在一起的是封建地主阶级和农民阶级。在这种生产关系中，封建地主阶级拥有生产资料和社会财富，并且通过土地租赁关系和其他社会关系不完全地占有农民，对农民进行经济剥削和超经济剥削。因此，封建的生产关系是封建地主阶级生存的经济基础。另一方面，自然经济的农民则是这种生产关系的另一端产物。在封建经济关系下，“小农人数众多，他们的生活条件相同，但是彼此间并没有发生多种多样的关系。他们的生产方式不是使他们互相交往，而是使他们互相隔离。他们进行生产的地盘，即小块土地，不容许在耕作时进行分工，因而也就没有多种多样的发展，没有丰富的社会关系。每一个农户差不多都是自给自足的，都是直接生产自己的大部分消费品，因而他们取得生活资料多半是靠与自然交换，而不是靠与社会交往。”② 这种经济活动方式，使得农民主要依靠对于土地的依附、由此进而依靠对于封建地主阶级的依附来维持生产和生活。由此可见，在封建社会中，处于这种经济关系中的封建地主阶级和农民阶级都不是先进的生产关系和生产方式的承担者和体现者，因此，当封建社会末期社会生产力的发展要求新的生产关系和生产方式突破和抛弃封建社会的生产关系和交换方式时，便注定了这两大阶级必然随着封建生产关系和生产方式的衰败而逐步退出历史舞台。

随着资本主义生产关系的产生和发展，在西欧社会产生了与资本主义生产资料所有制和生产方式联系在一起的资产阶级。如同马克思所说的那样，“现代资产阶级本身是一个长期发展过程的产物，是生产方式和交换方式的一系列

① 《马克思恩格斯选集》第1卷，人民出版社1995年版，第277页。

② 《马克思恩格斯选集》第1卷，人民出版社1995年版，第677页。

变革的产物”。① 在这个意义上，所谓的资产阶级，实际是资本主义生产关系的人格承担者，是生产方式的社会群体和社会力量的体现。

封建社会末期各阶级与不同的生产关系和生产方式的联系，决定了各阶级力量发展的不同状况。在封建社会，封建地主阶级是社会经济、政治的统治者，它不仅拥有生产资料，而且掌握着国家机器和思想控制的工具，但是，在封建社会末期，随着封建生产关系的衰落，封建地主阶级攫取生产产品和社会财富的能力大大下降，它所控制的国家机器日益腐朽，其阶级力量日益没落衰微。另一方面，在封建社会，封建地主阶级与农民阶级的矛盾，构成了社会的主要阶级矛盾。农民阶级反抗封建剥削和统治的斗争，一次次沉重打击了封建地主阶级，在封建社会末期，农民阶级的这种阶级斗争更加激烈，更加迅速地促使封建地主阶级迅速衰落。封建社会中的农民阶级虽然以自己对于封建地主阶级的斗争促进了社会历史的发展和进步，但是，农民并不是新的生产力的代表者，每一次农民革命不是归于失败，就是促使一个新的封建王朝的建立。如同马克思分析的那样，农民阶级只是在家庭经济条件相同的意义上是一个区别于其他阶级的阶级，而在封建生产关系和生产方式下，他们难以形成完整意义上的阶级和作为整体的阶级力量，“数百万家庭的经济生活条件使他们的生活方式、利益和教育程度与其他阶级的生活方式、利益和教育程度各不相同并互相敌对，就这一点而言，他们是一个阶级。而各个小农彼此间只存在地域的联系，他们利益的同一性并不使他们彼此间形成共同关系，形成全国性的联系，形成政治组织，就这一点而言，他们又不是一个阶级。……他们不能代表自己，一定要别人来代表他们。”②

封建社会末期新的生产力的代表者是资产阶级。由于资本主义生产关系和生产方式具有对于封建生产关系和生产方式的历史进步性，具有容许和促进社会生产力迅速发展的历史先进性，因而它一经产生，便获得了强大的生命力，并逐步取得了对于封建生产关系和生产方式的优势地位。与这种生产关系和生产方式相联系，资产阶级是一个新兴的阶级，是封建社会末期新的生产力的代表者，这就决定了资产阶级的阶级力量在这一时期不断得到成长和壮大。从西欧资本主义发展的历史来看，资产阶级力量经过了长期的发展过程：当资本主义生产关系萌芽和形成时，资产阶级开始产生，如同马克思、恩格斯指出的那样，“从中世纪的农奴中产生了初期城市的城市市民，从这个市民等级中发展出最初的资产阶级分子”。③ 在西欧城市经济迅速发展的背景下，资产阶级形

① 《马克思恩格斯选集》第1卷，人民出版社1995年版，第296页。
② 《马克思恩格斯选集》第1卷，人民出版社1995年版，第677页。
③ 《马克思恩格斯选集》第1卷，人民出版社1995年版，第273页。

成和发展也相当迅速，到14世纪，资产阶级已经成为社会的重要力量，“市民对社会来说，已经比封建贵族更为必要了”。[①] 到15—17世纪，随着资本主义原始积累的展开和资本主义生产关系的扩展，资产阶级不仅逐步控制了社会主要生产行业和生产过程，控制了先进的科学技术和工艺流程，在此基础上占有了巨额社会财富，掌握了国家财政命脉，取得了社会经济生活中举足轻重的地位，而且把封建地主阶级中的部分贵族转变成了资产阶级的一部分。资产阶级力量的这种发展变化，使得它在与封建地主阶级的力量对比中逐步取得了优势地位。

资产阶级力量的发展和变化，使得它与封建地主阶级的阶级关系随之不断发展和变化。在资本主义发展的早期阶段，资本主义生产关系与封建生产关系的相容性主导着资产阶级与封建地主阶级的关系，它们之间是一种相互利用关系，封建地主阶级和统治者利用资产阶级获得更多的财富和财政收入，而资产阶级则利用封建君主掌握的政权的力量强制性积聚原始资本，建立统一的国内市场，并且开拓和扩展国外殖民地。随着资本主义手工业的发展，资产阶级成为“等级君主国或者专制君主国中同贵族抗衡的势力”，[②] 它与封建地主阶级的矛盾和斗争成为双方关系的主要特征。当大工业和世界市场建立后，资产阶级与封建地主阶级及其国家政权的矛盾日益尖锐，斗争逐步激烈，这就使得资产阶级把建立自己政治统治的任务提上了历史发展的日程，恩格斯对此有过精彩的描述，他写道：“凡是大工业代替了手工业的地方，产业革命都使资产阶级最大限度地增加了自己的财富和扩充了自己的势力，使它成为国内第一个阶级。结果，凡是完成了这种过程的地方，资产阶级便夺取了政治权力，并挤掉了以前的统治阶级——贵族、行东和代表他们的君主专制”。“资产阶级在社会上成了第一阶级以后，它就宣布自己在政治上也是第一个阶级。这是通过实行代议制而实现的，代议制是以资产阶级在法律面前平等和法律承认自由竞争为基础的。”[③] 由此可见，资产阶级国家不过是代表当时生产力发展要求的新兴资产阶级在其阶级力量发展和政治意识觉醒的基础上，推翻封建地主阶级的政治统治而建立的自己的政治统治。

资本主义国家的产生，一般都是通过政治革命实现的，从这个意义上来讲，资本主义国家是资产阶级政治革命的成果。资产阶级在经济领域不断扩展自己的势力，进而在获得支配地位的同时，也不断提出自己的政治要求，“资产阶级的这种发展的每一个阶段，都伴随着相应的政治上的进展”，“它在封建

① 《马克思恩格斯全集》第21卷，人民出版社1965年版，第448页。

② 《马克思恩格斯选集》第1卷，人民出版社1995年版，第274页。

③ 《马克思恩格斯全集》第4卷，人民出版社1958年版，第362页。

主统治下是被压迫的等级，在公社里是武装的和自治的团体，在一些地方组成独立的城市共和国，在另一些地方组成君主国中的纳税的第三等级”。① 当资产阶级在社会和经济生活中成为支配性力量后，与封建社会的上层建筑即封建国家和制度之间的尖锐矛盾，使得它把政治革命、夺取政权、建立资产阶级国家的任务提上了日程。从世界资本主义各国的发展来看，各国资产阶级都是利用人民群众的力量，通过各种形式的政治革命或斗争，击败了封建地主阶级及其统治者，完成资产阶级革命，进而建立自己的政治统治的。“先进国家的资产阶级也是经过一系列起义、内战，用暴力镇压国王、封建主、奴隶主及其复辟尝试才取得政权的”。②

不过，在实际的历史进程中，由于各国历史条件和阶级力量对比情况不同，各国资产阶级革命采取的政治革命和斗争的方式不同，因此，各国资产阶级确立自己的政治统治，建立自己的国家所经历的过程也不尽相同。在 16—19 世纪，这一进程主要有三种类型，分别以英国、法国和德国为典型代表。

英国资产阶级革命发生于 1640—1688 年。16 世纪，资本主义在英国工业中迅速发展，英国的海外贸易有了显著增长，与此同时，资本主义经济深入农村，破坏了封建经济关系和经济结构，不仅造成了大量的自由劳动力，而且形成了以资本主义经济关系和生产方式进行经济活动的新贵族。资产阶级、新贵族和广大工人农民成为革命力量，这些力量与封建王权的矛盾日益尖锐。1640 年英国革命爆发，封建专制王权被推翻。其后，经过了革命力量与封建势力的反复较量，由于封建势力的强大和英国大资产阶级的革命不彻底性，1688 年，英国大资产阶级与封建势力达成政治妥协，实现“光荣革命”，建立了君主立宪制的资产阶级国家。资产阶级与封建势力的妥协及其君主立宪制的确立，构成了资产阶级革命英国模式的特点。

法国资产阶级革命是暴风骤雨式的大革命模式。到 18 世纪，随着资本主义生产在法国的发展，法国成为欧洲大陆资本主义工商业最发达的国家。资产阶级、农民和城市平民，构成了法国社会的第三等级，这一等级与封建专制统治之间的矛盾成为法国社会的主要矛盾。在大革命前，法国出现了反映资产阶级政治经济要求的思想启蒙运动，这一运动起到了深刻的政治动员的作用。1789 年，法国资产阶级革命爆发，在与封建势力的较量中，法国人民采取了大规模暴力革命的方式，消灭了封建贵族，建立了资产阶级政权。此后，经过长期的复辟和反复辟的斗争，确立了资产阶级共和国。

德国资产阶级国家建立的基本特征是封建国家政权在社会经济政治多重压

① 《马克思恩格斯选集》第 1 卷，人民出版社 1995 年版，第 274 页。

② 《列宁选集》第 3 卷，人民出版社 1995 年版，第 693 页。

力下，被迫进行资本主义改良，逐步使封建专制国家转变为资产阶级国家。到19世纪初，德国还是政治上分裂割据、经济上农奴制统治的国家。德国社会发展面临的内外困境，激化了资产阶级和人民与封建统治的矛盾，迫使德国统治者采取资产阶级的改良措施，1807年普鲁士首相斯太因颁布了关于解放农奴人身依附关系、停止徭役的“十月敕令”，德国开始向资本主义演进。到1871年德国实现了国家统一，资产阶级取得统治地位，德国演变为资产阶级国家。

由此可见，尽管各个国家在资产阶级国家建立过程中具有差异性，但是，这一历史过程的基本特征是资产阶级在与封建地主阶级的政治斗争中获得胜利，其历史结果是资本主义生产关系和经济制度代替了封建生产关系和经济制度，资产阶级政治统治代替封建地主阶级政治统治，资本主义国家得以最终建立。

二、资本主义国家的本质特征

资本主义国家本质上是资产阶级统治的国家，是资产阶级维护资本私有制和资产阶级利益、剥削和压迫无产阶级和广大劳动人民的机器。资本主义国家从建立至今已经有几百年的历史，在这一历史过程中，资本主义国家虽然经过了若干发展阶段，其政治统治方式和统治政策也经过了若干变化和调整，但是，它的这一本质始终没有发生根本改变。

资本主义国家以资本主义生产关系为经济基础。资本主义国家是建立在资本主义生产关系基础上的政治上层建筑，因此，它以资本主义生产关系作为存在和发展的经济前提。资本主义生产关系的基本内容是资本家私人占有生产资料并剥削雇佣劳动，这种生产资料的资本私人所有制和对于雇佣劳动的剥削关系，对于资本主义国家的权力基础、实际运行和发展具有决定性意义，而资本主义国家本质上是维护和服务这种资本主义生产关系的政治工具：

首先，资本主义社会生产资料的资本私人所有和剥削雇佣劳动关系，构成了资本主义国家权力的力量基础。资本凭借着对于生产资料的占有，控制和掌握了社会的各项资源、国家的经济命脉以及巨大的物质财富和精神财富。资本凭借着在生产资料资本私人所有的基础上形成的雇佣劳动关系，形成了对于无产阶级和广大劳动人民乃至资本主义社会生活的支配关系，形成了社会生产物质和精神产品的优先攫取权。正是在资本的这些控制和支配前提下，资产阶级构成了政治统治阶级，构成了资本主义国家政治权力的主体，资本主义国家才能够建立和维持一整套国家机器，豢养庞大的官僚队伍，保证国家政治体系的运行。资本主义国家才具有对于无产阶级和广大劳动人民的力量优势，主导社会政治生活和政策选择，维持资本主义的政治秩序。

其次，资本主义社会生产资料的资本私人所有和剥削雇佣劳动关系，决定了资本主义国家政治生活的基本价值取向和运行规则。资本主义国家以维护生产资料的资本私人所有和剥削雇佣劳动关系作为政治活动的根本原则和最大价值取向，一切资本主义国家的政治和法律都是围绕着这一中心展开。同时，资本主义国家的政治生活也是按照资本的本性和运动方式构成的，资本以雇佣劳动为经济基础，以资本增殖为其根本目的，因此在政治上，资本主义国家则以雇佣代理人的方式实施政治权力，以政治权力及其政治代理人促进其利益的程度作为评价政治权力及其政治代理人作用和效能的标准。

再次，资本主义社会生产资料的资本私人所有和剥削雇佣劳动关系，决定了资本主义国家的变化和发展。随着资本主义社会生产力的发展，资本的规模和集中程度发生了变化，资本和生产资料更加集中在少数资本家手中，对于雇佣劳动的剥削方式更加隐蔽，正是适应生产资料资本私人所有制和雇佣劳动关系的这种变化，资本主义国家的政治经济职能和实施方式也随之发生一系列变化，使得资本主义国家在发展过程中呈现出特定阶段性。

因此，在资本主义社会，国家本质上是维护生产资料资本私人所有制和雇佣劳动关系的政治工具，其政治生活、政策方针和实际措施本质上是维护资本属性和利益最大化要求的。

20世纪50年代以来，西方资本主义社会在生产资料私有制的实现方式方面出现了某些变化。拥有生产资料的资本家把自己企业和公司的一部分股票出卖给社会大众，根据这一现象，某些西方学者认为，由于“股票所有权已经由富有阶级转到中产阶级和工人阶级手中”，因此，西方资本主义社会已经由生产资料资本私人所有制变成了所谓“人民资本主义”。这种现象的出现，一方面是资产阶级与无产阶级和劳动人民矛盾发展的结果，是无产阶级和劳动人民对于资产阶级斗争的结果。另一方面，也是资产阶级对于阶级矛盾的变通处理和应对方式。但是，实际上，资本家把一部分企业的股票出卖给工人群众，不过是以另一种方式把工人群众进一步牢牢拴在雇佣劳动关系上，进一步强化对于工人阶级和劳动人民的管制，并且以控股方式进一步保障自己更加稳定有效地获取剩余价值。由于所谓股份结构的控股权仍然掌握资产阶级手中，因此，它并没有从根本上改变生产资料的资本私人所有制。事实证明，当代资本主义国家的经济基础没有根本变化，生产资料仍然为资本家所主控拥有，少数垄断资本和组织掌握着国家的经济命脉。

资本主义国家以维护和服务于整个资产阶级的利益为根本出发点和目标。资本主义国家是资产阶级在经济政治上占统治地位的国家，因此，它以维护和服务于整个资产阶级利益为根本原则，如同马克思、恩格斯明确指出的那样，资产阶级国家“不过是管理整个资产阶级的共同事务的委员会罢了”。[①] 资本主义国家这一本质特征在资本主义国家的政治制度设计和运行、国家职能的规定和履行、国家政策方针的制定和实施等方面有着具体的体现。

资本主义国家的政治制度，是按照资产阶级的本质特点和整体利益要求构建和运行的。资产阶级对于雇佣劳动的剥削，既要求通过生产资料资本私有制控制生产和流通过程，又要求在市场上具有买卖劳动力的自由，为了适应资本的这一本质特点，资本主义国家按照市场过程来设计政治过程，实行所谓选举制、代议制这些形式上全民自由平等的制度，使得政治过程成为类市场过程。但是，由于这些制度的实际运行要求金钱的驱动，这就使得拥有财富和金钱的资产阶级实际控制和主导着政治制度和政治过程的运行。资产阶级是以资本私有制为存在前提的，资本私有制使得资本家除了具有资产阶级的整体利益之外，其相互利益是矛盾和竞争的，为了保障资产阶级的整体利益，协调相互竞争的资本集团和阶层之间的利益，资本主义国家设计和实施了两党或多党竞争制和分权制衡制。

资本主义国家的职能，也是按照资产阶级的利益要求来规定和履行的。马克思在分析资本主义国家职能时指出，资本主义国家“完全同在专制国家中一样，在那里，政府的监督活动和全面干涉包括两方面：既包括执行由一切社会的性质产生的各种公共事务，又包括由政府同人民大众相对立而产生的各种特殊职能”[②]，由此可见，资本主义国家具有镇压无产阶级和广大劳动人民反抗和斗争的职能，其目的在于直接维护资本的整体统治秩序。与此同时，资本主义国家还具有承担和执行公共事务的职能，由于“政治统治到处都是以执行某种社会职能为基础，而且政治统治只有在它执行了它的这种社会职能时才能持续下去”。[③] 因此，资本主义国家社会公共职能的履行，所谓公共管理的实行，本质上不过是维护资产阶级统治的手段，它是由阶级统治的需要主导进行的。此外，资本主义国家还具有对外职能，这些对外职能是围绕强化资本对于国内政治经济生活的控制，为一国资本在国际范围内谋求和实现自己的利益开辟道路和创造条件。

资本主义国家的政策方针，更是围绕着资产阶级的阶级利益这一中轴制定和实施的。资本主义国家的政府政策，相当一部分是直接为资产阶级服务，满足资产阶级利益要求的；有些政府政策则是为了调节资产阶级内部的矛盾，维护资产阶级整体利益。有时候，资本主义国家也会以超然于社会之上的面貌出

---

① 《马克思恩格斯选集》第1卷，人民出版社1995年版，第274页。

② 《马克思恩格斯全集》第25卷，人民出版社1974年版，第432页。

③ 《马克思恩格斯选集》第3卷，人民出版社1995年版，第523页。

现，制定和实施某些社会发展和运行需要的所谓“公共政策”，甚至“顾及”工人阶级和劳动人民利益要求的政策，但是，从这些政策的实际社会功能来看，它们或者是为维持资本主义社会秩序创造条件，或者是为了缓和无产阶级和劳动人民与资产阶级的矛盾，以利于维持资产阶级对于雇佣劳动的剥削关系。同时，由于资本主义生产关系是建立在资本私有制基础上的，因此，在资产阶级内部存在着相互利益对立的不同阶层和利益集团，这就使得资本主义国家在实际政治和政策过程中，在不同的时期和不同的问题上，经常调整政府政策，以求得在资产阶级内部不同阶层和利益集团之间的平衡。

但是，资本主义国家首先和本质上是维护资产阶级整体利益和根本利益的，其在某些时期和某些问题上的政策调整和变化，是以资产阶级整体利益和根本利益为基础和限度的。如同恩格斯指出的那样，资产阶级国家“只是资产阶级社会为了维护资本主义生产方式的一般外部条件使之不受工人和个别资本家的侵犯而建立的组织。现代国家，不管它的形式如何，本质上都是资本主义的机器，资本家的国家，理想的总资本家”。①

资本主义国家是对无产阶级和广大人民群众的统治。在资本主义社会，资产阶级的利益与无产阶级和广大劳动人民的利益是根本对立的，无产阶级和广大劳动人民与资产阶级的矛盾是资本主义社会的主要矛盾。作为与社会化大生产联系在一起、代表生产力发展要求的无产阶级，为了反抗资产阶级的剥削和压迫，实现自己的阶级利益，必然要与广大劳动人民一起，在思想、政治、经济等方面与资产阶级进行斗争。面对无产阶级和广大劳动人民的斗争，维护资产阶级利益的资本主义国家，必然要排斥、打击、乃至镇压无产阶级和广大劳动人民。“国家无非是有财产者阶级即土地所有者和资本家用来反对被剥削阶级即农民和工人的有组织的总权力。”② 资本主义国家对于无产阶级和劳动人民的统治性质，首先体现在资本主义国家政权掌握和操纵在资产阶级手中，无产阶级和广大劳动人民处于被统治的地位。在资本主义国家，国家权力是由资本家在资本私有制基础上瓜分的，“每个资本家都按照他在社会总资本中占有的份额而分享这种权力。”③ 从资本主义国家产生和发展的历史来看，资本主义国家从建立起，国家政治权力就一直由资产阶级及其代理人控制和掌握。今天的资本主义国家仍然如此。据美国学者托马斯·戴伊所著的《谁掌管美国》一书记载，美国的掌权人物有5 000多人，其中政府部门的总统、正副部长、国会领袖和各委员会主席、最高法官等280多人，新闻、文化、民间组织的头

① 《马克思恩格斯选集》第3卷，人民出版社1995年版，第753页。

② 《马克思恩格斯选集》第3卷，人民出版社1995年版，第191页。

③ 《马克思恩格斯全集》第25卷，人民出版社1974年版，第218页。

目有 1 500 多人。大企业和银行的董事长、总经理有 3 500 多人，这些人大多数是富豪。[①] 资产阶级正是利用对政治权力的垄断，对无产阶级和广大劳动人民实行资本寡头统治。

当然，在历史发展的不同时期，资本主义国家会根据社会经济发展的实际状况、阶级矛盾的尖锐程度、阶级力量的对比状况以及自己阶级内部的协调状况等因素，以不同的方式和手段对无产阶级和广大劳动人民实行统治。列宁曾就此指出，“世界各国的资产阶级都不免要规定出两种管理方式，两种保护自己利益和捍卫自己统治的斗争方法，并且这两种方法时而相互交替使用，时而以不同的方式结合在一起。第一种方法就是暴力的方法，拒绝对工人运动作任何让步的方法，维护一切陈旧腐败制度的方法，毫不妥协地反对改良的方法。第二种方法就是‘自由主义’的方法，即采取扩大政治权利、实行改良、让步等等措施的方法”。[②]

在历史上的许多时期，资产阶级都对无产阶级和广大劳动人民采取和实施过暴力镇压方式，即运用军队、警察、特务、法庭和监狱等国家暴力机器，对于无产阶级和广大劳动人民实施赤裸裸的暴力镇压。资本主义国家以强力实行对社会思想意识形态的严密控制和防范，在社会和政治生活中，无产阶级和广大劳动人民的基本政治权利遭到剥夺，他们的政治活动要求遭到禁止。资本主义国家政治统治的暴力方式，直接体现了其对于无产阶级和劳动人民实行资本专横统治的本质。

不过，在资产阶级统治较为稳固的时期，资本主义国家经常采用的是所谓“民主”方式。这种方式以选举制、代议制和多党竞争制作为政治生活的基本机制，在政治上允许无产阶级和劳动人民有一定的自由和参与权。相对于资本主义国家的暴力统治方式而言，这种民主方式使无产阶级和劳动人民获得表达自己的利益要求和进行政治活动的机会，可以使无产阶级和劳动人民利用资本主义民主获得某些实际利益，还可以使无产阶级和劳动人民通过参与政治过程聚集力量，获得政治斗争经验。但是，就其本质来看，资本主义国家的民主统治方式仍然是对于无产阶级和劳动人民的专政，它与资产阶级暴力统治方式的最大不同之处，就在于它以更加隐蔽的方式掩盖着资产阶级对无产阶级和劳动人民的专政。资本主义国家的政治权利和政治过程的平等，只是政治和法律形式上的平等，这种平等掩盖了资本主义私有制造成的经济和社会生活中的事实不平等。另一方面，由于资本主义民主是以金钱为动力的，因此，无产阶级和广大劳动人民实际难以进入资本主义政治机构，而且实际上左右不了资本主义

---

① 参见托马斯·戴伊：《谁掌管美国》，世界知识出版社 1980 年版。

② 《列宁全集》第 20 卷，人民出版社 1989 年版，第 68 页。

国家的政治过程和决策，因此，资本主义民主不过是“每隔几年决定一次究竟由统治阶级中的什么人在议会里镇压人民、压迫人民——这就是资产阶级议会制的真正本质，不仅在议会制的立宪君主国内是这样，而且在最民主的共和国内也是这样”。①

第二节 资本主义国家的发展

从发展过程来看，资本主义从问世以来，经历了自由资本主义时期和垄断资本主义时期。与资本主义发展的这两个时期相适应，资本主义国家的发展过程也呈现自由资本主义国家和垄断资本主义国家形态。

一、自由资本主义国家

自由资本主义时期是资本主义发展的早期阶段或者上升阶段。与这一阶段相联系的资本主义国家形态是自由资本主义国家。在自由资本主义发展阶段，资本规模普遍较小，市场空间较大，商品生产比较分散，因此，资本主义生产和资本的运动基本是以单个企业为核心展开的。自由资本主义发展阶段的这些特点，决定了资产阶级在资本私人所有和剥削雇佣劳动的基础上，以开放市场、自由贸易、自由竞争作为经济活动的基本方式，资本主义企业以独立经营为主，企业之间自由地展开竞争，资本可以在行业、部门之间自由流动。因此，资本的自由贸易和自由竞争，是自由资本主义阶段资本主义生产关系实现的基本方式。与这种方式紧密联系在一起的自由资产阶级，是自由资本主义时期资本主义生产关系的主要承担者，也是资产阶级的主体。它掌握着资本主义经济的命脉，主导和影响着资本主义社会生活的各个方面。在阶级关系方面，以自由资产阶级为主体的资产阶级与无产阶级和广大劳动人民之间的阶级矛盾，构成了自由资本主义时期阶级关系的主要内容。由于自由资本主义是处于上升时期的资本主义，是“正常的资本主义社会”，资本主义生产关系具有容纳当时的社会生产力发展的空间，因此，与这种生产关系联系在一起的自由资产阶级凭借着资本主义发展所掠夺和聚敛的物质财富，形成了较为强大的阶级力量，在控制其与无产阶级和广大劳动人民的阶级关系，镇压无产阶级和广大劳动人民的反抗和斗争方面占据着相当的优势地位。无产阶级和广大劳动人民与资产阶级之间的矛盾，尚未发展到根本改变资本主义社会的地步。因此，自由资产阶级占据着社会主导地位，控制着社会阶级关系，构成了自由资本主义国家的阶级特征。

---

① 《列宁全集》第31卷，人民出版社1985年版，第43页。

自由资本主义国家的政治特征是资产阶级以自由主义的政治方式来统治国家。这种政治统治的自由主义方式，实际上不过是自由资本主义时期资本主义生产关系的实现方式在政治领域的体现。在这一时期，资本主义生产关系以自由贸易和自由竞争作为其基本实现形式，资本主义生产关系的这种实现形式，决定了其政治生活按照自由竞争的基本规则和运行方式来展开和实行。资产阶级政治统治的自由主义方式也适应了这一时期主导社会和政治生活的自由资产阶级的阶级特性的要求，由于自由资产阶级在这一时期的资本主义国家政治生活中占据着主导地位，就其特性来讲，自由资产阶级是以个人自由和权利作为其存在和活动的法律和社会前提的。因此，由自由资产阶级主导和控制的政治生活，必然以贯彻和维护个人自由和权利作为支配性原则和出发点。资产阶级政治统治的自由主义方式，也反映了这一时期阶级关系的基本状况。在自由资本主义时期，自由资产阶级在其与无产阶级和广大劳动人民的阶级力量对比上占据着优势，自由主义的政治统治方式还可以控制阶级矛盾和阶级斗争的发展，这种阶级关系状况为资产阶级在政治上以自由主义方式实施统治提供了可能。在自由资本主义时期，资产阶级统治国家的这种自由主义方式在政治生活的不同方面有不同的具体体现。在政治生活的基本原则和价值方面，它体现为资本主义国家以所谓公民政治自由、政治权利和政治平等作为政治生活的基础；在政治制度方面，它体现为资产阶级国家以选举制、代议制和政党制作为资产阶级政治自由和民主的基本制度设计和制度保障，而在这其中，又以代议制为资本主义政治自由和民主最集中、最典型的制度体现。因此，在自由资本主义时期，代议制在国家政治生活中具有重要作用，作为代议制机构性设置的资本主义国家议会，在国家政治生活中也具有突出的权力地位。在政府职能方面，自由资本主义国家体现为“最低限度国家”和“消极国家”，即政府最低限度地干预社会经济生活，政府的职能只限于必要的公共事务，社会经济活动由“看不见的手”即市场机制进行调节，政府充当的是所谓“守夜人”的角色。在政府政策方面，它体现为资本主义国家的自由放任经济政策，政府鼓励和维护个人在市场上的自由活动。

尽管在自由资本主义时期资产阶级主要以自由主义方式来进行政治统治，但是，暴力统治方式在这一时期也同样存在，尤其是当资产阶级与无产阶级和劳动人民的矛盾趋向尖锐时，无产阶级和广大劳动人民的斗争威胁到资产阶级的政治统治秩序和地位时，资产阶级就会毫不留情地把军队、警察、监狱、法庭等暴力手段提上政治统治的日程。不过，从总体上来看，自由资本主义时期的资产阶级政治统治是以自由主义方式为主，暴力方式既是自由主义统治方式的后盾，也是其实施统治的补充。

二、垄断资本主义国家

从 19 世纪末开始，资本主义的发展从自由资本主义时期进入了垄断资本主义时期，资本主义国家随之从自由资本主义国家发展为垄断资本主义国家。资本主义从自由主义阶段发展到垄断资本主义阶段，是资本主义社会生产力发展的必然结果，是资本主义社会生产力的社会化与资本主义生产资料私人占有制之间的矛盾运动的结果。资产阶级对于利润的无限追逐和资本主义的经济竞争，推动着资本主义生产迅速疯狂地发展，到 19 世纪最后二三十年，在世界范围内实现了第二次工业革命。这次工业革命与以采用大机器为特点的第一次工业革命的不同之处在于，它以电力的广泛运用为其显著特征，从而使世界进入了电气时代。与此同时，钢铁、纺织等传统工业得到了改造，内燃机、化工等一系列新兴产业也在这一时期兴起。第二次工业革命进一步促进了生产力的发展，在 1850—1870 年的 20 年中，世界的工业生产增长了近 1 倍，而在 1870—1900 年的 30 年中，却增长了 2.2 倍。科学技术的巨大进步和工业生产的迅速发展，给资本主义生产关系带来了深刻的影响，使得生产力的社会化要求与资本主义生产资料私人占有制之间的矛盾趋于尖锐。第二次工业革命使得资本主义生产的规模日益扩大，机器的效益不断提高，生产力社会化程度大大提高，这就要求社会生产投入大规模的资本，从而要求资本的扩大和集中。生产力的发展，也加剧了资本主义生产的竞争，在激烈的竞争中，大资本不断兼并和吞噬中小资本，从而不断地使资本趋于集中。资本的集中意味着生产资料日趋集中在少数资本家手中，从而形成了生产和资本的垄断，形成了工业和金融的垄断寡头和垄断财团。垄断资本的形成，使得垄断代替了自由竞争，资本家凭借自己的垄断地位和优势就可以获得超额利润，因此，垄断资本不仅不再像原先那样积极关心和采用先进的科学技术，而且还常常人为地阻碍科学技术的发明和使用，这就表明，以生产资料私人占有为核心的资本主义生产关系已经成为生产力发展的障碍。综上所述可见，当资本主义发展到垄断阶段，垄断代替自由成为资本主义经济关系实现的基本方式，资本主义生产的社会化特性与生产资料的资本主义私有制之间的矛盾进一步加深，由此构成了垄断资本主义国家的基本经济特征。

垄断资本主义国家的阶级特征是垄断资产阶级取代自由资产阶级成为资产阶级的主体，成为控制和支配社会的阶级，垄断资产阶级国家的内外部矛盾加深甚至时而激化。在资本主义社会垄断经济关系的基础上，工业金融垄断寡头和垄断财团形成垄断资产阶级，并且在资产阶级中形成强大的利益集团。这个阶级以其高度集中的资本和对于社会经济生活的垄断地位，掌握着巨大的社会财富，进而控制着资本主义社会经济生活和社会生活的命脉。正是在此背景下，垄断资产阶级逐步取代自由资产阶级成为垄断资本主义国家的阶级支柱。垄断资产阶级及其在社会经济生活中支配地位的形成，使得垄断资本主义国家的阶级对立趋于加深。一方面，垄断资本的产生在经济领域形成了对于中小资本的压制，在社会生活领域造成了对于中小资产阶级的排斥，从而加深了资产阶级内部的矛盾和对立，“从自由竞争中成长起来的垄断并不消除自由竞争，而是凌驾于这种竞争之上，与之并存，因而产生许多特别尖锐特别剧烈的矛盾、摩擦和冲突”。① 另一方面，垄断资本在经济上的统治，为其大大加深对于无产阶级和广大劳动人民的剥削程度创造了条件，垄断资本不仅在生产过程中通过各种管理手段加大工人的劳动强度，而且在流通领域通过垄断价格对于无产阶级和劳动人民进行掠夺和压榨，这就使得资产阶级与无产阶级和广大劳动人民的矛盾趋于尖锐。在垄断资本主义国家内部矛盾深化的同时，垄断资本在国际范围内的运动，也造成了垄断资本主义国家外部矛盾的发展。一国范围内垄断资本的形成，造成了资本的高度集中和生产规模的扩展，出于资本追逐利润的本性，垄断资本对于生产的原料和产品销售市场的需求急剧膨胀，从而不得不在世界范围内寻求和控制廉价的原料供应地，拓展产品销售市场，如同列宁所指出的那样，“当这种垄断组织独自霸占了所有原料产地的时候，它们就巩固无比了”。② 与此同时，资本在一国范围内垄断局面的形成，使得一国范围内经济生活中的有利投资机会大大减少，从而出现了资本过剩，资本为了获取更高的超额利润，不得不进行资本的输出。一国垄断资本的这种国际运动，不仅大大加深了其对于殖民地半殖民地人民的剥削和掠夺，从而激化了垄断资本主义国家与殖民地半殖民地人民的矛盾，而且由于“在殖民政策的无数‘旧的’动机以外，金融资本又增加了争夺原料产地、争夺资本输出、争夺‘势力范围’，直到争夺一般经济领土的动机”，③ 资本主义各国之间的矛盾也因此大大加剧。随着垄断资本的统治在资本主义各国的确立和资本主义社会内外部矛盾的加深和尖锐，资产阶级运用自由主义方式已经不能有效地控制各种阶级矛盾和社会矛盾，因此，垄断资产阶级往往通过加强国家政权甚至不惜采取军事强制方式，来维护自己的阶级利益和政治统治。垄断资产阶级的这种政治特性在资本主义国家的政治生活中有着全面而深刻的反映和体现：在政治生活的基本价值和原则方面，随着垄断财团和垄断寡头的形成，垄断财团的利益大大超出资本家的个人利益，因此，资本主义国家从以保护个人自由和权利为主要出发点转向以保护利益集团、尤其是垄断财团的利益为根本原则，公民的

① 《列宁选集》第2卷，人民出版社1995年版，第650页。
② 《列宁选集》第2卷，人民出版社1995年版，第645、684页。
③ 《列宁选集》第2卷，人民出版社1995年版，第645、684页。

个人自由和权利逐步被利益集团和政治统治者集团的利益和特权所侵蚀，多元主义和精英主义政治日益被置于社会政治生活的突出地位。在政治制度和权力结构方面，垄断资本的集中导致了资本主义国家权力的集中，因此，标志着资本主义民主的议会在政治生活和政治过程中的地位和作用逐步下降和弱化，而便利垄断资本集团直接对人民进行控制和统治的行政权力得到了扩展和加强。与此同时，作为阶级压迫和对外扩张工具的军事官僚机构的力量和作用也得到极大加强。在资产阶级与国家政权的关系方面，垄断资本的巨大利益需要凭借强大的国家政权实现和维护，因此，垄断资产阶级日益直接而紧密地与资本主义国家政权结合，在驱使其代理人更公开、更有效地代表其利益要求的同时，垄断资本家越来越多地直接进入政府，运用国家政权谋求资本的利益。资本家“今天是部长，明天是银行家，今天是银行家，明天是部长”①，成为资本主义国家的普遍现象。资本主义国家的权力职位和政策也日益成为垄断资本和财团之间竞争和讨价还价的对象，国家权力成为垄断资本的私人工具。在政府职能方面，垄断资本的发展和运动对于政府的作用日益倚重，这就使得政府作用的范围、方式和强度随之发生了转变。政府从自由资本主义时期的“最低限度政府”转变为对于经济、社会、文化进行干预的政府，从“消极政府”转变为积极和强有力地控制和调节社会内外矛盾的国家，从“守夜人”转变为“社会的领航者和掌舵者”。与此同时，为适应垄断资本国际掠夺和竞争的需要，资本主义国家的对外职能也得到了大大强化。

由此可见，垄断资本主义国家的形成，标志着资本主义固有的矛盾发展到了新的阶段，标志着资本主义社会内外矛盾的进一步加深，这就促使资本主义社会走向深刻的经济、政治和社会危机。1929—1933年的资本主义世界大危机的爆发，正是垄断资本主义各种矛盾爆发的典型体现。危机的爆发，极大地摧毁了资本主义社会的生产力，使得各种矛盾急剧激化。面对危机，资本主义各国垄断资产阶级进一步强化了国家政权对于社会生活和经济生活的控制和干预。由于资本主义各国阶级力量对比和政治文化传统的不同，各国在运用国家政权压制社会矛盾和阶级矛盾，摆脱危机的方式选择上也有所不同。以德国、意大利和日本为代表的资本主义国家采取了公开的暴力镇压和赤裸裸的恐怖统治的方法，使得垄断资本主义国家呈现法西斯国家的形态。而以美国为代表的国家则采取了政府积极干预和引导社会经济生活，建设公共工程，政府扩大就业，并且调节社会分配，建立社会保障体系的方法，第二次世界大战以后，这种方法为许多资本主义各国采用，从而形成了所谓“福利国家”。因此，法西斯国家和福利国家，构成了20世纪30年代以来垄断资本主义国家的两大基本

① 《列宁全集》第29卷，人民出版社1985年版，第224页。

形态。

法西斯国家是一种特殊形态的垄断资本主义国家，它是垄断资本所采用的最残暴、最野蛮的政治形态，是垄断资产阶级在面临经济社会政治危机时，为了维护和实现自己的利益和统治地位所实行的公开的恐怖专政。① 法西斯统治的出现，“这是资产阶级已经不能用国会制度和资产阶级民主制的旧方法来实行统治，因而不得不在对内政策上采用恐怖的管理方法的表现”，是由于“资产阶级再也不能在和平的对外政策的基础上找到摆脱现状的出路，因而不得不采用战争政策的表现。”②

法西斯国家是特定垄断资本主义国家对付严重的经济和社会危机的一种制度选择。选择法西斯制度的典型国家如20世纪30年代的德国、意大利和日本等，它们具有形成和建立法西斯政权的特定历史、经济、社会和文化背景。从历史上来看，这些国家资本主义生产关系发育不充分，封建的经济关系没有遭到彻底瓦解，独裁专制统治体制在不同程度上得以保留，资本主义议会民主传统比较薄弱，垄断资产阶级与封建主残余政治军事势力相结合，因此具有顺利采用独裁专制体制所需的天然的土壤。同时，这其中的主要国家德国是第一次世界大战的战败国，战争赔偿造成的巨大经济负担以及战败带来的民族屈辱，导致了国家经济濒于破产和强烈的民族复仇感，从而使得社会矛盾、阶级矛盾和民族矛盾空前尖锐。从社会阶级力量来看，这些国家垄断资产阶级与反动势力相对强大，而无产阶级和革命进步势力相对弱小，而且在德国、意大利等国家工人阶级队伍中的社会民主党等右翼势力背叛无产阶级的利益，对法西斯势力妥协、退让，因而缺少对于垄断资本和法西斯势力的强有力的有效制约，使得法西斯统治的迅速建立成为可能。从政治文化和意识形态来看，这些国家普遍具有国家崇拜、国家至上主义、民族优越和沙文主义的传统，这种政治文化和意识形态，成为法西斯政权确立和实行统治的文化温床。在法西斯独裁和恐怖体制下，法西斯国家形成了自己独有的特征。在统治思想方面，为了论证法西斯专制制度的政治合理性和合法性，麻痹和控制人民的思想，法西斯国家一般都以“种族优越论”、“领袖崇拜论”等作为政治统治的精神支柱和思想特征。它竭力鼓吹本民族或种族是优秀民族或种族，而其他民族或种族都是劣等的、应该予以消灭的民族或种族，鼓吹法西斯国家的存在和发展高于一切，公民必须无条件服从法西斯国家，鼓吹法西斯领袖人物是天才的化身，是民族和国家命运的承担者。因此，法西斯的民族或种族利益、法西斯领袖的绝对权威，构成了法西斯国家信奉的根本价值和至上信条。在经济生活方面，法西斯

① 参见王浦劬主编：《政治学基础》，北京大学出版社1995年版，第246页。

② 《斯大林全集》第13卷，人民出版社1956年版，第260～261页。

国家的基本特征是垄断资本与国家政权紧密结合，国民经济军事化。为了强有力地维持独裁统治，在法西斯国家，垄断资本转变成了国家垄断资本，控制着国民经济命脉，同时，法西斯政权还直接通过政府组建经济垄断集团。在此基础上，法西斯国家把国民经济全面推向军事化，政府的军费开支急剧膨胀，军事工业生产迅速发展，国民经济生产按照军事体制组织和管理。在政治生活方面，法西斯统治公然抛弃甚至是形式上的资产阶级自由、民主和人权，取消资产阶级的议会制、选举制和多党制，实行法西斯的独裁寡头统治。与此同时，法西斯政权蔑视公民的基本民主权利，以极端恐怖和残酷的手段，大肆镇压无产阶级和劳动人民。在对外关系方面，法西斯国家为了转移国内矛盾，摆脱经济危机，奉行疯狂的对外扩张和侵略政策，甚至发动大规模侵略战争，企图以军国主义和战争来侵占更多的殖民地，强化垄断资本的国际竞争地位。但是，法西斯体制作为垄断资本以军事独裁、恐怖统治和对外战争摆脱危机的途径，不仅没有解决资本主义社会的根本矛盾，而且全面激化了垄断资本面临的各方面矛盾，随着第二次世界大战的结束，法西斯国家也最终崩溃。

福利国家是资本主义国家通过创办并资助社会公共工程和公共事业，实行和完善社会福利政策和制度，对社会经济生活进行干预，以调节和缓和阶级矛盾，保证社会秩序和经济生活正常运行，维护垄断资本的利益和统治的方式。① 福利国家的最初实际尝试起始于20世纪30年代资本主义大危机之后的美国罗斯福“新政”。面对资本主义的危机，美国罗斯福政府采用英国经济学家凯恩斯的“国家干预主义”经济学说，制定了一系列的经济政策，以挽救资本主义制度。这些政策的基本内容包括清理和整顿银行，由政府发放巨额贷款，实行货币贬值以保证财政金融体系的运行；政府干预工业，颁布和实施《产业复兴法》和《公平竞争法》，规定工业生产的规模、价格水平、信贷条件、销售定额等。与此同时，由政府拨付巨款进行公共工程投资，以增加就业；政府规定雇佣条件，调节劳资关系；政府控制农业生产，制定《农业调整法》，以保障农场主的利益。此外，罗斯福政府还制定了社会失业救济、社会保险等政策法规，以缓和阶级矛盾。这些“新政”实际是在资本主义市场机制和缺陷的背景下，引进政府机制进行经济宏观调控，它们对于缓和当时的经济危机，恢复美国经济起到了一定作用。但是，这种经济运行方式的调整没有也不可能消除资本主义的固有矛盾。

第二次世界大战以后，资本主义社会生产力社会化与生产资料私人占有的矛盾进一步发展，在这一矛盾引起的经济危机与无产阶级和劳动人民斗争的双重压力下，资本主义各国都程度不同地采用罗斯福新政的一些政策措施，以维

① 参见王浦劬主编：《政治学基础》，北京大学出版社1995年版，第246页。

护资本主义制度，保障社会经济运行，缓和阶级矛盾。其政策措施主要有：通过政府投资大规模兴办公共工程，扩大就业机会；通过经济计划、立法、税收、货币、金融等多种手段和途径，干预社会经济生活，调节经济关系，尤其是通过国家财政收支和社会福利政策，建立社会福利体系，形成了一整套的社会福利保障制度。这些政策和措施的采用，使得欧洲的一些资本主义国家被称之为“福利国家”。

资本主义国家这些经济政策措施的采取和实施，实际上是资产阶级为了适应资本主义社会生产力的社会化要求而对管理社会的方式进行的调整。通过这种调整，由国家通过劳动就业机会扩大和社会福利的形式进行了一定程度的财富再分配。这种调整，一定程度上维持了社会经济的运行，缓和了社会阶级矛盾。但是，福利国家不过是垄断资产阶级利用资产阶级国家政权维护资本主义根本制度，保证其在攫取巨额利润的同时缓和社会阶级矛盾的一种统治方式，它并没有从根本上改变资产阶级国家的性质。①

首先，福利国家没有根本改变资本主义生产资料的私人所有制，因而不能从根本上消除资本主义社会生产力和生产关系的矛盾。在资本主义福利国家，生产资料仍然掌握和控制在资产阶级手中。福利国家采取的一系列国家干预经济和社会生活的政策措施，只是集中在生产、流通和分配过程，只是集中在政府政策层面，并没有触动资本私有制。因此，资本主义私有制与生产力社会化的矛盾仍然存在，这就从根本上决定了福利国家仍然是资产阶级国家。其次，福利国家仍然是垄断资本掌握的国家。垄断资产阶级凭借着自己的经济统治和支配地位，掌握和操纵着资产阶级国家机器，而垄断资本利用国家政权干预和调节社会经济生活，则进一步强化了垄断资本的政治地位。因此，福利国家采取和实施的各项福利措施和政策，既以小恩小惠施于无产阶级和劳动群众，更以巨大的利益为资产阶级服务。虽然福利国家扩大就业、实施社会保障等做法在一定程度上使得无产阶级和广大劳动群众在经济危机中的处境得到某些改善，但是，福利国家的政策措施最大限度地保证了资本主义经济的运行，维护了资本对于劳动的剥削关系，这就从根本上维护了资产阶级的利益。同时，福利国家的公共工程和社会福利分配政策的最大收益者也是资产阶级。再次，福利国家用于建立社会福利保障体系的经费，实际上是无产阶级和劳动人民在必要劳动时间所创造的价值的一部分。资产阶级改变了过去以工资形式支付劳动力价值的形式，而把劳动力价值的一部分先由资产阶级国家抽取，然后再通过社会福利的形式偿付给无产阶级和劳动人民。这种方式实际上是以国家福利的方式掩盖了资本家对于无产阶级和劳动人民的直接剥削，实际上更有利于资产

① 参见王浦劬主编：《政治学基础》，北京大学出版社 1995 年版，第 246 页。

阶级的统治和资本主义国家的稳定。

由此可见，福利国家实际上是资产阶级国家的一种现代形态，是资本维持雇佣劳动关系和政治秩序的一种方式。它并不是解决资本主义矛盾和困境的灵丹妙药。随着资本主义社会生产力的发展和社会各种矛盾的加深，福利国家和政府政策也逐步失灵。当福利国家和政府政策不能最大限度地保证垄断资产阶级的超额利润时，资本主义国家和政府就会逐步削减社会福利，出卖国有企业，减少公共工程。20世纪70年代以来西方资本主义国家的私有化浪潮和新自由主义的盛行，即是这种矛盾的体现。

第五章　社会主义国家

社会主义国家是无产阶级通过革命，在打碎资产阶级国家机器基础上建立起来的新型国家。[①] 社会主义国家以生产资料社会主义公有制为经济基础，在社会主义初级阶段，以公有制为主体、多种所有制经济共同发展是其基本经济制度。解放生产力、发展生产力、消灭剥削、消除两极分化，最终达到共同富裕的社会主义本质，决定了社会主义社会是一种全新的社会形态。社会主义国家是以工人阶级为领导（通过共产党）、以工农联盟为基础的无产阶级政权，是多数人对少数人的统治，是从有国家到无国家的过渡，其前途是国家自行消亡，因此，它已不是原来意义上的国家。社会主义国家对内的政治统治职能在社会主义国家发展的不同阶段有不同的具体内容和表现形式，总的趋势是逐步减弱；而代表先进生产力的发展要求，代表先进文化的前进方向，代表和实现人民的根本利益，组织和管理社会主义经济、文化建设，建设社会主义物质文明、政治文明和精神文明等职能将不断加强。社会主义国家的对外职能是防御外部敌人可能进行的侵略和颠覆活动，维护国家的主权、独立和领土完整，反对霸权主义、维护世界和平，同时在相互尊重主权、平等互利的基础上，广泛开展国家之间的政治经济文化交流。

第一节　社会主义国家的建立

一、社会主义国家建立的历史前提

社会主义国家的建立，是资本主义社会生产力与生产关系矛盾运动和发展的政治结果，是无产阶级和广大人民群众与资产阶级的矛盾不断发展，进而以无产阶级革命推翻资产阶级统治的产物。

资本主义社会的生产力与生产关系的矛盾，表现为生产的社会化与资本主义私人占有之间的矛盾，这一矛盾是资本主义生产方式与生俱来的矛盾。

资本主义生产方式在促进生产力迅速发展的同时，大大提高了生产力的社

---

① 参见王浦劬主编：《政治学基础》，北京大学出版社 1995 年版，第 246－247 页。

会化水平。在封建社会，社会生产的基本单位主要是单个的家庭或者手工作坊，生产的技术和工艺要求比较简单，生产以自给自足为目标，生产的规模较小，生产者之间缺少有机的相互联系。这种以个体的简单小生产为特征的生产，社会化程度比较低下。资本主义生产方式产生以后，生产以交换和获取剩余价值为目的，生产的技术水平和规模急剧提高和扩大，资本主义市场把不同生产者和生产单位的生产、交换、流通过程紧密联系在一起，从而改变了封建社会经济的小生产状况，使生产获得了社会化大生产的属性，其主要体现在：

第一，生产资料的社会化。资本主义生产的规模化和生产、交换、流通过程的一体化，使得生产资料的使用从封建社会小生产的个人操作，转化为许多人的共同操作。生产资料的这种社会化转变，使得它日益要求摆脱个人所有的属性，而实现其社会的属性。资本主义生产资料的这种社会属性，是资本主义生产社会化的基础。

第二，生产过程的社会化。资本主义社会生产力的发展，使得生产过程和环节日趋分化、深化和细化，因此，资本主义生产是许多人的共同协作生产活动，而不再是封建社会小生产的个人行为。在资本主义企业内部，生产过程是由许多岗位的分工和彼此之间的合作构成的，生产的每道工序和每个生产者，都只不过是整个企业生产的一个环节。在资本主义的全社会生产中，不同的行业、部门和企业，都只构成了资本主义生产的全社会过程中的一部分。因此，资本主义生产过程是全部生产者和全社会的行为，它构成了资本主义生产社会化的过程特征。

第三，生产产品的社会化。资本主义生产资料的共同使用和生产过程的日趋社会化，使得生产产品的社会化程度也大大加深，任何一件产品，都不再是封建社会中那种小生产个人劳动的结果，而是经过了许多人的共同创造和劳动，是这种共同劳动和创造的结果，而“没有一个人能够说：‘这是我做的，这是我的产品’”。①

另一方面，资本主义生产方式的基础仍然是生产资料的资本私有制，众多生产者共同使用的生产资料的所有权或控制权属于资本家私人，资本家私人凭借着对于生产资料的这种所有或控制地位，支配着社会化的生产过程，占有着许多劳动者共同劳动和创造的产品。因此，在资本主义生产方式下，私有的资本决定着众多生产者能否与生产资料相结合，单个资本占有者的意志凌驾于众多无产者意志之上，少数资本家享受着广大劳动者生产的产品并支配着这些产品的分配。资本主义生产方式的这种私人属性恰恰是与生产力的社会属性相悖逆的，生产的社会化与生产资料的私人占有制因此构成了资本主义生产方式内在的不可克服的矛盾。

---

① 《马克思恩格斯选集》第3卷，人民出版社1995年版，第619页。

随着资本主义生产的发展，资本主义生产方式的这种内在矛盾也会不断发展，并逐步趋于尖锐。在资本主义社会，资本主义生产方式中的生产社会化与生产资料私人占有制之间的矛盾，造成了资本主义单个企业生产的组织性与全社会生产的无政府性之间的矛盾，造成了资本主义生产无限扩大的趋势与无产阶级和劳动人民购买力相对下降之间的矛盾，而这些矛盾的运动和发展，造成了资本主义的经济危机。在资本主义经济活动中，单个的资本家是经济理性人，其本性是攫取更多的剩余价值，为此，单个资本家在组织生产时，采用严密的管理制度和方法，尽可能减少产品的必要劳动时间，扩大剩余劳动时间，提高劳动生产率，以增强其企业的竞争力。因此，在资本主义单个企业内部，生产要素和资源都是按照最大理性原则配置的，生产和经营活动按照经济效益最大化部署和组织的。但是，单个资本家的理性经济行为以其获取最大利润为宗旨，并不考虑和顾及全社会范围的生产和资源配置的合理性。因此，在资本主义生产中，单个资本家的个人理性并不能带来全社会的集体理性，恰恰相反，它造成的却是全社会的非理性。由于资本主义生产依靠资本主义市场的价格机制、竞争机制引导，而这些机制都在生产过程之后才发生作用，因此，资本主义单个企业的生产具有极大的盲目性，而资本主义每个企业生产的这种盲目性，导致了资本主义全社会生产的无政府状态，这就使得经济资源在全社会范围内的配置遭到极大扭曲。在资本主义生产发展到一定程度时，这种单个企业的有组织性与全社会生产的无政府性之间的矛盾就会造成资源配置扭曲产生的产品过剩性经济危机。

同时，由于资本对于剩余价值的榨取是永无止境的，在生产过程中，资本的这种本性表现为资本家无限扩大生产的内在冲动，因此，资本主义生产具有无限扩张的趋势。另一方面，资本家利用自己占有生产资料的地位，控制和支配着生产产品的分配。资本家为了获取更多的剩余价值，往往采取各种各样的手段，尽最大可能降低劳动力的价格，这就使得劳动产品和社会财富日趋集中于少数资本家的手中，而使无产者和广大劳动人民处于绝对贫困化或相对贫困化的境地。劳动者的贫困，造成了其购买能力的下降，进而造成了社会对于商品有效需求的降低。资本主义生产无限扩张的趋势与社会购买力逐步下降的这种双向运动使得资本主义生产与消费的矛盾逐步突出，从而产生了生产过剩的现象，当这种生产过剩达到一定程度时，就会爆发市场有效需求不足产生的产品过剩性经济危机。

1825 年，英国发生了第一次资本主义经济危机，此后资本主义生产过剩的危机周期性地爆发。在经济危机爆发时，市场疲软萧条，商品滞销积压，股市急剧下跌，许多企业和银行破产倒闭，大批工人失业，社会生产力遭到极大破坏，社会发展停滞甚至倒退。这种经济危机表明，“资产阶级的关系已经太狭窄了，再容纳不了它本身所造成的财富了"。[①] 要使社会化的生产力顺利发展，摆脱资本主义周期性经济危机，根本途径是消灭资本主义私有制和生产关系，推翻资本主义制度，而代之以与社会化大生产相适应的社会主义生产关系和制度。

在社会和政治领域，资本主义生产方式中的生产社会化与生产资料私人占有制之间的矛盾，造成了资产阶级与无产阶级之间的阶级对立和斗争，随着资本主义经济危机的爆发，这种阶级矛盾会不断加深。在资本主义生产中，无产阶级是生产资料的直接使用者，是社会财富的直接创造和生产者，因此，无产阶级是社会化大生产的承担者。同时，社会化大生产的属性铸就了无产阶级大公无私、团结一致、高度组织纪律性和革命的彻底性等阶级特性，因此，无产阶级是社会化生产力的代表，无产阶级的利益、意志和要求，本质上体现着社会化生产力发展的要求。另一方面，资本主义生产关系是以生产资料的资本私人占有制和雇佣劳动为本质特征的，资本家私人对于生产资料、生产过程和生产产品的控制和支配，使得无产阶级与生产资料不能直接结合，使得无产阶级只具有雇佣劳动工具的阶级地位，只能以劳动力的价格维持自己的基本生存，使得社会化生产力造成的无产阶级阶级特性囚禁于资本主义的狭窄社会经济组织樊笼内，这就形成了无产阶级与资产阶级的根本对立。因此，正是资本主义生产方式本身，造就了自己的掘墓人，造就了推翻资本主义国家、建立社会主义国家的现实社会政治力量。

无产阶级与资产阶级的对立和斗争，本质上是生产社会化要求与生产资料私人占有制之间的矛盾和对立，在社会经济和政治活动上则表现为反剥削与剥削、反压迫与压迫的对立和斗争。由于资本主义经济的发展是与周期性的经济危机相伴随的，在经济危机发生时，一方面是商品堆积如山，库压严重，另一方面则是无产阶级和劳动人民购买力下降，生活需求得不到满足。而资本家为了摆脱危机，常常一方面大量销毁商品，另一方面则降低工人工资，大规模解雇工人，造成庞大的失业大军。这就使得无产阶级和劳动人民不仅不能享有自己创造和生产的社会财富，而且其生活水平会随之下降。因此，资本主义经济危机加深了资产阶级对于无产阶级和劳动人民的剥削和压迫的程度，从而激化了无产阶级与资产阶级的矛盾。尽管资本主义国家和政府力图通过政府干预经济来调整和缓和这种阶级矛盾，但是，这些政策并不能够改变资本主义社会的根本矛盾。这就促使无产阶级通过革命推翻资产阶级统治，建立无产阶级国家，进而建立社会主义生产关系，以适应和促进生产力的发展。在垄断资本主义阶段，资本主义生产方式中的生产社会化与生产资料私人占有制之间的矛盾

① 《马克思恩格斯选集》第1卷，人民出版社1995年版，第278页。

不仅没有消除反而加剧。生产力的进一步发展，使得资本主义竞争更加激烈，竞争使资本趋于集中，形成了卡特尔、康采恩和托拉斯等垄断组织，形成了资本的跨国公司，形成了工业资本和金融资本结合的垄断寡头，资本不仅进行跨部门、跨行业的运动，而且进行跨国运动。这就表明，一方面，生产的社会化程度进一步大大提高，另一方面，生产资料更加集中在少数垄断资本家手中，生产的社会化与生产资料私人占有制之间的矛盾更加尖锐，其作用的范围更加广泛。资本主义内在矛盾在垄断资本主义阶段的这些特点，对于资本主义世界的内外矛盾和无产阶级革命的发展都产生了深远影响。

在资本主义世界的内外部矛盾方面，资本主义固有矛盾在垄断资本主义阶段的发展，使得这一矛盾在阶级关系和社会关系方面的体现突破了一国范围，在资本主义国家内外构成并加深了三大主要矛盾：

第一，无产阶级与垄断资产阶级之间的矛盾。垄断资本的形成，并没有消除资本主义的盲目竞争，恰恰相反，由于参与竞争的资本实力大大增强，这种竞争的规模和激烈程度反而得到大大强化，全社会生产的无政府状态随之更加严重。与此同时，垄断的形成，使得垄断资产阶级可以通过强化劳动强度、垄断商品价格、扩大军事预算、增加政府捐税等手段进行剩余价值和高额垄断利润的榨取。这一方面使资本主义生产无限扩张的趋势得到加速发展，另一方面使资本对于无产阶级和劳动人民的剥削和掠夺程度大大加深，无产阶级和劳动人民的购买力相应下降。因此，垄断资本主义不可能消除资本主义经济危机。1929—1933年的经济危机，使资本主义世界的工业生产下降了44%，世界贸易总额减少了1/3。危机之后，资本主义国家试图以政府干预调整资本主义生产关系，但是，这种干预不过是在经营和流通领域对于资本主义经济的修补，而没有根本改变资本主义生产资料私有制。因此，生产社会化与生产资料私人占有制的根本矛盾仍然存在，资产阶级与无产阶级的矛盾仍然存在。垄断资本的压榨和贫富分化，使无产阶级与资产阶级的阶级对立和矛盾进一步加深。垄断资本为了维持自己的地位，往往在政治上直接与国家政权紧密结合，加强国家压迫和统治机器，这就促进了无产阶级斗争的进一步发展。

第二，资本主义国家对外侵略、扩张与殖民地半殖民地争取独立、解放的斗争之间的矛盾。垄断资本形成后，加深了对国内无产阶级和劳动人民的剥削和压迫，使得国内市场有效需求相对下降，垄断资本获取超级高额利润的本性，促使其更加强烈地越出本国范围，在国际范围内寻求更加有利的剥削和掠夺场所。为此，垄断资产阶级必然通过资本输出、政治控制等手段，加强和扩大对于殖民地半殖民地的掠夺和奴役，直接或间接地镇压这些国家的人民的反抗和斗争，以保证这些国家作为垄断资本廉价劳动力的原料供应地的地位。这就使垄断资产阶级与殖民地半殖民地人民的矛盾不断趋于尖锐，殖民地半殖民地人民争取国家独立和民族解放的斗争日益高涨。这些斗争是对于垄断资产阶级世界体系的沉重打击，因此，殖民地半殖民地人民成为无产阶级在世界范围内的同盟军，他们反对垄断资本的斗争与资本主义国家的无产阶级斗争在国际范围内联为一体，不仅有力地支持了无产阶级革命，而且构成了无产阶级革命的有机组成部分。

第三，资本主义国家之间的矛盾。随着垄断资本把自己的运动场所从国内扩展到国际范围，开拓资本的海外有利投资场所和商品销售市场，追逐廉价劳动力和原料供应地，就成为垄断资本国际运动的首要直接目标。因此，争夺和瓜分殖民地半殖民地，成为各资本主义国家垄断资本之间相互关系的基本内容。随着各国垄断资产阶级争夺殖民地半殖民地的角逐激烈化，各资本主义国家之间的矛盾也逐步加深。与此同时，在帝国主义政治经济发展不平衡规律的作用下，后起的资本主义国家可以利用老牌资本主义国家的资金和技术，实现本国经济的跳跃性发展，使得本国的经济军事实力在较短的时间内迅速赶上和超过老牌资本主义国家。“1871 年以后，德国实力的增强要比英法快两三倍，日本要比俄国快十来倍”①。随着经济军事实力的膨胀，这些后起的资本主义国家必然要求按照“资本”和“实力”重新瓜分殖民地和半殖民地。这就使得资本主义国家之间的矛盾更加趋于激化，为了给本国的垄断资本获取超额利润开辟道路，资本主义国家常常以战争手段来重新划分势力范围和瓜分殖民地。

在无产阶级革命方面，资本主义固有矛盾在垄断资本主义阶段的发展，使得无产阶级社会主义革命首先在一国爆发并获得胜利，建立无产阶级政权和社会主义国家。在自由资本主义阶段，资本主义生产和资本活动的主要场所是在本国范围内，无产阶级与资产阶级的矛盾和斗争也是以资本主义国家作为主要舞台进行的。正因为如此，马克思和恩格斯都曾经认为，无产阶级革命只能在资本主义经济发达，无产阶级占人口的大多数，国民文化水平较高，政治民主相对成熟的资本主义国家首先发生。

可是，当资本主义进入垄断阶段以后，垄断资本的运动突破了一国的范围，形成了广及世界范围的资本主义体系。这一新的特点，使得无产阶级与资产阶级的对立和斗争成为对世界范围内的资本主义体系的斗争，无产阶级必然在资本主义世界链条上寻求进行革命的突破口。在垄断资本主义阶段，资本主义的固有矛盾，造成了垄断资产阶级在世界范围内面临的三大主要矛盾，这些矛盾的发展和加深，削弱了垄断资产阶级的整体力量，把无产阶级革命的任务直接提上了历史日程。如同列宁指出的那样，“帝国主义是无产阶级社会革命

① 《列宁选集》第 2 卷，人民出版社 1995 年版，第 553 页。

的前夜"[①]。当资本主义在政治经济发展不平衡规律作用下，不同的资本主义国家政治经济军事实力对比发生变化而使彼此矛盾加剧，导致帝国主义战争时，资本主义世界链条就会出现薄弱环节，无产阶级和广大劳动人民就会首先突破这些薄弱环节，取得社会主义革命的胜利。从历史发展的实际进程来看，资本主义世界链条的这些薄弱环节都是落后的资本主义国家，或殖民地半殖民地国家。无产阶级革命首先在这些国家发生，并建立了社会主义国家，是与这些国家当时的特定内外部环境分不开的。就其外部环境来看，第一次世界大战和第二次世界大战，大大削弱了世界资本主义对于这些国家的控制力量，使得它们成为帝国主义势力难以顾及的国家，从而大大减轻了帝国主义势力对于这些国家无产阶级革命的压力。就其内部状况来看，这些国家民族资产阶级势力一般比较弱小，无产阶级与农民结成阶级联盟，成为国内政治生活的强大力量，无产阶级政党具有坚强的领导能力，并具有比较强大的革命武装力量。正是在这些特殊历史条件作用下，无产阶级和广大劳动人民首先在俄国、中国等国家取得了革命的成功，建立了社会主义国家。

二、社会主义国家是对于资本主义国家的否定

社会主义国家的建立，创造了新的国家类型，把人类社会政治和国家的发展推进到了一个新的历史阶段，它是对于资本主义国家的否定。

社会主义国家对于资本主义国家的否定，首先体现为社会主义的经济基础是对资本主义国家经济基础的历史性否定。这一否定既表现在这两种经济基础的根本性质的对立上，也表现在它们各自建立过程的区别上。就其性质而言，社会主义国家经济基础与资本主义国家经济基础的根本对立在于：以社会主义公有制为主体的经济基础是社会化大生产的特性在生产关系方面的体现，它适应生产力发展不断社会化的基本趋势和本质要求，并为生产力的进一步发展提供和创造了广阔空间。需要指出的是，在社会主义发展的初级阶段，社会主义国家的经济基础是适应生产力的水平而存在的多种经济成分，但是，在这其中，社会主义公有制是其经济基础的主体。而资本主义国家经济基础以资本主义私有制为核心特征，这种生产关系与生产力发展的社会化要求是不相容的，随着社会的发展，它已成为限制和阻碍生产力发展的桎梏。因此，社会主义国家经济基础对于资本主义国家经济基础的否定，实际上是适应和促进生产力发展要求的生产关系对于限制和阻碍生产力发展要求的生产关系的否定。社会主义国家经济基础以社会主义公有制为主体，多种经济共同发展，在此基础上，实现人与人之间的相互平等和按劳分配关系。而资本主义国家的经济基础以资

① 《列宁选集》第2卷，人民出版社1995年版，第582页。

本家私人占有生产资料为前提，凭借着这种私有制，资本实现着对于无产阶级和劳动人民的剥削压迫，实现着按资取酬的分配制度。因此，社会主义国家经济基础对于资本主义的否定，是社会主义公有制为主体，多种经济共同发展的经济基础以及在此基础上人与人的平等和按劳分配关系对于资本私人占有生产资料、进而支配生产过程和分配关系的否定。社会主义国家的经济基础代表和实现着无产阶级和劳动人民的共同利益和根本利益，而资本主义国家的经济基础则反映着资本主义的本质，是资产阶级的根本利益所在。社会主义国家经济基础对于资本主义的否定，是无产阶级和劳动人民的利益对于资产阶级利益的否定。就其确立过程而言，社会主义国家经济基础与资本主义国家经济基础的基本区别在于，在封建社会末期，封建生产关系与生产力发展要求的不适应，集中体现在以自给自足的自然经济为基础的生产和经营方式对于生产力发展的限制和破坏。资本主义不过是以一种新的生产和经营方式，即商品生产和交换方式适应生产力发展的要求，实现了对于封建经济生产和经营方式的否定。但是，这一否定并没有根本改变生产资料的私有制，而只是以资本主义的生产资料私有制代替了封建社会的生产资料私有制。而社会主义国家建立的根本动因，是生产的社会化要求与资本主义生产资料私有制的矛盾，生产力社会化特性的要求，是改变生产资料的私有制，建立社会主义公有制。因此，无产阶级革命在人类社会有国家以来，第一次以生产资料公有制代替私有制，从而为社会主义国家奠定经济基础。

另一方面，由于资本主义生产关系并不改变生产资料的私有制，它可以仅仅通过改变私有制的经营方式得以滋生和发展，因此，资本主义国家的经济基础可以以寄生的方式，在封建社会私有制框架内孕育发展，这就为资本主义国家的建立准备了现成的经济基础，而不需要资产阶级通过政治权力创设资本主义经济基础。而社会主义公有制是对于一切私有制的否定，这就决定了社会主义国家的经济基础不可能在旧社会发育和生长，决定了无产阶级必须在建立自己的政权以后，“利用自己的政治统治，一步一步地夺取资产阶级的全部资本”①，创立全新的社会主义国家经济基础。从社会主义生产关系确立过程与资本主义生产关系确立过程的这些区别可以看出，社会主义国家经济基础对于资本主义国家经济基础的否定，体现了生产力发展对于旧有所有制的否定，而不是对于原有生产和经营方式的否定；体现了打破旧有私有制框架，建立全新所有制的否定，而不是在旧有私有制范围内的否定；体现了依靠无产阶级国家政权的力量清除旧有生产关系，建立新的生产关系的否定，而不是先有经济基础再建立国家政权的否定。社会主义国家对于资本主义国家的否定，也体现为

① 《马克思恩格斯选集》第1卷，人民出版社1995年版，第293页。

无产阶级统治对于资产阶级统治的否定。它是无产阶级在统治地位等方面对于资产阶级统治的否定，并且在这一过程中根本改变了阶级发展的历史命运。社会主义国家的建立，标志着无产阶级和资产阶级地位的根本转变。在资本主义社会，生产资料的资本私有制和雇佣劳动关系，使得资产阶级可以凭借其对于生产资料的垄断，实现对于社会经济、政治、军事、文化等各方面资源的控制，从而以强大的力量成为社会的统治阶级。而无产阶级和广大劳动人民则在资本的镣铐中，经济上受剥削，政治上受压迫，处于被统治的地位。无产阶级革命清除了资本主义生产关系，打碎了资产阶级国家机器，推翻了资产阶级统治，无产阶级和广大劳动人民通过社会主义公有制掌握了生产资料，建立了自己的国家，从而"上升为统治阶级"①，成为社会的主人。而资产阶级则因为生产资料私有制和雇佣劳动关系的消失而失去了生存基础和力量基础，进而丧失了往昔的一切经济特权和政治特权。因此，无产阶级统治地位确立之日，就是资产阶级统治地位被否定之时。社会主义国家的建立，抛弃了资产阶级政治统治的方式和价值原则。在统治价值原则上，资产阶级的统治是资产阶级实现其阶级利益的工具，这一统治是以资产阶级的共同利益和根本利益作为自己的出发点和支配性价值原则的。而无产阶级统治以无产阶级和广大劳动人民的根本利益作为最高目标和最大价值取向，其统治机器的设立和统治行为的实施，都是围绕着这一目标和取向进行和展开的。

社会主义国家的建立，根本改变了阶级发展的历史命运。自从阶级和国家产生以来，人类社会出现过奴隶社会、封建社会、资本主义社会和社会主义社会。与这些社会形态相联系，人类社会也有四种阶级统治，即奴隶主阶级统治、封建地主阶级统治、资产阶级统治和无产阶级统治。从阶级统治更替的历史过程来看，无论奴隶主阶级的统治、封建地主阶级的统治，还是资产阶级的统治，都是在原有社会中两大对立阶级相互斗争并同时归于灭亡的基础上，由第三个阶级建立的新的统治。比如，封建地主阶级的统治，就是在奴隶与奴隶主阶级相互斗争并同时归于灭亡，而由封建地主阶级建立的；而资产阶级的统治，则是地主阶级与农民阶级相互斗争并归于灭亡，由资产阶级建立起来的。原有社会中对立的两大阶级的历史命运之所以最后归于同时灭亡，是因为原先对立的阶级都不代表先进生产力的要求，从而由代表着新的生产力的阶级建立新的国家。而无产阶级的统治，则是由资本主义社会中与资产阶级对立的无产阶级，代表社会化生产力发展的要求，通过无产阶级革命而建立起来的，因此，社会主义国家的建立改变了被统治阶级充当统治阶级殉葬品的命运，而使无产阶级成为旧的阶级统治的掘墓人，新的阶级统治的建立者。

① 《马克思恩格斯选集》第1卷，人民出版社1995年版，第293页。

社会主义国家对于资本主义国家的否定，还体现为无产阶级对于资产阶级国家机器的否定。这是社会主义国家在权力工具层面上对于资本主义国家的否定，这种否定集中体现在无产阶级革命一般以暴力方式打碎资产阶级国家机器的基本规定性上。资本主义的国家机器，本质上是资产阶级用来镇压无产阶级和广大劳动人民，维护资产阶级利益和资本主义制度的权力工具。随着资本主义的发展，这个机器日趋严密、精巧而庞大，如同马克思在描述法兰西第二共和国时所说的那样，它"有庞大的官僚机构和军事机构，有复杂而巧妙的国家机器，有50万人的官吏队伍和50万人的军队。这个俨如密网一般缠住法国社会全身并阻塞其一切毛孔的可怕的寄生机体"。① 在剥削和压迫无产阶级的过程中，资产阶级的"一切变革都是使这个机器更加完备，而不是把它摧毁"②。资本主义国家机器的这一性质和特点表明，对于无产阶级来说，"奴役他们的政治工具不能当成解放他们的政治工具来使用"，因此，"工人阶级不能简单地掌握现成的国家机器，并运用它来达到自己的目的"③，而必须把它打碎和摧毁。

由于资产阶级国家机器对于资产阶级的统治生死攸关，因此，当无产阶级打碎旧的国家机器时，资产阶级必然要进行拼死的抵抗，它们往往首先把刺刀提到日程上来，对于无产阶级和广大人民群众进行暴力镇压，这就迫使无产阶级在打碎资产阶级国家机器过程中，不得不以暴力革命作为自己的首选方式。从这个意义上讲，无产阶级革命暴力是无产阶级否定资产阶级国家机器的一般方式。另一方面，无产阶级革命也不排斥以和平过渡方式实现国家机器的变更，尤其当无产阶级革命力量占有绝对优势，国际国内环境极大地有利于革命阶级，资产阶级力量遭到大大削弱而不足以与革命力量抗衡时，和平过渡也许会成为可能。就资产阶级国家机器来讲，其主要有两个部分，一部分是典型的阶级压迫和阶级统治机器，如资本主义国家的军队、警察和官僚机构等，这些国家机器，尤其是资产阶级军队"是支持旧制度的最坚硬的工具，是维护资产阶级纪律、支持资本统治、保持并培养劳动者对资本的奴隶般的驯服和服从的最坚固的柱石"④。对于这部分国家机器，无产阶级必须予以彻底摧毁，而代之以无产阶级的国家机器，否则，无产阶级就不能解除自己身上的枷锁。另一部分，则是履行社会管理职能的机构，这部分机构具有双重性，它们既是服务于资产阶级统治的工具，又是具有专门技术特点，组织和管理日常社会事务的

① 《马克思恩格斯选集》第1卷，人民出版社1995年版，第675页。
② 《马克思恩格斯选集》第1卷，人民出版社1995年版，第676页。
③ 《马克思恩格斯选集》第3卷，人民出版社1995年版，第117页。
④ 《列宁选集》第3卷，人民出版社1995年版，第641~642页。

机关。对于这部分机构，无产阶级在建立社会主义国家的过程中可以加以改造利用，使其转变为服务于社会主义社会职能的机构。

社会主义国家对于资本主义国家的否定，由于时代条件、具体国情的不同，各国无产阶级革命的具体道路会有所不同，会有具体方式和途径的多样性。如同列宁当年所说的那样，“在人类从今天的帝国主义走向明天的社会主义革命的道路上，同样会表现出这种多样性。一切民族都将走向社会主义，这是不可避免的，但是一切民族的走法却不会完全一样，在民主的这种或那种形式上，在无产阶级专政的这种或那种形态上，在社会生活各方面的社会主义改造的速度上，每个民族都会有自己的特点。”① 社会主义革命的实际历程发展，证明了无产阶级革命的这种多样性特点。1917 年的俄国十月革命，布尔什维克根据当时俄国的国情，领导无产阶级和劳动人民进行社会主义革命，走的是城市武装起义，以暴力夺取政权，建立社会主义国家的道路。而中国共产党人则把马克思主义的普遍原理与殖民地半殖民地社会的具体实际相结合，创造性地开辟了一条以农村包围城市，最后夺取城市的武装斗争的道路，成功地建立了社会主义共和国。其他社会主义国家的建立，也都具有其各自的特点。

第二节 社会主义国家的本质及其历史地位

一、新型的民主与新型的专政

民主，是在特定的经济关系基础上保障公民的权利得到平等实现的政治形式。在阶级社会中，它表现为以特定阶级的利益为基础，平等地实现统治阶级成员政治权利的国家形式。民主以特定阶级的政治统治作为自己的前提，因此，民主具有特定的阶级性，并且从来都是与专政紧密联系在一起的，如同列宁指出的那样，“民主就是承认少数服从多数的国家，即一个阶级对另一个阶级、一部分居民对另一部分居民使用有系统的暴力的组织”②。资本主义国家是资产阶级民主和资产阶级专政结合的国家形态。资本主义民主是资产阶级的民主，它以资本和财产的私有作为经济前提，私人资本和财产的多少在资本主义政治中实际起着决定性的作用，因此，资本主义民主实质上是“金钱民主”。同时，它以资本主义交换关系作为政治生活的基本法则，形成了政治权利和政治过程表面上的平等，从而掩盖了资本主义私有制造成的社会不平等。在资本主义私有制基础上，资本主义民主是由资产阶级操纵，实际保障资产阶级成员

① 《列宁全集》第 28 卷，人民出版社 1990 年版，第 163 页。

② 《列宁全集》第 31 卷，人民出版社 1985 年版，第 78 页。

政治权利的实现，为资产阶级利益服务的民主。资产阶级凭借着其掌握的财产和各种政治组织、传播工具，对于社会政治起着决定性的作用，“实质上政权总是操在资本手里”。[①] 资本主义民主制度，是按照资本的意志运行的，其议会制和普选制，不过是“每隔几年决定一次究竟由统治阶级中的什么人在议会里镇压人民、压迫人民——这就是资产阶级议会制的真正本质，不仅在议会制的立宪君主国内是这样，而且在最民主的共和国内也是这样”[②]。其政党制和权力制衡制，不过是资产阶级内部不同阶层、集团和派别之间的竞争和制约，其目的是为了维护资产阶级的整体利益。

资本主义国家同时意味着对于无产阶级和广大劳动人民的专政。在资本主义民主制度下，虽然形式上无产阶级和劳动人民享有一定的政治权利，可是，私有财产权力对于政治权力的决定意义和金钱政治的实际要求，使得资本主义政治对于无产阶级和劳动人民具有实际的排斥性。在实际政治运行过程中，无产阶级和劳动人民既难以进入资本主义政治机构，又左右不了资本主义国家的政治过程。因此，资本主义民主的实际政治效能，不过是以表面的民主形式，把无产阶级和劳动人民控制在资本政治经济秩序的范围内，维持在被剥削和被压迫的地位上。当无产阶级和劳动人民反对资产阶级剥削和压迫的斗争威胁到资本的统治地位时，资本主义国家就会撕下“民主”的面具，代之以大炮、刺刀、机关枪等赤裸裸的暴力，对他们进行公开的镇压。社会主义国家的建立，铲除了资产阶级的民主和专政，创立了全新的国家类型，它“是新型民主的（对无产者和一般穷人是民主的）和新型专政的（对资产阶级是专政的）国家”。[③] 这种新型的民主和新型的专政的基本内容，就是“人民这个大多数享有民主，对人民的剥削者、压迫者实行强力镇压，即把他们排斥于民主之外——这就是民主在从资本主义向共产主义过渡时改变了的形态”。[④] 社会主义的新型民主，是社会主义国家的首要的和基本的方面。作为新型的民主，它是无产阶级和广大劳动人民享有的民主，因此，它具有不同于资本主义民主的基本特征，主要体现在：

社会主义民主是建立在社会主义公有制为主体地位的经济基础上的，这种经济基础的确立，为社会主义民主创设了全新的经济基础条件，它使无产阶级和广大劳动人民共同占有生产资料，从而为全体公民享有民主权利提供了经济关系保障；它使无产阶级和广大劳动人民实现了经济权利的平等，进而可以在

① 《列宁全集》第37卷，人民出版社1986年版，第37页。
② 《列宁全集》第31卷，人民出版社1985年版，第43页。
③ 《列宁选集》第3卷，人民出版社1995年版，第140页。
④ 《列宁选集》第3卷，人民出版社1995年版，第191页。

此基础上真正实现政治的平等；它使社会主义国家全体公民形成了本质上一致的共同利益，也为协调人民内部各种不同的利益关系，解决不同的利益矛盾创造了条件。社会主义民主以无产阶级政治统治的确立和政治管理的实施为政治前提，无产阶级政治权力不仅使得无产阶级和广大劳动人民获得了政治统治者和政治管理者的主体地位，而且为这一地位的实现提供了强有力的政治保障，因此，无产阶级和广大劳动人民是作为国家的主人，在管理自己国家和社会公共事务的过程中享有和行使民主权利的。社会主义民主是广泛、真实的民主。社会主义民主的广泛性，既在于它是占有人口绝大多数的人民享有的民主，也在于它具有比资本主义民主更加广泛的内容。社会主义民主的真实性，既在于无产阶级和广大劳动人民的权利和意志可以在民主过程中得到真实的实现，也在于国家为民主的实现提供着真实的物质和其他保障。因此，相对于资本主义民主对于无产阶级和广大劳动人民仅仅具有的形式意义来说，“无产阶级民主比任何资产阶级民主要民主百万倍”。[①] 社会主义民主通过不同于资本主义民主的一系列制度，规范民主的运行和公民权利的实现，它以民主集中制的原则组建国家机构，保证人民的最高权力地位，实现对行政权和司法权的控制和监督；它以共产党作为民主的领导力量，保证人民根本利益和要求的实现；它以人民监督的制度体系，保证人民权力对公共权力的控制，使得公共权力按照人民的意志运行；它以社会主义法治作为民主的法律基础，从而使得公民的权利具有了法律保障。社会主义国家同时又是一种新型的专政。如果说社会主义革命是对剥夺者的剥夺，那么，作为新型专政的社会主义国家则是对压迫者的压迫，这种新型的专政就是人民民主专政，其本质是无产阶级专政。作为新型的专政，人民民主专政与包括资产阶级专政在内的一切剥削阶级专政有着本质的区别，这种区别主要体现在：从掌握政权、实施对于对立阶级专政的主体来看，以往的一切阶级专政，其掌握政权、实施对于对立阶级专政的主体都是剥削阶级，而一切被剥削阶级则是被专政和被奴役的对象。人民民主专政在人类社会政治发展的历史上破天荒地第一次以被剥削阶级代替剥削阶级掌握政权，建立了人类有史以来第一个由被剥削阶级统治的国家，使劳动者成为对剥削阶级实施专政的主体，而剥削阶级和敌视社会主义的势力成为人民民主专政的对象。从统治阶级与被统治阶级在人口中的比例来看，以往的一切阶级专政都是少数剥削阶级对于多数被剥削阶级的专政，因此是少数人对于多数人的专政，“是少数人对多数人实行镇压的特殊机器”[②]。而人民民主专政则是占人口多数的工人和广大劳动人民对于少数资产阶级和其他剥削阶级分子、敌视和反抗社

---

① 《列宁选集》第 3 卷，人民出版社 1995 年版，第 606 页。

② 《列宁选集》第 3 卷，人民出版社 1995 年版，第 192 页。

会主义革命和社会主义建设的势力的专政，因此，它把少数人对多数人的专政变成了多数人对少数人的专政。从专政职能在国家职能中的作用来看，包括资产阶级在内的一切剥削阶级国家是与大多数人对立的，因此，它们本质上也是虚弱的。为了维护其阶级地位，它们必然极大地依靠国家的强制机器和职能维持政治统治秩序，国家的其他职能本质上都是围绕这种职能进行的。而社会主义国家代表着大多数人的意志和要求，它具有广泛的阶级基础和社会基础，有着强大的社会和政治力量支柱，有着深厚的政治合法性和正当性，对于社会和自身的发展具有明确的认识和充分的信心。因此，它按照社会主义社会主要矛盾的要求，把发展社会主义的生产力，建设社会主义民主和社会主义文化作为自己最重要的职能，而以暴力镇压剥削阶级和敌对分子的反抗虽然也是其重要职能，但是，它是为发展社会主义的生产力、建设社会主义民主和社会主义文化服务的。正是在这个意义上，列宁指出："无产阶级专政不只是对剥削者使用的暴力，甚至主要的不是暴力。这种革命暴力的经济基础，它富有生命力和成功的保证，就在于无产阶级代表着并实现着比资本主义更高类型的社会劳动组织。实质就在这里。共产主义的力量源泉和必获全胜的保证就在这里"①。

作为新型的民主和新型的专政，社会主义国家的建立，标志着人类社会政治中民主专政本质的根本改变，标志着剥削阶级民主和专政的历史性终结和人类社会政治新纪元的开始。随着社会主义社会的发展，尤其是社会主义市场经济体制建立和发展过程中，进一步坚持和实行人民民主专政，建设社会主义民主和政治文明，成为社会主义政治发展的重要任务。

二、社会主义国家的特征

社会主义社会是在资本主义社会基本矛盾作用下，无产阶级和广大人民群众以革命的方式摧毁资本主义生产关系，夺取国家政权而建立起来的一种社会形态。社会主义社会的建立，不仅为生产力的迅速发展创造了广阔的空间，而且形成了与资本主义社会截然不同的生产关系。因此，社会主义社会是一种全新的社会形态，这一社会形态与资本主义社会的本质区别，如同邓小平同志指出的那样，"是解放生产力，发展生产力，消灭剥削，消除两极分化，最终达到共同富裕"。② 这就表明，一方面，与根本上阻碍社会生产力发展的资本主义不同，社会主义是对于生产力的解放和发展，因此，解放和发展生产力，不仅是社会主义社会建立的历史前提，而且是社会主义社会得以巩固和发展的现实依据，创造出比资本主义更高的劳动生产率，是社会主义社会的本质在生产

① 《列宁选集》第4卷，人民出版社1995年版，第910页。

② 《邓小平文选》第3卷，人民出版社1993年版，第373页。

力方面的体现。另一方面，与建立在生产资料私有制基础上的资本主义剥削关系不同，社会主义社会建立在公有制为主体的经济基础上，这就使得它必然要消灭剥削关系，实行以按劳分配为主的分配制度，进而消除社会两极分化，最终实现全体人民的共同富裕，这是社会主义的本质在生产关系方面的体现。

社会主义国家是社会主义社会的上层建筑，社会主义社会本质的规定性，决定了社会主义国家具有不同于资本主义国家的基本特征，概括起来，这些基本特征主要是：

1. 社会主义国家以生产资料公有制为经济基础。中国处于社会主义初级阶段，实行以生产资料公有制为主体，多种经济成分并存的经济制度

在社会主义国家经济基础中的生产资料公有制，是以工人阶级和广大劳动人民全体或者集体占有生产资料为基本特征的经济制度。这一经济制度适应了生产力社会化的要求，以生产资料的社会占有代替了资本主义的私人占有，从而把社会化的生产力从资本主义私有制的桎梏中解放出来，为生产力的发展创造了广阔的空间。同时，它使得工人阶级和广大劳动人民成了生产的主人，这就不仅消除了生产过程中资本家奴役和压迫工人阶级和劳动人民的前提，确立了生产过程中人与人之间的平等地位，而且清除了资本家剥削工人阶级和劳动人民的基础，为实现按劳分配，进而消除两极分化，实现共同富裕创造了条件。在社会主义初级阶段，生产资料公有制包括全民所有制和集体所有制，同时，还包括混合所有制经济中的国有经济成分和集体经济成分。公有制主体地位主要表现在：在全社会范围内，公有资产在社会总资产中占优势，这种优势不仅是数量的优势，而且更是质量的优势；国有经济控制国民经济命脉，对经济发展起主导作用。在社会主义初级阶段，国家的经济基础中还存在着其他多种经济成分，这些经济成分包括个体经济、私营经济、合资经济、合作经营经济和外资独资经济等。就其经济属性来讲，这些经济成分属于非公有制经济，但是，它们的存在和发展，是由社会主义国家生产力水平的实际状况决定的，是有利于社会生产力的发展的。由于社会主义首先是在落后国家取得胜利的，这些国家的生产力发展水平和社会化程度在不同部门、不同地区、不同行业是不均衡的。要使社会主义的生产力得到迅速、全面发展，就要适应不同生产力发展水平和社会化程度的要求，采取不同的经济关系和经济成分，逐步提高生产力的社会化程度。在生产关系方面，虽然这些经济成分不属于公有制经济，但是，在社会主义生产资料公有制占主导地位的经济条件下，它们促进国民经济发展的积极作用有利于社会主义生产力的发展，所以，它们是社会主义市场经济的重要组成部分。因此，在社会主义初级阶段，社会主义国家坚持公有制为主体、多种所有制经济共同发展的基本经济制度，坚持按劳分配为主体、多种分配方式并存的分配制度。

以生产资料公有制为主体，多种所有制经济共同发展的经济制度，对于社会主义国家的发展具有重要意义。一方面，在社会生产关系中占有主体地位的生产资料公有制的建立，在人类社会历史上第一次消除了自阶级社会以来劳动者与生产资料相分离的状况，实现了两者的直接结合，这也消除了国家与社会对立的经济根源，为国家向社会回归创造了条件。另一方面，多种所有制经济成分的并存，体现了多种所有制经济在社会主义市场经济中的重要作用，同时，它也标志着社会主义国家生产力发展的长期性，决定了社会主义国家经济、政治和社会发展的初级阶段性。社会主义国家必须从生产力和社会发展不同阶段的实际出发，实事求是地制定各项方针政策，才能有效地促进社会的发展。

2. 社会主义国家以工人阶级为领导阶级，以工农联盟作为国家的阶级基础

社会主义本质上是工人阶级的阶级要求和社会主张，因此，社会主义国家本质上是工人阶级的国家，是工人阶级掌握国家政权，主导社会政治方向和政治发展，实现其阶级意志和阶级利益的国家。工人阶级在社会主义国家中的这种领导地位，是由工人阶级的阶级特性和工人阶级在社会主义革命中的历史作用决定的。就其阶级特性而言，工人阶级是社会化大生产的产物，并且随着社会化大生产的发展而不断发展。因此，在被剥削和被压迫的阶级中，只有工人阶级是先进生产力的代表者。在社会政治生活中，工人阶级最具有组织纪律性和团结协作性，最具有革命的坚定性和彻底性，最能够认识和把握社会发展的要求和规律，最大公无私并具有献身精神。因此，工人阶级是最有远大前途的阶级，工人阶级的这些阶级特性，是其成为社会主义国家领导阶级的主观条件。就其历史作用而言，工人阶级不仅是推翻资本主义统治的主导力量，而且是建立社会主义制度的领导力量，这就使得工人阶级作为社会主义国家的领导阶级成为历史的必然。

在社会主义国家，知识分子是工人阶级的一部分。知识分子是以创造、传播、应用和管理科学文化知识为职业特征，以脑力劳动为主要劳动方式的社会群体。他们不是一个独立的阶级，而是特定阶级中的阶层。在社会主义国家，知识分子与工人阶级的其他阶层一样，是社会主义建设的劳动者和重要力量，是社会主义国家的主人。同时，由于知识分子从事的科学文化工作，代表着先进的生产力发展要求，因此，知识分子是先进生产力的代表者，随着社会主义的发展，科学技术成为第一生产力，知识分子的作用也日益重要。知识分子与工人阶级在社会作用、与生产力的联系方面的共同性，使得他们成为工人阶级的一部分。农民阶级与工人阶级一样，在资本主义生产关系下是被剥削和被压迫阶级，因此，在反对资本主义和建设社会主义的斗争中，农民阶级与工人阶

级有着共同的阶级利益和历史命运，这就使得工人阶级可以与农民阶级结成广泛的联盟。同时，由于农民是社会生产的基本劳动阶级，尤其是在经济落后的国家，农业经济在国民经济中占有很大比重，是国民经济的基础，农民更是占了人口的大多数，并且在经济建设和发展中具有重要的地位和作用。因此，工人阶级要取得社会主义革命和社会主义建设的胜利，就必须联合农民阶级共同奋斗，才能组成浩浩荡荡的革命和建设大军，否则，工人阶级的革命运动“在一切农民国度中的独唱是不免要变成孤鸿哀鸣的”。[①] 工人阶级的领导和工农联盟的阶级基础，使得社会主义国家成为自国家产生以来第一个由占人口绝大多数的无产阶级和劳动群众组成的国家，它要统治和镇压的只是居民中的少数人，即敌视和反抗社会主义的势力和敌对分子。社会主义国家的这种阶级构成状况，使得它成为由阶级统治向社会全体成员自我管理过渡的历史形式。

3. 社会主义国家的基本职能在于大力发展生产力，建设社会主义物质文明、政治文明和精神文明，实现全面、协调和可持续发展，推动社会全面进步，建设和谐社会，以满足人民不断增长的物质和文化需求

社会主义国家的基本职能，是由社会主义社会的主要矛盾决定的。在社会主义社会，社会的基本矛盾仍然是“生产关系与生产力之间的矛盾，上层建筑与经济基础之间的矛盾”[②]。就其具体体现来说，社会主义政治经济制度从根本上为生产力的迅速发展创造了可能，但是，在社会主义社会的具体制度即政治经济和管理体制方面，仍然存在着不适应、乃至阻碍生产力发展的因素。而生产力发展的落后状况与人民不断增长的物质文化需求之间是矛盾的，正是这一矛盾，构成了社会主义社会的主要矛盾。这一主要矛盾，规定了社会主义国家的基本职能是以经济建设为中心，以全面、协调和可持续的科学发展观，推动社会的全面进步，从而满足人民日益增长的物质文化需求。社会主义国家的这一基本职能表明，社会主义国家只有以经济建设为中心，才能抓住和解决社会发展的主要矛盾，并且在此基础上，为社会主义社会其他方方面面的矛盾的解决创造前提和条件。社会主义国家的这一基本职能也表明，社会主义国家只有坚持科学的发展观，坚持以人为本的方针，坚持全面、协调和可持续的发展，实现社会共同富裕，全面承担经济建设、政治发展和文化建设职能，才能推动社会主义社会的全面发展和进步，建设社会主义和谐社会，进而完成自己的历史使命。

社会主义国家的这一基本职能还表明，在社会主义社会，由于剥削阶级的消灭，无产阶级和人民群众与剥削阶级之间的阶级矛盾已经不是社会的主要矛

---

① 《马克思恩格斯选集》第1卷，人民出版社1995年版，第684页。

② 《毛泽东著作选读》下册，人民出版社1986年版，第767页。

盾。因此，国家的镇压职能已经逐步退居次要地位，社会主义国家已经不是以镇压为主要职能意义上的国家。而发展生产力，协调经济建设和社会发展过程中的各种矛盾，协调人与自然、人与人的关系，建设和谐的社会关系，满足人民的政治经济和文化需求，成为国家的主要任务。国家基本职能的这种转变，标志着国家在人类社会文明的发展史上已进入了全新的阶段。

4. 社会主义国家是无产阶级政党领导下的国家，无产阶级政党的领导，构成了社会主义国家的政治特征

工人阶级对于社会主义国家的领导，是通过工人阶级的先锋队组织——共产党来实现的。由于历史的原因，工人阶级的普通群众往往受教育程度和文化水平较低，缺乏直接管理国家的必要经验和技能。同时，工人阶级人数众多，在社会发展的一定阶段，为数众多的社会成员直接从事管理国家和社会事务的工作，也是社会经济条件和其他条件所难以承受的。因此，工人阶级对于社会主义国家的领导，只能通过自己的先进分子来间接实现。另一方面，共产党是工人阶级和劳动人民的核心力量和先进队伍，它以马克思主义为指导，代表着先进文化的发展方向，在实践中不断认识和把握社会发展的规律，并在此基础上制定正确的路线、方针和政策，引导工人阶级和劳动人民进行社会主义革命和建设；它代表先进生产力的发展要求，并且以共产主义作为自己的奋斗目标，代表社会发展的方向；它代表最广大人民群众的根本利益，忠实维护和实现工人阶级和劳动人民的利益要求，而没有自己的特殊利益；它以严明的纪律和强有力的组织，保证自己的先进性，团结全体工人阶级和劳动人民共同奋斗。因此，“无产阶级专政不能直接由包括全体无产阶级的组织来实现。只有吸收了阶级的革命力量的先锋队，才能实现这种专政。”① 共产党对于社会主义国家的领导，包括政治领导、思想领导和组织领导。共产党的政治领导，主要是从实际出发，深入透彻地分析和把握社会基本性质和发展特点，在此基础上，制定反映社会发展规律与人民利益和要求的路线、纲领、方针、政策，并通过法定程序，把党的路线、纲领、方针和政策贯彻到国家政治生活中。共产党的思想领导，主要是坚持马克思主义的指导地位，并在社会生活和国家政治生活中，对广大党员和人民群众进行马克思主义的教育，抵制各种剥削阶级的腐朽思想和错误思想；共产党的组织领导，主要是组织全体人民进行社会主义建设，完善社会主义国家的组织制度，同时教育、培养、选拔干部，通过科学的和法定的程序，向国家政权机关输送大批优秀干部。

5. 社会主义国家以马克思主义作为指导思想

马克思主义是其创始人运用辩证唯物主义和历史唯物主义，分析了自然、

① 《列宁选集》第4卷，人民出版社1995年版，第369页。

社会和思维的本质及其发展规律而形成的思想理论体系。马克思主义的社会学说是马克思、恩格斯运用唯物辩证法分析人类社会的本质和发展规律，尤其是资本主义社会的本质和发展规律的基础上形成的。它以生产力和生产关系、经济基础与上层建筑的矛盾运动为基本分析框架，以阶级和阶级矛盾为基本分析线索，揭示了社会和国家发展、运动的基本规律，揭示了资本主义经济和社会的矛盾运动规律，并在此基础上提出了科学社会主义学说。因此，马克思主义的社会学说是对于人类社会及其发展规律的科学分析和阐述。同时，马克思主义在揭示资本主义社会内在矛盾和发展规律的过程中，指明了无产阶级的历史地位和作用。因此，无产阶级是马克思主义的物质武器，而作为无产阶级精神武器的马克思主义本质上是无产阶级和广大劳动人民根本利益和要求的理论概括，是无产阶级建立自己的国家，进行社会主义革命和建设的思想指南。

马克思主义又是开放的理论体系，在无产阶级革命和社会主义建设过程中，它必然会随着实践的发展而与时俱进、不断发展。在中国革命的过程中，中国共产党人把马克思主义与中国的具体实际相结合，形成了毛泽东思想。在社会主义现代化建设的历史新阶段，以邓小平为代表的中国共产党人坚持实事求是、从实际出发的马克思主义基本原理，深入分析和把握中国社会的特点，在改革开放的历史进程中形成了邓小平理论。这一理论是当代中国的马克思主义，是马克思主义在中国发展的新阶段。它以实事求是为精髓，以“什么是社会主义，怎样建设社会主义”为主题，对于社会主义国家发展中的政治、经济、社会、文化和对外关系的一系列重大问题进行了深刻的理论阐述，从而在马克思主义发展史上第一次比较系统地回答了在中国这样一个经济文化比较落后的国家建设和发展社会主义的一系列问题，形成了完备的科学体系。因此，邓小平理论是当代中国的马克思主义。以江泽民同志为代表的中国共产党人在社会主义建设过程中，围绕着社会主义现代化建设和共产党的建设主题，提出和论述了共产党必须代表先进生产力，代表最广大人民群众的根本利益，代表先进文化的发展方向的重要思想，阐明了在社会主义现代化建设过程中，共产党应该建设成为什么样的政党和怎样建设这样的政党的重大问题。随着社会主义事业的进一步发展，作为社会主义国家指导思想的马克思主义也必将与时俱进，在实践中得到进一步丰富和发展，而以发展着的马克思主义指导社会主义事业和发展，是社会主义国家的重要指导原则。

三、社会主义国家的历史作用和地位

历史上的革命都是以一种私有制代替另一种私有制，以一种剥削压迫关系代替另一种剥削压迫关系的革命，这种革命往往是以政治革命的完成——政权的变更和移易而告终。无产阶级革命是人类历史上最伟大、最深刻、最广泛和最彻底的革命，其任务和目标是要消灭剥削、消灭阶级，实现共同富裕，并且建设高度的社会主义物质文明、政治文明和精神文明，最终实现共产主义。因此，它是彻底摧毁资本主义社会，重新建立新社会的革命，无产阶级革命的这一特点，决定了无产阶级政治革命的胜利和社会主义国家的建立，只是革命的第一步，也规定了社会主义国家具有特定的历史作用和地位。

社会主义国家的历史作用主要可以概括为以下几个方面：

1. 建立和逐步完善社会主义公有制

就其根本性质来说，社会主义经济关系与资本主义经济关系是对立的，因此，在无产阶级革命发生时，并没有在原有社会中发育成长起来的现成的社会主义经济关系，这就需要社会主义国家通过政权的力量，对私有经济进行改造和引导，建立国有经济和集体经济，由此建立社会主义的经济关系。由于在世界历史的实际进程中，无产阶级革命首先是在经济文化落后的国家获得胜利的，这些国家的生产力发展水平总体上比较低，而且在国民经济各部门、各行业以及各地区之间极不均衡，因此，社会主义国家在建立社会主义经济关系时，必须从适应和促进生产力发展出发，确立以公有制为主体，多种经济成分共同发展的基本经济制度。在建立了社会主义经济关系以后，社会主义国家还面临着进一步完善基本经济制度的历史任务。在社会主义公有制方面，国家在确保公有制主体地位的同时，必须努力寻求能够极大促进生产力发展的公有制实现形式，采用一切反映社会化生产规律的经营方式和组织形式，使公有制的实现形式多样化。在多种经济成分共同发展方面，社会主义国家要鼓励、引导非公有制经济，使之健康发展，在促进生产力发展，满足人民的多方面需求，增加就业，提高技术水平等方面发挥积极作用。

2. 依法打击极少数敌对势力和敌对分子的反抗和破坏活动，维护社会主义的秩序和稳定。同时，防御国际敌对势力的侵略和颠覆，捍卫国家主权、安全和领土完整

在社会主义制度建立以后，作为阶级的剥削阶级已经被消灭，阶级矛盾不再是社会的主要矛盾。但是，由于历史上的剥削制度和剥削阶级遗毒和影响还不可能在短时期内消除，在社会主义社会、经济和文化条件下，还不可能杜绝新的极少数敌对分子、严重刑事犯罪分子和经济犯罪分子的产生；在国际范围内还存在敌视和破坏社会主义制度和建设事业的势力，因此，阶级斗争在一定范围内还将长期存在，这就决定了社会主义国家必须建设强有力的国家机器，打击极少数敌对势力和敌对分子的反抗和破坏活动，维护无产阶级和劳动人民的根本利益，维护社会主义的秩序和稳定。同时，在国际范围内，维护国家的主权和安全，防御和打击敌对势力的颠覆和破坏活动。

由于社会主义社会的阶级斗争仅仅是一定范围内的斗争，同时，无产阶级

和劳动人民掌握国家政权，依法治理国家，因此，社会主义国家对于阶级斗争的处理应该按照法治的方式来进行，把阶级斗争的处理与建设社会主义法治国家紧密结合起来。

3. 组织和管理社会主义经济，大力发展生产力。同时，根据生产力发展的要求，建立和完善社会主义市场经济体制，承担经济宏观调控职能，并且调整和改革不适合生产力发展的具体制度和体制

社会主义是适应生产力发展的要求而建立起来的社会形态，因此，解放生产力，发展生产力是社会主义的本质。同时，在社会主义社会，社会的主要矛盾是人民日益增长的物质文化需求同落后的社会生产之间的矛盾，因此，进行社会主义经济建设，实现社会全面、协调和可持续的发展，既是社会主义的本质要求，又是社会主要矛盾决定的，它无疑构成了社会主义国家最重要的职能。在经济建设和发展生产力的过程中，社会主义国家的职能具体体现为：

确立经济建设是社会主义社会的中心任务，以是否有利于发展社会主义社会的生产力、有利于增强社会主义国家的综合国力、有利于提高人民的生活水平作为衡量一切工作的根本标准。

建立和完善社会主义市场经济体制。社会主义市场经济是与社会主义基本制度结合在一起的，它是生产社会化的必然形式，是经济过程中优化资源配置的有效方式，是促进公有制为主体多种经济成分共同发展的运行机制，是按劳分配为主体的多种分配方式的实现条件。因此，社会主义国家必须大力培育和完善社会主义市场经济体制。

加强对于经济运行的宏观调控。社会主义国家必须根据国民经济发展的实际水平和特点，制定国民经济发展的目标和规划，同时，运用多种手段，保证国民经济和社会的全面、协调、可持续发展。

根据生产力发展的要求，调整和改革一切不适合生产力发展要求的具体制度和体制，同时，实施对外开放，积极参与国际经济竞争和合作。

4. 协调人民内部的利益和矛盾，健全社会主义民主和法治，建设社会主义法治国家

在社会主义社会，人民内部关系和矛盾已经成为社会关系的主要内容，因此，正确处理和解决人民内部矛盾，成为社会主义国家的重要职能。社会主义社会人民内部矛盾产生的原因是多种多样的，这其中，人民内部经济、政治、文化和社会关系的多样差异性、发展变动性以及在此基础上形成的人民内部利益的多样差异性和矛盾性，是人民内部矛盾产生和发展的基本原因；经济、政治、文化和社会管理体制与社会主义根本制度的不适应，与社会主义建设和改革的不适应，是人民内部矛盾产生和发展的制度原因；人民内部思想认识的差异性以及各种思想和文化的影响，是人民内部矛盾产生和发展的思想认识原

因。因此，社会主义国家必须针对人民内部矛盾产生的不同原因，区别不同情况，采取不同的方法，来解决这些矛盾。在处理和解决人民内部矛盾的过程中，社会主义国家尤其要加强社会主义民主和法治建设。社会主义民主建设是社会主义国家的本质体现，社会主义国家是人民当家作主的国家，没有民主就没有社会主义。社会主义民主和政治文明建设是经济建设的必然要求，是保障人民民主权利，充分发挥人民群众积极性、创造性的重要政治条件，是维护社会稳定和有序发展的重要保证，是建设廉洁高效政府，防止专制和腐败的重要途径。与此同时，社会主义民主建设与社会主义法治建设又是紧密联系在一起的，社会主义法治是社会主义民主的保障，这两者的统一，构成了社会主义法治国家的特征，依法治国是社会主义国家治理国家和社会的基本方略。因此，建设社会主义民主和健全社会主义法治，构成了社会主义国家的重要职能。

5. 发展社会主义文化教育事业，建设社会主义文化

社会主义社会的建设和发展，不仅在于社会主义经济建设和政治民主的发展，而且在于社会主义文化的建设和发展。社会主义文化教育事业的发展，关系到社会主义国家国民素质的提高和人才资源的开发，关系到科学技术和综合国力的竞争，关系到人民群众精神和文化需求的满足等一系列重大问题，因此，社会主义国家必须从战略的高度，承担发展社会主义文化教育事业，建设社会主义文化的历史使命。

发展社会主义文化教育事业，建设社会主义文化的目标，是以马克思主义为指导，以培育有理想、有道德、有文化、有纪律的公民，发展面向现代化、面向世界、面向未来的、民族的科学的大众的社会主义文化。其具体任务在于以马克思主义教育和武装人民，努力提高全民族的思想道德素质和教育科学文化水平，坚持为人民服务、为社会主义服务的方向和百花齐放、百家争鸣的方针，繁荣学术和文艺，吸收民族文化传统的优秀成分和人类文明发展的一切积极成果。

6. 创造条件消灭三大差别，逐步向共产主义过渡

按照生产力和人类社会发展的客观规律，共产主义社会是社会发展的必然趋势。根据马克思对于共产主义社会的论述，共产主义社会的基本特征是：生产力高度发达，物质财富极大丰富，生产资料为社会所有，社会实行“各尽所能，按需分配”的原则，工农之间、城乡之间、脑力劳动和体力劳动之间的差别彻底消灭，阶级彻底消灭，国家消亡。从历史的发展进程来看，社会主义是共产主义的第一阶段，因此，它是人类社会向共产主义的过渡阶段。社会主义社会的历史地位，决定了社会主义国家具有特定的历史职能，这就是在向共产主义社会发展的长期历史进程中，切实按照生产力和社会发展的实际状况，逐步创造条件，消除三大差别。这其中，最重要的是促进生产力的发展，创造出

高于资本主义的劳动生产率，极大提高生产力的社会化程度，在此基础上，实现全体人民的共同富裕，并且提高社会的教育科学文化水平，逐步实现生产力分布和生产技术分布的社会均衡，消灭旧式的社会分工，实现劳动的平等分工，进而逐步调整生产关系和上层建筑，实现每个人的自由发展。社会主义国家的这一历史职能的实行，是一个漫长的历史过程，需要几代人、几十代人的艰苦奋斗和努力，尽管如此，社会主义向共产主义的发展是历史的必然趋势，为这种发展逐步创造条件，并最终向共产主义过渡，是历史赋予社会主义国家的责任和使命。在人类社会政治国家发展和演进的历史阶梯上，社会主义国家是最后一级，这就是说，社会主义国家是人类社会发展史上最高和最后类型的国家，从社会发展形态来看，社会主义国家是从资本主义社会向共产主义社会过渡时期的政治形式，从国家的发展来看，它是国家走向消亡的必经阶段和必要环节，而且它本身就是处于逐步消亡过程中的国家。随着社会主义过渡到共产主义，社会主义国家必将从政治国家走向非政治国家，进而由国家形态过渡到完全的自治，而被自由人的联合体所代替，到那时，“国家政权对社会关系的干预在各个领域中将先后成为多余的事情而自行停止下来。那时，对人的统治将由对物的管理和对生产过程的领导所代替”。[①] 这就是社会主义国家发展的最终归宿。

---

① 《马克思恩格斯选集》第3卷，人民出版社1995年版，第631页。

第六章　国家形式

第一节　国家形式的含义及其基本内容

马克思主义经典作家非常重视研究国家形式问题。国家形式问题是马克思主义政治学的一个重要内容。马克思主义认为，任何事物的本质都要通过一定的形式来表现，国家也是一样。国家是阶级统治的工具，是统治阶级运用政治权力对社会进行组织、管理、控制的工具，这是国家的本质，与之相对应，国家形式所关注的问题就是：统治阶级是以什么形式来组织国家和进行政治统治的，以什么方式、方法来控制和管理国家的。马克思主义经典作家把国家比作一部机器，国家的本质是实现阶级统治的特殊的机器。没有一定的形式，任何机器也就无法组装。机器总是由许多零部件组成的，并且构成一个相互联系的、整体的系统，那么，这部机器的构成有哪些主要部件？它们在这个系统中分别处于什么样的地位？怎样分工？它们相互之间怎样联结起来构成一个系统？有怎样的外观和怎样的整体结构？这些就是这部机器的形式问题，同样，国家机器也会有形式问题，这就是国家形式问题。

一、国家形式的含义

历史上许多政治学家都非常重视国家形式的研究，产生了大量研究成果，尤其是他们所进行的经验性研究留下了关于国家形式的丰富资料。尽管如此，马克思主义以前的政治学都是脱离内容讨论形式，仅仅就形式而论形式，因而忽视了国家形式与国家本质之间的关系，尤其是剥削阶级的政治学家都否认或者歪曲国家的本质，用国家的形式来掩盖国家的本质，用对国家形式的区分来取代和取消从本质上对国家的区分，因此有意或无意地混淆国家的形式与国家的本质，或者割裂国家阶级统治的性质与国家统治形式的联系。

从国家形式的本质意义来考察，任何国家的统治阶级，为了顺利地对被统治阶级进行有效的统治，都必须以一定的形式和方法来协调和团结本阶级的力量，这就意味着统治阶级必须以一定的形式、方式和手段来解决统治阶级内部的关系问题，也要以一定的形式、方式和手段来解决与被统治阶级的关系问题。但是，这里所说的形式、方法和手段是制度、体制意义上的，而不是一般行动意义上的，后者可以看作是统治的政策、策略和纲领。而制度化、体制化的形式、方法、手段就从根本上决定了国家的形式，也体现了国家采取一定的国家形式的根本目的。因此，用最简短的话来说，国家形式就是统治阶级为实现本阶级的统治而组织国家的形式，是组织、管理和控制国家机器的制度和体制的总和。

二、国家形式的基本内容

在诸多的政治学、法学著作和有关的文献中，往往可以见到许多涉及国家形式问题的术语和概念，诸如“国家统治形式”、“国家治理形式”、“国家管理形式”、“国家制度”、“政治制度”、“政治体制”、“政体”、“政权组织形式”、“国家结构形式”、“政府形式”，等等。应该说，这些概念和术语都涉及了国家形式的内容，但又都只是从某一个特定的角度涉及到国家形式的某一个方面的内容。其实，国家形式的内容是十分丰富和宽泛的。

从国家形式的具体内容上考察，它包括以下三个方面：

第一，国家政权组织形式，即政体，尤其是中央（全国）政权的组织形式。政体主要涉及中央政权机关的设置、权力配置和相互关系等，决定了国家机关设置和权力配置的基本原则，体现一个国家的横向权力结构和权力分配关系。从权力配置和国家机关设置的角度看，政体主要地体现为国家最高统治权力的行使方式和最高国家权力机关的组成形式。前者是指国家最高统治权力由一个机关集中行使，还是由数个机关分工行使；后者是指最高国家权力机关是由一个人组成，还是由一个集体组成，也就是由一个人还是由一个集体形式的机构行使国家最高统治权。

第二，国家的整合形式，即国家结构，主要是指国家的各个组成部分如何整合成为一个成其为国家的政治共同体，具体地表现为国家整体与部分（包括地域的、行政的、民族的，等等）之间的权力关系。国家结构是国家形式的另一个重要内容，它决定了调整和处理国家整体与部分之间的相互关系和权力划分的基本原则，反映的是一个国家的纵向权力结构和权力分配关系。

第三，国家机关权力的具体运作方式和具体制度，在中国的政治术语中，它们通常被统称为“政治体制”。除了上述两个方面以外，还有一些具体制度和具体形式，如选举制度、执政党与政权的关系、决策程序、政府机构的设置和规模、中央对地方的领导体制和具体控制手段、国家机关公职人员的选用和管理方式，等等。它们只是组织、管理和控制国家机器的制度的具体环节，属于国家形式的细节方面。

三、国体与政体的关系

形式表现内容，形式表现本质。国家形式作为一个国家的统治形式和权力结构形式，表现了国家阶级统治的本质和阶级统治的性质，并受到国家阶级性质的制约。在上述三个方面中，政体是国家形式中最重要、最关键的方面，因此，政体与国家的本质和阶级性质的关系也最直接。我们在前面虽然已经将政体简单地定义为国家政权组织形式，但为了对政体的概念有更确切的理解，这里有必要做进一步的说明。

1. 国体决定政体，政体表现国体

早在2000多年前，古希腊的思想家们就十分关注政体问题，尤其是亚里士多德用了很大的精力对古希腊诸城邦的政体进行了考察和研究，自那时以来，政体问题就一直成为政治学所关注的主要问题之一。历史上的许多思想家关于政体的定义也都注意到了政体与政权和统治机构的联系，例如，亚里士多德就把政体看成是“城邦一切政治组织的依据”，是用来“确定最高统治机构和政权的安排”、订立城邦及其全体“所企求的目的”的职能组织。① 同时，亚里士多德把政体与法律相联系，他认为，“法律实际是、也应该是根据政体（宪法）来制订的”。② 近代的资产阶级思想家孟德斯鸠也认为“政体的原则对法律有最大的影响。”③ 这些定义和研究反映了政体的某些内容和特征，推进了人们对自身社会政治组织的认识，积累了丰富的材料。

但是，这些定义都没有提到或者不愿意承认政体与阶级统治的关系。为了理解政体的概念，这里需要引进另一个概念，这就是国体。毛泽东指出，国体指的就是“社会各阶级在国家中的地位”④。在国体的这个含义中，最重要的是哪个或者哪些阶级掌握政权，在几个阶级联合掌握政权的情况下，则要进一步分清哪个阶级是这个联盟的领导阶级，因此，国体所表现的也就是国家的阶级性质。可见，亚里士多德等人关于政体的定义忽略或抹煞了国体与政体的区别。

关于政体，恩格斯曾经分析过，民主共和政体是资产阶级统治的“彻底的形式”，而立宪君主政体曾经是“资产阶级统治的适当形式”，⑤ 显然，恩格斯就是把政体看作是阶级统治的形式。后来，毛泽东对政体的定义做了经典的表述，他指出，政体是“政权构成形式”，是指“一定的社会阶级取何种形式去

① 亚里士多德：《政治学》，商务印书馆1983年版，第129、178页。

② 亚里士多德：《政治学》，商务印书馆1983年版，第178页。

③ 孟德斯鸠：《论法的精神》，商务印书馆1982年版，第7页。

④ 《毛泽东选集》第2卷，人民出版社1991年版，第676页。

⑤ 《马克思恩格斯选集》第4卷，人民出版社1995年版，第662页。

组织那反对敌人保护自己的政权机关”。[①] 这个定义表明，首先，政体是一个国家的统治阶级所采用的；其次，采用一定政体的目的是要进行统治；再次，必须有一定的形式来组织统治的机关，这个形式就是政体。

由此可见，国体与前面所讨论的国家的历史类型的概念是相通的，只是它们各自的着眼点有所不同，在政治学的概念体系中的位置不同。自从人类社会进入文明时代以来，任何国家都属于一定的国体，也就是一定性质的国家，是由一定的阶级统治的国家，一定历史类型的国家。而政体则是以什么样的形式来组织政权的问题。

马克思主义在政体理论上的最重要贡献，就在于明确地区分了国体与政体，阐明了两者的关系。恩格斯在论及共和制政体时指出，“共和国像其他任何政体一样，是由它的内容决定的”。[②] 这就表明，国体与政体的关系，是内容与形式的辩证统一。内容决定形式又离不开形式，形式表现内容又不能脱离内容。因此，作为国家问题的一对范畴，这两者不能混为一谈，不能用政体的区分来掩盖和代替国体的区分。

一方面，内容决定形式，国体决定政体。国体决定着一个国家由哪个阶级来统治，与政体相比，国体是占首位的。政体必须服从国体的需要，即服务于统治阶级组织、完善和巩固其统治的需要。因此，在一定的国体下，政体的形式不是可以任意选择的。国家的阶级本质从根本上决定着政体的选择和采用，现实政治中的政体都是依附于一定的国体，为一定的国体服务的。一个国家采取和选择何种政体，主要是由这个国家的统治阶级来决定的。一定的政体必须适合一定的国体，当国体发生变革时，政体也就必然发生变化。

另一方面，世界上的任何事物如果没有一定的形式，其内容也就会变成虚幻的东西。一定的国体要通过一定的政体形式来表现，“没有适当形式的政权机关，就不能代表国家。”[③] 如果没有适当的政体，一个国家的统治者就无法组织和巩固自己的国家机器，无法体现和保持国家的性质。因此，也不能只讲国体，而忽视政体。任何一个统治阶级，都要根据统治的需要来设计国家权力的结构，确定最高政权机关内部的权力分配关系。在人类社会的发展进程中，随着新的生产关系的产生和新兴社会力量的出现，在酝酿社会革命的同时，往往也会伴随着关于政体的辩论和探索。例如，随着资本主义生产方式在欧洲的产生和新兴市民阶级的崛起，欧洲的思想家们积极地研究和阐发了它们的政体学说，提出了种种关于政体的主张，为即将到来的资产阶级革命做了理论准

---

① 《毛泽东选集》第2卷，人民出版社1991年版，第677页。

② 《马克思恩格斯选集》第4卷，人民出版社1995年版，第735页。

③ 《毛泽东选集》第2卷，人民出版社1991年版，第677页。

备。而当社会革命终于发生时，往往不改变政体就不能建立新的国体，因此，当新兴阶级取得政权后通常都要采用新的政体。美国独立建国的过程中关于采用君主制还是共和制的讨论，法国大革命时期各种不同政体形式的争论和试验，我国历史上清末民初有关帝制与共和的辩论，则是这方面的生动事例。而且，在伟大社会革命的时代，关于政体的争论，往往成为不同政治力量之间斗争的焦点，关于政体的选择可能成为一个国家社会矛盾和阶级斗争中的首要问题，甚至可能导致流血斗争，成为引发革命的导火线。法国大革命最终推翻了专制的绝对君主制并把路易十六送上了断头台，我国近现代史上围绕改良、推翻和复辟帝制的斗争，都是典型的例证。因此，政体作为国家的外部形态，并非完全处于被动状态，它在实现和保证统治阶级的地位和权力、增强政权的统治能力方面具有不可缺少、不可替代的作用。

2. 政体的复杂性和多样性

(1) 影响政体选择的多种因素

我们说国体决定政体的选择和采用，只是意味着政体的基本原则是受国家的阶级性质决定的，国体对政体的决定作用是根本性的，第一位的，但并不是唯一的。统治阶级在决定自己的国家选择何种政体形式时，除了考虑本阶级的需要外，也不能不考虑各种社会政治力量的要求，甚至也不能无视被统治阶级的愿望，也就是说一个国家采取何种政体还受到政治力量对比的制约。同时，一个国家的具体历史条件、文化传统和民族构成、民族习惯、民族心理以及国际环境等因素，也都会影响这个国家的政体形式和国家结构形式的选择。

(2) 政体的多样性

国体决定政体，一般说来，每一种国体都会有某种比较适合的典型政体。但是，这并不意味着一种国体只有一种政体，国体相同的国家政体也就必须相同。正因为影响一个国家选择政体的因素是多方面的、复杂的，因此，政体不是直接地、机械地表现国家的阶级本质的，国体与政体并不是一种简单对应的关系。任何事物，在保持其本质特征和基本性质的同时，在千差万别的客观环境的作用下，必然会呈现出丰富多样、多彩多姿的表现形式。国家也是这样，由于一国的政治力量对比和具体历史条件、文化传统等因素的影响，政体是多种多样的，没有哪一种政体是可以普遍适用的。亚里士多德就主张不应向往所谓“绝对至善的政体”，而只有与各个城邦的现实条件“相适应的最良好政体”。[①] 因此，相同性质的国家完全可能选择不同的政体，例如，美国和英国同样是资本主义国家，美国采用了共和制，英国保留了君主制，其主要原因就是在两国选择国家政体形式时所面临的历史环境和文化传统不同。至于国体不

① 亚里士多德：《政治学》，商务印书馆 1983 年版，第 176 页。

同的国家，政体也必然体现其阶级统治性质的区别。总之，“世界是丰富多彩的，没有也不可能有一种放之四海而皆准的政治制度模式。”[①]

（3）政体选择的自主性

尽管国体不同政体也就不同，但是，这并不排除历史上不同性质的国家在政体问题上一定的继承和借鉴，如不少欧美国家在建立起资产阶级国家以后仍然以某种形式保留了封建时代的君主制，而现代的资产阶级共和国则在很大程度上借鉴了古罗马的共和制，这说明，不同的国家之间，包括国体不同的国家之间，也有可能在政体方面相互吸收、相互借鉴。总之，国体相同，政体可能不同；国体不同，政体却可能相似。一个国家应该向历史上的和当代的其他国家学习借鉴，但是借鉴什么，如何借鉴，都应由他们根据本国的国情作出判断。孟德斯鸠考察了欧洲各国的自然环境、土地、气候、人口、人民的生活方式、宗教、贸易、风俗习惯等等，认为不同的政体适合不同的民族，如果一种政体的特殊性质和一个民族的性质相符合，就是“最适合于自然的政体”。[②]因此，一个国家采用何种政体，最终只能由那个国家的统治阶级和人民自己来决定，只能由他们根据本国的国情独立自主地作出选择。不同的国家，无论性质是否相同，都不应该也不可能采取某种被当作标准的政体。即使某种政体在某个国家非常成功，也不可能照搬到其他国家。因为各国的国情是不同的，“有些事情，在某些国家能实行的，不一定在其他国家也能实行。”[③] 任何国家都不应该强迫其他国家实行某种政体。

（4）政体相对于国体的灵活性和变异性

在一定的社会发展历史阶段上，一定的经济基础和适合于这一经济基础的阶级统治一旦建立，这种经济基础和阶级统治就会持续存在，因此，国体在一个相当长的时期里都会是比较稳定的。在许多情况下，即使发生了政权的更替，也不会导致国体的改变，如中国历史上的多次改朝换代、现代许多国家的政府更迭和政变，并不意味着政权由一个阶级转移到了另一个阶级手里。除非产生了新的生产方式引起了新的社会革命，或者因为国内阶级力量的对比发生了重大的变化，一般说来，不会发生国体的转变。而政体却受到更多、更复杂的因素的影响，因此，政体的灵活性要大得多。同一个国家，在不同的历史时期，虽然其国体并没有改变，而其政体形式可能发生变更。例如，第二次世界大战后的法国，先是采用了议会共和制，后来改为半总统制。

除此之外，国家机关权力的具体运作方式和具体制度即我们所说的“政治

① 《江泽民论有中国特色社会主义（专题摘编）》，中央文献出版社 2002 年版，第 312 页。

② 孟德斯鸠：《论法的精神》，商务印书馆 1982 年版，第 6 页。

③ 《邓小平文选》第 3 卷，人民出版社 1993 年版，第 221 页。

体制”是由国家根本政治制度决定的，这里所谓国家根本政治制度则包括了国体和政体两个方面。国家机关权力的具体运作方式和具体制度就必须根据国家根本政治制度的原则来设计和安排。但是，它们一般具有更大的灵活性和变通性，在国家形式中也不是完全被动的或者可有可无的，政治体制的改善和调整，也会对根本政治制度的实现、巩固和完备产生重要的影响。因此，如果以为只要确定了根本政治制度就完美无缺，大功告成，而忽视国家权力的具体运作和具体制度的建设，也是不利于巩固国体、健全和完善政体的。

第二节 国家政权组织形式——政体

一、政体的划分标准

政体的形式是多样的，这就需要人们对政体加以分类。划分政体的目的，是要对不同的政体进行比较，发现它们的优劣，从中选择理想的政体，为实现国家的长治久安而设计适宜的政体。

1. 古代思想家划分政体的标准

古代中国的思想家不大重视对政体问题的研究，而在古代希腊、罗马，不少学者就开始注意国家的政体形式问题并划分不同的政体。最早依据一定的标准划分政体的是古希腊的历史学家希罗多德，他是根据执政者人数来划分政体的，由此他区分了君主政府、贵族政府和民主政府。亚里士多德是第一个较为系统地研究政体问题并提出政体划分标准的思想家，他运用比较的方法研究了现实的各种政体，据说他在调查和分析希腊158个城邦的基础上，通过对各种政体的分析，讨论了现实的政体和理想的治理，提出了他关于政体选择的主张。亚里士多德提出的标准主要是两条：一是统治者是为城邦谋利益还是为统治者自己谋利益，二是统治者人数的多寡。根据前一条标准，他把政体分为照顾城邦公共利益的正宗政体和照顾统治者利益的变态政体两类；根据后一条标准，他先把正宗政体分为君主政体、贵族政体和共和政体，再与之相对应地把变态政体分为僭主政体、寡头政体和平民政体。注意研究政体问题的古罗马学者波利比阿、西塞罗等人也提出了一些类似的标准。

2. 近代资产阶级思想家对政体的划分

在近代资本主义兴起以后，新兴资产阶级与封建统治者的斗争在政体问题上表现得非常激烈，因此，许多近代思想家在批判封建专制统治的斗争中更加注意对政体问题的研究，并深入地探讨了政体的划分标准。其中值得注意的有：16世纪的法国思想家布丹提出以国家主权的归属即主权者的人数和行使权力的方式来区分政体；17世纪的英国思想家洛克则以立法权行使者的多寡区分了民主政体、寡头政体和君主政体；18 世纪的法国思想家孟德斯鸠是近代对政体问题做过最深入研究的资产阶级思想家，他根据的是国家最高权力掌握在哪些人手中以及他们对待法律的态度。但他们提出的分类标准，总的说来只是继承和发挥了亚里士多德的学说，基本分类原则是一致的，都把统治者的人数作为划分政体的重要依据，但理论上共同的根本缺陷就在对政体进行分类时忽视甚至否定对国体的区分，或者混淆了国体与政体的区别。

3. 马克思主义划分政体类型的标准

马克思主义的政治学主张在对国家进行分类时，既要从政体分类，更要从国体进行分类，而后一个分类恰恰是马克思主义以前的政治学所忽视或极力回避的。按照马克思主义观点，国家政权组织形式的分类不能脱离对国体的分析，因此，在对国家的政体形式进行分类时，总是强调实行某种政体的国家的阶级统治的性质。列宁就指出，“国家的形式是多种多样的”，奴隶制时代的国家就有了君主制和共和制、贵族制和民主制的区别，但“不论是君主制，还是贵族的或民主的共和制，都是奴隶占有制的国家”。① 在区分国家的阶级统治性质的基础上，马克思主义的经典作家运用历史的比较方法，分析总结了历史上产生、存在过的和现存的种种政体形式，正是在这些分析中体现了马克思主义划分政体的以下标准：第一，最高国家权力的归属，即最高国家权力机关的组成是一个人还是一个集体；第二，最高国家权力机关的产生方式及任期；第三，中央国家权力机关的设置以及它们之间的权力分配、地位和相互关系。

根据以上第一、第二条标准，我们可以首先把历史上出现过的国家分为君主制政体和共和制政体两大类基本形式。君主制政体的最基本特征，是最高国家权力事实上或在象征意义上集中在君主一人，君主一般是世袭的，没有任期限制。共和制政体的基本特征，是无论象征最高国家权力的机关还是实际行使国家权力的机关都是通过某种形式的选举产生的，并且一般有严格的任期限制。

但是，政体形式是多样的，仅仅将各种政体分为君主制和共和制显然是不够的，实际上，马克思主义的经典作家所使用过的政体概念就是十分丰富的。因此，第三条标准在政体的分类中也都是非常重要。根据中央国家机关是否分工行使国家权力，它们的权力是否受到宪法和法律的限制、是否受到制约，它们的地位和相互关系这些标准，就可以进一步从君主制和共和制中区分出许许多多的具体政体形式。列宁在分析奴隶制共和国政体时就根据共和国的“内部结构”进一步区分了“贵族共和国”和“民主共和国”②。同时，我们还应该

① 《列宁选集》第 4 卷，人民出版社 1995 年版，第 32 页。
② 《列宁选集》第 4 卷，人民出版社 1995 年版，第 32 页。

看到，世界上的万事万物是错综复杂的，任何事物的分类标准也只能是相对的，不同的政体形式也往往交相更替，混杂掺和，因此，我们在对政体进行分类时，就不应纠缠那些细枝末节，而应抽象出最具有共性的特征，才能进行比较科学的划分。

二、剥削阶级国家政权组织形式

人类进入文明社会以来，已经出现几种不同历史类型的剥削阶级国家，并相应地产生了多种多样的国家政权组织形式。在这些剥削阶级的国家，两类基本政体形式都实行过，既有君主制政体，也有共和制政体，在这两大类的基础上，又派生出若干具体形式。不过，奴隶主阶级、封建主阶级和资产阶级的国家，都分别有某种政体成为其最普遍的、最适合于其国体的典型政体形式。

1. 君主制

在实行君主制的剥削阶级国家，以一名君主（被称为皇帝、国王、大公、素丹、埃米尔等等）作为实际上的或名义上的最高国家权力机关。君主一般是世袭的，典型的世袭原则是君位由其男性后代依长幼顺序继承。有的虽允许女性后代继承君位，但也实行男性优先的原则，即传子为主，无子传女。也有的国家，在王族内部实行轮流继承，通常是兄终弟及、叔亡侄继。无论实行哪种具体的继承方式和顺序，血统继承都是最基本的原则。不过，在决定王位继承时，实际政治形势和政治力量对比的影响也是不可低估的。此外，也有一种由推选产生的君主，如古代罗马帝国早期的元首制，统治者称为“元首”，意即元老院首席元老和第一公民，名义上由公民大会和元老院授予各项职权，实际上是实行独裁统治的君主。推举产生的君主也存在于中世纪欧洲的一些由诸侯国家组成的帝国。但君主无论世袭还是推举产生，都没有任期限制，终身任职。

“君主制根本不是形式单一和一成不变的制度，而是非常灵活的和能够适应各阶级的统治关系的制度”。[1] 历史上，适应不同国家不同历史时期剥削阶级统治的需要，曾经派生出几种具体的君主制形式：

（1）贵族君主制

主要存在于封建社会早期，与领主占有制经济相适应并与分封割据制的国家结构相结合。这种国家在名义上可以是帝国、王国或大公国，但实际上是一种君权比较虚弱并被分割的君主制。君位的继承，在形式上可以是世袭也可以是推举，但一般必须得到贵族会议的确认，君权的基础实质上在于拥有武装的大封建诸侯的共同拥戴。君主只在名义上掌握全国最高国家权力，但他的权力

① 《列宁全集》第20卷，人民出版社1989年版，第358页。

实际上仅限于他自己的领地，而全国的国家权力则由君主和某种形式的贵族会议共同掌握。各个诸侯在其领地里自立政府，自定法律，自发货币，自设法庭，自建武装，俨然是一个割据王国的世袭君主，大大小小的各级贵族之间只存在逐级依附的关系。例如，13世纪至1806年解体的德意志神圣罗马帝国，帝国皇帝由有权参与选举的诸侯即选帝侯推选和罢黜，选帝侯则在其领地享有充分的权力。此外，9—12世纪的法兰西王国、6—13世纪的英格兰、9—13世纪基辅罗斯也是贵族君主制的典型。不少学者认为，中国的夏商两代以及西周时期的政权组织形式，实际上具有贵族君主制的特征。①

（2）等级代表君主制

这是中世纪后期的一些西欧封建国家采用过的政体，东方国家一般没有出现过这种政体。其主要特征是建立了由不同的封建等级的代表参加的等级代表会议。等级代表会议由国王自行决定召集，其主要权力是批准或拒绝国王的政府征收新税，此外也在建立军队、战争与和平等问题上提供重要咨询意见，因而对国王的权力有所牵制，但没有立法权，其决议对国王没有强制约束力。等级代表君主制形成的重要标志是市民阶级的代表进入了国王召集的会议，会议便包括了僧侣、大封建主、普通贵族和市民各等级的代表。这种政体通常是君主为了巩固和加强自己的权力，在各个封建等级中寻求支持，建立与其他封建等级的政治联盟而形成的政权组织形式，有利于加强王权，克服封建割据状态，因而适应了当时刚刚兴起的资本主义的发展。英国早在1215年就开始召开由僧俗贵族代表参加的会议，后在1265年增加了城市的市民代表，等级代表会议形成并在随后不久取得了征税权。法国的等级代表会议是在1302年开始召集的，称为三级会议，主要职能也是决定怎样分担新税。这样，英、法两国都曾经是等级代表君主制的典型。

（3）专制君主制

又称“绝对君主制”，其典型特征是君主独自掌握最高统治权，君主拥有绝对的、不受任何法律限制的权力，也不受任何机关的制约和监督。在这种制度下，君主集立法、行政、司法、军事、财政大权于一身，通过直接对他负责的官僚机构进行统治。专制君主制是奴隶制国家和封建国家所盛行的政体形式。古代的罗马帝国是奴隶制专制君主制的典型，不过，在古代奴隶社会，由于中央集权的程度较低，君权对全国的控制还不发达。在封建社会，贵族君主制和等级君主制都不是典型的政体形式，而专制君主制政体就成为典型的、普

---

① 吴于廑、齐世荣主编：《世界史·古代史编》上卷，高等教育出版社1994年版，第97、162～164页；张秉楠：《商周政体研究》，辽宁人民出版社1987年版，第15页；张光直：《中国青铜时代》，三联书店1983年版，第113页。

遍采用的政权组织形式，并与中央集权制密切地结合在一起。在许多东方国家，专制君主制是在奴隶制专制君主制的基础上直接发展起来的，因而曾普遍地实行于古代的东方社会。在西欧，各国在封建社会的末期也都发展成为专制君主制国家。在等级君主制的形式下，王权得到加强，而随着民族统一的任务的完成和中央集权制的建立，等级代表会议的权力也就严重削弱，甚至完全被国王撇在一边而停止召开，贵族君主制也就经过等级君主制而发展成为专制君主制，并且曾经适应了资本主义的初期发展对建立统一国内市场或对外扩张的要求。

(4) 立宪君主制

基本特征是君主拥有某些最高国家权力，但这些权力由宪法加以规定和限制，并在不同程度上受到其他国家机关的制约。立宪君主制是资产阶级国家的一种政权组织形式，当资产阶级革命在这些国家发生时，资产阶级的力量还不够强大，还不能建立自己的独占统治，因而不得不和封建势力妥协，所以“当资产阶级还没有和专制君主政体彻底决裂的时候”，“立宪君主政体是资产阶级统治的适当形式”。①

随着资本主义的发展和资产阶级力量的增强，这些国家的政治力量对比也发生了变化，因此对君主权力的限制的程度、君主的实际权力和地位也有很大差别，于是，立宪君主制出现了二元君主制和议会君主制两种形式：

二元君主制是君主仍然拥有较大的实际权力的立宪君主政体，尤其是君主通过掌握内阁的任命权而控制着国家的行政权，内阁向君主负责，与掌握立法权的议会构成两个权力中心，故称为二元君主制。对议会通过的法律，君主一般有否决权。在有的情况下，君主还可以任命和指派部分议员，从而在一定程度上保持了对议会的控制。在有的国家，宪法甚至是君主“钦定”的。不过，君主的权力毕竟由宪法做了规定并受到议会的某种程度的制约，君主制定法律尤其是作出重大决定时一般不能撇开议会。由于资本主义的发展程度不同，两个权力中心的地位也有一定差别。当代实行这种政体的主要是海湾地区的少数几个国家，而发达资本主义国家中已找不到这种政体的例子，尽管如此，它曾经是许多早期资产阶级国家采用过的政权组织形式。1814—1830年波旁复辟王朝时期的法国、较近的1871—1918年期间的德意志帝国、明治维新到第二次世界大战期间的日本，都是二元君主制的典型，德国皇帝和日本天皇实际上是真正的权力中心，而宪法的作用不大，议会的权力较小。18世纪的大部分时间里，英国的政体可以说仍然是二元君主制，虽然已经确立了议会的主权，但国王依然保留了许多重要权力。在此期间，英国国王权力逐渐衰落、议会地位

① 《马克思恩格斯选集》第4卷，人民出版社1995年版，第662页。

逐渐提升，尤其是经过围绕大臣任命权而发生的拉锯式的斗争，国家权力的中心逐步转移到议会一边，英国由二元君主制发展为议会君主制。①

议会君主制则是当代资产阶级国家的主要政权组织形式之一。议会君主制与二元君主制的区别，集中体现在责任内阁制的确立，即政府不再向君主负责而是向议会负责，奉行“议会至上”原则。议会不仅是最高立法机关，而且是最高国家权力机关，由议会选举产生的政府首脑组织政府，因此议会是真正的国家权力中心。议会拥有倒阁权，政府如果失去议会信任，要么集体辞职，要么请求君主解散议会。这种政体虽然保留了世袭的君主，但君主的职能仅限于象征国家的统一和主权而没有实际权力，因此被称为“虚位”君主。不过，君主作为名义上的国家元首，在国家权力的运作程序中仍具有不可忽视的作用，而且在礼仪上、形式上仍在国内、国际的国事活动中享有充分的荣耀和尊敬。英国在1832年议会改革后巩固了议会的地位和权力，国王的权力大大削弱，成为议会君主制政体的典型。在当代，西欧、北欧的一些国家以及日本等发达的资本主义国家，实行的也都是议会君主制政体。

2. 共和制

共和制也有多种形式，但考察它们的共同特征，主要表现为最高国家权力机关和国家元首是由选举产生并有严格的任期限制。剥削阶级国家实行的共和制可以区分为两种基本形式：

（1）贵族共和制

一般由有任期限制的执政官作为国家的行政长官，虽然保留了公民大会并由它选举执政官，但公民大会只有认可元老院提出的议案的权力，由贵族组成的元老院实际掌握最高国家权力。

（2）民主共和制

基本特征是国家权力机关都是通过公民普遍参加的直接选举或间接选举产生的，并有严格任期限制的政权组织形式。

贵族共和制主要是古代奴隶制社会早期的城邦国家和较后的个别奴隶制大国采用过的一种政体形式，如在古代的罗马共和国，元老院拥有广泛的权力，指导立法、拟定法律、推荐高级行政官、决定战争与和平等，执政官则执行元老院制定的法律，掌握行政，统帅军队。在所谓雅典的古风时代即公元前8—前6世纪，经过梭伦改革和克利斯提尼的改革，也建立了典型的贵族共和政体。这时的雅典国家，行使行政权的九名执政官、议事会均由选举或抽签产生，但最重要的问题是由阿雷奥帕古斯会议即贵族会议决定的。但到了公元前5世纪也就是古典时代，由于剥夺了贵族会议的权力，将这些权力交给了抽签

① 阎照祥：《英国政治制度史》第6章，人民出版社1999年版。

产生的五百人议事会和民众大会，雅典又成为古代奴隶制城邦国家民主共和制的典型。到伯里克利时期，雅典的民主制达到了鼎盛时期。①

封建社会的国家主要是君主制国家，但在中世纪后期的欧洲出现了许多作为商业、手工业中心的新兴城市，它们通过暴力或者缴纳赎金争得了自治权，建立起城市共和国。在那些商业比手工业较为发达的城市，如威尼斯从13世纪起，大议会不再进行选举，而由最有权势的贵族世袭，成为典型的贵族共和国，实行贵族共和制的城市国家还有热那亚、汉撒同盟等；而一些手工业比较发达的城市，如米兰、科伦、马赛则建立了民主共和国，13世纪末推翻贵族政治后的佛罗伦萨也成为民主共和制的典型。②

资产阶级国家没有出现过贵族共和制的例子，而民主共和制成为许多资产阶级国家采用的一种政体形式。在资产阶级的民主共和国，无论作为最高国家权力象征的国家元首，还是掌握国家立法权的议会和领导行政机关的政府首脑都是通过一定形式的选举产生的，有严格的任期限制并实行某种形式的分权和制衡。根据总统、议会和政府三者之间的权力配置关系和分权制衡的不同形式，资产阶级的民主共和国又可以分为议会共和制和总统共和制两种主要形式。

在议会共和制国家，总统也是“虚位”国家元首，议会掌握立法权，内阁首脑由议会选举产生并组织政府，政府要向议会负政治责任，如果议会通过对政府的不信任案，政府必须辞职或者请求总统解散议会，重新大选。西欧的共和制国家采用这种政体的较多，如德国、意大利、奥地利等。亚洲的印度、新加坡等也实行这种政体。

总统共和制简称为总统制，在这种政体下，总统既是国家元首又是政府首脑，由他掌握国家行政权，直接领导政府，提名并经议会同意后任命政府高级官员；议会掌握立法权，总统不由议会选举产生，也不向议会负责，议会不能对政府表示不信任，总统也无权解散议会。总统制首先出现在美国，后来为拉丁美洲的大多数国家以及亚洲、非洲的一些国家所仿效，如巴西、墨西哥、菲律宾、埃及等。

议会共和制与议会君主制相比较，国家机关的权力划分和配置是基本相同的，区别仅仅在于用选任的总统取代了世袭的君主，因此，这两种政体又可以统称为议会制政体，而与总统制相对。由于总统制实行比较严格的三权分立，总统和议会分别掌握行政权和立法权，二者的地位和权力是平行又相互制约的，因此也有人称之为“二元共和制”。

① 亚里士多德：《雅典政制》，商务印书馆1959年版，第7～8、11～12、25～29页。

② 施治生、沈永兴：《民主的历史演变》，北京出版社1982年版，第34～40页。

此外，现代资产阶级国家还有半总统制和委员会制的政体。前者的典型为法兰西第五共和国。资产阶级革命后，法国曾先后实行过几乎所有的近代国家政体，从1875年到第二次世界大战后的第三、第四共和国期间，法国实行的则是总统作为虚位元首的议会共和制政体。1958年，由于国内外形势的发展，法国在戴高乐的主导下重新制定宪法，建立了一种比较特别的新的政体，其特点是提高了总统的地位，强化了总统的权力，使之成为掌握实权的选任国家元首。总统主持内阁会议决定政府的政策纲领，但不直接管理政府工作，而是由他任命的一名总理领导政府的日常活动。总统可以要求总理提出辞职并随之将其免职，但总理和政府又须向国民议会负责，当国民议会提出对政府的不信任案时，政府也要向总统提出辞职。因此，这种政体既有总统制的某些特点、又有议会制的某些特点，故称半总统制。一般认为，德国历史上的魏玛共和国也属于半总统制政体。

委员会制是瑞士采用的独特政体形式，其基本特点是政府作为议会的执行机关实行“合议制”。瑞士联邦议会是最高立法机关和最高权力机关，议会选举联邦委员会，委员会由七名委员组成，委员会下设七个部，每名委员各兼任一个部的部长。委员会设主席一名，由委员轮流担任。委员会主席主持委员会，并对外代表国家，充当名义上的政府首脑和国家元首。联邦议会掌握立法权，有权监督委员会，提出质询，但无倒阁权。委员会执行议会的决议，有权创议立法，但不能否决议会所通过的法律，也无权解散议会。瑞士自1848年确立了委员会制后，成为唯一长期实行这种制度的国家。历史上，大革命时期的法国所建立的督政府，被认为是类似委员会制的政体，但只在1795—1799年间存在，时间很短。

关于剥削阶级国家的政体形式及其发展演化，留下的资料浩如烟海，历来受到政治学及其他有关学科的重视。从上述关于君主制和共和制及其派生形式的分析，我们可以看到，君主制作为一种政权组织形式，遍及东西方，绵延数千年。共和制存在的历史，与君主制几乎一样古老而久远。根据最新的考古和历史研究，共和制不仅在古代的西方，而且在东方同样广泛地存在过。无论哪一种历史类型的剥削阶级国家，都既实行过君主制，也实行过共和制。不过，在近代资本主义兴起以前，君主制曾经是盛行的主要政体形式，但随着现代化的进程，君主制兴盛的时代已经一去不复返了。第二次世界大战后的半个世纪多里，一顶顶王冠相继落地，目前尚存的君主制国家已经为数不多。共和制虽然古已有之，但它的普遍发展却是在近代资产阶级革命时代以后，实现共和曾成为许多国家资产阶级革命中的政治要求，共和制也成为资产阶级国家的典型政体形式。列宁指出，“民主共和制是资本主义所能采用的最好的政治外壳"①。他还指出，"资产阶级的共和制、议会和普选制，所有这一切，从全世界社会发展来看，是一大进步"。② 值得注意的是：在现代化进程开始较晚的发展中国家，大多数都已废除了君主制；而在资本主义发展较早的西方发达国家，保留了世袭君主的竟占了半数。同样值得注意的是：这些国家保留下来的君主只是作为"虚位"的国家元首，与原来意义上的君主制已大相径庭，而实际内容则与共和制没有本质上的差别。结果，议会君主制与民主共和制就成了现代资产阶级国家的两种基本政体形式，这种现象及其发生的原因和发展趋势，已成为政治学关于政体的研究的重要课题之一。

三、社会主义国家政权组织形式

社会主义国家政权组织形式与以往任何剥削阶级国家的政体是根本不同的，区别就在于由工人阶级领导的、以工农联盟为基础的广大人民群众成为国家的统治者，第一次真正实现了占居民绝大多数的人民的统治权力和民主权利。保证实现绝大多数人的统治和绝大多数人的民主，是社会主义国家的政权组织形式必须坚持的最重要原则，它必然与历史上剥削阶级国家的政体中存在过的世袭制、终身制、贵族政治、寡头政治、个人独裁、专制制度等相对立，因此，社会主义国家既不可能采用任何君主制政体，也不可能采用贵族共和制政体。

另一方面，社会主义国家的共和制政体形式又不可能是从天下掉下来的，不可能是凭空产生的，也不是靠什么人能主观臆造出来的。列宁指出，"发展的辩证法（过程）就是这样：从专制制度到资产阶级民主；从资产阶级民主到无产阶级民主；从无产阶级民主到没有任何民主。"③ 这就是说，在国家形式问题上，不能隔断辩证的历史发展过程。社会主义必须吸收人类社会创造的一切文明成果，在无产阶级的领导下，由广大人民群众在吸取和借鉴历史上存在过的政体形式中合理的、科学的成分的基础上，从有利于实现绝大多数人的统治出发，在实践中创造出适合于社会主义的政权组织形式。恩格斯曾经预言，"对无产阶级来说，共和国和君主国不同的地方仅仅在于，共和国是无产阶级将来进行统治的现成的政治形式。"④ 这一预言已为社会主义国家的历史经验所证实。

恩格斯还指出，工人阶级"只有在民主共和国这种形式下，才能取得统

① 《列宁选集》第3卷，人民出版社1995年版，第120页。

② 《列宁选集》第4卷，人民出版社1995年版，第38页。

③ 《马克思恩格斯列宁斯大林论巴黎公社》，人民出版社1971年版，第367页。

④ 《马克思恩格斯选集》第4卷，人民出版社1995年版，第734页。

治。民主共和国甚至是无产阶级专政的特殊形式”。① 这就是说，民主共和制是社会主义类型的国家唯一能够采用的基本政权组织形式。但是，社会主义国家所采用的民主共和制又是与任何剥削阶级的民主共和制根本不同的，它实行一切权力属于人民的原则，是一种完全新型的民主共和制政体。

同时，社会主义的民主共和制又是一种正在不断建设、发展和完善的政权组织形式，各社会主义国家的工人阶级和人民群众只能根据本国的国情和具体实践，创造出各具特色的“非常丰富的和多样的政治形式”。② 社会主义民主共和制的任何具体形式，只要适合一个国家的国情，就是那个国家的最好的政治形式。邓小平曾经指出，评价一个国家的政权组织形式，关键看三条：“第一是看国家的政局是否稳定；第二是看能否增进人民的团结，改善人民的生活；第三是看生产力能否得到持续发展。”③ 在不同的社会主义国家所采用的政体形式之间，没有高低优劣之分，不能把某个国家实行的政体形式当作放之四海而皆准的模式，不能把某种定型的方案强加给其他社会主义国家，或者在政体选择的问题上由某一个中心对其他社会主义国家指手画脚。邓小平在论述中国、波兰和苏联的政治体制时就指出，“各国的实际情况是不相同的”④，即使一个国家的政治体制获得了极大的成功，也不一定符合其他国家的实际情况。总之，社会主义国家的民主共和制，既要吸取人类社会的政治文明的成果，但不是模仿和重复资产阶级的民主共和制；社会主义国家之间既要相互学习和借鉴政权建设的经验，又不能相互照搬。实际上，在社会主义发展的历史过程中，已经出现过多种多样的民主共和制形式，其中，具有典型意义的有公社制、苏维埃制、人民代表大会制。

1. 公社制——巴黎公社的政权形式

1871 年，巴黎的无产阶级和人民群众举行武装起义，建立了巴黎公社。公社采用了一种完全新型的政体形式，它的鲜明特点在于：第一，实行了普遍的直接选举。不仅作为公社权力机关的公社委员会，而且国民自卫军的基层军官、企业单位的各级负责人也都是直接选举产生的。第二，公社的一切管理人员直接向选民负责，接受选民的监督，并随时可以撤换。国家公职人员实行轮换制，使全体人民都能轮流担任公职。第三，公社委员会是最高权力机关，统一行使立法权和行政权。公社设立了十个专门委员会负责各方面的管理事务，各部门的领导人和国民自卫军的高级指挥员由公社委员会任命。第四，废除常

① 《马克思恩格斯选集》第 4 卷，人民出版社 1995 年版，第 412 页。

② 《列宁选集》第 3 卷，人民出版社 1995 年版，第 140 页。

③ 《邓小平文选》第 3 卷，人民出版社 1993 年版，第 213 页。

④ 《邓小平文选》第 3 卷，人民出版社 1993 年版，第 178 页。

备军，废除旧式的警察和官吏，法官由选民选举产生，取消了公职人员的高薪制度。由于这样一些制度和措施，我们称之为公社制。虽然巴黎公社只存在了短短的72天，但它是人类历史上第一个无产阶级政权，是无产阶级国家政权组织形式的第一次尝试，是社会主义国家政体的实验形态，为后来的社会主义政权建设开辟了道路。

2. 苏维埃制

苏维埃制是俄国十月革命后建立的第一个社会主义国家的政权组织形式。作为一种政体，它的基本特点是：由人民选举的代表组成的苏维埃作为人民的代议机关，苏维埃对人民负责，代表可以由人民撤换；最高苏维埃既是最高国家立法机关，又是最高国家权力机关，其他一切国家机关都由它产生，由它授权并向它负责；最高苏维埃设立主席团作为常设机构。苏维埃制是俄国无产阶级在列宁的领导下，在俄国无产阶级革命运动的过程中创造的。苏维埃起源于俄国1905年工人武装起义的领导机关工人代表苏维埃，1917年二月革命中发展为工兵代表苏维埃。十月革命胜利后，苏维埃由革命的领导机关转变为无产阶级国家的政权机关，并在此基础上形成了苏维埃制的政权组织形式。但苏维埃已不是像巴黎公社那样局限于一个城市，而是把社会主义的政权扩展到了整个俄国。因此，它一方面吸取了巴黎公社的经验，但也没有完全仿效和照搬巴黎公社的一切具体制度。包括警察在内的国家一般公职人员并不是选举产生，也不是随时可以撤换的；对公职人员的工资实行了一定的差额，而不是一律相当于普通工人的工资；在废除了旧的常备军后，建立了红军作为正规的人民武装部队。苏维埃制的这些具体制度，反映了当时俄国的社会经济发展的实际，适应了俄国革命后的国内外形势，曾经获得了巨大的成功，被列宁称为“世界上第一个稳固的社会主义共和国”，“与巴黎公社比起来，它是具有世界历史意义的第二步”。① 苏维埃制是社会主义国家选择政体形式的伟大创造，为后来的社会主义国家提供了重要经验。

3. 中国的人民代表大会制

人民代表大会制是中华人民共和国采用的政权组织形式，是中国人民在中国共产党领导下按照马克思主义国家学说并结合中国实际而创立的新型无产阶级国家政权组织形式。作为一种政体，它的基本特点表现在以下几方面：②

(1)“‘中华人民共和国的一切权力属于人民’，这是我国政治制度的核心内容和根本准则”。这意味着一切国家机关的权力都是来自人民的，都是由人民授予的。而我们国家政治体制的安排和国家机构的设置，目的都是从政治上

---

① 《列宁选集》第3卷，人民出版社1995年版，第794页。

② 彭真：《关于中华人民共和国宪法修改草案的报告》，1982年11月26日。

和组织上保证全体人民掌握国家权力，真正成为国家的主人。人民行使国家权力的机关，是全国人民代表大会和地方各级人民代表大会，它们均由民主选举产生的代表组成，选举单位和选民对由他们选出的代表进行监督，并有权罢免。

（2）全国人民代表大会是最高国家权力机关，其他一切国家机关，包括国家主席、全国人大常委会、国务院、中央军委、最高人民法院和最高人民检察院，都是由全国人民代表大会产生并对它负责，向它报告工作，受它监督。因此，我国的国家权力是由人民代表大会统一行使的，体现了社会主义制度下全体人民根本利益的一致。

（3）全国人民代表大会又是国家最高立法机关，全国人大和它的常委会行使国家立法权。人民代表大会不搞两院制。但是，我国地域辽阔，人口众多，全国人大代表的人数不能太少，但人数多了又不便于进行经常工作，因此设立了全国人大常委会作为全国人大的常设机关。

（4）实行合理分工、协调一致，分工合作、相互配合的原则。在人民代表大会统一地行使国家权力的前提下，对国家的元首权、行政权、审判权、检察权和武装力量的领导权，都有明确的划分，而且人大常委会的委员不得同时担任国家行政机关、审判机关和检察机关的职务，这样，使国家权力机关和其他国家机关能够协调一致地工作，国家主席、全国人大和其他国家机关都在他们各自的权力范围内行使自己的职权。国家机构的这种合理分工，既能避免权力过于集中，又能使国家机构之间相互配合，使国家的各项工作有效地进行。

总之，我国的政体之所以被称为人民代表大会制，就是因为人民代表大会是我国国家生活的中心，也是国家权力的中心。人民代表大会制是“同我国的人民民主专政的国家性质相适应的政权组织形式，是我们国家的根本政治制度”。①

我国实行人民代表大会制是由我国国情决定的。我国有几千年封建社会的历史，缺乏民主和法制的传统，在沦为半殖民地、半封建的社会以后，经济长期落后，我国就是在这样的基础上，开始了新民主主义革命。我国人民在中国共产党的领导下，通过武装斗争先在农村夺取政权，建立革命根据地，逐步发展，最后夺取了全国政权，并由新民主主义革命转变为社会主义革命，建立了人民民主专政的社会主义国家。正是在长期的革命过程中，形成和发展了以工人阶级为领导、以工农联盟为基础的广泛的统一战线。同时，我国新民主主义革命是在俄国十月革命的影响下开始的，在建立人民民主政权的过程中，吸取了俄国苏维埃政权的经验。这样，在革命战争年代，革命根据地的人民政权就

① 《江泽民论有中国特色社会主义》，中央文献出版社2002年版，第307页。

先后采用了工农兵代表苏维埃和人民代表会议的形式。随着人民革命接近全国胜利，我们先召开了全国政治协商会议作为各界人民代表会议行使最高国家权力，随后在此基础上建立了具有中国特色的人民代表大会制。总之，“我国实行的人民民主专政的国体和人民代表大会制度的政体是人民奋斗的成果和历史的选择”。①

在人民代表大会制下，我国的国家机构实行民主集中制原则。这是社会主义的民主共和制与资产阶级的民主共和制的显著区别之一，也是适合我国国情的制度安排。一方面，社会化大生产要求集中，社会主义的市场经济也要求统一的规范和法制，而我国幅员辽阔，人口众多，现代化建设的任务艰巨复杂，没有高度的集中不行。所谓集中，在人民代表大会制中，主要体现在人民的一切权力都统一地、集中地由人民代表大会来行使。国家行政机关、审判机关和检察机关都由各级人民代表大会产生，对它负责，受它监督，而不能与它相抗衡。全国人民代表大会集中代表全国人民的意志制定法律，法律具有最高的效力。全国人民代表大会统一行使最高国家权力，各级人民代表大会之间实行下级服从上级、全国服从中央的原则。另一方面，没有民主，就不能体现人民是国家和社会的主人。社会主义公有制的生产关系要求民主，而没有民主作为集中基础，集中就可能走向反面，转变为独裁和专制。因此，我们的民主集中制是按照多数人的意志的集中。就民主而言，全国人民代表大会和地方各级人民代表大会都由民主选举产生，对选民负责，受选民监督，选民对代表有罢免权；人民代表有充分行使权力的保障，人民代表大会的工作程序实行少数服从多数的原则，以协商作为实现民主的一种重要方式。

第三节　国家结构形式

一、国家结构的含义

1. 国家结构的概念

国家结构形式是指处理国家整体与部分之间、全国政府与地区政府之间的关系的基本模式，也就是一个国家的各个部分以什么形式和方式整合为国家的问题。从人类社会产生了国家以后，发生了由最初的小国寡民式的城邦不断消解和融合、逐渐发展成为更大的国家的历史进程，在这个进程中采用何种方式把原来的小国整合为一个新的更大的国家的一部分，采用什么原则和形式处理整体与部分、中央与地方的关系，这就构成了国家结构问题。国家结构反映了

① 《江泽民论有中国特色社会主义》，中央文献出版社2002年版，第308页。

一个国家的民族统一的背景和进程，体现了其民族融合和国家统一的水平。

在古代，曾经出现过两种主要的国家结构形式，一种是帝国形式，通常是通过军事征服建立起来的疆域辽阔的奴隶制、封建制国家，帝国对被征服的地区进行比较强有力的控制。一种是诸侯割据形式，或者某个强大的君王在其征服的地域广为分封，获封者多为他的近亲和功臣，形成诸侯国；或者许多诸侯国联合起来共同拥戴一个君主，成为一个君主国。各诸侯在自己的领地内各自为政，俨然为国中之国，即为“割据”，君主一般不能直接管理各“诸侯国”内的事务。国家结构和政体作为国家形式的两个主要方面，相互之间存在一定的关联。分封割据形式一般与贵族君主制相联系，帝国形式一般与专制君主制相联系。

2. 现代国家结构的基本形式

近代以来，世界各国采用的国家结构可以分为两大类，即单一制和复合制。

(1) 单一制

单一制是中央政府将国土划分成若干行政区域、具有统一主权的国家结构形式。其基本特征是：国家具有单一的宪法，统一的法律体系和司法体系、统一的最高国家权力机关、全国统一的行政机关体系和统一的国籍。现代国家大多数是单一制国家，不过，按照中央与地方权力分配的程度差异，单一制又可细分为中央集权型单一制和地方分权型单一制两种。中央集权型单一制指地方政府完全受中央政府的控制和监督，国家权力高度集中于中央政府，以法国为典型。地方分权型单一制是指中央对地方的权力受到某种程度的限制，地方政府在诸如地方事务方面，享有较大的自治权和行政自主权，可以将英国视为典型。

(2) 复合制

虽然复合制被许多学者作为单一制的对称，但被定义为复合制的国家结构形式较为复杂，其一般特征是由若干个国家或者地区作为成员通过协议组成的联合共同体。但由于联合的程度和形式、权力的划分迥然不同，复合制国家结构形式有两种常见的类型：一种是邦联制，一种是联邦制。

邦联是若干个各自保留独立主权的国家建立起来的国家联盟。其特点是：各成员保留各自对内、对外的主权和政府一切职能，因此仍是独立的主权国家；邦联通常以一个条约式的“宪法”而建立，实际上它并不具有作为全国最高法的地位；一般没有统一的最高立法机关和行政机关，但邦联设有一个由各成员国派出的代表组成的中央机关，根据成员国的明确委托行使某些权力，它的决定是协商式的，只有经由所有成员国政府认可后方有约束力；邦联没有统一的军队、赋税、预算和国籍，各成员国可自由退出邦联。因此，邦联的联合是比较松散的、非永久性的，就这一意义而言，邦联并不具有真正的国家性质。邦联并没有成为普遍的国家结构形式，1781 至 1789 年期间的美国、1815 至 1866 年的德意志、当今的欧洲联盟可以被看作是邦联制的典型。

联邦制是当代比较常见的一种国家结构形式，即由若干具有相对独立性的地区作为成员单位联盟组成的国家。联邦制国家有适用于全国的宪法和基本法律，但是，各成员单位（州、邦、省）在不违反联邦宪法和法律的前提下也有自己的宪法和法律；联邦的立法机关、行政机关和司法机关在全国范围内行使主要国家权力（如国防、战争、外交、货币、外贸和成员单位之间的贸易等），而各成员单位可以建立自己的政府，在本区域范围内的经济、社会和财政等方面享有相当的自主权；在对外关系方面，只有联邦作为主权国家，是国际法的主体，全国人民具有共同的国籍，不过，有少数联邦国家允许成员单位在联邦宪法、法律和条约的范围内就某些事务与外国签订条约和协定。1789 年以来的美国、二战以后的德国属于联邦制的典型。

复合制国家结构还包括历史上存在过的君合国、政合国等形式。

（3）区别国家结构形式的依据

当代各主权国家所实行的国家结构，不是单一制就是联邦制，另外又有作为国家间联合的邦联和一般国际组织，对它们进行区分，主要应看以下几个方面：一是国家主权的归属，是属于全国政府还是属于地区政府；二是全国政府和地区政府的权力来源，是前者授权后者，还是后者授权前者；三是全国政府与地区政府之间的权力如何划分；四是双方权力划分的依据，是以一个事先制定的规则（盟约、宪法）为依据，还是以一方的意志为依据。

在单一制国家，地方政府是由中央政府在各行政区域设立的，地方政府的权力是由中央政府授予的，中央政府可以变更地方行政区域的区划，改变对地方政府的授权，地方必须服从中央政府所代表的最高国家权力。而在联邦制国家，各成员单位甚至先于全国政府（或称联邦政府）存在，全国政府不能任意改变各成员单位的疆界。全国政府是由各成员单位协议建立的，并由联邦宪法对全国政府与联邦成员单位的权力划分作出了明确规定，双方都不能单方面任意变更权力划分，对宪法的修改一般必须经过双方的同意和批准。

联邦国家的成员单位无论原来是否主权国家，一旦成为联邦成员后，就不再保留独立和主权，不再具有国家的地位。联邦政府的权力是由它们让与的，一旦让与就不能收回，因此它们不能否认和拒绝联邦的权力，不能自由退出联邦。联邦宪法和法律是全国最高法，全国政府拥有最高国家权力，可以对各成员单位的人民直接行使权力。这些特征又明显地不同于邦联制。邦联的成员仍然具有主权地位，邦联中央机关的权力是各成员国授予的，因而也可以随时收回权力，这就意味着可以随时退出邦联。各成员国人民没有共同的国籍，邦联不是国际法的主体，只在某些场合代表联合的全体。

但邦联又不同于一般的国际组织，后者一般是主权国家在国际生活的特定领域内进行合作的法律形式，没有中央常设机构，而邦联不仅是比国际组织较为紧密的、进行全面合作的联合，而且往往以走向更进一步的联合为目标，如美国和德意志就都是由邦联发展成为了联邦制国家。

3. 选择国家结构形式的依据和原则

一个国家采用何种国家结构，归根结底，是阶级的、民族的、历史的、文化的因素综合作用的结果。一个国家的地区构成和民族构成，历史形成的地区往来和民族关系、文化联系、民族心理及地方情感，统治阶级为解决民族问题所采取的政策和策略等，都会影响一个国家对国家结构的选择。各国的国情不同，历史条件不同，所采用的国家结构形式也会不同。和选择政体形式一样，国家结构形式的选择，最终只能由各国人民独立自主地根据本国的国情决定。

在现实中，社会主义国家和资本主义国家都曾经采用单一制和联邦制这两种主要的国家结构形式。

近代以来，实现国家统一成为各国人民的共同愿望和国家发展趋势。在资本主义上升时期，完成国家统一成为许多国家资产阶级革命的重要的甚至首要的任务。历史的经验表明，单一制的国家结构形式适应社会化大生产，有利于形成统一的民族市场，有利于社会经济的发展。有的国家在开始现代化进程以前，已经完成了民族统一，建立了中央集权的国家，如法国。有的国家在迈入现代的门槛时，虽然仍面临国家统一的问题，但民族构成比较单一，如意大利。在这些情况下，一般都采用了单一制。

有的国家在从分散走向统一的过程中，或者民族矛盾比较复杂，或者原有的政治共同体已比较成型，在这种情况下，为了实现民族联合和国家统一，又不能不照顾历史的和现实的情况，就可以用联邦制的形式来解决国内的民族问题。当今世界上的联邦制国家，许多是由过去的以移民为主的殖民地独立后联合而产生的，如美国、加拿大、澳大利亚、墨西哥、巴西、阿根廷等。还有一些国家是在消除封建割据、实现民族统一的过程中建立起来的，如德国。另有一些曾经沦为殖民地的国家，当地的住民在历史上本来比较分散，独立后建立统一国家时也采用了联邦制的形式，如印度、马来西亚等。

关于社会主义国家结构形式，马克思主义认为，社会主义国家只能根据“各民族的平等的联合”的原则并结合本国的具体情况决定自己的国家结构形式。社会主义国家如采用单一制，便于形成集中统一的意志，团结工人阶级和广大劳动人民共同建设和发展社会主义。因此，可以说单一制是社会主义国家结构的理想形式，马克思主义经典作家曾经原则上主张单一制民主共和国，但也没有绝对地拒绝联邦制。有的多民族国家在进行社会主义革命的过程中，国内存在比较尖锐的民族矛盾和复杂的政治局势，甚至还存在小的民族共同体。在这种情况下，也可以采用联邦制的形式解决国内的民族问题，联合、团结各民族共同建设社会主义。十月革命后，列宁根据俄国的民族构成和苏维埃国家政权建设实际，采用了联邦制。但是，有的多民族国家里，各民族之间有着悠久的相互依存的关系，在争取民族解放的斗争中又共同战斗，形成了对统一国家的认同感和归属感，具有实行自由的平等的联合的基础，也可以采用单一制。

此外，一个国家的国家结构形式也不是一成不变的，在一定的条件下是可能转化的。北美殖民地独立后初期建立的联合就是一个典型的邦联，当时的十三个殖民地独立后实际上是各自独立的主权国家。随后不久由于共同的需要，各国的代表在一起重新制定了宪法，建立了联邦制，降格成为联邦国家的州。无论采用单一制还是联邦制，其目的都是为了解决好国家整体与部分之间的关系。在统一国家建立起来以后，也还有继续进行国家整合、增强民族的凝聚力和向心力的任务。如果不处理好全国与地方的关系和民族之间的关系，就有可能涣散国家认同意识，削弱民族凝聚力。从这个角度看一些国家的解体，吸取深刻的历史教训，应该成为政治学研究的一个重要课题。

二、我国的国家结构形式

1. 统一的多民族的单一制国家

从我国宪法上看，我国的国家结构形式有以下几个特点：第一，我国宪法明确宣告，“中华人民共和国是全国各族人民共同缔造的统一的多民族国家”。第二，在少数民族聚居的地方实行区域自治，各民族自治地方都是中华人民共和国不可分离的部分。第三，中央和地方的国家机构职权的划分，遵循在中央的统一领导下，充分发挥地方的主动性、积极性的原则。第四，全国人大批准省级地方（省、自治区和直辖市）的建置，国务院批准省级地方的区划并批准省以下地方的建置和区划，全国人大决定特别行政区的设立及其制度。第五，省、直辖市人大及其常委会可以在不同宪法、法律、行政法规相抵触的前提下制定地方性法规，但须报全国人大常委会备案；自治区人大有权制定自治条例和单行条例，但须报全国人大常委会批准后生效。全国人大常委会有权撤销省、自治区、直辖市国家权力机关制定的地方性法规和决议，国务院有权改变或者撤销地方各级国家行政机关的决定和命令。第六，地方各级人民政府既要对同级人民代表大会负责并报告工作，也要对上一级国家行政机关负责并报告工作，国务院统一领导全国地方各级国家行政机关的工作，全国地方各级人民政府都服从国务院。这些特点表明，我国是一个多民族的国家，又是一个统一的国家，在国家结构形式上实行单一制，并且基本上是中央集权型单一制，但本着发挥中央和地方两个积极性原则，实行适度的地方分权。

我国是一个多民族的国家，但是我国没有采用联邦制，而采用了单一制，这主要是因为：第一，早在公元前3世纪的秦代，我国就建立起统一的、中央集权的多民族国家，自那以来，国家虽有过几次短暂的割据和分裂，但大部分时间里是统一的，而且总的趋势是统一。因此，在我国悠久的历史上，有着统一的传统和实行单一制的渊源。第二，我国作为一个多民族的国家，各民族之间有着和睦相处、友好往来的传统。经过历史上几次大的民族融合，一方面，形成了全国人口中以汉族为主体的格局，同时各民族也都成为中华民族的一员。历史上的全国政权，大部分时间里是汉族主政，也有由少数民族主政的时期。尽管存在着民族压迫，但统治集团为了维持国家的统一，多数情况下都是比较慎重地处理民族关系的。第三，绝大多数少数民族在分族聚居的同时又与其他兄弟民族主要是汉族相互杂居，即形成“大杂居、小聚居”的局面，各民族之间在长期的密切交往中互通有无，建立了相互帮助、相互依存、不可分离的关系。第四，近代以来，我国各族人民为了抵御外来势力，摆脱帝国主义的压迫，实现国家独立，在共同反对帝国主义及其走狗的斗争中，结成了中国共产党领导下的革命统一战线，建立了统一的武装力量，并且各个民族基本上同时获得解放，奠定了全国大统一的基础。第五，我国各民族之间，在社会发展、生产技术、文化教育、自然资源等方面，各有自己的优势和劣势，各民族需要互相学习，互相支持，互相帮助，建设自己的共同家园，实现共同繁荣和共同进步。第六，我国各族人民还会面临各种外来势力的颠覆和分裂的威胁，为了防止和抵御外来干涉和侵略，维护我国的独立与安全，需要各族人民紧密团结合作。在这种情况下，可以说单一制是符合我国国情的最好选择。

2. 中国单一制的两大特色

我国实行单一制的国家结构，但又是具有中国特色的单一制，其中，民族区域自治制度和特别行政区制度，是我国人民根据我国的实际情况独创的制度。

在单一制的国家结构形式下，我国的领土划分为一般行政地方和民族自治地方两类。在我国的行政区划级次中，民族自治地方有自治区、自治州、自治县三级，另外在相当于乡的民族聚居地方建立民族乡。所谓民族自治地方，是在国家不可分割的领土之内，在中央政府的统一领导下，以少数民族聚居的地区为基础建立民族自治地方，组织自治机关，充分行使自治权，自主管理本民族、本地方的事务。

民族自治地方的建置和自治管理构成了我国的民族区域自治制度，是一项有中国特色的制度。我国自古就是一个多民族的国家。历史上，历代中央王朝对边远地区的民族地区就采取过一些不同于内地汉族地区的特殊管理体制。民族区域自治制度正是在吸取历史的经验，并根据社会主义国家形式的本质要求即维护和发展平等、团结、互助的民族关系的需要而创造的。民族区域自治是在中华人民共和国领土范围内的自治，在民族地方实行区域自治与维护国家统一、接受中央领导是一致的。我国各民族在长期的历史中形成了各自的民族特性；各少数民族各自形成了许多大大小小的聚居区；少数民族地区地域辽阔，资源丰富，但少数民族在经济、文化和政治上一般比较落后，尤其是缺少劳动力和干部，缺少技术；在汉族与少数民族地区之间、不同少数民族地区之间都存在某些悠久的经济分工。因此，在保证国家统一、领土完整的前提下实行以少数民族聚居区为基础的民族区域自治，正是在坚持单一制的国家结构的前提下，独创性地解决民族问题，较快地改变民族间事实上不平等的有效制度。实行这一制度，既能保障各少数民族的合法权利和利益，加速各少数民族地区经济和文化的发展，又能抵御外来的侵略和颠覆，保障整个国家的独立和繁荣。

1982 年制定的中国宪法第 31 条规定，“国家在必要时得设立特别行政区，在特别行政区内实行的制度按照具体情况由全国人民代表大会以法律规定”。这个规定是在 20 世纪 80 年代初国家统一问题日益紧迫的历史条件下产生的，为按照“一国两制”方案以和平方式实现祖国统一的设想提供了宪法保证。最初这一规定主要是针对台湾问题作出的，但在后来的实践中，发展为处理台湾、香港和澳门问题的共同方案和制度，并首先在香港、澳门付诸实施。所谓“一个国家，两种制度”，具体说，就是“在中华人民共和国内，十亿人口的大陆实行社会主义制度”，同时“允许国内某些区域实行资本主义制度。”① 所谓“一个国家”即中华人民共和国；所谓“两种制度”即国家的主体坚持社会主义制度，同时照顾台湾、香港、澳门等地的现实情况和当地人民的愿望和利益，允许那里保持原有的生活方式长期不变，原有的社会、经济制度长期不变。

1997 年 7 月 1 日和 1999 年 12 月 20 日，我国政府先后与英国、葡萄牙两国政府顺利完成了政权交接，中华人民共和国恢复对香港、澳门行使主权，中国人民解放军驻军部队进驻香港、澳门，中国外交部在香港、澳门分别设立了特派员公署，香港特别行政区和澳门特别行政区以及两个特别行政区政府也相应成立。“一国两制”、“港人治港”和“澳人治澳”、高度自治的方针得到充分贯彻执行，香港和澳门特别行政区的政府运转正常，“一国两制”的实践经受了种种考验，取得了巨大的成功。

实行一国两制，设立特别行政区，是国家结构问题上的重大理论创造和制度创新。一方面，国家主权统一于中华人民共和国的中央政府。国家只有一个

---

① 《邓小平文选》第 3 卷，人民出版社 1993 年版，第 58 ~ 59 页。

最高国家权力机关——全国人民代表大会，一个中央人民政府——国务院。而特别行政区是中华人民共和国的一部分，是一个地方行政区域，特别行政区政府是一个一级地方行政区域，特别行政区实行的制度由全国人大立法规定，特别行政区的基本法也由全国人大制定。特别行政区的立法机关根据基本法的规定制定法律并须报全国人大备案，特别行政区行政长官由当地选举产生后须经中央人民政府任命，并在国务院总理的监督下宣誓就职。特别行政区要积极维护中央政府的权威和国家的统一。因此，尽管特别行政区享有其他省级行政区所没有的高度自治权，特别行政区政府拥有一般省级行政区域政府所没有的权力，但归根到底，这些权力都是中央政府授予的，权力的来源在中央。这些都体现了单一制的基本属性，因此，一国两制并没有改变我国单一制的国家结构的基本形式。

另一方面，特别行政区所享有的高度自治权又是实实在在的，特别行政区实行与其他省、直辖市、自治区不同的社会经济、政治和文化制度。特别行政区的基本法是特别行政区的宪制性法律，不仅特别行政区要遵守，全国上下都要遵守，中央政府和全国各地方都不允许干预特别行政区依照基本法实行的高度自治。除外交事务和防务由中央政府管理外，特别行政区的立法、行政、司法都享有高度的独立性：中央政府的制定法律、法规除了体现国家统一和领土完整的和不属于特区高度自治权范围的以外，其他均不在特别行政区实施，特别行政区的立法机关依据基本法制定管理本地区事务的法律；特别行政区实行独立的税收和财政制度，财政收入不上缴中央，中央政府也不在特别行政区征税，特别行政区还可以发行自己的货币；特别行政区享有外事权，以“中国台湾”、“中国香港”、“中国澳门”的名义发展对外经济、文化关系，参加民间国际组织；特别行政区还享有独立的司法权和终审权。就台湾来说，祖国统一后，在不构成对大陆威胁的前提下，台湾特别行政区甚至可以保留自己的军队，这就是说，“台湾的党、政、军等系统，都由台湾自己来管”。① 因此，特别行政区所享有的自治权，特别行政区政府所拥有的权力，不仅是我国单一制形式下的其他省、直辖市、自治区所没有的，就是当今世界上联邦制国家的成员单位也不可能享有的。因此，特别行政区的建立和“一国两制”的实践，突破了传统的、纯粹的单一制的国家结构形式，创造了一种有中国特色的、带有某些复合制特征的单一制。

① 《邓小平文选》第3卷，人民出版社1993年版，第30页。

第七章　国家机构

国家的政体形式决定着国家机关尤其是最高国家机关的设置和组成、权力配置和相互关系。在马克思主义经典作家看来，国家好比一部机器，而机器总是由许多零部件组成的，那么，一个国家的国家机器有哪些零部件？也就是：一个国家设置哪些机关？这些机关各有什么功能？它们之间怎样分工又怎样构成一个整体？这些就是本章要讨论的国家机构问题。

第一节　国家机构的概念和一般问题

一、国家机构的含义

1. 国家机构的含义

国家是阶级统治的工具。任何一个国家的统治阶级，都要通过行使国家权力来实现其阶级统治，离开了国家权力，任何政治统治都是不可能的。要行使国家权力，就不能不凭借一定的条件和设施，“公共权力在每一个国家都存在。构成这种权力的，不仅有武装的人，而且还有物质的附属物，如监狱和各种强制设施，这些东西都是以前的氏族社会所没有的。”① 这些公共权力设施就是国家机关，也就是说，任何统治阶级都必须建立各种国家机关，由此组成国家机构。

国家是一个统治体系，国家机构也不是各个权力机关的简单排列和组合，而是一个十分严密的权力组织体系，构成一个有机的整体。国家机关指的是一个国家的各个具体的国家权力部门，而各种国家机关按照一定的结构联结起来，相互之间形成有机的联系，共同组成一个实行国家统治的统一的体系，这就是国家机构。每一个国家机关内部也有自己的结构和组织，本身也构成一个有机整体，但各个国家机关具有各自不同的功用，执行着不同的职能。国家机构是整体，国家机关是部分，前者是机器，后者是机器的零件。因此，所谓国

---

① 《马克思恩格斯选集》第4卷，人民出版社1995年版，第171页。

家机构，可以定义为组成国家机器的一切国家机关的总和，它包括全部中央国家机关和地方国家机关，是实现国家权力、执行国家职能、进行国家日常活动的组织。

与国家形式问题不同，如果说国家形式关涉的是整个国家机器的组织结构和权力配置，是从宏观上来描述和分析各个国家机关之间的权力划分和相互关系，国家机构所关涉的则是国家机器的各个部件的构造和功能，是从微观上解剖和认识各个国家机关的组成、权力和职能，更注意各国家机关的技术层面和操作层面。显然，国家机构与国家形式有着密切的对应关系，对国家机构的研究不能离开对国家形式的把握和理解。

与国家机构的概念相关的还有政府机构，但在实际政治生活中所谓政府有广义和狭义之分，广义的政府指的就是包括立法、行政、司法等所有国家机关在内的国家机构的整体，狭义的政府则仅仅指国家行政机关。一般说来，当人们使用“政府机构”这个概念时，多是指狭义的政府即国家的行政机关，更为狭义的则只是用来指中央行政机关。

2. 国家机构的特点

国家机构不同于一般的社会公共机构，国家机构主要有以下几个特点：

（1）阶级性

国家机构具有鲜明的阶级性，作为阶级统治的工具，国家机构是一个国家在经济上占统治地位的阶级建立并掌握的，是为维护这个阶级在经济上和政治上的统治服务的，是为了维持统治阶级所需要的社会秩序工作的，国家机构的全部活动都具有鲜明的阶级倾向和政治倾向。但是，一个国家的统治阶级不是也不可能让它的全体成员来掌握国家机构，而只能由它的少数“精英”和受过专门训练的人员来掌握和操作这套机构，这些人就进入这个国家的统治集团或者官僚阶层。

（2）全社会性

这首先表现在国家机构是以全社会的名义进行活动的。国家机构是实行阶级统治的组织，而不是超阶级的、代表全民意志的机构。然而，统治阶级总是以全社会的名义进行统治，国家机构的活动也总是以国家的名义进行。经过国家机构的运行，统治阶级的意志被提升为国家意志并以国家的名义加以执行，统治阶级的任务被提升为整个国家的任务加以贯彻。其次，国家机构的活动涉及国家生活的各个领域，对整个社会生活进行全面的管理。当然，这种管理可以是直接的，也可以是间接的，有指令性的，也有指导性的。再次，国家机构的全部费用是由全社会来负担的，国家机构的一切活动开支以及其工作人员的薪俸皆由国库支付，而国库的收入来源则通过税收及其他形式由全体社会成员提供。

（3）整体性和系统性

国家机构是统一的整体，是有机构成的组织体系。组成国家机构的各个机关之间不是相互分离或相互对立的，它们既分别设立，又密切联系，既明确分工，又相互配合。为了贯彻统治阶级的意志，各个不同的国家机关从根本上说是相互依赖，相互合作的，并形成领导和指挥的网络，是一个完整的组织系统和权力系统。任何一个机关都有其独立的、专门的功能，都是不可缺少的，如果缺少了某个机关或者各个机关之间的配置不合理，整个国家机构的运转就会出现“故障”，甚至造成整个国家管理和社会治理的混乱。

（4）强制性

统治阶级通过国家机构的活动普遍地约束全体社会成员，要求全体社会成员遵守根据统治阶级的需要所确立的各种社会规范。所谓国家机构的强制性，并不是说所有国家机关都是暴力机关，也不说国家机构的一切活动都要采取强制的甚至暴力的手段，而是说国家机构的一切行动都必须以特殊的强制力为后盾，不可能离开强制力的支持。国家机构中，有的机关本身就是暴力机关，如警察、法院、监狱、武装力量等，但国家为了行使它的社会职能而设立的各种社会管理机关，本身并不是暴力机关，也不一定要直接采取暴力手段，但是，它们都不能离开暴力机关的支持，这种支持可能表现为直接的暴力，但更多的是表现为间接的震慑力。例如，国家为了对社会进行管理，为组织社会生产和经济活动，为组织抗灾和赈济灾民，都必须制定相应的法律、法规，而法律本身就具有强制性，国家机构制定和执行法律、法规、命令等，都具有强制性，而要执行这些法律和法令，就不能没有暴力机关的支持。

二、国家机构的一般原理

许多学科，包括政治学的一些分支学科，都研究国家机构问题，政治学原理则主要研究国家机构的一般原理，涉及国家机构的产生和发展的规律、国家机构的任务及其在国家体系中的地位、国家机构的基本构成和设置、国家机构的基本形式，等等。在研究这些问题的基础上，概括和抽象出国家机构的一般规律和原则。

1. 国家机构的产生和发展

国家不是从来就有的，国家机构也不是从来就有的。而随着国家的发展和演进，国家机构也在发展和演进。自从国家产生以来，国家机构的设置和划分，经过了由简单到复杂、由低级到高级的发展过程。这个发展过程从一个方面反映了政治文明的不断进步。

在国家产生以前的原始社会，没有阶级，没有阶级统治，但由于与自然斗争和管理社会公共事务的需要，原始人的氏族和部落就已经有了讨论和决定公共事务的议事会、管理公共事务的酋长、指挥狩猎和作战的军事首领、掌握巫术主持祭祀的祭司等机关。例如，在易洛魁人的氏族、部落和部落联盟中，公共机关包括议事会、酋长和酋帅，议事会是普遍设立的“最高权力机关”，其中，氏族大会作为氏族的议事会是“最简单和最低形式的会议”。[①] 氏族大会在古代社会的“蒙昧阶段氏族制度开始形成时起”就存在了，是由氏族的全体成年男女参加的“民主大会”。[②] 部落议事会和联盟议事会有宣战、媾和、派出和接受使节以及结盟的权力，掌握有关本部落和联盟的一切公共事务的最高权力。

随着氏族社会的解体和国家的产生，国家机构也就产生了。最初的国家机构一般是从氏族的议事会、军事首领和酋长演化来的。国家是“靠部分地改造氏族制度的机关，部分地用设置新机关来排挤掉它们，并且最后全部以真正的国家机关来取代它们而发展起来的”。[③] 早期的国家，国土面积狭小，人口极少，国家的职能非常简单，因而国家机构也极其简单。随着阶级统治和国家管理的职能日趋复杂，国家机构的基本部门也就日臻成型，国家机构也越来越复杂。如古希腊的雅典，“直接从氏族社会中产生”了一个“具有很高发展形态的国家”。[④] 雅典曾先后建立了民众大会、议事会、执政官、贵族会议、陪审法庭等机关。此后，随着国家疆域的扩大和人口的增加，社会生活更加复杂，国家机构的内部机关设置和它们之间的权力划分和配置，都越来越复杂。在中国，到周代时国家机构就已经相当完备，专门记载设官分职的《周礼》中，就列举了由各司治理、教化、礼法、政务、律令、百工的各种官职所构成的六类机关。进入近代社会以后，随着生产的社会化和社会分工的进一步发展，国家机关之间的分工更加明细。现代国家机构统一基础上的必要分工，保证了国家机器的正常运转，是现代政治文明的重要标志。

2. 国家机构的基本构成

国家机构是由各种国家机关组成的，国家机关是国家机构的组成部分。每一个国家机关都执行一定的任务，发挥一定的作用，也就是说，它们在国家机构的体系中，都具有自己特定的功能，它们之间存在某种形式的分工。从古代雅典国家机构的产生和发展过程中可以看到，原来的议事机关承担起制定法律的职责，原来的酋长和军事首领转变成国家的首脑并以他们为中心建立了系统地进行国家管理的机关，并产生了专门依据法律进行裁决的机关，这些就是立

① 《马克思恩格斯全集》第45卷，人民出版社1985年版，第416页。

② 摩尔根：《古代社会》，商务印书馆1977年版，第81~82页。

③ 《马克思恩格斯选集》第4卷，人民出版社1995年版，第107页。

④ 《马克思恩格斯选集》第4卷，人民出版社1995年版，第118页。

法机关、行政机关和司法机关的雏形，从而形成了国家机关之间的最基本的分工。最早注意到这一现象的是古希腊的亚里士多德，在考察和比较了希腊的城邦政制后，他曾经对这些机关进行了分析，认为一切政体都有三种机能，即议事机能、行政机能、审判（司法）机能。[①] 18 世纪的法国思想家孟德斯鸠又进一步把国家权力分析为立法权、行政权、司法权，国家机关则相应地划分为立法机关、行政机关、司法机关。

总结国家机构由简单到复杂、由低级到高级的发展历程，无论处于什么发展阶段上的国家，统治阶级都要运用法律对整个社会进行强制性的管理，因而就需要设立一定的机关来制定法律，然后由一定的机关执行法律并管理国家事务，并需要设立一定的机关根据法律处理案件，对纠纷和争议进行裁决。因此，无论何种性质的国家，无论国家机构多么简单还是多么复杂，国家机构的上述三种职能即制定法律、执行法律、依法裁决都是存在的。同时，由于对内对外行使国家权力的需要，任何国家都要有某个机关作为国家的最高代表，这就是国家元首。国家元首和立法、行政、司法三个机关共同构成了国家机构的要素，任何一个都是不可缺少的，如果缺少了其中的某一个，国家机构都不能成为一个完整的系统，不能顺利地履行国家的职能，统治阶级也就不能有效地实现它的统治。

（1）国家元首

任何国家都要设置一定的机关来代表国家，这就是国家元首。其功能就是充当一个国家对内对外的最高代表和国家权力的象征。国家元首象征着国家的统一，体现最高国家权力，象征国家主权，并行使元首的各种职权。因此，在形式上和礼仪上，国家元首在国家机关体系中处于最高地位，根据国际惯例在国家之间的交往中享有最高规格的礼遇。

（2）立法机关

立法机关是行使立法权的国家机关，即有权审议、制定、修改和废止法律的国家机关。立法机关所制定的法律是一种具有强制性约束力的规范性文件。法律规范不同于一般的社会规范。虽然不同的法律在法律效力、表现形式、适用范围、实施方式等方面有所不同，但都是一种具有国家的强制性和约束力的特殊规范文件。一个国家的最高立法机关是国家机构的重要组成部分。

（3）行政机关

所谓“行政”，包含有“执行”和“管理”两方面的含义，在国家机构的分工体系中，执行是指执行立法机关所制定的法律和决定，管理则是管理国家内政、外交、军事等方面的事务。所谓行政机关就是负责拟定和执行法律、制

---

① 亚里士多德：《政治学》，商务印书馆 1983 年版，第 215 页。

定和执行国家政策、管理国家的内外事务的机关。最高国家行政机关就是通常所说的中央政府，负责制定并实施有关全国的政治、经济、文化、外交、军事等一切内政外交的重大决策和政策。中央政府是国家机构的关键部分。

（4）司法机关

司法机关是指代表国家行使司法权的国家机关。但司法机关有狭义和广义之分，狭义的仅指行使法律解释权和审判权的机关即法院。法院代表国家依照法律审理各种民事、刑事案件以及其他某些特别案件，并作出判决。法院一般分为不同的审级，如初审法院、上诉审法院和终审法院。广义的司法机关还包括行使法律监督权的检察机关，检察机关的主要职责是对刑事案件进行调查并代表国家提起公诉，追究被告的刑事责任。中国政治学通常是从广义的角度来理解司法机关的，而西方政治学多取狭义的概念。

3. 国家机构设置和形式的多样性

任何国家的国家机构，一般都包括了上述四大机关，但这并不意味着所有国家的国家机构的设置和形式都是千篇一律的，历史上和现实中的不同国家，国家机构的设置和形式都是不同的。可以说，没有任何两个国家的国家机构是完全相同的。首先，不同国家的国家机构设置和划分的基本原则不同，尤其是不同历史类型的国家，统治阶级组织国家机构的原则是不同的，如封建国家实行的通常是集权原则，而资产阶级国家通常采用分权原则。为了更好地实现自己的统治，任何统治阶级总是根据最有利于巩固、维护和完善本阶级统治的需要去建立自己的国家机构。

其次，组成国家机构的各个机关的具体设置和组成方式、运作方式在不同的国家会有种种差别。任何国家的国家机构都由国家元首、立法机关、行政机关和司法机关组成，体现了国家职能的一般需要，是一种规律性的现象，但是，任何规律的实现并不是简单的、机械的，而是曲折的、多样的。实际上，这些机关在不同国家的具体设置以及所采取的具体形式，都是不同的。例如，国家元首作为一个国家机关，通常由一个人担任，但也有由一个集体担任的。有的国家让国家元首与行政机关合为一体，也有的与立法机关共同行使元首权。再如，在现代各国，同样是立法机关，就有两院制和一院制的区别。就是在同一个国家，在不同的历史时期，其国家机关的设置和形式也会发生变化。

再次，不同的国家，各种国家机关之间的权力划分和分配、地位和相互关系也是不同的。例如，同样是行政权，有的国家把行政权安排给政府单独行使，有的国家让国家元首同时直接领导政府，还有的国家让国家元首和政府共同行使行政权，这就是说，行政机关在不同国家的构成可能不同。各个国家机关如何产生，任职期限受到何种限制，是否受到其他国家机关的制约以及制约的形式和程度，各个国家机关的权力如何相互交叉重叠，如何相互依赖，相互配合，这在不同国家都是不同的，在同一个国家也可能随着时间的推移而发生变化。

4. 决定国家机构设置的因素

国家机构的设置和形式多种多样，千差万别，但是，相同国体的国家，其国家机构的性质也是相同的。因为国体相同，国家性质相同，国家机构就是为同样的统治阶级服务的，它们作为统治的机器的基本目标和总体取向就是相同的。这样，相同性质的国家，其统治职能在本质上也是相同的，因此，国家机构的设置和划分的基本原则大体上也会是相通的。国家的性质或者国体决定着国家机构设置和划分的基本原则，国体不同，国家机构设置的基本原则，也就会不同，这种区别主要表现在国家机关的划分和它们的相互关系上。

国家机构的设置还会受到统治阶级的统治方式、统治形式的规定，一定的统治方式和统治形式，就会设置一定的国家机构。因此，国家形式尤其是政体，体现一个国家的权力结构和权力分配关系，实际上决定了国家机关设置和权力配置的基本特色，包括设立哪些国家机关，各个国家机关在国家机构中的地位，国家机关之间的权力划分和相互关系，等等。因此，政体不同，国家机构的设置和形式就会有较大的差别。例如，君主制政体就是由一个世袭的君主作为国家权力的象征和代表，而共和制国家就由民选的总统（或其他民选机关）来承担这一职责。

不同国家所面临的社会、经济和政治问题不同，需要承担的政治统治和社会管理的任务不同，因而对国家职能提出的要求也会不同。国家机构的设置，必然要根据国家职能的需要来安排，有什么职能，就必然要设立什么样的机构。国家的任务不同，就需要设置不同的国家机关来行使相应的职能。即使是性质相同的国家，所面临的经济、社会和政治形势也可能不同，要解决的全局性问题也会不同，因而也需要设立不同的国家机构。因此，国家机构的具体设置，是由国家职能的需要决定的。同时，一个国家的具体历史条件、文化传统、物质文化发展水平、人口多少和疆域大小，以及民族构成、民族习惯、国际环境等等，一切可能影响国家形式的因素，都会对国家机构的各个机关的设置和形式发生影响。

总之，国家的性质或者国体，决定着国家机构的性质及其设置和划分的基本原则，而政体直接规定了一个国家的国家机构的设置和形式的基本构架，国家职能和各种具体环境则将决定国家机构的具体设置和具体形式。同一个国家，在不同的时期，由于时过境迁，国家机构的设置也会发生变化。如果发生社会革命引起国体的改变，其国家机构的性质也就发生改变，并必须相应地采用新的国家机构设置原则。如果国体不变，但政体形式或国家职能发生变化，其国家机构设置的构架和具体形式也将发生变化。如社会主义国家的建国之初，为了巩固新生的政权，必须强化对被推翻的剥削阶级进行镇压的职能，因此首先需要设置和健全、加强各种暴力机关。但是，随着国家工作的重点转移到以经济建设为中心，随着社会主义市场经济的建立，国家的职能也要发生重要转变，因而国家机构的具体设置和形式都要跟着发生转变。

第二节 资本主义国家的国家机构

一、分权制衡——资本主义国家机构的组织原则

我们已经知道，资本主义以前曾经盛行君主制。虽然君主制有过不同形式，但就国家机构的组织原则来说，奴隶制和封建制君主国家一般实行集权原则，国家的全部权力都集中在作为最高统治者的君主手里。尽管国家机构内部也存在某种分工，国家机构的立法、行政和司法职能也都存在，但执行这些职能的国家机关的权力都授自于君主，受君主的监督和控制，君权高于一切，只有君主才是国家的最高主宰。尤其发展为封建专制国家后，专制君主更是集所有权力于一身，集权原则也发展到顶点。

到了近代，共和制成了资产阶级国家的典型政体，即使保留了君主的国家也是把它改造为不掌握实际权力的“虚君”，而国家机构的权力配置与共和制没有多大差别，因此有人称之为“王冠下的共和制”。与此同时，在建立资产阶级国家的实践中把“分权制衡”作为组织和设计国家机构的基本原则。所谓分权制衡，是指立法、行政、司法三权的分立与制衡，其基本含义是：国家权力分为立法权、行政权、司法权三种权力，分别由三个不同的国家机关掌握，各自独立行使，而又互相制约和平衡。

分权制衡作为资产阶级国家机构的组织原则和一种制度，经过了逐步发展的历史过程。最初，在封建社会的后期，由于国王、贵族和市民（第三等级）三者之间的权力斗争，出现了等级之间结成联盟、相互制约的格局，形成了以等级代表会议为舞台的等级之间的分权。后来，随着资产阶级的成长，资产阶级以由等级会议发展而来的议会为阵地，与以封建国王为代表的封建统治阶级分享权力。正是在这种背景下，17 世纪的英国思想家洛克提出了分权学说，他把国家权力分为立法权、行政权和联盟权，主张应由国王掌握行政权，议会则掌握立法权，但立法权的地位高于行政权。洛克的分权学说的实质是要削弱国王的权力和地位，让由新兴资产阶级控制的议会成为国家的最高权力机关，因此这种立法与行政的分权，实际上体现了阶级之间的分权。正如马克思在分析分权学说时指出：“在某一个国家里，某个时期，王权、贵族和资产阶级争

夺统治，因而在那里统治是分享的，在那里占统治地位的思想就会是分权学说”。① 再后来，18 世纪的法国启蒙思想家孟德斯鸠进一步把国家权力分为立法权、行政权和司法权，主张司法独立。孟德斯鸠强调，由于任何政府都有腐化的趋势，具有扩张权力的自发倾向，要防止专制就应以权力制约权力。这样，在总结反对专制统治的斗争经验的基础上，孟德斯鸠提出了关于资产阶级国家的国家机构设置的构想。孟德斯鸠学说的实质是要反对和防止任何专制统治，保障新兴资产阶级所需要的自由。资产阶级革命后，欧美各国结束了封建统治，建立起资产阶级的国家。各国在制定宪法、设计国家机构时，普遍确定了分权制衡作为设置国家机构的原则，即同一机关不能同时行使立法、行政和司法权力。显然，这时的分权已不再具有等级分权或阶级分权的意义，而是成为资产阶级为防止统治集团中的个别人或少数人实行专制统治、破坏统治阶级的整体利益而作出的制度安排，并作为资产阶级在国家机构内部协调关系、整合统治力量的手段。

分权制衡原则在西方资产阶级国家的宪法和政治制度中，通常具体表现为以下几方面的制度安排：（1）由不同的机关分别掌握立法权、行政权和司法权；（2）每一个机关在行使其权力时，都不能离开其他机关的协助；（3）每一个机关都拥有防止、抵御其他机关侵犯其权力的法律手段。通过这些安排，实现不同权力之间的制约和平衡。但是，由于各国的国情不同，分权制衡的原则在各国采用的具体形式不同，形成了不同的体制。美国实行的是所谓“严格的三权分立”：即立法权、行政权和司法权分别属于国会、总统和最高法院以及联邦下级法院，它们之间在宪法上地位是平行的，宪法上没有规定一个最高权力机关。英国则是以立法至上为特点的“混合权力体制”：议会的地位是最高的，首相作为国王的辅佐由议会从议员中选举产生，要向议会负责，因此立法与行政二者是混合在一起的。法国在 1958 年建立的第五共和国采用了“以行政权为重点的分权”：1958 年的法国宪法大大加强和提高了总统的地位，让总统和总理共同掌握行政权，同时对议会的权力做了较多的限制。此外，历史上还有人提出过“四权”说、“五权”说的主张，如中国的孙中山就主张应再把监督权和官吏的选拔权分立出来，提出了包括立法权、行政权、司法权、监督权和考试权的“五权分立”构想。

国家机关在职能上的分工，必然要求不同的国家机关之间的权力有所划分。而国家主权的不可分性和国家机构的整体性要求，决定了国家机关之间的权力分立是有条件的，相对的。权力的分立使权力的制衡成为可能，从而保证国家机器按照资产阶级民主的原则和适应其政治统治的需要运转。三权分立与

① 《马克思恩格斯全集》第 3 卷，人民出版社 1960 年版，第 52 页。

制衡原则对于防止和限制权力的滥用具有积极意义，作为管理国家事务和社会事务的一种形式和方法比专制独裁有进步意义，但在本质上它是实现资产阶级民主的一种政治统治形式。

二、主要国家机关

资产阶级国家普遍采用了制衡原则来确定各国家机关的地位和关系，因此，尽管各国国家机关的具体设置和运作中有一定的差别，但国家元首、立法、行政、司法等主要国家机关在国家机构体系中的基本地位、基本职权和组织原则一般是相同的。

1. 国家元首

现代国家元首制度是从资产阶级取得反对封建专制统治的胜利开始的。在古代，奴隶制和封建制国家的君主处于至尊的地位，尽管在理论上不一定有国家元首的称谓，但他们实际上行使着国家元首的职能。他们作为国家最高权力的拥有者，集国家的立法者、行政机关的最高首领、军队的最高统帅、案件的最高裁决人于一身，并享有种种物质上和精神上的特权。到了资产阶级建立起自己的国家后，就不再把国家的一切权力集中在国家元首一人之手，而是根据分权制衡原则，通过宪法规定国家元首的地位和权力，并规定了对其权力的限制和制约。在国家元首制度的历史性变革中，许多国家废除了君主制，采用了共和制，国家元首为民选产生，一般称为总统。在那些保留了君主制的欧美各国，尽管仍然以世袭的君主为国家元首，但由于君主的地位和职权由宪法做了规定，君主的权力也是由人民通过宪法授予的，即“君权民授”代替了“君权神授”。

形式上，资产阶级国家的国家元首通常都有以下权力：(1) 签署和公布法律，发布命令；(2) 召集议会，宣布解散议会；(3) 任免政府首脑及其他高级官员；(4) 统帅武装力量；(5) 作为国家的最高代表进行外交和外事活动，包括宣战、媾和、与外国缔结条约、对外派遣使节、接受外国使节等；(6) 宣布紧急状态；(7) 宣布大赦、特赦，颁发和授予国家荣誉。但是，在实际上，资本主义各国的国家元首在行使上述权力时，具体情况是很不相同的，这主要表现在所受到的限制不同，国家元首在行使这些权力时是否能够自由裁处。例如国家元首的任命权，在有的国家，国家元首任命政府高级官员时，只能根据议会的选举结果任命，而没有挑选官员的权力，因此，这种任命权就只是形式上的。而在另一些国家，国家元首有权挑选和提出官员的人选，虽然需要获得议会的认可，但主动权在国家元首一方，因此这种权力就是实在的。再如签署法律权，有的国家元首对议会通过的法律不能拒绝，只是在形式上签署后予以公布，有的却能拒绝或否决议会通过的法律，要求议会重新审议。根据这种不同，我们就可以把国家元首区分为两种：掌握实际权力的国家元首为“实职”元首，不掌握实际权力的为“虚位”元首。

在议会君主制国家，资产阶级在保留世袭君主的同时剥夺了君主的实际权力，君主在国事活动中享有充分的荣耀和尊敬，另一方面，君主只能根据议会通过的决定和政府提出的意见行事，成为一个礼仪性的“虚位”君主，君主的职能仅限于象征国家的统一和代表国家主权，没有实际权力。英国就是这种“虚君制”的典型。在民主共和制国家，虽然总统都是民选的，但也有虚位总统与实职总统之分。在议会共和制下，总统也是虚位的，除了是选举产生的以外，其权力与议会君主制国家的君主是相似的，如德国和意大利。而在实行总统制的美国和半总统制的法国，总统则掌握了实际权力。美国的总统不仅是国家元首，还兼政府首脑，他有权提名政府高级官员，可以否决国会通过的法律，有权与外国缔结条约，并作为军队的总司令统帅武装力量。法国总统不兼任政府首脑，但有权主持内阁会议决定政府的内外总政策，通过他任命的总理领导政府活动，并且负责保证司法独立，通过仲裁保证国家权力正常行使。因此，美国和法国总统都是“实职”元首。不过，他们仍然必须服从和遵守宪法和法律，只能根据宪法所赋予的权力范围行使权力，并与其他国家机关相互制衡。

2. 立法机关

资产阶级国家是以议会作为立法机关的。议会是资本主义时代的产物。在资本主义以前的世界各国，没有议会，也没有议会制度。在奴隶制国家和封建制国家，国家的法律在形式上总是表现为君主的个人意志，没有独立的立法机关，君主就是最高的立法者。当时，虽然法律也要由一定专门机关起草、编纂，但都必须秉承君主的意志，并经过君主的最后钦定。在中世纪后期，西欧某些国家出现了君主召集的等级代表会议，只是作为君主的咨询机关，是由僧侣、贵族和新兴市民阶级的代表组成的。资产阶级革命后，这种会议被资产阶级的代表占据主导地位并获得了立法权，发展成为现代的议会。议会作为国家的立法机关，最早产生于英国。后来，美国、法国及其他欧美各国在建立资本主义制度以后，都普遍建立了议会作为立法机关。

现代资本主义国家的议会作为一种代议机构，一般由选举产生的一定人数的议员组成，议员有一定任期，向选民负责。全国议会的议员一般是专门的、职业性的职务，领取薪俸、津贴和办公费用，可雇佣一定人数的工作人员。地方议会的议员不一定是专职，但领取一定的服务津贴。此外，议员还享有在议会会议期间不受逮捕、在议会会议上的发言和表决在会外免受追诉等项特权。

议会的组织结构，历史上曾出现过三院制甚至四院制，但现代资本主义各国主要是一院制和两院制，而且两院制多于一院制，采用两院制的如英、美、法、德、日等国，采用一院制的有新西兰、葡萄牙、北欧诸国等。两院制议会由两个议院组成，通称为上议院和下议院。下议院议员通常按选区直接选举产生，名额按选区的人口或选民人数依一定比例分配。上议院议员的产生办法和名额分配，各国不尽相同，有直接选举、间接选举、当然担任、任命、世袭等。就两院的关系而言，除个别国家（如英国）外，两院的权力在原则上是同等的，同时，两院之间也存在某种形式的相互权力制约。任何法律都须经两院通过，如出现分歧一般由两院协商。但是，两院之间也有分工和分权，如下议院一般在提出财政预算议案方面有优先权，而在另一些问题上，两院的分工则因政体的不同而不同。

两院制和一院制孰优孰劣，也是政治学比较关注的问题。主张一院制的人提出的理由有：(1）国家的主权是不可分的，国民的共同意志是唯一的，因此体现主权在民原则的代议机关也不应一分为二；(2）两院制浪费时间和人力，拖延立法，降低了立法的效率；(3）两院之间发生分歧，常常互相推诿扯皮，容易被行政机关钻空子，不利于对行政机关进行监督和制约；等等。主张两院制的理由则有：(1）两院的代表基础不同，可以分别代表人口、地域、民族、行业和职业团体等，使代表性更为广泛；(2）两院之间相互制约，可以防止立法机关的专横；(3）两院制可以防止立法草率，使立法更加慎重，更加深思熟虑，尤其是防止民选的下议院的过激和冲动；(4）设立一个任期较长、任职资格要求更高、成员更换较少，因而经验更丰富、构成更稳定的议院，可以对行政机关提出建议和加以牵制；等等。

上述争论，莫衷一是，似乎各有道理，但都不过是纯理论的推论，而不是从历史的实际中总结出的结论。如果从两院制和一院制形成的过程来看，都是在一定的历史条件下形成的。如英国之所以实行两院制，就是原来的等级代表会议中以僧侣、贵族为一方，以市民等级为一方，形成了贵族院和平民院。后来，作为资产阶级与贵族之间的一种妥协，两院制就一直延续下来。再如，美国实行两院制，则是因为在制定宪法、确定国会体制时大州与小州之间因利益冲突而相持不下，为了兼顾大州和小州的利益而采取了两院制的妥协方案。当然，这也说明，资本主义国家两院制确实具有平衡各种不同利益的作用。

资本主义国家议会主要有以下权力：

(1）立法权。立法权是以国家的名义制定法律的权力，是议会作为立法机关的最基本的权力，资产阶级通过议会制定、修改和废止法律，把本阶级的意志上升为国家意志，成为全社会的行为规则。获得立法权，曾经是资产阶级在反封建斗争中赢得的重大胜利，也是等级代表会议发展为议会的主要标志。资本主义国家的立法，通常要经过提案、审议和辩论、通过、公布等程序。提出议案的权利又称创议权，有的国家只有议员才能提出议案，如美国；而在另一些国家，政府和议员都可以提出议案，如法国、德国和意大利。审议、辩论和表决通过法律草案，是由议会独自行使的权力，这也是立法中的核心程序，是议会掌握立法权的最重要表现。议会为审议议案，可以举行各种听证会，要求政府官员和有关公民到会提供信息和有关背景情况，议员就议案开展辩论，然后才能表决，一般以过半数通过。公布法律则是国家元首的权力。

（2）财政权，即财政同意权。议会财政权的意义是监督和控制政府的税收和开支，是资本主义国家议会的重要权力之一。财政权归于议会，也是在资本主义发展的过程中，新兴资产阶级与国王斗争的结果，历史上也是起源于英国。早在13、14世纪，英国就形成了未经等级代表会议许可国王无权征收税金的制度。经过数百年斗争，这项权力得以强化被作为一项传统全力保留下来，从而成为议会的财政权，其主要内容是审议和批准由国家行政机关编制的预算案、赋税案、公债案以及其他有关公民负担的财政案。这些议案都是以法律的形式通过的，政府提出的上述法案必须经过议会审议通过后才能执行，政府的开支只能限于议会同意的范围。这意味着政府必须根据议会的授权才能征税和支出，未经法律拨款，政府不得从国库开支。关于国家预算的法律通常以适用一年为限，这样有利于经常性的监督和控制，这已成为西方各国乃至世界各国的惯例。因此，财政同意权是资产阶级国家议会防止政府滥征税、乱开支、加重企业和公民个人负担的有力手段。由于政府的收支反映出政府的政策倾向，财政同意权也体现了议会在政策上对政府的监督。

（3）监督权。监督权即议会对政府的政策和政府官员的行为进行监督的权力。在对政府的监督方面，资本主义各国的情况有很大差别。对政府进行监督，表现以下几个方面：第一，决定和监督政府的组成。在实行总统制的美国，总统不是由议会选举产生，总统本人组织、领导政府，但在组织政府的过程中，总统提名政府的高级官员，须经过参议院同意后才能任命。如果被提名人得不到参议院的多数通过，总统就必须重新提名其他人选。在议会制国家，由议会选举产生政府首脑（总理或首相），再由政府首脑去组织政府。实际上政府首脑是由议会中多数党的领袖担任。第二，在议会制国家，议会拥有倒阁权，即政府的总政策和施政纲领必须获得议会多数的支持，当议会不同意政府的政策时就可以追究政府的政治责任，通过不信任案迫使政府集体辞职。这时，政府要么集体辞职，要么请求国家元首解散议会重新大选。不信任案一般是由议会下议院以相对多数通过。第三，弹劾，即议会对国家元首、政府高级官员和法官个人的犯罪或严重失职行为进行控告，追究其法律责任。弹劾案通常由议会或议会的下议院通过决议提起弹劾起诉，而由相应的机构（上议院、高等法院等）进行审理并裁决。第四，质询，即议员对政府的政策和和政府官员所管理的事务提出口头的或书面的询问，要求对方作出解释和答复。

3. 行政机关

现代资本主义国家的最高国家行政机关即中央政府，一般由政府首脑和各部部长组成，又称为内阁，但内阁也经常用来指政府首脑和政府中的重要成员所组成的核心决策机构。

资本主义国家行政机关的体制与国家政体之间存在一定的对应关系。议会制国家所实行的政府体制通常为内阁制，即政府由政府首脑（总理或首相）领导，政府集体向议会负连带责任。总统制国家由总统本人兼任政府首脑，直接领导政府，政府成员各自就个人所主管的部门向总统负责，即实行总统制政府体制。而在实行半总统制政体的法国，总统虽有实权但并不直接领导政府，总理代表政府既向总统负责，又要向议会负责，因此，是一种半总统制半内阁制的政府体制。由于行政权由总统和总理分掌，又有人称之为“二元行政”体制。但是，不管实行哪种体制，资产阶级国家政府的组成过程，实际上都充满了统治集团内部的权力交易和政治博弈，经济利益、政治利益的矛盾和党派斗争等因素在其中起着重要作用。

现代资本主义国家的政府的权力由宪法和法律规定，受到宪法的限制，并受议会和司法机关的制约。其职权主要有：

（1）执行法律。这是资本主义国家政府的基本权力，即维护宪法、执行法律。由议会制定的法律，通常只规定有关事务的一般规范，同时授权政府在执行时补充必要的细则，为此，政府有权制定相应的规章、规则和条例，这些文件一般与法律有同等的效力，这种权力被称为“委托立法权”。

（2）管理全国的公共事务和行政事务。地方政府一般只管理内政事务，没有外交和军事方面的权力。中央政府所管理的范围则涉及国家的内政、外交、军事等各个方面，管理全国的重大和全局性行政事务，调控社会经济活动。政府在行使管理权时，有权制定政策和行政法规，发布行政命令，采取相应的行政措施，直至实施紧急状态和动用警察、民防武装和军队。但资本主义国家的政府在采取上述措施时，必须依照法律，并受到议会的监督。尤其是对政府实施紧急状态、限制公民权利、在国内事务中动用武装力量等有相当严格的限制，一般须经过议会授权。

（3）处理对外关系事务。外交权属于国家管理权的一个重要方面，包括制定外交战略和政策、与外国建立外交关系、谈判和缔结条约和协定、参加国际会议和国际组织、指导和领导外交机构和驻外使节的活动，等等。但政府的这些权力，通常需要与国家元首共同行使，并受到议会的制约，如在缔约问题上，通常由政府负责谈判条约的具体内容，磋商条约的细节和文字，而由国家元首代表国家签署，并须经过议会的批准。

（4）军事权。这也是国家管理的一个方面，具体包括领导国家武装力量的建设和军事行动，包括制定军队的编制，组织军队的训练和装备，组织武器的研发、制造和采购，调遣和指挥军队，等等。资本主义各国多以国家元首作为武装力量的最高统帅，但在议会制国家，国王或总统的武装力量统帅权只是名义上的。而在总统制国家，由于国家元首和政府首脑由总统兼任，武装力量的统帅权和军事指挥权都属于总统一人。但无论哪种体制，政府在行使这些权力时也要受到议会的制约，如军队编制和军事预算要得到议会的通过。而在战争问题上，各国一般区分了宣战权和军事指挥权，并把宣战权赋予了议会，即由议会通过决定战争，有的还要经国家元首宣布，然后再由政府组织实施，调动军队和指挥军事行动。

(5) 立法参与权。资本主义国家虽然把立法权赋予议会，但政府一般都有权参与立法程序，由此构成行政机关对立法机关的制衡。这主要表现在两个方面，一是立法创议权，包括创议修改宪法和制定普通法律，这种创议可以是直接提出宪法修正案和法律的草案。如上所述，只有在议会制国家和半总统制国家，政府才有提出法律草案的权力。而在总统制的美国，总统和政府所拟定的法律草案，必须以议员的名义在议会提出，总统的立法参与权表现为指导立法，即以向国会提出国情咨文及各种专门咨文的形式提出立法纲领和计划。二是对法律的否决权，这项权力是在公布法律的程序中体现的。如美国总统如不赞成某项法律，可以将否决意见书连同法案一起退回国会，但此种否决如果被国会两院以三分之二多数推翻，法律仍可生效。法国总统作为政府总政策的最高决策人，也可以将法律退给议会重新审议。

4. 司法机关

在现代资本主义国家，司法机关是指行使司法权的机关。

在奴隶制和封建国家，由于立法、行政和司法没有明确的划分，司法权从属于王权，没有独立的司法机关，或者司法机关与行政机关混同在一起。后来，资产阶级国家确立了分权原则，司法机关就脱离立法机关和行政机关而成为独立行使司法权的国家机关。孟德斯鸠认为，“如果司法权不同立法权和行政权分立，自由也就不存在了”，就会出现“专断的权力”。① 资产阶级国家把司法机关独立作为保障公民自由的制度措施。虽然这首先是资产阶级的自由，但司法机关与立法机关和行政机关的分立，进一步明确了国家机关的分工，也有利于防止专制和暴政，毕竟是历史的进步。

在资产阶级国家机关的分权体系中，一般都规定了司法权属于法院，但多采用狭义的司法权概念，主要指审判权和法律解释权，而将检察机关归属政府领导，总检察长通常为内阁成员，充当政府的法律顾问，并代表政府出庭参加

---

① 孟德斯鸠：《论法的精神》，商务印书馆 1982 年版，第 156 页。

诉讼。检察官受总检察长领导，但在对案件进行调查时享有独立性和保障。因此，司法机关的职权主要表现为以下三个方面：

（1）审理各种诉讼案件，包括刑事案件、民事案件、行政案件、选举案件等。在各种司法诉讼中，司法机关的职能就是适用法律，即按法律规定的程序通过审理认定案件的事实，并依据法律作出裁决。这种审判权是司法机关所独有的，其他任何国家机关都不得侵犯。

（2）处理某些非诉讼性的事务。这主要是指某些民事法律关系要由法院执行、保证、监督和公证，如登记财产、公证结婚、检验遗嘱、处理遗产、公布失踪和死亡、指定监护人和保护人等。

（3）违宪审查。所谓违宪审查，即由司法机关审查国家机关的行为是否违反宪法，审查的具体对象包括立法机关所制定的法律、法令以及政府根据法律所颁布的行政法规、发布的行政命令以及所采取的一切行政措施等。违宪审查制度起源于美国，在美国的联邦宪法中并没有直接规定最高法院拥有这一权力，但在1803年的马伯里诉麦迪逊案中，美国最高法院裁决国会制定的1789年司法条例中的一个条款违反宪法，从而形成了法院行使违宪审查权的制度。后来其他资本主义国家也仿效美国建立了违宪审查制度。

资本主义国家行使违宪审查的机构有两种类型，一种是由普通法院审查，美国就是实行这种制度的典型，普通法院既审理宪法案件，也审理一般的民事、刑事案件。后来日本、加拿大、澳大利亚以及拉美一些国家也采用了这种制度。另一种是由专门的宪法法院进行审查，宪法法院不审理民事、刑事案件，这种制度实行于意大利、德国、法国等欧洲大陆国家。各国司法机关行使违宪审查权的方式也不同，一种为“事后审查”，以美国为典型，即法院不主动进行违宪审查，只是通过审理具体的诉讼案件来就其所适用的法律是否违宪作出裁决。另一种为“事前审查”，又称为“预防性审查”，在法律颁布或执行以前提交宪法法院审查，或者在法律颁布以前如果发生争议，也可以提出交宪法法院审查。

司法机关在行使其权力时与立法机关、行政机关是很不相同的，资本主义国家的司法机关在发展过程中形成了若干重要原则和制度，主要是：

（1）司法独立原则。“司法独立”是指法院和法官只服从法律，独立行使司法权。所谓司法独立，根据资产阶级国家宪法和法律以及学者的解释，有以下几层含义：一是司法权由法院和法官独立行使，不受行政机关和立法机关的干涉，法院和法官的审判活动只服从宪法和法律。二是一个法院的审判活动也不受另一法院的干涉，上级法院对下级法院也不能在其进行具体审判时进行干涉，而只能在其判决作出后，依上诉程序变更其判决。三是法官在审理过程中坚持独立，不受各方意见包括检察官起诉的影响，法官按“自由心证”的原则办案，也就是说法官凭自己的“良心”审理案件、行使权力。

（2）无罪推定。西方国家的刑事审判普遍实行所谓“无罪推定”的原则，即在法庭判决之前，被告都被假定是无罪的。法院和法官在审理案件时，在没有证据的情况下，首先从无罪方面考虑，只有在掌握充分证据足以证明被告有罪后，才能判决有罪。未经合法的适当手续，任何机关和个人都不得对任何人施行逮捕和审讯。

（3）不告不理原则。法院不受当事人的请求，不得自行审判。无论民事或刑事案件，未经正式起诉，法院都不得自行审理。按照西方学者的说法，法院的活动同立法机关和行政机关不同。立法机关的议事和立法活动不待案件的发生和案情的告发，而行政机关和司法机关虽然都执行法律，但前者是主动性执行，而法院是被动性执行。

（4）辩护制度。资本主义国家的司法制度中都规定了被告有取得“律师帮助为其辩护”的权利。在刑事诉讼的任何重要阶段，被告都可以由其律师辩护。如果被告自己不能聘请律师，法庭应为他指定律师，费用由政府支付。除非被告自己完全了解自己行为的性质，放弃这一权利，否则，无律师参与的刑事诉讼就是违反宪法的，由此作出的定罪裁决也将是无效的。

（5）法官保障制度。资产阶级国家普遍实行法官保障制度，目的是为了保证司法独立，保证法官能“公正”和“无私”地审判。具体措施包括：①法官不可更换制，即法官在任期届满之前，非经弹劾不得被免职、撤职或令其提前退休。②有的国家实行法官终身制，即法官一经任命，如无过失，得终身任职。③法官退休制，即法官到了一定年龄可以退休，退休后可以领取优厚的退休金。④法官专职制，是指法官不得兼任其他职务。西方国家普遍规定法官不得兼任政府官员和议会议员，也不得在任何营利性机构兼职，不得以政党的身份从事政治活动。这些限制体现了资产阶级国家机关的分权原则，目的是保证法官不受其他任何国家机关、政党和个人的控制、干涉和影响，保证法院和法官的独立和政治上的“中立”。⑤法官高薪制。许多西方国家都规定了给予法官高薪待遇，有的国家还规定，法官任职时，他的薪金可以增加，但不能减少。理由是这样可以使法官的生活安定富裕，就不会发生贿赂、营私和舞弊现象，可以保证法官公正无私。

在上述原则中，“司法独立”是资产阶级国家司法制度中最重要的原则，所谓“不告不理”、辩护制度和法官保障制度都是“司法独立”原则的体现或者是为了保证司法独立的实现。如西方学者认为，有了法官不可更换制和终身制，就可以保证法官不会因为作出的判决不符合立法机关和行政机关的意愿而被撤职。而规定法官的报酬在继续任职期间不得减少，可以使法官在任职期间免遭立法机关和行政机关的报复和刁难。这些制度和原则是在资产阶级反对封建专制的斗争过程中形成和发展起来的，在历史上对于反对封建国王控制司法机关和干涉司法活动，对于反对封建王朝的专制统治曾经发挥了进步的作用。在资产阶级国家建立起来以后，这些原则和制度限制其他国家机关干预司法，对于保障资本主义社会的人身和私有财产权利，对于维护资本主义市场经济所需要的社会秩序，也具有重要的积极作用。但是，资产阶级国家的司法机关，在本质上是实现资产阶级统治的机关。资产阶级的国家所制定的法律，本质上只能是巩固和发展有利于资产阶级统治和社会秩序、维护资产阶级社会的政治关系和社会关系的行为规则。资产阶级国家的司法机关正是以国家的强制力保证执行这些行为规则的重要工具。这样，所谓“司法独立”，所谓法官的“公正”、“无私”，都不可能改变这种本质。正如马克思所指出的那样，在立法者偏私的情况下就不可能有公正的法官，由于资产阶级的法律是自私自利的，那么大公无私的判决就不会有什么意义，“法官只能够丝毫不苟地表达法律的自私自利，只能够无条件地执行它。在这种情况下，公正是判决的形式，但不是它的内容。内容早被法律所规定”。①

第三节 社会主义国家的国家机构

一、民主集中制——社会主义国家机构的组织原则

社会主义国家的国家机构的组织原则，是在马克思主义的国家学说与各国社会主义政权建设的实践相结合的过程中，在总结历史上政权建设的经验——既总结了无产阶级政权建设的经验、也包括吸取历史上剥削阶级尤其是资产阶级国家的经验——的基础上逐步形成的。

关于国家机构的组织原则，马克思主义首先从国家机构的整体着眼，把国家机构看作是实现国家统治权的统一工具，任何国家机关都是为了实现这个统一目的而承担一定任务和职能的组织。另一方面，每一个国家机关为执行它的任务，履行它的职责，都被赋予了各不相同的权力。各种不同的国家机关之间，既要实现共同的阶级统治的任务，又要有所分工。随着产业分工的发展，国家机关之间的分工也不断发展。因此，马克思主义认为，应该根据各种国家机关在国家机构运行中的不同作用和职能以及它们在国家机构体系中的不同地位，将其分为不同的国家机关。马克思主义正是从这个意义上评价了分权学说的积极作用，认为分权学说不仅反映了新兴资产阶级反对封建专制、向封建君主夺取权力的要求，也反映了国家机器发展到工业社会以后更加庞大、更加复

---

① 《马克思恩格斯全集》第1卷，人民出版社1956年版，第178页。

杂而需要分工的要求。恩格斯指出，“事实上这种分权只不过是为了简化和监督国家机构而实行的日常事务的分工罢了。”① 实际上，社会主义国家在设置国家机关时也吸取了资产阶级国家的某些经验，使各个国家机关更好地分工合作，相互配合，实现无产阶级的统治权力。

马克思在总结巴黎公社政权建设的历史经验时，注意到巴黎公社在政权机构组织上的创造。在法国巴黎的无产阶级起义后，建立了无产阶级政权巴黎公社，公社的政权机关是公社委员会，公社委员会同时行使立法权和行政权，也就是说立法机关和行政机关是合二为一的，公社市政委员们既参加委员会制定法律和决定一切重大问题，又担任各部门委员会的委员，直接组织执行公社委员会制定的法令和决议，一身二任，两权合一。马克思肯定了巴黎公社的做法，指出“公社是由巴黎各区通过普选选出的市政委员组成的。这些委员是负责任的，随时可以罢免”。“公社是一个实干的而不是议会式的机构，它既是行政机关，同时也是立法机关”。马克思认为，巴黎公社可以成为“法国一切大工业中心”的榜样和甚至“最小村落的政治形式”。② 巴黎公社的这种组织形式是无产阶级城市共和国的一种试验，虽然是在革命高潮的非常时期存在的无产阶级政权，时间也极为短暂，但是，巴黎公社的经验中已经包含了民主和集中两个方面：一方面，公社委员全部由普选产生，并随时可以撤换；另一方面，由公社委员会集中统一行使全部权力。

民主集中制作为一条原则，首先是在无产阶级政党的建设中明确提出来的。马克思、恩格斯在领导和参与建立无产阶级政党的过程中，形成了民主集中制的设想，并把它作为第一个国际共产主义组织第一国际的组织和活动原则。1905 年，列宁在阐述建党理论时，首先明确提出了“我们主张民主集中制”。在中国革命的过程中，毛泽东在抗日战争全面爆发后不久，比较系统地提出和阐述了民主集中制应成为抗日联合政府的组织原则，他指出，“政府的组织形式是民主集中制，它是民主的，又是集中的。”“一方面，我们所要求的政府，必须是能够真正代表民意的政府；这个政府一定要有全中国广大人民群众的支持和拥护，人民也一定要能够自由地去支持政府，和有一切机会去影响政府的政策。这就是民主制的意义。另一方面，行政权力的集中化也是必要的；当人民要求的政策一经通过民意机关而交付于自己选举的政府的时候，即由政府去执行，只要执行时不违背曾经民意通过的方针，其执行必能顺利无阻。这就是集中制的意义。”③ 后来，在抗日战争即将取得最后胜利时，毛泽

① 《马克思恩格斯全集》第 5 卷，人民出版社 1958 年版，第 224 ~ 225 页。

② 《马克思恩格斯选集》第 3 卷，人民出版社 1995 年版，第 55 ~ 56 页。

③ 《毛泽东选集》第 2 卷，人民出版社 1991 年版，第 383 页。

东在《论联合政府》这篇著作中，又比较系统地阐述了民主集中制是建设新民主主义政权的组织原则，他指出，“新民主主义的政权组织，应该采取民主集中制，由各级人民代表大会决定大政方针，选举政府。它是民主的，又是集中的，就是说，在民主基础上的集中，在集中指导下的民主。只有这个制度，才既能表现广泛的民主，使各级人民代表大会有高度的权力；又能集中处理国事，使各级政府能集中地处理被各级人民代表大会所委托的一切事务，并保障人民的一切必要的民主活动。”① 这些论述表明，人民的支持和拥护，人民对政府的影响和参与，应是社会主义国家一切国家机构的前提和基础，因此，民主集中制的组织原则与国家的一切权力属于人民的原则是一致的、统一的，整个国家机构按照一切权力属于人民和民主集中制的原则组成并运转，这是社会主义国家的民主共和制与资产阶级的民主共和制的显著区别。

在社会主义国家的国家机构设置和组织的实践中，民主集中制的内容体现为以下几个方面：(1) 实行民主集中制，目的是要保证人民行使国家权力，实现“一切权力属于人民”的根本原则。国家机构建设必须以民主为基础，即以人民的支持和拥护为基础，这具体体现在各级国家权力机关必须由民主选举产生，对人民负责，受人民监督。其他国家机关，包括国家元首、行政机关、司法机关等，都由国家权力机关产生，对它负责，受它监督，这就是说，由最高国家权力机关统一行使国家权力，其他国家机关，包括行政、司法、军事等国家机关都是从属于它的，它们与最高国家权力机关之间不是平列关系，而是决定与执行、授权与负责、监督与被监督的从属性关系。(2) 除由国家权力机关行使立法权外，对国家的元首权、行政权、审判权、检察权和武装力量的领导权，也都有明确的划分。国家元首和行政机关、司法机关都是在他们各自的职权范围内进行工作，这就是说，国家机构实行合理分工，协调一致，并建立各种民主监督制度，在保证国家权力机关统一行使国家权力的前提下，在不同的国家机关之间建立必要的“依法行使权力的制约机制”，以便既可以避免权力过于集中，又便于各个国家机关能够有效地工作。(3) 国家权力机关制定法律和作出其他决定，均经过充分讨论，以投票表决的方式通过；国家的行政机关即政府及政府各部均实行首长负责制，集中行使权力。这就是说，法律的制定和重大问题的决策，必须由国家权力机关民主决定，集中和代表人民的意志和利益；而法律和决策的执行，必须高度集中并实行严格的责任制，保证行政机关能顺利地、高效率地进行工作，能迅速有效地执行国家权力机关制定的法律和作出的决定，实现人民的意志。(4) 遵循在中央的统一领导下，充分发挥地方的主动性、积极性的原则，划分中央和地方的国家机构的职权。

---

① 《毛泽东选集》第3卷，人民出版社1991年版，第1057页。

当然，由于各国国情不同，民主集中制在各社会主义国家曾经采用的形式也有所不同，但基本精神是相同的，即由人民通过自己选出的代表组成的代议机关行使一切国家权力，在国家机构的体制和结构上，它首先强调的是全体人民对公共权力的监督，同时在不同的国家机关之间实行必要的分工和制约。

二、主要国家机关

社会主义国家机构也包括国家元首和立法、行政、司法等国家机关，但它的基本特点在于最高国家权力机关与最高立法机关是同一的，即由最高国家权力机关行使立法权，全部国家机关都以最高国家权力机关为中心构成统一的整体。

1. 国家权力机关

社会主义国家的国家权力机关，是由人民选举的代表组成的、统一行使国家权力的机关。社会主义国家的"一切权力属于人民"，人民通过他们的各级代表机关行使国家权力，因此，社会主义国家的国家权力机关就是人民的代议机关。正如恩格斯曾经指出的，要"把一切政治权力集中于人民代议机关之手"①，社会主义国家的最高国家权力机关，不受任何其他国家机关的限制，不允许其他的国家机关与之抗衡。它在国家机关的体系中处于最高的地位，拥有最高权力，其他一切国家机关均由它产生，并向它负责。中华人民共和国的最高国家权力机关是全国人民代表大会，地方各级人民代表大会则是地方国家权力机关。

社会主义国家组成国家权力机关的代表，由人民通过直接或间接选举产生，一般没有职业限制，而且要体现不同民族、种族、性别、宗教、教育程度、职业在代议机构中的代表性。代表一般是兼职的，在代议机构的会议结束后，代表就回到自己的工作岗位，并要在生产和工作的第一线表现出代表性，保持同人民群众的密切联系。代表参加国家权力机关的会议和行使代表职权，则由代表所在的生产和工作单位给予时间和工资、奖金及其他福利上的保障。代表享有在代表大会上的发言和表决不受法律追究的权利，并享有人身特别保护的权利。我国在建设社会主义民主政治的过程中，通过不断提高人民代表的素质，提高他们表达民意、参政议政的能力，完善人民代表大会的工作制度和议事规则，以利于人民代表更好地代表人民行使各项权力。

社会主义国家的代议机关既是国家权力机关，同时也充当国家立法机关，其组织形式既有一院制，也有两院制，这主要是因为各国国情不同。从历史的实践考察，除了曾经实行联邦制的多民族国家采用两院制外（一般由一个院作

---

① 《马克思恩格斯选集》第4卷，人民出版社1995年版，第412页。

为体现各民族和地区的利益的代表机关)，其他国家一般采用一院制。资本主义国家的立法机关可以有一院制，社会主义国家的立法机关也可以有两院制。因此，采用两院制，还是一院制，只是国家权力机关的形式问题，并不是一个国家的国家权力机关的本质特征，也不决定社会主义国家权力机关的性质。因此，应由各国人民根据本国国情，尤其是根据本国的历史传统、地区构成和民族关系作出选择。

社会主义国家的代议机关为保证代表的广泛性，通常代表人数较多，加之代表是兼职的，因而会期也较短，因此，一般设有一个人数较少、更为精干的机关作为其常设机关。常设机关与代表大会之间的关系，不同于两院制下两院之间的关系，二者的权力是不同等的。一方面，常设机关负责召集代议机关的全体代表大会，在代表大会闭会期间，则由其常设机关依法行使它的部分职权。另一方面，常设机关要对代议机关的代表大会负责，受代表大会的监督。我国全国人民代表大会的常设机关是全国人民代表大会常务委员会，县以上的各级人民代表大会也都设立常务委员会作为其常设机关。

社会主义国家的最高国家权力机关的职权相当广泛，可以归纳为以下几个方面：

(1) 立法权。社会主义国家的最高国家权力机关和它的常设机关行使国家立法权，有权制定、修改、废止和补充法律。我国的宪法对全国人大和全国人大常委会的立法权限的划分是：全国人大有权修改宪法，制定和修改刑事、民事、国家机构和其他的基本法律，而将制定和修改“除应当由全国人大制定的法律以外的其他法律”的权力赋予给人大常委会，在全国人大闭会期间，全国人大常委会还可以在不同全国人大制定的法律的基本原则相抵触的前提下对该法律进行“部分补充和修改”。可见，我国宪法对全国人大和它的常委会的立法范围的规定是概括式而非列举式的，这种概括表明全国人大的立法权限是没有限制的。

(2) 决定权。社会主义国家的最高国家权力机关有权就国家的任何重大事情作出决定，这表明了它的权力的广泛性，体现了一切权力属于人民的原则。由于实行社会主义制度，社会主义国家的最高国家权力机关都要就国民经济计划作出决定。我国的全国人大有权审查和批准国家的经济和社会发展计划、国家的预算和决算，它的常委会则有权审查和批准上述计划和预算在执行过程所作的部分调整方案。此外，全国人大有权批准省级行政区的建置，决定特别行政区域的设立及其制度；决定战争和和平问题；以法律的形式决定中央国家机关的组织等。全国人大常委会则有权决定缔结的条约和外交协定；规定军人和外交使节及其他各种衔级制度、国家勋章和荣誉；决定特赦；决定全国总动员和局部动员，决定全国或个别省、自治区、直辖市的紧急状态，在全国人大闭会期间决定战争状态的宣布，等等。

（3）任免权，这是组织其他国家机关的权力。社会主义国家的最高国家权力机关拥有广泛的人事任免权，一般有权选举、任命和罢免所有其他最高国家机关的组成人员，包括国家元首、最高行政机关的首脑和组成人员、国家军事领导机关的组成人员、最高司法机关的组成人员等。中国的全国人大有权选举国家主席和副主席、中央军事委员会主席、最高人民法院院长、最高人民检察院检察长，根据国家主席的提名决定国务院总理，根据总理的提名决定国务院的其他组成人员，根据中央军委主席的提名，决定中央军委的其他组成人员。同时，全国人大有权罢免所有由它选举和决定的上述人员。全国人大常委会有权根据最高人民法院院长的提请任免最高人民法院的副院长、审判员、审判委员会委员和军事法院院长；根据最高人民检察院院长的提请任免最高人民检察院的副院长、检察员、检察委员会委员和军事检察院院长；决定驻外全权代表的任免；在全国人大闭会期间，全国人大常委会有权根据国务院总理的提名决定国务院的其他组成人员，有权根据中央军委主席的提名，决定中央军委的其他组成人员。

（4）监督权，即监督其他国家机关的权力。社会主义国家的最高国家权力机关通过法定的方式和程序，听取由它产生的其他最高国家机关的工作报告，进行审议，提出质询，对它们的工作进行检查、调查、督促和纠正，实现对它们的监督，保障它自己制定的法律和作出的各项决定得到实施和贯彻。因此，国家权力机关对政府和司法机关的监督，既是一种制约，又是支持和促进。有了这项权力，国家权力机关与其他国家机关之间形成一种监督与被监督的关系，这就体现了它作为国家权力机关的最高地位。中国的宪法规定，人大和常委会都有权监督宪法的实施，人大常委会有权解释宪法和法律。全国人大有权审查和批准国民经济和社会发展计划的执行情况的报告、国家预算的执行情况的报告，全国人大常委会有权监督国务院、中央军事委员会、最高人民法院和最高人民检察院的工作，有权撤销国务院制定的同宪法、法律相抵触的行政法规、决定和命令。全国人大及其常委会在必要时可以组织对特定问题的调查，并根据调查结果作出相应的决议。

除了上述明确列举的权力外，我国宪法还规定全国人大可以行使“应当由最高国家权力机关行使的其他职权”，全国人大常委会则可以行使“全国人民代表大会授予的其他的职权”，这意味着最高国家权力机关可以行使它认为应当由它行使的一切权力，其权力范围也是没有限制的。

在中国的改革开放过程中，全国人民代表大会及其常务委员会发挥了其他国家机关不可替代的重要作用，尤其是它们可以运用自己的决定权，对于改革过程中产生的需要加以规范但立法又还不够成熟的问题，对某些迫切需要解决的社会问题，及时地以作出决定的方式，为改革提供指导和规范。尤其是适应建设社会主义市场经济的需要，全国人大及其常委会努力构筑社会主义市场经济法律体系框架，初步形成了以宪法为核心的法律体系。而随着经济体制改革和政治体制改革的发展，全国人大及其常委会在加强自己的地位和权力的同时进一步完善自身的建设，加强其各项职能，尤其是加强立法和监督，提高立法质量，更好地发挥人民代议机关的作用。

2. 国家元首

社会主义国家为了保持国家的稳定，维系民族的情感和国家的统一，为了国际交往的需要，也为了让立法机关和行政机关能集中精力制定法律，管理国家，实现国家机关之间的分工和协调，设置国家元首是非常必要的。但由于社会主义国家以人民的代表机关作为最高国家权力机关，国家元首作为国家机构的组成部分，主要是在形式上和礼仪上代表和象征最高国家权力，并依据代表机关的决定行使国家元首的职权。或者说，代表机关是行使最高国家权力的机关，而国家元首是象征和代表最高国家权力的机关。在社会主义国家的历史实践中，有的国家曾经以代表机关的常设机关作为集体国家元首，如 1936 年的苏联宪法规定最高苏维埃作为最高国家权力机关，它的常设机关最高苏维埃主席团同时又是集体国家元首。还有的国家曾经设立独立的机关作为集体国家元首，如南斯拉夫在 1971 年后曾设立联邦主席团作为集体元首，联邦主席团既不是联邦议会的常设机关，也不是联邦议会的组成部分。

中华人民共和国的国家元首制度几经曲折，后由 1982 年宪法恢复设置国家主席和副主席，确立了现行的国家元首制度。中华人民共和国主席、副主席由全国人民代表大会选举产生。国家副主席协助主席工作，受主席的委托可以代行主席的部分职权，并在国家主席缺位时继任国家主席。我国宪法规定，国家主席的职权包括以下四个方面：

(1) 公布法律、发布命令：国家主席根据全国人大和它的常委会的决定，公布法律，发布特赦令，宣布进入紧急状态，宣布进入战争状态，发布动员令。

(2) 任免权：国家主席有权向全国人大提名国务院总理的人选，根据全国人大及其常委会的决定，任免国务院总理及国务院的组成人员。

(3) 外交权：国家主席对外代表中华人民共和国，进行国事活动，接受外国使节；根据全国人大常委会的决定派遣和召回驻外全权代表，批准和废除同外国缔结的条约和重要协定。

(4) 荣典权：国家主席根据全国人大常委会的决定，授予国家的勋章和荣誉称号。

关于我国现行的国家元首制度，学术界存有较大争议。有人认为我国实行的是“单一元首制”，“国家主席就是中国的国家元首”；也有人认为是“集体国家元首”，或者由国家主席和全国人大常委会“共同行使”国家元首的职权。①

3. 行政机关

社会主义国家的最高国家行政机关即中央政府，是作为最高国家权力机关的执行机关活动和工作的。中央政府由最高国家权力机关产生，并向它报告工作，对它负责，接受它的监督。地方各级政府也由地方各级国家权力机关产生，一般既对产生它的地方国家权力机关负责，也对上级国家权力机关负责。在社会主义国家，国家行政机关要受到国家权力机关的监督和制约，但不存在国家行政机关对国家权力机关的制约，更不允许它与后者相抗衡。

社会主义国家行政机关的内部运行体制，有的采用集体领导制，政府决策由政府全体组成人员或常务机关集体讨论通过，日常问题由政府首脑决定。我国1954年宪法曾采用这种体制。有的采用首脑负责制。1982年的中国宪法明确规定，中华人民共和国国务院即中央人民政府，实行总理负责制。国务院由总理、副总理、国务委员、各部部长、各委员会主任、审计长、秘书长组成。同时，总理、副总理、国务委员、秘书长组成国务院常务会议。总理全面领导国务院的工作，召集和主持国务院常务会议和国务院全体会议，讨论决定国务院工作中的重大问题。但这种讨论决定并不是表决通过，而是充分发挥集体智慧在行政决策中的作用，对于应该作出决定的问题，经过集体讨论，总理有权裁定。国务院各部、委，也都实行部长、主任负责制；地方各级人民政府也都实行地方行政首长负责制。

中华人民共和国国务院的职权可以概括为以下几个方面：

（1）行政立法权：根据宪法和法律，规定行政措施，制定行政法规，发布决定和命令。这就是说，国务院为执行法律、法令，根据法律的授权，根据实际中出现的情况，作出行政决策，并颁布规范性文件，即行政法规和行政命令。国务院还可以根据全国人大及其常委会授权制定暂行规定或条例，当某些问题需要由有法律效力的文件加以规定而制定法律的条件又还不成熟时，全国人大及其常委会就可以以决定的形式授权国务院制定暂行规定或条例，它们是具有法律效力的。

（2）提案权：我国宪法规定，国务院有权向全国人大和全国人大常委会提出议案。其中最重要的是法律议案，法律草案通常由国务院有关部门草拟并经

① 浦兴祖主编：《中华人民共和国政治制度》，上海人民出版社1999年版，第289~292页；谢庆奎主编：《当代中国政府》，辽宁人民出版社1991年版，第161页；朱光磊：《当代中国政府过程》，天津人民出版社2002年版，第41~42页。

国务院全体会议通过后提交全国人大或全国人大常委会，经过立法程序后成为国家的法律、法令。国务院还负责编制和执行国民经济和社会发展计划以及国家的预算，向全国人大或全国人大常委会提出关于国民经济和社会发展计划及计划执行情况、国家预算和预算执行情况的议案。

(3) 行政管理权：国务院统一领导全国行政机关的工作。国务院不仅统一领导中央政府各部、委的工作，而且统一领导全国性的行政工作，统一领导全国地方各级国家行政机关的工作，具体包括：

政府编制和人事：国务院有权规定中央和省、自治区、直辖市的国家行政机关的职权的具体划分；有权对国家公务员的选择和配备进行管理或调整，审定国家各级行政机构的编制，任免、培训、考核和奖惩国家行政人员；有权改变或撤销各部、委和地方各级国家行政机关的决定和命令。

地方行政区划和建置：国务院根据全国人大所批准的省、自治区、直辖市的建置，确定它们的区域划分；县、市、自治州、自治县的建置和区域划分则均由国务院批准。

领导经济建设：领导和管理全国的经济工作和城乡建设是国务院的重要职责和权力。随着我国经济体制向社会主义市场经济体制的转变，政府在这方面的职能主要是统筹规划，制定政策，运用政策和信息引导市场，搞好宏观调控，依照法律对市场进行监管，组织协调，提供服务。促进经济社会全面发展，促进就业和再就业，完善社会保障体系。

管理社会和维护公共秩序：中国国务院在社会管理方面的职权非常广泛。领导和管理教育、科学、文化、卫生、体育、人口控制等方面的工作；领导和管理民政、公安、司法行政工作；领导和管理少数民族事务、华侨事务等。负责维护公共秩序，保障公民权利。在全国人大常委会决定全国或者个别省、自治区、直辖市进入紧急状态时负责紧急状态的实施，并有权决定省、自治区、直辖市的范围内部分地区进入紧急状态。

管理外交和国防：国务院要管理外交事务，执行外交政策，负责同外国谈判缔结条约和重要协定并向全国人大常委会提出批准或废除条约和外交协定的议案；国务院领导和管理国防建设，维护国家利益，保护国家安全。

作为最高国家权力机关的执行机关，国务院还可以行使全国人大和全国人大常委会授予的其他职权。

适应社会主义市场经济体制的建立与发展和政治体制改革的紧迫任务要求，中国各级国家行政机关正在大力推进行政管理体制的改革和机构改革，改革的目标是要解决机构庞大、人员臃肿、政企不分、官僚主义严重的问题。这场改革也是一场革命，根据精简、统一、效能的原则，坚持依法行政，实现政企分开，转变政府职能，调整政府机构设置，理顺部门职能分工，减少行政审批，提高政府管理水平，完善公务员制度，建设高素质公务员队伍，努力形成行为规范、运转协调、公正透明、廉洁高效的行政管理体系。

4. 司法机关

社会主义国家的司法机关是依照宪法和法律代表国家行使审判权和法律监督权的机关，也就是说，社会主义国家的司法机关一般采用广义的概念，包括审判机关和检察机关。但国内有人对我国司法机关做了更加广义的解释，将公安机关、国家安全机关和司法行政机关也包括在司法机关之中。这种解释只是沿用了“公、检、法”这种习惯的说法，而不是政治学意义上的划分。就司法制度而言，不仅包括审判制度、检察制度、侦查制度，甚至可以包括辩护制度和律师制度、公证制度、司法行政管理制度、劳动改造制度，等等。其中的律师属于民间，而公安机关、国家安全机关，是国家的治安、保卫机关，都是政府的一个部门，属于国家行政机关。在封建社会，行政、审判合一，资产阶级革命时提出司法和行政分开，后来又把审判和检察分开，分工负责，互相制约，是历史的进步，符合法治原则。社会主义国家实行公、检、法三大机关分工负责的制度，把侦查与起诉也分开了。[①] 因此，在政治学对国家机构的划分中，司法机关只包括审判机关和检察机关。

社会主义国家的司法工作的目的是维护社会主义国家制度和国家安全，维护社会秩序和社会安定，保障公民的合法权益，同时教育公民爱护国家利益，自觉遵守宪法和法律。司法机关坚持从实际出发，实事求是，相信依靠群众，严格依照法律，准确、及时惩罚犯罪，既要惩罚犯罪，又不冤枉好人，正确解决人民内部纠纷。

社会主义国家的司法机关的具体制度和活动原则，吸取和借鉴了近代以来资产阶级国家司法活动的若干重要制度和原则，如法律面前人人平等，司法独立等，但在本质上与它们有着根本的区别。社会主义国家的司法机关的法官和检察官，由作为国家权力机关的人民代表机关及其常设机关选举和任免，并向它负责，接受它的监督，是从属于人民代表机关的，体现了“一切权力属于人民”的原则。更值得指出的是，社会主义国家的法律，由人民的代表机关制定，从根本上体现了人民的意志，实现了法律的公正。司法机关依照宪法和法律，维护人民的利益，维护社会秩序和安定，保证国家的物质文明、政治文明和精神文明的建设，符合人民的愿望。因此，社会主义国家司法机关的活动，努力实现审判和检察公正的形式与内容的统一。

中华人民共和国的审判机关是人民法院，法律监督机关是人民检察院。人

① 顾昂然：《中华人民共和国刑法·中华人民共和国刑事诉讼法讲话》，法律出版社 1997 年版，第 46 页。

民法院审理民事、刑事案件和行政诉讼案件。人民检察院行使法律监督权，提起公诉，如发现法院的判决和裁定有错误，则有权依法提出抗诉。

中国的人民法院实行四级两审终审制，设有基层人民法院、中级人民法院、高级人民法院和最高人民法院，此外还有各类专门法院。最高人民法院是最高审判机关，对全国人大和全国人大常委会负责，地方各级人民法院对产生它的国家权力机关负责。同时，最高人民法院监督地方各级人民法院和专门法院的审判工作，上级人民法院监督下级人民法院的审判工作。

中国的人民检察院设有最高人民检察院，省、直辖市、自治区人民检察院，地、市、自治州人民检察院分院，县、市、自治县和市辖区人民检察院。最高人民检察院是最高检察机关，对全国人大和全国人大常委会负责。地方各级人民检察院实行双重责任制，对产生它的国家权力机关和上级人民检察院负责。同时，最高人民检察院领导地方各级人民检察院和专门检察院的工作，上级人民检察院领导下级人民检察院的工作。地方各级人民检察院检察长由同级人大选举和罢免，但须报上级人民检察院检察长提请该级人大常委会批准。

中国司法机关的活动原则包括以下几个方面：

（1）分工负责，互相配合，互相制约。检察权和审判权由检察机关、审判机关依法行使，其他机关、团体和个人都无权行使这些权力。审判机关、检察机关和公安机关通过分工明确职责，互相配合，互相制约，目的是保证准确有效地执行法律，惩罚犯罪，保护人民。

（2）以事实为依据，以法律为准绳。社会主义国家反对封建社会的有罪推定，也不采用资产阶级国家的无罪推定，而是以事实为依据，以法律为准绳。这里所说的事实，是指引起法律关系发生、变化、消灭的事件与行为，即法律事实。无论处理刑事案件，还是解决民事纠纷，司法机关都要围绕运用证据认定案件事实进行，要客观全面地收集证据，反对主观臆断。在查清案件事实的基础上，应严格按照国家法律的规定，坚持以法律为统一的尺度和标准，正确惩罚犯罪，制裁民事违法行为，保护国家和人民的利益，保障公民和当事人的合法权益。

（3）司法独立，只服从法律的原则。司法机关的活动，必须严格遵守法律，依法进行。审判机关依照法律规定独立行使审判权，检察机关依照法律规定独立行使检察权，不受行政机关、社会团体和个人的干涉。这就是说，在国家的权力体系中，我国的司法独立是相对于行政权而言的，审判机关、检察机关和行政机关，都是由国家权力机关产生的，都要向国家权力机关负责，所谓“一府两院”在宪法上的地位是同等的。

（4）公民在适用法律上一律平等。“在法律面前一律平等”，是社会主义国家公民的一项基本权利，在司法活动中就体现为，对于一切公民、一切民族，在适用法律上一律平等。其含义包括：一是在法律面前，不允许有任何特权。任何人都没有凌驾于法律之上、超越法律之外的权利。二是在适用法律上对任何人、任何民族不得有歧视。

(5) 保障诉讼参与人依法享有的诉讼权利。刑事诉讼中的自诉人和被告人、被害人，民事诉讼中的原告和被告，各类诉讼中的法定代理人、辩护人、证人、鉴定人、翻译人员等，对他们诉讼的权利都要给予保障，尤其是要保障被告人的辩护权和被害人的诉讼权利。目的是要查明事实，正确地执行法律，防止错案。

(6) 审判案件公开进行的原则。审判机关审理案件，除涉及国家机密、个人隐私和未成年人犯罪案件外，一律公开进行。公开审判是针对封建专制的秘密审判提出来的一条重要原则。这有利于人民群众的监督，保证公正审判；有利于当事人进行辩论、质证，维护他们的诉讼权利，从而准确查明事实，正确适用法律；也有利于教育广大公民自觉地遵守法律，积极地同犯罪行为作斗争。

(7) 民主集中制原则。民主集中制在司法机关的活动中具体表现为合议制。人民法院审判案件，除第一审的简单的民事案件、轻微的刑事案件和法律另有规定的案件外，都要组成合议庭进行。合议庭评议案件采取表决方式，实行少数服从多数。各级人民法院设立审判委员会，讨论决定重大、疑难案件的处理。各级人民检察院设立检察委员会，在检察长的主持下讨论决定重大案件。

适应建立社会主义市场经济体制的迫切要求，随着社会主义民主与法治建设的发展，中国正在积极推进司法改革，从制度上保证司法机关依法、独立、公正地行使审判权和检察权，坚持有法可依、有法必依、执法必严、违法必究。同时大力推行法律教育，增强全民的法律意识，尤其是要着重提高领导干部的法制观念和依法办事能力。这对于推进政治体制改革，建设社会主义政治文明，进一步扩大社会主义民主，健全社会主义法制，依法治国，建设社会主义法治国家，将具有深远的意义。

第八章　国家与民族

民族是组成现代国家的基础，无论是在单一民族的国家中，还是在多民族的国家中，只要存在国家，民族就是普遍的表现形式。虽然民族和国家是两个不同的社会历史范畴，但两者在现实生活中，总是相互关联、密不可分的。由于种种历史的与现实的原因，多数国家都会存在民族问题。各种形式的民族问题，不仅存在于多民族国家内部，而且表现在许多不同民族国家的相互关系中。一个国家在治理中，如何理解和处理民族问题，既直接影响到一国内部政治局势的稳定和政治生活的发展，又直接影响到国家间关系的稳定和国际局势的变化。因此，考察民族这一社会历史现象，分析民族问题对国家和国际政治生活的影响，比较各国处理民族问题的各种制度和政策，是政治学研究的一个重要方面。

第一节　民族问题在国家政治生活中的地位

一、民族的一般特征和历史发展

研究民族问题，先要了解民族的定义、特征和历史发展。人们常常在广义和狭义上使用民族概念。当人们讲中华民族、德意志民族时，指的是同国家概念联系在一起的广义上的民族，它是一个国家范围内的各个民族的总称。当人们讲汉族、日耳曼民族时，则是指狭义上的民族。

到目前为止，人们比较认同的是斯大林提出的狭义的民族定义："民族是人们在历史上形成的一个有共同语言、共同地域、共同经济生活以及表现在共同文化上的共同心理素质的稳定的共同体。"①

根据斯大林的定义，民族具有四个方面的一般特征。第一，共同的语言。这是民族形成的必要条件，也是民族统一性和继承性的重要表现之一。每一个民族都有自己的共同语言，这种共同语言是在经济交往和社会交往的基础上产

① 《斯大林选集》上卷，人民出版社 1981 年版，第 64 页。

生的。而它一经产生并在特定的共同体中获得统一，反过来又会作为思想和情感的交流工具，扩展和加深人们的经济交往与社会交往，成为民族成员间彼此认同的象征和联结纽带。共同的语言对于民族的内聚性、统一性以及历史文化的继承性等方面，起着十分重要的作用。

第二，共同的地域。这是民族生存的自然环境，也是民族形成的外部条件。分散居住在互不相连的地方，彼此没有共同生活地域的人们，是不可能形成一个民族的。人们只有长期生活在共同的地域之内，共同的语言才能产生，共同的经济生活才能发展，民族文化以及反映在这种文化上的共同心理素质才能形成。民族与氏族、部落组织的一个重要区别，就在于它不是以血缘关系为纽带，而是以地域关系为基础的社会共同体。

第三，共同的经济生活。这是民族形成和发展的物质基础。共同的经济生活主要指一个民族内部在生产和交换过程中建立起来的经济联系，它使民族的各部分相互依存，把民族成员结合为一个特别的整体。每一个民族都有自己的民族经济、经济技能以及在内部交换和同外族交换方面的特点。这种共同的经济联系体现了民族利益的一致性，因而比其他任何关系都更加密切和重要。它是民族共同体得以形成的决定性条件，并对民族的其他特征具有决定性的影响。

第四，共同的心理素质。这是民族存在不可缺少的条件和特征。在共同的经济生活、紧密的社会交往和统一的语言文字的基础上，各民族逐步形成其独具特色的文化传统。凭借这种文化传统，各民族一方面超越自发水平，自觉地提升和表达自己的基本价值观念；另一方面又通过连续不断的灌输和教化，将这些价值观念植入民族成员的内心逐渐融入他们的精神血脉，成为他们根深蒂固的行动准则与价值追求，最终形成共同的心理素质。这种心理素质通常表现为特定的性格、气质、爱好、风尚、习俗以及行为方式和情感体验方式等。它培育着民族成员之间的认同感、一致感、亲密感，是维系民族共同体的重要的精神纽带。

以上四个方面的特征相互联系、相互影响、相互制约，是一个有机的统一整体，不能将它们割裂开来孤立地加以认识。一般来说，在民族的形成过程中，共同地域作为生存空间和自然环境，是民族其他特征得以形成的前提条件。共同经济生活是形成民族的物质基础。正是在这一基础之上，才会有共同的语言、共同的心理素质，也才会维系共同生活与生存空间。共同语言对共同心理素质的形成有着重要影响，两者反过来又会促进共同地域的巩固和共同经济的发展，并突出地显示民族共同体的稳定性。

民族有自己形成的历史和原因。马克思主义认为，作为一种社会历史现象的民族不是从来就有的，是人类社会发展到一定历史阶段的产物。人类最初并没有划分为民族。原始社会中以血缘关系为纽带的氏族和部落是人群共同体的最早的形式。民族则是在原始社会末期，才逐渐形成的。民族的出现是多种原因在一个十分漫长的过程中相互作用的结果。随着生产力的发展，剩余产品的出现，在自然分工的基础上产生了农业、畜牧业、手工业之间的社会分工。分工的逐步细化促成越来越频繁的商品交换。在经济活动的驱使下，氏族成员之间的流动性增强，并开始混杂居住。与此同时，剩余产品的增多和私有财产制度的确立，不仅使氏族、部落内部产生贫富分化，而且使物质利益的冲突逐渐演变成不同的氏族、部落之间的争战。为了掠夺他人的财富或防御他人对财富的掠夺，一些关系密切的部落联合起来，结成了日趋牢固的部落联盟。这一组织形式比个体成员的杂居更进一步地打破了部落之间的壁垒。于是，原始的血缘关系越来越松散，而在共同的生产和交换中形成的共同经济生活逐步占据主导地位，过去以血缘关系为基础的地域范围被以经济关系为基础的地域范围取代。经济交往和社会交往的扩展与加深，产生出沟通各部落之间的方言的要求。适应这一要求，在吸收各部落方言有用词汇的基础上形成了一种新的公共语言。最后，随着共同地域、共同经济生活、共同语言文字的形成，各氏族部落成员通过日益密切的情感和思想交流，又逐步形成了共同的风俗习惯、文化传统和心理素质。至此，人群共同体的形式就发生了质变，民族就基本形成了。但构成民族的四个特征要得到进一步发展，并最终凝聚为稳定的人类共同体，还要由民族自身之外的国家力量来完成这种结合。因此可以说，民族的形成过程是同从氏族制度向国家过渡的过程相伴随、相一致的。

从氏族部落发展成民族是民族起源的一般规律。但民族并不是一经形成就固定不变的。它和任何历史现象一样，“是受变化规则支配的。”① 由于战争、迁徙、自然灾害、民族间通婚以及周围民族影响等方面的原因，在社会发展过程中，一些旧的民族消失了，一些新的民族又不断产生出来。这些新的民族不是由部落发展而成的，而是在更高的社会生产力水平上，由原来的古老民族经过同化、分化与重新结合而形成的。这是民族形成的特殊规律。

民族在历史发展中，出现了不同的类型。根据社会发展的水平和程度，民族的历史发展大体可以划分为古代民族和现代民族两种基本类型。古代民族包括奴隶制时代和封建制时代的民族，有着双重特征。一方面，同原始部族相比，它摆脱了血缘纽带的束缚，而在越来越大的程度上依赖共同经济生活、共同语言文字、共同文化传统和共同心理习性而形成自己的民族意识。但是另一方面，由于生存于以自然经济为主体的社会结构之中，它同现代民族相比，又存在着种种局限。经济上的自给自足和分散经营，政治上经常性的割据和分裂状态，交通往来、信息交流、文化传播上的诸多障碍、隔阂与不便，使古代民

---

① 《斯大林全集》第2卷，人民出版社1953年版，第294页。

族得以自我聚合的经济联系、政治联系和文化联系发展得还很不充分。在分散和割据状态特别严重的国家或地区，对家族、村社、等级、领地等群体的认同与忠诚，常常被置于对民族的认同与忠诚之上。这不仅导致了民族视野的模糊，而且造成了民族意识的不统一和不完整。

现代民族包括资本主义制度和社会主义制度下的民族两大类型。资本主义用商品经济打垮了封建的生产关系，从而也改变了过去由于封建割据和闭关自守的自然经济所造成的分散隔绝状态。于是，原先居住于同一地域，并在经济生活、语言文字、文化传统、心理素质等方面具有共同性的人们，在更为经常、广泛、深入的商品交换和社会交往中，结成了更为稳定的民族共同体。这就是现代意义上的民族。从这个角度来说，现代民族“不是普通的历史范畴，而是一定时代资本主义上升时代的历史范畴。”① 但是，在资本主义条件下，生产资料私有制的经济基础造成了资本主义民族内部不可调和的阶级矛盾。占据统治地位的资产阶级不仅对内剥削民族中的无产阶级和其他劳动者，而且对外掠夺和压迫其他民族。与之相反，社会主义革命推翻了剥削制度，建立了生产资料公有制为主体的经济基础，无产阶级及其政党成了社会政治生活中的领导力量。在这种新的历史条件下，社会主义民族的经济、政治、文化联系不仅更加密切，而且获得了全新的内容。民族内部的阶级对立已从根本上消灭，各民族平等团结、共同发展，组成了和睦、友好的社会主义大家庭。

民族最终会消亡，实现民族融合。民族不会永远存在下去，它将随着社会发展而逐步消亡。所谓民族消亡或民族融合，是指全世界都实现共产主义以后，世界各个民族的经济、文化高度发展并趋于一致，世界各个民族的差别以及原有的特征逐渐消失，最终在世界范围内融合成一个没有民族界限的人类共同体。它不可能是一个局部的过程，也不可能是在一个国家或几个国家范围内首先完成的过程。民族融合将是一个复杂的和极其漫长的过程。民族融合既不可能出现在资本主义社会，也不可能发生于社会主义社会。在社会主义初级阶段，乃至在社会主义的整个发展时期，民族的最终融合都还不能实现。因为社会主义社会的经济、政治、文化的发展还不可能达到足以使民族差别和特征完全消失的高度。从实践上看，社会主义社会的主要任务是以平等团结为基础，促成民族的共同繁荣发展，而不是取消民族差别，迅速实现民族融合。只有到了共产主义高级阶段，阶级消灭了，国家消亡了，世界各民族的经济和文化高度发展并趋于一致，一种世界范围内的新的共同语言代替了各民族语言，世界各民族才能最终融合为一体。

在研究民族融合时，必须严格区分它和民族同化的区别。民族同化是指一

---

① 《斯大林全集》第11卷，人民出版社1955年版，第288页。

个民族丧失本民族的特性，过渡到另一个民族的现象和过程。历史上出现过的民族同化有自然同化，也有强迫同化，民族自然同化一般是具有先进生产方式的民族同化处于落后生产方式的民族。也有处于相同经济水平的民族通过长期密切的经济联系和文化交流，逐步同化为一个新的民族。这种民族的自然同化是历史发展的进步现象，对此，马克思主义采取支持、欢迎的态度。但民族的强迫同化则是压迫民族中的统治阶级依靠暴力和民族特权，强迫被统治民族改变语言文字、风俗习惯、宗教信仰，屈服于压迫民族，这实质上是民族压迫，对此马克思主义表示坚决反对。

二、民族问题是社会政治总问题的一部分

自从有了民族，便产生了民族问题。所谓民族问题，是指民族从形成、发展直到消亡之前的各个阶段，不同民族或民族集团之间在经济、政治、文化、生活方式、风俗习惯诸方面因一系列矛盾而引起的问题。它表现为诸如民族隔阂、民族歧视、民族纠纷、民族压迫、民族斗争和民族运动等形式和现象。从本质上说，民族问题属于社会历史范畴。在不同的历史时期和社会条件下，它具有不同的内容和表现形式。若把民族问题纳入社会发展的总体过程中来考察，可以将其产生根源概括为以下三个主要方面：

第一，民族差异。这是产生民族问题的自然前提和客观原因。民族作为一个特殊类型的人群共同体，往往具有相互关联的双重品格。从内部来看，民族成员基于共同的语言、地域、经济生活和文化心理而结合起来，由此表现出高度的内聚性和统一性。但从外部来看，民族与民族之间在经济方式和水平、生存环境、语言文字、宗教信仰、道德观念、文化传统、风俗习惯和心理状态等方面又各有不同的特点，从而表现出明显的差异性和某种程度的排他性。在历史上，国家政治统治者一方面宣扬本民族价值至高无上的自豪与自尊；一方面灌输“非我族类，其心必异”的忧患与警觉，这是其进行民族意识培养的两个重要内容。因此，民族特性的差异潜伏着民族问题的基因。一旦遇到某种社会历史条件的刺激，它就会以隔阂、纠纷、摩擦乃至冲突的形式外化出来。这是民族问题长期存在的原因。

第二，剥削制度。这是阶级社会产生民族压迫的深刻根源。民族问题贯穿于民族存在的全过程，但在不同的历史时期和社会条件下，它的内容、性质和表现形式是不同的。在阶级社会中，民族问题主要表现为民族压迫和民族不平等，其根本原因是剥削制度。“现存的所有制关系是一些国家剥削另一些国家的条件。”① 在阶级社会里，民族成员由于在经济结构中占据不同地位而划分

---

① 《马克思恩格斯选集》第1卷，人民出版社1995年版，第308页。

为两个主要的部分，即统治阶级和被统治阶级。作为统治阶级的剥削阶级出于狭隘私利和贪婪本性，不仅统治和剥削本民族的劳动大众，而且利用自己的特权地位，冒充整个民族的代表去侵略、压迫其他弱小和落后的民族。从奴隶社会、封建社会到资本主义社会，旨在掠夺土地、财富或争夺市场、原料产地的民族征服与殖民扩张，都是在统治阶级贪得无厌的剥削本性的驱使下发动和进行的。从这个意义来说，民族压迫实质上是阶级压迫的继续和延伸；要消灭民族压迫必须首先铲除剥削制度。

第三，各民族事实上的不平等。这是社会主义条件下民族问题依然存在的主要原因。民族问题和阶级问题既有联系又有区别。它们不仅相互缠绕、相互影响，而且在生产方式、表现方式、作用方式和消亡方式等方面有着不同的特点。社会主义革命摧毁了剥削制度，铲除了产生民族压迫的阶级根源，从而使民族问题不再具有阶级问题的性质。但是，这并不意味着所有的民族问题已经全部得到解决。在社会主义条件下，民族特性的差异依然存在。民族平等虽作为原则和制度得到确立，但是历史遗留下来的各民族在经济和文化发展水平上的差距，使它们在享受法律赋予的平等权利的同时，还存在着事实上的不平等。这是社会主义社会产生民族问题的主要原因。在社会主义社会，只有持续地进行物质文明、精神文明和政治文明建设，在承认民族差别、兼顾民族特性的基础上建立和巩固平等互助的民族关系，大力帮助落后民族发展经济和文化，实现各民族的共同繁荣和谐和真正平等，才能使民族问题逐步得到解决，最终为民族融合铺平道路。

马克思主义认为，民族问题不是孤立的抽象存在物。它与特定的时代条件相关，是社会政治发展总问题的一部分。所谓社会政治发展的总问题，从本质上讲，就是社会革命和政权问题。其他所有问题都是围绕这个核心展开和进行的。民族问题同社会政治发展总问题的核心，即革命和政权问题的密切联系，主要表现在以下两个方面：

一方面，从民族问题对革命和政权问题的依赖性来看，民族问题如何解决，在什么程度上解决，受当时社会政治总问题的制约。

在阶级社会中，民族问题主要表现为民族压迫。正因为这样，反抗民族压迫的民族斗争，就成了解决民族问题的重要手段和途径。从历史上看，民族斗争由来已久。但在奴隶社会和封建社会，由于小生产的分散和落后、政治上的专制传统和经常性的割据状态，限制了民族的视野，使民族斗争不能形成为改变社会制度的民族运动。在奴隶制和封建制条件下，那些旨在反抗民族压迫的民族斗争，虽不乏可歌可泣的壮举，但它总的来说是零散的、局部的，而且往往受落后民族意识的影响，更多地表现出历史重复性，难以在整体上纳入社会形成新旧更替的历史变革轨道。

旨在改变现存社会制度的民族运动，是从资产阶级战胜封建主义的时代开始的。在资本主义上升时期，商品经济的发展以及由此带动的社会总体发展，不仅使联系更密切、思想更开化的现代民族得以形成，而且使当时作为先进生产方式代表的资产阶级充任了民族运动的领导者。在这一特定历史条件下，民族运动的主要任务和目标是：摧毁封建壁垒，结束割据状态，形成统一的民族市场，建立统一的民族国家。可见，这一任务和目标是同资产阶级反封建革命的任务和目标高度一致的，而且也只有在解决了资产阶级革命和政权问题的前提下才能实现。由于和战胜封建主义、发展资本主义的斗争相联系，并且从属于这一斗争，因此，这一时期的民族运动是资产阶级民主革命总问题的一部分。

但是，资本主义本质上是一种以生产资料资本家私人占有为基础的剥削制度。在追求利润的贪婪本性的驱使下，资产阶级不仅继承了封建君主专制时代的民族压迫政策，而且以一种新的历史形式将这一政策推广到了更大的范围。特别是到了帝国主义时代，垄断资产阶级把侵略魔爪伸向全世界弱小民族，使民族问题从欧洲的局部问题变成了世界性的民族殖民地问题。在这一时期，民族运动的根本任务，是广大被压迫民族推翻帝国主义的奴役和压迫，争取国家独立和民族解放。它同世界无产阶级革命的目标相一致，是世界无产阶级社会主义革命总问题的一部分。从根本上说，只有通过无产阶级革命，推翻资本主义剥削制度，建立无产阶级领导的人民大众的国家政权，才能消除民族压迫，实现民族的独立和平等，真正取得民族解放运动的胜利。正如马克思所指出的："无产阶级对资产阶级的胜利同时就是一切被压迫民族获得解放的信号。"①

在社会主义革命取得胜利的国家，民族压迫的阶级根源已被铲除，民族问题主要表现为历史遗留下来的民族间事实上的不平等所引发的问题。这个问题的解决，离不开无产阶级领导的人民民主专政国家政权的巩固，离不开正确路线和方针的指引，离不开社会主义民主的完善和社会主义法制的健全，离不开社会主义物质文明、精神文明和政治文明的高度发展。一句话，它是社会主义建设和改革开放问题的一部分。社会主义的政治、经济和文化发展状况，制约着社会主义国家民族问题的实际解决状况。

另一方面，从民族问题在社会政治发展总问题中的特殊地位和作用来看，民族问题解决得好坏，将关系到革命能否成功、政权是否稳定，对于国家的治乱兴衰有着至关重要的影响。

在社会政治生活中，民族蕴含着巨大的行动力量。这种力量不仅源于共同

① 《马克思恩格斯选集》第1卷，人民出版社1995年版，第309页。

的经济联系，而且也源于在长期的历史发展中形成的共同的文化传统和心理习惯。历史证明，民族利益和民族情感是最富感召力和鼓动力的政治旗帜之一。当一个代表先进生产方式的被统治阶级向腐朽没落的统治阶级宣战，进行改变现有社会制度的政治革命的时候，如果能把自己的政治目标同全民族的整体利益结合起来，开展广泛的政治动员，结成阵营强大的统一战线，就会极大地促进革命事业的成功。在近代欧洲，为资本主义的发展开辟道路的资产阶级民主革命是如此；在20世纪的殖民地半殖民地国家，无产阶级领导的推翻封建主义、帝国主义和官僚资本主义统治的新民主主义革命，更是如此。

在阶级社会里，一个多民族国家的政治发展受多重因素的影响。一般来说，阶级矛盾是社会基本矛盾的直接体现，通常居于主导地位。但是，在特定的历史时期，当一个国家遭到外来侵略，全民族到了生死存亡的紧要关头的时候，原先的阶级矛盾的地位就会下降，而民族矛盾则上升为主要矛盾。在维护国家的独立和主权，反抗外来侵略和压迫，争取民族解放的斗争中，民族意识的觉醒和全民族的团结一致与共同抗争，是一种伟大的力量，起着至关重要的作用。抗日战争时期，中华民族在中国共产党的领导下，结成广泛的抗日民族统一战线，同仇敌忾，并肩战斗，终于打败了日本侵略者，即充分显示了民族团结对于解决社会政治发展总问题的重大意义。

民族问题同阶级问题是既有联系又有区别的两类问题。一般说来，阶级的划分比民族的划分更为深刻，但民族问题的存在却比阶级问题更为广泛和持久。在社会主义条件下，那种因阶级剥削而产生的民族压迫已被消除，但是，由于民族特性的差异以及各民族间事实上的不平等所产生的民族问题，却将长期存在。就性质而言，社会主义时期的民族问题一般属于人民内部矛盾，可以用处理人民内部矛盾的方法加以解决。然而也应看到，由于国际上还有帝国主义和霸权主义，在国内政治生活中也还存在一定范围的阶级斗争，国内外敌对势力总要千方百计地挑拨民族关系，破坏民族团结，所以，即使在社会主义国家，民族问题在一定范围和一定程度上也带有阶级斗争的性质，尽管这种斗争的对象和规模不能同剥削阶级消灭以前的状况等量齐观。另外，执政党在制定民族政策、处理民族问题的时候，如果受错误路线的干扰或者采取了不恰当的方法，也有可能在某一时间、某一局部或某一问题上造成民族矛盾的激化，甚至发展为对抗，危及国家的生存。因此，民族问题是一个关系到国家治乱兴衰的重大问题。只有在政治上正确地处理和解决民族问题，才能保证国家的长治久安。

三、民族自决权与国家结构

民族和国家有着密切的联系。在文明社会，国家离不开民族，民族也离不开国家。

第一，国家是民族巩固和相对稳定的基本前提。民族的起源虽然很早，但它最终形成为稳定的共同体，往往离不开国家力量的整合。国家的建立通常意味着领土疆域的统一与完整，这就为民族的生存和发展提供了相对稳定的地域空间。不仅如此。更重要的是，国家通过它的组织活动，强有力地促进着民族内部的共同经济联系，从而也使共同的生活方式、价值观念、文化传统和心理素质不断地得到加强。如果说，民族的特征在民族开始形成的时候是仅具雏形的话，那么，在国家产生以后，民族的特征则发展得越来越成熟了。一些具有悠久历史的古老民族，在形成和发展过程中往往打上国家力量的深刻烙印，如中华民族；而许多近代民族的形成，则同民族国家的建立有直接关系，如美利坚民族和法兰西民族即是这种类型的代表。

第二，民族的构成是选择国家结构形式的影响因素。民族是组成国家的基本要素，国家总是由一定的民族构成的。对任何一个国家来说，其民族构成形式常常影响着国家的结构形式和政体形式。比如，世界上许多实行联邦制的国家，像苏联和南斯拉夫，大多是由于多民族因素导致的。也有一些国家存在众多民族，在实行单一制时，同时实行民族区域自治。

第三，国家的变迁为民族的分化与组合创造了外部条件。民族作为一种特殊形式的人群共同体，其稳定性不是绝对的而是相对的。在历史上，纯粹单一的民族只是存在于最早的某一时期，而不可能一直纯而又纯地延续下来。不少民族实际上是包含了许多民族血统的融合性民族。所以，民族的分化与融合是民族形成和发展过程中的经常性现象，这种现象往往是伴随着国家的变迁而发生的。国家的合并与发展，为民族的融合与分化创造了条件。本来属于统一的民族，由于国家的重新划分，常常被分解为不同的部分，从而形成为不同的民族。而原来属于不同民族的人们，又往往由于国家的变动而被一种新的共同的利害关系联系在一起，重新结合为一个新的民族。

第四，多民族国家内部的民族关系是国家结构变化制约因素。进入 20 世纪 90 年代，世界范围内的多民族国家中的民族冲突愈演愈烈。据不完全统计，单是 1992 年全球发生的 29 起大规模的战争中，就有 25 起是属于国内的民族冲突。这种激化的国内民族冲突，不仅使民族国家政局不稳，严重的会导致国家的分裂。如克族与塞族的冲突使前南斯拉夫分裂出波黑和克罗地亚两个国家，继而发生的塞族与阿族的冲突，又一次使新的南斯拉夫联邦面临分裂的危险。

多民族国家中民族和国家的关系产生出民族自决权的问题。各民族都有自己的特殊利益、特殊文化和特殊心理，由此产生了程度不同的民族自治要求，这种要求反映在政治行动和制度框架上，便是民族自决权以及与之相关的国家结构形式问题。所谓民族自决权，指的是每个民族在自主的基础上安排自己生活的权利。但这种权利的具体行使，则因特定条件的差异而可能是多种多样的。每个自主安排自己生活的民族，可以同其他民族一起建立统一的单一制多民族国家，也可以建立多民族政治联盟的联邦制国家，或者在特定条件下完全分离，建立自己独立的民族国家。

像其他各种民族问题一样，民族自决权是与社会政治总问题紧密联系在一起的。时代条件不同，民族自决权的具体内容和表现形式也各不相同。在资本主义上升时期，民族自决权本质上是一项资产阶级民主原则。它反映了作为被压迫民族的资产阶级渴望建立独立民族国家以发展资本主义的要求。在17、18世纪的欧洲，随着资产阶级民主革命的深入进行，民族运动也开展起来。一些被压迫民族的资产阶级，为了使商品生产获得充分的国内市场和统一的政治秩序，曾提出反对封建割据、摆脱他国控制、创建独立的民族国家的民族自决口号。这个口号及其鼓舞下的民族运动在当时具有历史进步意义。因为“民族国家对于整个西欧，甚至对于整个文明世界，都是资本主义时期典型的正常的国家形式。”① 但是，西欧和北美资产阶级民族国家的独立，只是实现了资产阶级的民族自决，完成了资产阶级民主运动的使命。它不仅没有消除民族压迫的阶级根源，而且随着资本主义统治的确立和向垄断阶段的过渡，进一步将民族压迫政策推广到了世界范围。

列宁认为，在帝国主义时期，民族自决的内容更新了。首先，民族自决权是被压迫民族在政治上同压迫民族分离的权利。所谓民族自决，实质上就是向帝国主义要独立权，就是要冲垮帝国主义殖民体系，实现殖民地半殖民地人民的民族独立和民族自决。正是在这个意义上，列宁把帝国主义时代条件下的民族自决权，理解为殖民地半殖民地被压迫民族摆脱帝国主义殖民体系的“政治上的分离自由。”②

其次，民族自决权并不等于分离、分散、成立小国家的要求。民族自决的根本目的是反对民族压迫，实现各民族平等的联合，因此决不能将它无条件地等同于“要求分离、分裂、建立小国。”③ 在无产阶级社会主义革命取得胜利，民族压迫的阶级根源已被铲除的条件下，民族自决权就不再意味着分离，而是在承认民族差别、兼顾民族特点的基础上建立和巩固团结互助的民族关系，实现各民族的共同发展和共同繁荣。如果这时再提出和倡导分离，那就是十分错误的了。因为，对于弱小和落后的民族而言，民族分离会阻碍各民族之间的团

① 《列宁选集》第2卷，人民出版社1995年版，第371页。

② 《列宁全集》第28卷，人民出版社1990年版，第18页。

③ 《列宁选集》第2卷，人民出版社1995年版，第564页。

结、互助与合作，最终不利于民族平等和民族发展，也有悖于民族自决权的根本目的。正因如此，在国家结构形式问题上，马克思主义虽不排斥在个别情况下实行联邦制，但原则上主张社会主义国家应采取单一制。在社会主义建设过程中，单一制更有利于各民族间的政治经济联系，也更有利于各民族的平等、团结、互助与合作。

再次，不能把民族自决问题同某个民族实行分离是否适当的问题混淆起来。在把民族问题同社会政治总问题联系起来考察和研究时，无产阶级坚持民族自决权，并不是提倡任何一个民族，在任何条件下都可以实行民族自决。必须从无产阶级革命和社会主义建设的根本利益出发来确定某个民族是否需要分离和何时适合分离。借口实现民族自决权，不是从国家结构的稳定和民族大家庭的共同繁荣出发，而只是片面地考虑某个民族的特征和利益，一味地推行民族分离，则是不负责任的。

与社会主义条件下民族自决有关联的是列宁提出的社会主义国家中民族区域自治。民族区域自治是建立在民主集中制的基础之上的。马克思主义在国家结构问题上坚持民主集中制就是坚持统一而不可分裂的共和国。同时在集中制基础上实行民族自治则是适宜的和必要的。坚持“民主集中制，不仅不排斥地方自治和具有特殊的经济和生活条件、特殊的民族成分等等的区域自治”，相反，“一个民族成分复杂的大国只有通过省的自治才能实现真正的民主集中制”。① 当然这种民族区域自治应根据当地居民自己对经济条件、生活条件、民族成分等方面的估计，来合理确定自治区的界限，以及和整体国家结构的关系。

马克思主义把民族自决权的根本目的归结为实现各民族平等的联合，这同资产阶级的民族观和民族政策是根本对立的。在当代，西方发达资本主义国家的一方面以更为隐蔽的形式对落后国家和地区进行新型的殖民控制与掠夺；另一方面又借口民族自决，到处制造民族分裂，干涉和侵犯别国的主权。加上一系列复杂的历史原因和社会原因，民族冲突在当今世界范围内变得异常尖锐和剧烈。尽管在国际社会中，经济全球化日益显著，但是在一些国家内部，狭隘、激进的民族主义却造成了同样显著的分裂化。面对这一严酷的现实，有必要对民族自决原则和当代国际关系的变化作进一步的反思。具体说来，有以下三个问题：

第一，民族自决与国际正义。如果说，民族自决意味着每个民族都有自主安排自己生活的权利，那么，坚持这一权利，无疑最充分地体现了各民族的自主意识。在政治行动中，这种自主意识常常会表现为对国家身份的向往与追

---

① 《列宁全集》第25卷，人民出版社1988年版，第73页。

求。道理似乎很显然：取得国家身份便可以成为现代国际体系内的行为主体，成为在法理上不受外来强制、不亚于其他行为主体的自由平等的国际角色。这在许多民族看来是无上尊荣的。但是如前所说，在当今世界，大多数国家的疆界并不与民族特质的分界完全重合。许多国家由若干民族所组成，而且同一民族分布在多个国家亦是普遍现象。因此，尽管各民族多半都有自我治理的意愿，但是倘若把民族和国家混同起来，认为每个民族都必须组成一个国家，或者认为国家只有在仅仅包容并完全包容单独一个民族的情况下才具有合理性，这在理论上是非常褊狭和荒谬的，在实践上则势必助长狭隘民族主义情绪所蕴含的危险的暴力倾向。从这个角度来看，民族自决虽是当代普遍公认的民族权利，但是，这一权利的运用和实现不是无条件的，而必须按照它是否侵害其他民族的正当权益，是否破坏各个民族、各个国家之间的平等与和平交往来评判。以这一标准来衡量，摆脱帝国主义殖民统治和奴役，争取民族独立和解放，主要由于外力而被迫处于分离状态的民族争取民族和国家的统一，无疑是正义的。而多民族国家的瓦解，或者从原有的统一国家分离出去，建立单一民族的国家，到底是不是正义却不能一概而论。其具体形态有些是正义或大体正义的，有些则是非正义或大体非正义的。非正义之处，主要就在于为了本民族的自决而侵害其他民族的正当权益，甚至推行民族压迫和民族仇杀，使得族际或国际交往无平等与和平可言。

第二，民族自决与国际秩序。近年来，由于民族冲突有加剧之势，因此，在民族自决问题上，还应该正确认识国际正义与国际秩序之间的关系。一方面，民族自决权在当代被普遍公认，意味着一个符合正义原则的国际秩序必须是这一权利得到尊重和满足的秩序，否则就不可能真正实现民族平等。从20世纪的历史和现状来看，尽管国际社会在追求民族平等与和睦方面取得了不少进步，但由于殖民主义和霸权主义作祟，迄今为止的现代国际秩序都未能充分实现这一点，在当代世界各地都范围不等、程度不等地存在着对民族自决权的无理压制。因此，为合理地伸张民族自决权而变革国际秩序是合理的。各殖民帝国的崩溃以及对半殖民地控制的广泛瓦解，就是20世纪最伟大的变革之一。但是另一方面，一个正义能够安存的世界，必须是一个有秩序的世界。如果为了行使民族自决权，特别是为了追求单一民族国家，而置国际体制和国际秩序于不顾，动辄单方面推翻现状，那么，随之而来的将是混乱、战争或毫无正义可言的民族仇杀。波黑内战即是这方面的典型例证。因此，对正义的理想追求和对秩序的现实追求，互为表里，相辅相成，不可偏执一端。由于民族主义激情情绪潜伏着暴力冲突倾向，其权利要求往往意味着巨大的生命牺牲和后果严重的国际动荡，这就更增加了对它们作分析评判时权衡正义与秩序的必要性。

第三，民族自决与国家主权。作为自主安排自己生活的权利，民族自决权的具体运用，可能是选择统一与联合，也可能是选择分离与独立。在后一种情况下，民族自决常常表现为对国家身份的追求，一般是摆脱某个国家的管辖，成为独立的主权单位。这又有两种类型。一是摆脱帝国统治，二是分离出原属的多民族国家。由于随着历史的进步，宗主权已丧失合法性，因此对它的破坏是正义的。但对第二种类型来说，受损的却是国家主权原则。由于国家主权原则被公认为是国际法的基石，因此对它的破坏决不能简单地看作是正义之举。如果国家主权可以被随意践踏，国际交往便无平等、秩序可言，霸权主义和分裂主义就会畅行无阻，民族自决权也就遭到扭曲而背离了它的根本目的。

第二节　资本主义国家的民族问题

一、资产阶级民族国家的形成

随着中世纪沉睡状态被打破，一种新型资本主义生产方式的萌芽在西方封建社会的母体内孕育和成长起来。资本主义商品经济的发展、新兴资产阶级力量的壮大，不可避免地同封建桎梏发生矛盾，并合乎逻辑地产生出变革旧的社会秩序的革命要求。这种要求不仅具有反封建专制的民主革命意义，而且也包含了建立适合资本主义发展的民族国家的特定内容。

虽然资本主义上升时期的民族运动在不同的国家和地区具有不同的表现形式，但它作为资产阶级民主革命的一部分，总的来说，指向了两个主要目标。其一是对内克服分裂状态，实现国家的统一。在一个诸侯割据、关卡林立、各地区自行其是的国度里，人力物力得不到集中，统一的市场无法形成，资本主义商品经济的发展是难乎其难的。要为经济的起飞扫平道路，就必须消灭领地分封制，结束诸侯割据的混乱局面，实现国家的统一与完整。其二是摆脱他国控制，实现国家的真正独立。一个被异族征服者所统治、为外来势力所主宰，从而丧失了自身独立性的国家，是无法维护本国利益的。它作为被剥夺、被瓜分的对象，往往充当宗主国的市场或原料产地，只是在不损害宗主国利益的前提下才能有一点进步。因此，要实现国家的振兴和富强，就必须摆脱他国控制，实现国家的真正独立和自主。

在近代欧洲和整个文明世界，国家的统一和独立是资本主义发展的重要条件，民族则为创造这样的条件提供了一个自然基础。正因为如此，在资本主义上升时期，资产阶级反封建革命就同民族运动相互融合，汇成了创建资产阶级民族国家的历史洪流。“在全世界，资本主义彻底战胜封建主义的时代是同民族运动联系在一起的。这种运动的经济基础就是：为了使商品生产获得完全胜利，资产阶级必须夺得国内市场，必须使操着同一语言的人所居住的地域用国家形式统一起来……”① 在资本主义上升时期，创建民族国家这一适合资本主义发展的典型的国家形式，构成了近代资产阶级民族运动的一般趋向。

但是，由于国情不同，资产阶级民族国家的具体形成过程在不同的国家和地区往往有着很大的差异，西欧只是一种情况。在这一近代资本主义发展最早和最充分的地区，代表先进生产方式的资产阶级，为了打破封建生产关系，结束诸侯割据状态，建立统一的国内市场，使资本主义生产方式获得迅速发展，在反封建革命中动员、组织和利用了日渐强大的民族力量。英国、法国等国家，资产阶级革命的过程与资产阶级民族运动的过程大体上是同一的。资产阶级国家政权的建立与统一民族国家的建立基本上同步完成，它们既是资产阶级革命的结果，也是资产阶级民族运动的结果。作为近代资本主义的发源地，这些国家实力雄厚，未受外族征服和役使，内部民族关系也较为单纯，因而一般不存在争取民族独立的问题。

美洲则是另一种情况。在那里，资产阶级民族运动直接表现为殖民地反抗宗主国的斗争。16 至 18 世纪，美洲成为正在进行资本原始积累的西欧各国争夺殖民地的区域。西欧国家推行的殖民掠夺政策，限制了殖民地经济的独立发展。1775 年至 1783 年，英属北美十三个殖民地的人民奋起进行推翻英国殖民统治的独立战争。经过八年艰苦奋战，终于以武装斗争驱逐了英国殖民者，胜利完成民族独立任务，在北美建立了第一个资产阶级共和国。随着挣脱对英国的隶属地位，获得独立，美国摆脱了限制自身发展的殖民桎梏，为资本主义生产方式的迅速成长创造了有利条件。在北美独立战争的推动下，拉丁美洲殖民地也于 18 世纪末至 19 世纪初先后爆发了规模空前巨大的民族独立运动。经过这场斗争，绝大部分拉美地区都从西班牙、葡萄牙、法国等欧洲殖民主义国家的枷锁下挣脱出来，建立了独立的民族国家，基本上形成了今天拉美各国的政治格局。

同西欧和北美的情况相比，东欧的民族运动又有它的特殊性。在这一地区，当资本主义的发展还没有开始或刚刚开始的时候，为了防御土耳其人、蒙古人和其他东方人的侵袭，即已建立了中央集权的国家。一些古代民族还没有来得及发展成为资产阶级民族，就被组织到这种中央集权国家里面，于是形成了一个国家之中的许多民族存在、而其中一个最强大的民族统治和压迫其他弱小民族的情况。在这种历史条件下，处于从属地位的小民族的发展便面临着两大障碍：一是前资本主义的封建政治经济制度，即根据血统门第划分高下等级的贵族政治和以领主庄园为基本单位的分散的自然经济；二是异族统治的宰割，即占据统治地位的异族封建主义或异族资本主义的压迫和剥削。正因为如

① 《列宁选集》第 2 卷，人民出版社 1995 年版，第 370 页。

此，东欧一些落后民族的资产阶级革命就包含民主和民族革命的两重任务。随着资本主义的发展，这些被压迫民族中的新兴资产阶级逐渐成长起来。他们为发展资本主义，争取形成自己的民族市场，就打着民族的旗帜，吸引和组织本民族的各劳动阶层参加民族运动，要求摆脱异族的统治而建立自己独立的民族国家。如波兰、匈牙利、捷克都相继发生了争取民族独立的革命运动。这些运动是由资产阶级领导的、服从资产阶级革命利益的、并且是以建立资产阶级民族国家为目标的。就这个意义而言，它们属于世界资产阶级革命的一部分。

上述的民族运动主要是同资产阶级革命、建立资产阶级民族国家联系在一起的。到了帝国主义时代，民族解放运动则有了新的性质。19 世纪末 20 世纪初，资本主义发展到帝国主义阶段。垄断资产阶级为了寻求市场，扩大资本输出，贪婪无耻地兼并弱小国家的民族，用血腥手段建立起了罪恶、野蛮的殖民制度。世界被划分为少数几个统治民族和大多数被压迫民族，成为帝国主义阶段的重要特征。随着西方旧的民族国家夺得新的领土而变成多民族的殖民国家，民族压迫超出国家范围，由国内的、局部的问题变成了国际的、世界性的问题。这一时期民族运动的根本任务和表现方式，是世界范围的广大被压迫民族推翻帝国主义的统治和奴役，争取国家独立和民族解放。各国的民族解放运动，虽然就其性质来说，仍属于资产阶级民主革命范畴，但由于它反对的主要敌人是帝国主义，并且以其声势浩大、艰苦卓绝斗争削弱了帝国主义的力量，造成了帝国主义的危机，所以，它客观上又给无产阶级革命运动以有力支持，成为世界无产阶级革命的一部分。

俄国十月革命的胜利，不仅开辟了无产阶级社会主义革命的新时代，而且也开辟了民族解放运动的新时代。它极大地促进了殖民地和半殖民地被压迫民族的觉醒，并为他们从帝国主义的统治下解放出来展示了广泛的可能性和现实道路。第二次世界大战以后，民族解放运动日益高涨，帝国主义殖民体系迅速瓦解。亚、非、拉殖民地半殖民地的广大被压迫民族，通过武装斗争和其他斗争形式，相继摆脱帝国主义的殖民统治的枷锁，取得了政治上的独立。其中有些民族运动是由无产阶级领导的，它们在赢得民族解放和国家独立后走上了社会主义道路；也有不少民族运动是由原殖民地和半殖民地的资产阶级领导，这些民族运动的胜利最后形成了第三世界的资产阶级民族国家。在当今条件下，广大第三世界国家，不论其社会制度如何，都面临着反对新形式的殖民压迫和剥削，维护民族独立与国家主权，积极发展民族经济，以经济独立来巩固政治独立的重大任务。

二、资产阶级民族主义和民族政策

民族主义是一种观察、处理和解决民族问题的纲领与原则。它作为一种思想观点和价值取向早在资本主义产生以前就已存在。但在奴隶社会和封建社会，由于经济上的自给自足和分散经营、政治上经常性的割据与分裂状态，民族主义往往得不到充分的表现和发展。资本主义把社会化大生产发展到前所未有的高度，同时也使民族主义发展成为一种完整的思想体系。在资本主义上升时期，为了使商品生产获得统治地位，资产阶级必须夺得国内市场，必须让使用着同一语言、居住在同一地域、并且有着共同文化传统和心理素质的人们用国家形式统一起来。于是，民族主义作为资本主义发展要求的特定反映，迅速扩展并鲜明地表现出来，成为资产阶级在观察和处理民族关系方面的基本原则。近代欧洲资产阶级民族国家体系的建立，便是在这一原则的指导下逐步实现的。

资产阶级民族主义不是一种孤立的现象。它作为社会政治总问题的一部分，在不同的历史条件下具有不同的内容和表现形式。在资本主义上升时期，资产阶级主张每一个民族都有独立地建立自己民族国家的权利，其目的是要为资本主义生产方式的发展创造有利条件，这是资产阶级民族主义合理性与进步性的一面。

但是，由于受狭隘的阶级本性所决定，资产阶级民族主义即使在这一时期也有它不可避免的消极甚至反动的一面。英国资产阶级在推翻封建君主制建立民族国家以后，镇压了爱尔兰的民族运动，使爱尔兰成为欧洲少数几个被压迫民族之一。法国在资产阶级革命进程中，出现了拿破仑以民族主义为旗帜的征服整个欧洲的侵略战争，产生了特别富于侵略性和攻击性的民族沙文主义。

从本质上说，资产阶级民族主义是资产阶级利己主义在民族问题上的表现。列宁指出："资产阶级的和资产阶级民主派的民族主义，口头上承认民族平等，行动上则维护（常常暗中，背着人民）一个民族的某些特权，并且总是力图为'自己的'民族（即为本民族的资产阶级）获得更大的利益……"① 以资产阶级的阶级利益为核心来看待和处理民族问题，这是资产阶级民族主义的实质所在。随着资本主义的发展度过它的上升时期，资产阶级民族主义的利己本性更加暴露，并形成了一系列反动的民族观。主要是：

第一，民族优劣的观点。为了适应对外侵略和掠夺的需要，资产阶级把世界上的民族人为地分成"优等"和"劣等"，认为"优等"民族是人类文明的创造者，天生就有权去统治、奴役和压迫"劣等"民族。这种民族优劣论被新老帝国主义者，特别是法西斯主义分子所利用，发展成一种极端反动的民族主义。在历史上，它起初曾为英国、荷兰等老牌帝国主义推行殖民侵略和掠夺政策作辩护；后来又成为德国、意大利、日本法西斯主义者发动世界大战，进行种族灭绝和民族灭绝的理论依据。第二次世界大战以后，随着民族解放运动的

---

① 《列宁全集》第24卷，人民出版社1990年版，第247页。

蓬勃发展，这种反动的民族优劣论遭到全世界人民的谴责和反对，赤裸裸地鼓吹这种论点越来越没有市场了。但是，在欧美一些资本主义国家，种族歧视并没有消除，而且还采取了排外主义等一系列新形式。

第二，民族至上的观点。资产阶级极力抹煞民族内部的阶级对立，认为民族是一个超阶级的稳定共同体，其中所有成员的利益都具有高度的一致性。有的时候，资产阶级也或多或少地承认一个民族内部的利益矛盾，但它总把这种矛盾说成是次要的。资产阶级之所以宣扬这种观点，目的在于利用民族矛盾来掩盖阶级矛盾，以资产阶级的一己私利冒充全民族的共同利益，从而把自己粉饰为民族领袖，装扮成民族利益的代表者和维护者，打着民族利益的旗号，欺骗本民族的工人和其他劳动群众，去为它奴役和压迫其他民族的扩张政策和侵略行径充当工具。

第三，民族投降的观点。资产阶级在观察和处理民族问题的时候，具有相辅相成的两面特征。一方面，它冒充民族利益的代表，把本民族，实际上是它自身利益看得高于一切，并且为了谋求这种利益不惜牺牲本民族劳动群众和其他民族人民的利益。另一方面，当遇到强大外来民族的入侵，或本民族人民在斗争中日益觉悟并显示出强大的革命力量，从而对其统治地位构成威胁时，资产阶级就会出卖民族利益，投靠外来的民族侵略者，甘当其走狗和附庸，并勾结和借助外来反动势力，去镇压和扑灭本民族劳动人民的革命运动。

由此可见，资产阶级民族主义是由资产阶级的阶级地位和阶级本性决定的，其实质是资产阶级的利己主义。按照这种利己主义的民族观去处理和解决民族问题，必然要在政治、经济、文化等方面限制、歧视、掠夺、摧残那些落后和弱小民族，奉行一种民族压迫的基本政策。这种民族压迫政策有两种主要的表现形式：在多民族国家内部，它表现为民族不平等、民族歧视和强制性民族同化；在对外关系上，则表现为殖民主义、大国沙文主义、领土扩张主义和霸权主义。

从历史上看，多民族国家内部的各个民族，在民族特性和发展水平上存在一些差异是一种客观事实，但这种事实决不意味着不同的民族应当在政治和法律上受到不平等的对待。像以往的剥削制度一样，资本主义制度下的民族不平等，并不仅仅是一种发展水平的差异，更重要的是一种不平等地对待各民族的基本政策。这种政策是资产阶级主张民族优劣论的必然结果。资产阶级认为民族有优劣之分，“优等”民族天生应该统治“劣等”民族，因而在政治上必然要根据民族成分划分人们的社会地位和法律地位，限制和侵犯被压迫民族的基本权利。这样的民族不平等实质上就是民族歧视。它一方面把统治民族的利益，实际为占统治地位的资产阶级的利益看得高于一切，谋求和维护民族特权；另一方面又对被统治民族，特别是那些落后的弱小民族，在政治、经济、文化上施以限制、剥夺和凌辱。资产阶级为了追求自己的阶级私利，维护自己的统治地位，还往往进行大民族主义的欺骗宣传。它或者制造民族隔阂，在各民族之间挑起矛盾纷争，并利用统治民族的大民族主义情绪对其他民族进行欺压和强迫；或者推行民族同化，即以自己所属的统治民族为依归，借助自己的经济、文化优势和政治、军事力量，迫使别的民族改变其民族特点，在语言文字、风俗习惯、宗教信仰、生活方式等方面向统治民族趋同。这种强制同化与各民族在相互交往中的自然同化有着本质的区别。它违背被同化民族的意志，以被同化民族遭受巨大的痛苦和牺牲为代价，是民族压迫的一种表现。

资产阶级的民族压迫政策，不仅表现在多民族国家内部，而且突出地表现在对外关系方面。早在资本主义生产方式刚刚产生的时候，由于资本原始积累的需要，一些西欧国家就相继走上了争夺美洲、非洲和亚洲殖民地的道路。此后，公开或变相的殖民侵略与扩张，一直是西方资本主义国家的基本对外政策。18 世纪末 19 世纪初，一种特别富于侵略性和攻击性的大国沙文主义产生并流行开来，成为资产阶级民族主义在国际关系方面的集中体现。民族沙文主义者采取以大欺小、以强凌弱的姿态，抱着大国的民族优越感，鼓吹本民族、本国家利益至高无上，把自己的意志强加于人，甚至粗暴干涉别国内政，损害别国利益，侵犯别国的独立和主权，在政治、经济、文化诸方面歧视、奴役、摧残弱小的国家和民族。到了帝国主义时代，大国沙文主义得到极大发展，成为帝国主义疯狂瓜分世界，侵略其他国家和压迫其他民族的工具。第二次世界大战期间，德国、意大利和日本法西斯主义者狂热鼓吹种族优劣论，宣扬本民族为所谓“高级人种”，负有统治世界的使命，而将那些落后和弱小民族视为“劣等人种”，残暴地予以屠杀和灭绝，从而把资产阶级反动民族主义发展到了登峰造极的地步。“二战”以后，民族解放运动高涨，帝国主义殖民体系瓦解。但以美国为代表的超级大国，依然凭借其政治、经济和军事实力，谋求世界霸权，用种种手法侵犯或干涉别国内政。同殖民主义、大国沙文主义、领土扩张主义和种族主义一样，霸权主义也是资产阶级民族压迫政策的对外表现形式。

纵观资本主义的历史发展，资产阶级民族压迫政策的推行，无论对内还是对外，可以说都是一以贯之的。在多民族国家内部，资产阶级处理民族问题的惯用手法有：实行民族歧视，制造民族隔阂，煽动民族仇恨；强制推行民族同化，剥夺弱小民族的独立生存和发展权利；离间民族关系，破坏民族团结，收买少数民族上层，用怀柔政策对少数民族进行分化瓦解等等。直到 20 世纪中叶以后仍在美国和南非存在的种族隔离制度，即是资产阶级民族压迫政策的典型。当然，随着时代的进步，现代资产阶级在民主运动以及世界正义舆论的压力下，已较少采用赤裸裸的民族压迫方式。同时，资产阶级基于长期的统治经验，也逐步认识到民族问题的重要性，往往采取某些措施来缓和民族矛盾，维护国家安定。但是，从根本上说，资产阶级的民族压迫政策并没有实质的改变，只不过是显得更策略、更隐蔽、更富有欺骗性而已。

在对外关系方面，资产阶级处理民族问题的惯用手法有：实行侵略扩张，征服外族，将落后国家和地区变自己的殖民地或半殖民地；以强凌弱，利用自己的政治、经济、军事实力来行使霸权，粗暴干涉他国内政，损害他国的独立、主权与领土完整；操纵国际组织，对某一对象国施加压力，进行经济制裁和技术封锁；制造民族分裂，假借民族自决的名义，煽动少数民族脱离原属的多民族统一国家等等。所有这些，都体现了资产阶级在对外关系方面推行民族压迫政策的实质。其中，历史最悠久，也最富有代表性的是殖民扩张。“二战”以后，在民族运动的强力冲击下，旧殖民体系已宣告瓦解。但是，西方一些发达资本主义国家并没有也不愿意放弃其殖民利益，而是以更为间接和隐蔽的方式采取了一种新殖民主义政策。例如，在政治上，既迫于压力允许和承认殖民地、半殖民地独立，同时又寻找和培养新的代理人，甚至用操纵选举、策动政变、武力威胁和军事干预等方法，扶植傀儡政权；在经济上，以提供援助的形式，通过附加条件苛刻的贷款、不平等贸易以及组织跨国公司等手段，控制这些国家的经济命脉；在军事上，打着提供军事援助或进行安全合作的旗号，在这些国家建立军事基地、驻扎军队、派遣军事顾问等等，实行变相的军事占领；在文化上，以文化交流为名义，利用现代传播媒介，散布和推广自己的意识形态、价值观念和生活方式，对发展中国家进行文化扩张与渗透。

总的来说，在资本主义私有制条件下，由于存在着阶级剥削和阶级压迫，民族问题不可能得到根本性的解决。斯大林指出：“在资本统治下，在生产资料私有制和阶级存在的情况下，民族权利平等是不可能得到保证的。只要资本政权还存在，只要争夺生产资料的斗争还在进行，就不可能有任何的民族权利平等，也不可能有各民族劳动群众之间的合作。”因此，只有消灭资本主义剥削制度，铲除民族压迫的阶级根源，才能为民族问题的根本解决铺平道路。

第三节 社会主义国家的民族问题

一、马克思主义的民族平等理论

在阶级社会中，民族问题的实质是阶级问题。正因为如此，历史上的各个阶级都基于自己的特定阶级立场对民族问题作出判断和理解，形成了反映其阶级利益和世界观的民族理论。这样的理论一经产生，又会作为观察和处理民族问题的方法与原则，反过来对民族政策的制定和执行产生重大影响。

马克思主义的民族理论是以辩证唯物主义和历史唯物主义为哲学基础的科

学理论，是无产阶级和被压迫民族根本利益的体现。它论证了民族形成和发展的历史条件，阐明了民族问题在社会政治总问题中的地位和作用，揭示了民族问题发展的客观规律，为无产阶级及其政党制定正确的民族问题纲领提供了科学的理论依据和指导原则。按照马克思主义的分析，在资本主义发展过程中，民族问题呈现出两个历史趋向。“民族生活和民族运动的觉醒，反对一切民族压迫的斗争，民族国家的建立，这是其一。各民族彼此间各种交往的发展和日益频繁，民族隔阂的消除，资本、一般经济生活、政治、科学等等的国际统一的形成，这是其二。”① 马克思主义认为，无产阶级必须从民族问题发展的客观规律出发，结合自己的阶级特性和历史使命，来确定自己处理民族问题的基本原则。这个原则，总的来讲就是反对一切形式的民族歧视和民族压迫，坚持民族平等，并在此基础上，谋求和实现各民族的团结与联合。

从历史上看，“民族平等”最初是作为资产阶级民主主义口号，在资产阶级革命时期，为反对封建主义和异族压迫而提出来的。这个口号在冲破封建壁垒，建立资产阶级民族国家的过程中曾起过进步的历史作用。但是，资产阶级提出的“民族平等”，从一开始就具有抽象色彩和虚伪的一面。列宁指出：“资产阶级民主由它的本性所决定的一个特点就是抽象地或从形式上提出平等问题，包括民族平等问题。资产阶级民主在个人平等的名义下，宣布有产者和无产者、剥削者和被剥削者的形式上或法律上的平等，用这种弥天大谎来欺骗被压迫阶级。”② 在资产阶级民族国家建立以后，资产阶级都不同程度地背离了民族平等原则；特别是随着资本主义发展到帝国主义阶段，资产阶级更是公开抛弃了“民族平等”的口号。为了替帝国主义的殖民统治和民族压迫作辩护，资产阶级转而宣扬民族优劣论。在寻求市场、扩大资本输出的贪婪欲求的驱动下，垄断资产阶级疯狂地兼并弱小国家和民族，用血腥手段建立起罪恶、野蛮的殖民制度，从而把民族问题扩大成了世界性的民族殖民地问题。

民族平等这一口号，只有到了无产阶级革命时代，才具有了真实的、彻底的革命内容，并且成为社会主义国家解决民族问题的革命原则。无产阶级之所以把民族平等作为解决民族问题根本原则，是由无产阶级要求消灭一切阶级剥削和阶级压迫制度，在全世界建立人类真正平等自由的共产主义社会这一伟大宗旨和神圣理想所决定的，也是由无产阶级只有解放全人类才能最后解放自己这一根本的阶级特性和阶级利益所决定的。马克思主义一再强调，压迫其他民族的民族不可能获得其自身的真正解放。在资产阶级还可以从压迫其他民族的过程中汲取巩固阶级统治的力量的情况下，无产阶级如果支持或默认资产阶级

① 《列宁全集》第24卷，人民出版社1990年版，第129页。

② 《列宁选集》第4卷，人民出版社1995年版，第216页。

对其他民族的压迫和剥削，那就无异于帮助资产阶级铸造统治自己的锁链。鉴于充分利用民族间的矛盾是资产阶级保持本阶级统治的重要手段之一，无产阶级只有首先反对资产阶级对其他民族的压迫，毫无保留地支持被压迫民族的独立解放运动，才能实现全世界无产阶级各民族之间的团结，组成反对帝国主义的强大联合阵线，使无产阶级革命的力量直接、集中地打击资产阶级及其代表的剥削制度，正因为如此，列宁把反对一切民族压迫看作是无产阶级这个民主力量的“义不容辞的责任”，是受民族纷争蒙蔽和阻碍的无产阶级阶级斗争的“绝对利益”。① 对无产阶级来说，民族解放是阶级解放的必由之路。因此，只有无产阶级和反映无产阶级根本利益与目标的马克思主义，才赋予民族平等以真正彻底的革命内容：

第一，民族平等意味着一切民族都有平等的地位。马克思主义强调，世界上各个民族虽有大小、强弱、先进与落后之分，但并无优劣和贵贱之别。古往今来的每个民族都有自己的长处，都有自己本质上的特点，都有只属于该民族而为其他民族所没有的特殊性，并以此补充、丰富了世界经济、政治的文化和生活社会，对人类文明的发展作出了各自的贡献。在这个意义上，一切民族，不论大小，都同等重要，都处于同等的地位。所有的民族的政治和法律上都应该是一律平等的。

第二，坚持民族平等必须反对任何民族特权。民族特权与民族平等是不相容的。在阶级社会中，由于统治民族的剥削阶级推行民族歧视和民族压迫政策，极大地限制了少数民族的发展，因此，马克思主义强调，无产阶级在夺取国家政权以后，必须“无条件地保护一切少数民族的权利。”② 原来处于统治地位的大民族，不仅要遵守法律上的形式平等，而且还应该以放弃部分现存利益的方式来补偿历史上形成的民族实际不平等。这样才能消除民族间存在的不信任、疏远、猜疑和仇视，促成民族团结与和睦。

第三，要求民族平等的实质内容和真正意义只能是要求消灭阶级。在阶级社会中，民族压迫的根源是阶级压迫。只有摧毁剥削制度，消灭了阶级压迫，实现了人与人之间的真正平等，才能实现民族之间的真正平等。从根本上说，“无产阶级平等要求的实际内容都是消灭阶级的要求。任何超出这个范围的平等要求，都必然要流于荒谬。”③

第四，坚持民族平等必须逐步消灭各民族间存在的事实上的不平等。社会主义制度建立以后，各民族虽然在政治、法律上获得了平等的地位和权利，但

---

① 《列宁全集》第 24 卷，人民出版社 1990 年版，第 137 页。

② 《列宁全集》第 23 卷，人民出版社 1990 年版，第 215 页。

③ 《马克思恩格斯选集》第 3 卷，人民出版社 1995 年版，第 448 页。

是历史上遗留下来的各民族间事实上的不平等仍然存在。马克思主义认为，“各民族之间的相互关系取决于每一个民族的生产力、分工和内部交往的发展程度”。① 因此，社会主义国家要处理好民族问题，首先要帮助落后民族变革旧的生产关系，发展经济和文化，否则，民族平等就将流于空谈。

在马克思主义看来，坚持彻底的民族平等原则，是为了实现民族团结，进而为将来的民族融合创造条件。就历史发展的客观趋势而言，一体化国际联系的形成是资本主义时代的重要特征。资本主义的发展，由于打破民族壁垒，开拓世界市场，客观上促进了各民族之间日益密切的联系。但是，在资本主义条件下，特别是在帝国主义时代，这种联系的形成和加强，不是基于各民族平等的自愿合作，而是以民族征服、民族掠夺和民族奴役的方式表现出来的。由于帝国主义只能依靠兼并和夺取殖民地才能使各民族互相接近，因此，民族联合的客观趋势同这种联合的帝国主义方式之间，存在着不可调和的矛盾。要解决这个矛盾，必须摧毁帝国主义殖民体系，实现殖民地半殖民地的民族解放和国家独立。只有经过使殖民地半殖民地从统一的帝国主义“整体”中分离出来，变为独立国家的道路，才能建立平等的民族关系和公正的国际秩序，进而根据相互信任和自愿协定的原则，谋求和实现各民族在统一的世界体系中的真正联合。在这个意义上，民族平等是民族联合的前提与基础。同时，由于资本越来越趋于国际化，世界上那些被压迫、受剥削的落后和弱小民族，要摆脱殖民控制，变革不合理的国际秩序，也必须结成广泛的统一战线，开展反对帝国主义、新老殖民主义和霸权主义的联合斗争。在这个意义上，民族联合又是民族平等的条件和保障。对于无产阶级革命运动来说，民族平等和民族联合是同一问题的两个不可分割的方面。两者的统一，即谋求和实现各民族平等的联合，构成无产阶级的国际主义。

民族联合的实质是民族团结。无产阶级革命胜利以后，在社会主义国家，尤其是在多民族的社会主义国家，仍然要以各民族的平等团结作为处理民族问题的基本原则。社会主义的民族团结指的是各民族和睦相处、友好交往、互相合作、联合奋斗。这是实现社会主义国家的统一和各民族共同发展的重要保证。只有达到多民族的团结，才能消除民族间的一切不信任、猜疑和疏远；才能共同进行社会主义建设，求得多民族的共同发展和繁荣；才能逐步解决历史上遗留下来的各民族间事实上的不平等问题，最终为民族融合创造条件。

二、社会主义国家解决民族问题的基本任务和原则

无产阶级革命的胜利和社会主义制度的建立，使民族问题进入了一个崭新

① 《马克思恩格斯选集》第1卷，人民出版社1995年版，第68页。

的发展阶段。在社会主义条件下，剥削制度被摧毁，民族压迫的阶级根源被铲除，民族间的对抗被平等、团结、互助的新型民族关系所取代。这就为过去的被压迫民族的复兴和多民族的平等自由的发展，开辟了广阔的前景，为民族问题的彻底解决，提供了坚实的基础。

从根本上而言，社会主义国家的民族问题，实质上已不再是阶级问题，而是各民族劳动人民之间的关系问题。这是认识社会主义国家民族问题的基本出发点。但是，社会主义新型民族关系的建立，并不意味着所有形式的民族问题都已完全消失。在无产阶级革命胜利后的社会主义国家，民族问题还将长期存在。造成它的主要原因和表现是：

第一，长期形成的民族特征的差别。民族是一个具有高度稳定性的人群共同体。在长期的历史变迁过程中，不同的民族在语言文字、生活方式、风俗习惯、心理状态和宗教信仰等方面形成了各自的民族特征上的差异，虽然可以随着社会的发展逐步缩小，但却不会在短时间内消失。正是这种民族特征的差异潜伏着民族矛盾的隐忧。如果民族差异得不到正确的对待和处理，民族矛盾就很可能会外化出来。从这个意义来说，民族存在的长期性决定了民族问题存在的长期性。

第二，历史上遗留下来的各民族间事实上的不平等。在社会主义条件下，各民族在政治、法律上获得了平等的地位和权利。但是，由于种种历史原因，少数民族地区的经济、政治、文化和社会生活一般都处于比较落后的状态。同那些先进民族相比，落后的少数民族在享受法律赋予的各项平等权利的时候，客观上往往受到很大的限制。这种事实上的不平等是社会主义国家仍然产生民族问题的重要根源。这种状况不改变，民族问题就难以根除。

第三，历史上遗留下来的由反动统治阶级造成的民族隔阂。在剥削制度下，由于统治阶级推行民族歧视和民族压迫政策，制造民族矛盾，挑起民族纷争，加上其他一系列复杂的历史原因，形成了民族间互不信任、互相猜忌、互相戒备乃至于互相仇视的心理。社会主义消灭了民族压迫，建立了新型的民族关系，但是历史上长期形成的民族隔阂一时还难以完全化解。同时，国际上的帝国主义、霸权主义和国内政治生活中的反动残余势力，也还会千方百计地挑拨社会主义民族关系，破坏社会主义民族团结。从一定的意义来说，社会主义国家民族问题的存在，不仅是长期的，而且是很复杂的。

民族问题的长期性和复杂性，规定了在社会主义初级阶段上，我国解决民族问题的基本任务。

第一，要实行民族区域自治，巩固各民族民主平等的团结统一。在中国这样一个有着众多民族的国家中，没有民族区域自治，不尊重和维护各民族的自治权利，就没有民族平等，就不可能有事实上的民族大团结和祖国的统一。在少数民族实行区域自治，就是要在中央统一领导下，充分行使民族自治权利，实行民族化。而所有的民族自治的地方又都是祖国统一的社会主义民族大家庭不可分割的组成部分。

第二，要逐步消除各民族间政治、经济、文化、社会生活事实上的不平等。在20世纪50年代初，中共中央就明确提出：要逐步地发展各民族的政治、经济、文化，消灭历史上遗留下来的各民族间事实上的不平等，使落后的民族得以跻身于先进民族的行列，过渡到社会主义社会。在当前新的历史时期，消灭各民族间事实上的不平等，则是社会主义改革开放、社会主义现代化建设、中华民族再次复兴的组成部分。要在解放和发展生产力，促进政治文明建设，构建和谐社会的过程中，经过长期奋斗，切实消除各民族间政治、经济、文化事实上的不平等。

第三，要承认民族差别，照顾民族特点，正确对待和处理民族矛盾。历史经验证明，从实际出发，按照民族特点和地区特点办事，而不是生搬硬套汉族地区的具体工作任务，方针、办法、是民族工作成功的关键。在社会主义条件下，虽然各民族人民的根本利益是一致的，但同时仍然存在由于民族差别导致的民族矛盾。这些矛盾包括民族间因语言文字、生活条件、风俗习惯、心理状态、宗教信仰等方面的不同而产生的矛盾，因经济发展程度和水平不同而产生的矛盾，以及反映在国家、地区和个人利益三者关系上的民族矛盾，反映在农牧关系、农林关系、农渔关系上的民族矛盾，民族自治区域同上级人民政府以及同其他地区之间的矛盾，等等。要承认这些矛盾的客观存在，要正确认识这些矛盾的性质，在党的路线、方针、政策指引下，采取切实、合理、有效的措施，克服和解决这些矛盾。

民族问题的长期性和复杂性，也要求社会主义国家必须制定正确的解决民族问题的基本原则。民族平等和民族联合，是马克思主义民族观的内在要求，也是社会主义国家解决民族问题的基本原则。对社会主义国家来说，任何带有偏执色彩的民族主义都危害民族团结，危害社会稳定，危害国家统一，危害社会主义事业的健康发展。因此坚持民族平等和民族联合的基本原则，必须反对两种民族主义倾向，即大民族主义和地方民族主义。在处理国际民族关系时，则要坚持无产阶级的爱国主义和国际主义的统一。

大民族主义和地方民族主义，就其本质来说，都是剥削阶级民族观在民族关系问题上的表现。社会主义制度的建立，消除了大民族主义和地方民族主义的阶级基础，但其思想残余依然存在。一般情况下，大民族主义通常表现出一种民族傲慢和自大情结，它借助自己在政治、经济、文化发展水平上的优势，以“优秀民族”自居，高高在上，不尊重少数民族的平等权利和民族特点，对少数民族的疾苦漠不关心，轻视乃至在某种程度上歧视少数民族。与大民族主义相对应，地方民族主义则表现出一种民族孤立和排外情绪。它不适当地强调本民族的局部利益，过分夸大民族特征，并以此为借口，在本民族的狭隘范围内闭关自守，固步自封，盲目排外，不思进取。无论大民族主义还是地方民族主义，都是民族平等和民族团结的腐蚀剂。若任其发展下去，将会滋生民族对立，甚至引发民族分裂。因此，必须从社会主义的全局利益和长远利益出发，坚决反对并努力防止和克服大民族主义与地方民族主义两种错误倾向。

坚持民族平等与民族联合的基本原则，落实在国际民族问题上，要求无产阶级必须坚持爱国主义和国际主义的统一。从本质上说，无产阶级既是爱国主义者，又是国际主义者。他们既反对外国侵略者压迫本国人民，也反对本国剥削阶级侵略、压迫其他国家和民族。他们珍爱祖国的大好河山和优秀传统，关注祖国的尊严、前途和命运，并且为了捍卫祖国和人民的利益，不惜牺牲自己的一切。同时，他们也对其他国家和民族的正当权益予以充分尊重，自觉地将自身利益完全同全世界无产阶级和被压迫民族的整体利益结合起来，顾全大局，积极支持别国无产阶级和被压迫民族的解放事业，并且愿为推翻资本主义制度而承担最大的牺牲。

作为民族平等与民族联合原则的体现，无产阶级的国际主义是同资产阶级的民族主义格格不入的。它反对国际范围内的一切形式的民族压迫、殖民侵略和霸权扩张。在帝国主义时代，鉴于垄断资产阶级用血腥手段建立起野蛮的殖民制度，使民族问题变为世界性的民族殖民地问题，所以，列宁特别强调民族自决权的重要性。帝国主义时代条件下的民族自决权，具体表现为殖民地半殖民地被压迫民族摆脱帝国主义殖民统治，争取民族解放，建立独立国家的政治上的分离权。因为没有分离自由，就不能实现民族平等，更不能在此基础上达到各民族的大团结和大联合。

但必须指出，分离本身不是最终目的，而只是借以实现各民族平等联合的特定的途径和手段。作为社会政治总问题的一部分，民族自决权在社会主义取得胜利、民族压迫的阶级根源已被铲除的条件下，具有全新的内容和表现形式，不能将它等同于分离、分散、成立小国的要求。事实上，就主观意愿来说，无产阶级并不希望民族分离，因为无论从社会经济发展还是从各民族的共同繁荣进步来看，维护国家统一的意义都是不容置疑的。社会主义的目的，不只是要消灭民族压迫，而且要消灭各民族之间的任何隔离状态；不只是要使各民族互相接近，而且是要使各民族在平等、团结、互助的基础上获得高度的繁荣和发展，最终实现民族融合。这也就是马克思主义原则上主张社会主义国家要采取单一制国家结构形式的基本原因。

当然，民族融合是一个十分漫长的过程。在社会主义条件下，民族特征的差异以及种种形式的民族问题还将长期存在。因此，马克思主义根据民主集中制原则，一方面把单一制看作是促进社会主义经济发展、加强各民族团结合作的理想形式，坚持统一而不可分的共和国；另一方面又承认民族差别，兼顾民族特点，肯定在集中制基础上的民族自治制的适宜性和必要性。区域自治既是社会主义国家处理民族问题的重要政策，也是社会主义国家制度民主化的实际体现。"如果不保证每一个在经济和生活上有较大特点并且民族成分不同等等的区域享有这样的自治，那现代真正的民主国家就不可能设想了。"①

三、中国的民族区域自治

中国是统一的多民族的单一制国家。全国有56个民族，其中汉族人口约占总人口的92%。其他55个民族的人口约占总人口的8%。在中国，习惯上把汉族以外的各民族称为"少数民族"。在少数民族中，有人口超过1 000万的，也有人口在1万以下的。在云南、西藏还有岔满和僳人等尚待识别的民族成分。

中国共产党根据马克思主义的民族问题理论，结合中国的具体国情，实行民族区域自治制度。民族区域自治，就是在国家不可分割的领土内，在最高国家机关的统一领导下，以少数民族聚居区为基础建立民族自治地方，以实行自治的民族成员为主组成自治机关，按民主集中制原则，充分行使自治权利，遵照国家总的方针政策，自主管理本民族、本地方的事务，并积极参与全国的政治生活。

民族区域自治是我国处理民族问题的基本政策，也是国家的一项重要政治制度。它既保证了少数民族自主管理本民族内部事务的权利，又维护了国家的统一，增强了各民族的团结。我国之所以采取多民族单一制国家结构形式，实行民族区域自治，是由我国的历史背景和现实条件决定的，也是由我国民族关系的特点和各族人民要求祖国统一的愿望所决定的。具体表现在以下几个方面：

第一，我国自古以来就是一个统一的多民族的国家。在漫长的历史过程中，我国各族人民共同劳动，共同生活，共同开拓了祖国辽阔的疆域，共同创造了祖国灿烂的文化。在中国历史上，尽管长期存在过民族压迫制度，也曾出现过民族隔阂、纷争甚至暂时的割据和分裂现象，但总的来说，各民族的交往从未间断，国家的统一是不可逆转的历史潮流。特别是近百年来，中国各族人民饱受帝国主义的侵略和掠夺，有着共同的遭遇和命运。在反对共同敌人的斗争中，各族人民的命运休戚相关，生死与共，结成了不可分割的血肉联系。

第二，由于历史原因，中国各民族的分布形成了交错居住的局面。汉族人

① 《列宁全集》第24卷，人民出版社1990年版，第150页。

口不仅在全国，而且在许多少数民族地区也占多数。各少数民族大都有一个或几个比较集中的聚居地区，但即使在少数民族聚居区，也往往居住着许多民族，形成了“大杂居”、“小聚居”的状态。这种状态使得一个民族很难构成一个独立的经济单位，更难以离开其他兄弟民族的帮助而独立发展。因此，中国各民族宜合不宜分，合则两利，分则两害。

第三，我国社会主义现代化建设需要建立一个统一的多民族国家。地大物博、人口众多固然是我国的国情，但更重要的国情则是我国各民族、各地区经济和社会发展的不平衡。在我国56个民族中，汉族人口众多，文化发达、技术先进。少数民族人口较少，发展水平相对落后，但其居住地域广大，有着丰富的自然资源。所以，实行优势互补，把汉族地区比较先进的科技文化条件同少数民族地区丰富的自然资源结合起来，对于加速我国的社会主义现代化建设进程是至为重要的。只有各民族相互帮助，相互支持，才能求得共同发展，走向共同繁荣。

实行民族区域自治，是中国共产党遵循马克思主义的民族理论，根据中国的历史传统和现实国情，在总结人民民主革命过程中民族工作经验的基础上所确定的基本政策，是全国各族人民共同选定的基本政策，是全国各族人民共同选定的发展道路，是中国新民主主义革命胜利后各民族在国内实行平等联合的最适当形式。早在新民主主义革命时期，中国共产党即提出了民族区域自治的主张，并在条件许可的范围内进行了民族区域自治的实践。1949年通过的《中国人民政治协商会议共同纲领》和1954年第一届全国人民代表大会制定的《中华人民共和国宪法》，将民族区域自治作为人民民主专政国家的一项基本制度确定了下来。1984年5月，第六届全国人民代表大会第二次会议根据宪法的规定，通过了《中华人民共和国区域自治法》，它标志中国民族区域自治制度进入了一个新的发展阶段。

中国的民族区域自治包括三个方面的主要内容。首先，民族区域自治是在中华人民共和国领土范围内的自治，是在国家统一领导下，各少数民族聚居的地方实行的区域自治。中华人民共和国是统一的多民族国家，各民族自治地方都是中华人民共和国不可分离的一部分。其次，民族自治地方设立自治机关，除行使一般地方国家机关的职权外，还行使宪法和民族区域自治法规定的包括政治、经济、文化、科学、教育、卫生等等在内的广泛的自治权。应在自治机关所属工作部门的干部中，尽量配备实行区域自治的民族和其他少数民族的人员，力求自治机关干部的民族化。再次，民族自治地方以少数民族聚居区为基础而建立。只要在一定聚居的少数民族，构成了一级自治单位，就可以建立民族自治地方的自治机关，行使自治权。我国的民族自治地方大体可分为三种类型。一种是以一个少数民族聚居区为基础建立的自治地方，如西藏自治区，凉山彝族自治州等；一种是以一个大的少数民族聚居区为基础，同时又包括一个或几个人口较少的其他少数民族所建立起来的自治地方，如新疆维吾尔自治区；再一种是以两个或两个以上的少数民族聚居区为基础建立的自治地方，如湖南省土家族苗族自治州、青海省的海西蒙古族藏族哈萨克族自治州等。

中国各族人民的团结是社会主义现代化建设的重要保障。我国的民族区域自治制度，既维护了国家大政方针的统一性，又具有照顾少数民族特点的高度灵活性。它是民族自治与区域自治的结合，经济因素与政治因素的结合。实践证明，民族区域自治是维护和发展平等、团结、互助的民族关系，促进各民族共同繁荣，保障和巩固祖国的统一的正确的民族政策。具体说来，它具有以下几个方面的优点：

第一，实行民族区域自治，有利于维护祖国统一，发展社会主义民族关系。我国的民族区域自治是在国家统一领导下进行的。各民族自治地方的自治机关，既保证国家的法律、方针政策在本地区贯彻执行，又享有宪法和法律规定的广泛的自治权。这就把国家的集中统一和各民族的平等自主有机地结合起来，充分调动了各族人民的积极性。为了更好地贯彻民族政策，我国不仅在经济上注重汉族人力资源和少数民族自然资源的优势互补，而且在政治上和思想上注意反对大汉族主义和地方民族主义两种倾向，用正确的方法认识和处理民族矛盾，从而维护和增强了各民族的根本利益一致基础上的平等、团结、互助的社会主义民族关系。

第二，实行民族区域自治，有利于少数民族当家作主，平等参与国家政治生活。我国的民族区域自治制度是按照民族平等原则建立起来的。它不仅改变了千百年来少数民族受压迫、受歧视的地位，而且充分考虑少数民族的特殊性，在经济、政治、文化等方面规定了少数民族自主管理本民族、本地方事务的广泛的自治权利。自治机关的民族化，更加增强了各民族人民的主人翁感。这就是最大限度地满足了少数民族平等参与国家政治生活的愿望和要求，为少数民族当家作主、建设社会主义提供了最好形式。

第三，实行民族区域自治，有利于发展民族经济和文化，促进各民族共同繁荣。我国的民族区域自治是全国人民的共同利益与少数民族的特殊利益的正确结合。由于历史原因，我国少数民族多，分布广，且经济、政治、文化发展很不平衡。实行民族区域自治，既可以照顾到民族特点和地区特点，因民族制宜、因地区制宜发展经济和文化事业；同时也可以通盘协调，广泛开展各民族间的交流、互助与合作，达到共同发展和共同繁荣。只有各民族获得了共同发展和繁荣，才能解决历史上遗留下来的民族间事实上的不平等问题，从而为民族融合铺平道路。

第九章　国家与宗教

宗教是人类社会生活中重要的文化现象，它起源于原始社会中的自然压迫和人们认识上的局限性。国家产生以后，政治压迫成为宗教产生的另一个根源。国家与宗教是两个不同的范畴，但二者又相互联系、相互作用。宗教对国家的政治统治、社会治理、意识形态等方面都具有重要影响；反过来，国家也对宗教的存在与传播具有深刻的影响。在资本主义国家与社会主义国家中，由于社会性质的根本不同，它们的宗教呈现出不同的特征，并形成了不同的国家与宗教的关系。因此，考察国家与宗教的复杂关系，是我们理解人类社会政治生活的重要内容。

第一节　宗教的本质及其与国家的关系

一、宗教的起源与本质

1. 宗教的起源

宗教是人类历史发展到一定阶段的产物，它对人类的社会生活具有重大影响。在中国古代典籍中，很早就对宗教现象进行过探讨，如《易经》中有“圣人以神道设教，而天下服矣”的表述，即认为宇宙由神的世界和人的世界构成，而圣人则可以沟通天人，并以神道来教化百姓。在西方，宗教一词由希腊文“religare”一词演化而来，它的含义是人对神的信仰，相信是神创造了人和整个世界。

虽然宗教观念及宗教现象有着久远的历史，但是关于宗教的起源问题，依然没有固定的解释。不同的学者、思想家从不同的立场和角度出发，得出了不同的结论。如普列汉诺夫认为宗教是由原始的图腾崇拜演变而来，图腾是人类宗教的原初形态；弗洛伊德提出心理起源说，认为宗教是人类内心深处被压抑情感的无意识转移的产物，宗教归根到底是人类的一种心理现象；涂尔干认为宗教信仰源于人们对社会的崇拜，神不过是社会的化身；丹尼尔·贝尔则认为宗教起源于人的超越意识，宗教以超越的形式将现实生活中的苦难、死亡等转化为象征性符号，并以各种仪式使之固定并加以流传。

这些解释都从不同的角度、在某种程度上揭示了宗教产生的原因。但由于受到世界观和方法论的局限，并没有对宗教的起源作出真正科学的解释。马克思主义从唯物主义世界观出发，认为宗教的起源是基于两个客观的条件，其一是早期人类社会落后的生产力水平，其二是阶级社会中的阶级压迫。

首先，宗教产生于原始社会中落后的生产力状况，它反映了在生产力水平极低的情况下人们对自然现象的神秘感。如恩格斯所说："在原始人看来，自然力是某种异己的、神秘的、超越一切的东西。在所有文明民族所经历的一定阶段上、他们用人格化的欲望，到处创造了许多神。"① 正是由于原始社会中人类认识、控制自然的能力极其低下，因而不可避免地对一些自然现象，如风雨雷电等，产生了惊奇与敬畏的心理，随之又形成了相应的宗教禁忌及宗教仪式。所以，在马克思主义看来，人的认识局限，以及由此而产生的、无法被人们认识的异己力量，正是宗教存在的自然根源。

其次，阶级社会中不合理的社会制度是宗教产生的又一原因。在阶级社会，剥削制度作为一种新的异己力量对劳动者造成巨大苦难、恐惧和绝望。当被剥削的阶级"对物质解放感到绝望时，就会去寻求精神的解放来代替，就会去追寻思想上的安慰，以摆脱完全的绝望处境。② 宗教正是这种对现实世界的替代，它反映了人们对现实社会处境的无奈，以及对美好的"另一个世界"的向往。因此，阶级社会中无法抗拒的压迫制度，是宗教产生的社会根源。

宗教作为一种历史现象，它也有一个产生、发展及消亡的过程。恩格斯在论及宗教消亡的问题时说："只有当实际日常生活的关系，在人们面前表现为人与人之间和人与自然之间极明白而合理的关系的时候，现实世界的宗教反映才会消失。"③ 我们可以对这段话进行辩证的理解，一方面，随着科学的进步，人类对自然的认识与支配能力的不断提高，宗教产生和赖以存在的自然因素会不断减少。同时，随着剥削制度被消灭，宗教产生的社会根源也会逐渐消失。在作为异己力量的自然及社会条件都消失之后，宗教也会最终走向消亡。但另一方面，宗教作为一种复杂的文化现象，它已内化为人们精神生活的一部分，成为人们日常交往关系的形式。所以，即便最初产生宗教的条件消失了，宗教本身也不会很快消失，它的消亡将是一个十分漫长的过程。

2. 宗教的本质

唯物主义世界观认为，社会存在决定社会意识，社会意识反映社会存在。

---

① 《马克思恩格斯全集》第 20 卷，人民出版社 1972 年版，第 672 页。

② 《马克思恩格斯全集》第 19 卷，人民出版社 1963 年版，第 334 页。

③ 《马克思恩格斯全集》第 23 卷，人民出版社 1972 年版，第 96 ~ 97 页。

由于宗教属于社会意识形态的范畴，因此对于宗教的本质的认识，就必须回到社会物质经济条件本身。基于此，马克思主义从两个方面阐明了宗教的本质，即宗教是对现实世界的歪曲反映，宗教是阶级社会中“人民的鸦片”。

首先，从认识论上看，宗教是现实生活的虚幻的歪曲的反映。恩格斯指出：“一切宗教都不过是支配着人们日常生活的外部力量在人们头脑中的幻想的反映，在这种反映中，人间的力量采取了超人间力量的形式”。① 宗教是存在于人们头脑中的幻想，因而它必然是荒诞的，不真实的。但这种幻想并不是凭空产生的，它具有在现实生活中的对应物，即“支配着人们日常生活的外部力量”。这种外部力量既包括自然界中人们所不能认识、支配的异己力量，也包括人类社会中体现为统治制度的异己力量。所以，宗教作为一种社会意识，它是人类现实社会生活的反映，只不过是一种不真实的反映，即“人间的力量采取了超人间力量的形式”。

其次，从功能上看，宗教是“人民的鸦片”。马克思说：“宗教里的苦难既是现实的苦难的表现，又是对这种现实的苦难的抗议。宗教是被压迫生灵的叹息，是无情世界的感情，正像它是没有精神的制度的精神一样。宗教是人民的鸦片。”② 我们应辩证地理解马克思的这个论断，一方面，在阶级社会中，人们生活在苦难的世界，孤立、绝望又无可奈何，于是虚构了一个救世主及美好的彼岸世界。这种虚构行为本身既是一种自我安慰，又是一种抗议，即虽然人们在物质上不得不屈从于现实的压迫制度，但人们的精神却可以生活在别处。正是在这个意义上，马克思给予宗教以部分的肯定。但另一方面，又要看到，宗教的安慰是空幻的，宗教的抗议是消极的。宗教放弃了在现实世界进行拯救的努力，它也不会给人们带来实际的利益，而且由于它把人们的视线转移到来世或天国，因而在客观上是有利于维持现实的压迫制度的。正是基于这两个方面，马克思才辩证地称宗教是“鸦片”，它既是镇痛的药品，又是麻醉人的毒品。

3. 当今世界的主要宗教

1990 年全世界 252 个国家（或地区）的人口总数为 52.92178 亿人。信仰各种宗教的总人数为 41.93178 亿人，约占人口总数的 80%。其中基督教徒有 17 亿多；伊斯兰教徒有 9 亿多；佛教有 3 亿多信徒；印度教有 7 亿多信徒；还有其他形形色色的民间宗教的信徒。③ 在世界众多的教派之中，由于基督教、佛教、伊斯兰教的教徒遍布世界各地，因而被公认为世界性宗教。

---

① 《马克思恩格斯选集》第 3 卷，人民出版社 1995 年版，第 354 页。

② 《马克思恩格斯选集》第 1 卷，人民出版社 1995 年版，第 2 页。

③ 以上数据均出自 1991 年的大英百科年鉴。

基督教是当今世界上传播最广、信徒人数最多的宗教。基督教产生于公元前1世纪中叶的巴勒斯坦、小亚细亚一带，其创始人为耶稣。罗马奴隶制帝国的残暴统治导致社会极其黑暗，基督教正是当时苦难现实的写照。基督教产生初期，遭到罗马帝国的严酷迫害，直到313年才被承认，并于392年定为国教。1054年，基督教随着罗马帝国的分裂而分裂，西部以罗马教皇为中心称为罗马公教，即天主教；东部以君士坦丁堡为中心称为正教，即东正教。16世纪，西部教会在马丁·路德和托马斯·闵采尔等人领导下发动了宗教改革，产生了代表新兴资产阶级利益的一些新教派，总称为新教（我国称为耶稣教或基督教）。由此，天主教、东正教、新教遂成为基督教的三大教派。基督教的教义比较复杂，各教派强调的重点也不同，但都以《新约全书》和《旧约全书》为基本经典。

佛教产生于公元前3世纪的印度。创始人悉达多·乔达摩，又称为佛陀或释迦牟尼。佛教教派繁多，主要可分为小乘佛教和大乘佛教。小乘佛教徒寻求自身的解脱，主要修行“三学”（戒律、禅定与智能）；大乘佛教徒不仅要求自身解脱，还要普渡众生，主要修行“六度”（布施、持戒、忍辱、精进、禅定与智能）。佛教外传，以小乘为主流者则传于东南亚一带，包括斯里兰卡、缅甸、泰国、柬埔寨、老挝等，称为南传佛教；大乘佛教则经中亚传至中国、韩国、日本，称为北传佛教。南传佛教保存较浓厚之原始佛教色彩；北方佛教则多与传承地之固有文化相融合。

伊斯兰教是阿拉伯半岛麦加人穆罕默德所创立的一神教。伊斯兰是服从的意思，其教徒称穆斯林，意为服从真主的人。穆罕默德死后，伊斯兰教内部在争夺哈里发权位的斗争中形成了逊尼派和什叶派两大派系。逊尼派有正统派之称，以《古兰经》为经典。逊尼派是伊斯兰教最大的教派，它有两个著名的支系，一为经典派，一为艾什阿里派，前者重经典明文，后者重个人见解。什叶派属于非主流教派，其分布区域及信徒人数都不及逊尼派。现在全世界的伊斯兰教教徒主要分布在亚洲和非洲，特别是西亚、北非、南亚次大陆和东南亚各国。

二、宗教的政治作用

宗教一经产生，就不可避免地获得了政治性的因素。文化人类学的研究表明，原始宗教的起源与原始社会的公共权力的形成是密不可分的，在原始社会中，氏族首领也往往是主持宗教仪式的祭师。国家产生以后，不合理的政治制度是宗教产生的主要原因，因此宗教更不可避免地与政治现实发生直接关联。宗教教义本身会直接体现它对现实政治的态度。同时，任何宗教都会形成维护自身利益的组织结构，宗教组织与世俗的国家相互影响，从而表现出某些政治功能。当然，由于宗教本身的复杂性，宗教的政治功能也是多重的，主要表现在以下几个方面：

1. 宗教与阶级统治

宗教从多个方面有利于阶级社会的政治统治。首先，在阶级社会中，有些宗教教义被转化为政治意识形态，从而直接为等级制度作论证。如果人们相信世界是由神创造的，那么现实世界的统治秩序，也必然是它所规定的。所以服从现实的阶级统治就是对神的信仰。而任何要废除现实秩序的企图与行动都是对神意的违背，等级制度由此而获得了神圣性。例如婆罗门教和印度教的教义，就认为印度社会中存在四个阶层：婆罗门、刹帝利、吠舍和首陀罗，这四个阶层从上到下依次代表僧侣、统治者、工匠和奴隶。这种严格的种姓等级制就是以印度教所信奉的经文为基础建立起来的。在把等级制度神圣化的基础上，宗教普遍宣扬一种逆来顺受的顺世思想，这也在客观上维护着现实的阶级统治。几乎所有的宗教都贬低人间的世俗生活，并认为人在此生的苦便是来世的福。这正是马克思把宗教称为鸦片的原因，它在使人们在获得安慰的同时，也丧失了斗志，从而使阶级统治得以延续。其次，既便是持平等主义教义的宗教对等级压迫也会采取容忍和迎合的态度。如基督教声称“在上帝眼里所有的灵魂都具有同样的价值”，但在康斯坦丁大帝把基督教定为罗马帝国的国教时，教会就毫无障碍地认同了残酷的奴隶制度。中世纪的教会也容忍了农奴制。再次，宗教还以其他方式强化阶级社会的政治分层。为了保证宗教组织内部的等级秩序，也为了在与之竞争的其他宗教的斗争中获胜，从而保证自己的信仰统治权，宗教组织通常会与世俗的阶级统治紧密地结合在一起。① 在近代欧洲社会中，不信教者不能平等地与教徒对话，那些承认有其他信仰的人会发现自己已经被降到政治底层，失去了许多政治上的权利。

当然，宗教并不总是在维护着阶级统治，有时它也会成为底层民众进行政治反抗的手段。在阶级社会中，宗教的天国理想与现实政治存在着不可克服的疏离，宗教的存在本身就暗示着现实政治的合法性危机。宗教教义会成为人民反抗的宣传工具，宗教组织也会成为革命的组织形式。如在中国历史上，黄巾起义以太平道形式、方腊起义利用明教、太平天国起义利用拜上帝会等。再如德国的闵采尔起义也采用了宗教的形式，恩格斯把加尔文和路德的宗教改革也看作是欧洲资产阶级反对封建制度的第一次“大决战”。

2. 宗教与社会治理

马克思主义认为，国家除了阶级统治的职能之外，还必须承担社会治理的任务。国家的这两种职能是相辅相成的，政治统治以执行某种社会治理职能为

---

① 里普森：《政治学的重大问题》，华夏出版社 2001 年版，第 86 页。

基础，而且政治统治只有在它进行了它的治理职能时才能维持下去。因此讨论宗教的政治作用，就必须涉及宗教与政治治理的关系问题。

宗教在现代政治治理中扮演着重要的角色。总的来说，宗教可以对社会生活中人与人之间的利益关系进行有效的调节，从而减轻了世俗国家的政治“结构在运转过程中的负担”。尤其对正处于现代化进程中的国家，宗教的社会整合作用更加明显。如宗教一般都具有禁欲色彩，它可以缓解由经济增长及文化世俗化带来的政治期望的过度膨胀，从而减轻社会治理的压力，促进政治稳定。宗教作为社会控制的重要方式，由于它诉诸人的信仰，因而比单纯的行政及法律等外在约束更能实现“自愿的服从”；由于信徒之间存在着一致的情感，因而由宗教组织对社会冲突进行调解将更加便利；宗教还可以提高社会的凝聚力，例行的宗教仪式可以增加人们之间的认同意识，从而把不同民族、地区、阶层、职业及不同政治态度、不同文化水平、不同性别和年龄的人相当紧密地团结起来。此外，宗教组织在政治社会化、利益综合、扶危济贫等许多方面都起到重要的作用。

但也应看到，宗教在履行社会整合作用的同时，它也可能成为社会分裂的原因。历史上因宗教问题而造成政治危机的现象不胜枚举。当一个国家中存在着许多相互敌视的宗教派别，尤其当宗教问题又与民族问题纠缠在一起时，便会形成复杂而激烈的社会矛盾，从而大大削弱了国家在社会治理方面的有效性，严重时会引起政治秩序的失控乃至国家的分裂。

3. 宗教与政治意识形态

马克思主义认为宗教是人们头脑中的幻想的反映，这说明宗教本身就属于意识形态的范畴。宗教作为意识形态，由社会物质经济基础决定、并反作用于社会物质经济基础。在纯粹的神权政治中，宗教教义就是政治意识形态，二者是高度合一的。但这种纯粹的神权政治并不多见，一般而言，宗教和政治意识形态总会有所不同。那么宗教这种意识形态与统治阶级的政治意识形态之间存在何种关系呢？

宗教受到政治意识形态的制约。宗教从根本上不可能脱离统治阶级的政治意识形态，因而宗教也容易转变成阶级统治的工具。首先，虽然宗教往往产生并流传于阶级社会的下层民众中间，其中会有与政治意识形态不同的观念，但马克思主义认为，任何意识形态都必然是统治阶级的思想，被统治阶级不可能形成自己的意识形态。因为“支配着物质生产资料的阶级，同时也支配着精神生产的资料；因此，那些没有精神生产资料的人的思想，一般是由统治阶级支配的”。[①] 所以尽管基督教因反对罗马奴隶主暴政而产生，但在政治上仍接受

① 《马克思恩格斯全集》第3卷，人民出版社1995年版，第52页。

君权神授、并赋予世俗等级制度以合理性；洪秀全利用“拜上帝教”进行反清起义，最终仍然建立了一个等级森严的帝制政权。被统治阶级希望在宗教中找到精神解脱，但这解脱之所仍然是由统治阶级的思想材料建构而成的。其次，政治意识形态制约宗教，还表现在它会迫使宗教的教义发生改变。如佛教传入中国以后，不断受到中国传统的政治意识形态的排斥，曾“五令改敬、三被诛除”。为了生存和发展，讲求众生平等的佛教不得不迎合君权观念，开始了佛教的儒家化过程。此外，由于宗教对政治意识形态的依附性，政治意识形态的分裂也往往会带来宗教的分裂。如19世纪四五十年代美国教会的南部分会竭力维护奴隶制，从而与北方教会分庭抗礼。

宗教虽然受政治意识形态的制约，但宗教一旦产生，也获得了自身的相对自主性，从而对政治意识形态产生影响。马克思说：“土耳其国家同所有东方国家一样，是以国家和教会、政治和宗教紧密交错而且几乎两位一体为基础的。对于土耳其帝国及其当权者来说，可兰经同是信仰和法律的源泉。”① 这说明，宗教对政治意识形态的影响是巨大的，政治意识形态时常要在宗教教义中去寻找自身的合法性。尤其是在教会作为统治阶级的组成部分的国家中，宗教对政治意识形态的影响就更为显著。

4. 宗教与民族

宗教作为一种社会意识形态，属于人类的观念系统。而民族则是“人们在历史上形成的具有共同语言、共同地域、共同经济生活以及表现于共同文化上的共同心理素质的稳定的共同体。”② 宗教和民族是两个不同的概念范畴，但两者之间是密切相关的。

首先，宗教是民族的，任何一种现代宗教的产生都必然和某一特定的民族相联系。恩格斯指出“古代一切宗教都是自发的部落宗教和后来的民族宗教，它们从各民族和政治条件中产生，并和它们一起生长。”③ 各个民族由于所处的自然地理环境与具体政治、历史发展过程的不同，经历的宗教发展模式也不尽相同，呈现出各自的特点。民族之间宗教形式的不同正是民族心理及民族文化差异性的体现，而宗教作为继承和传播民族文化的重要形式，反过来又强化了民族之间的这种差异性。宗教作为一种深层次的文化系统，具有维系民族特征，形成民族性格，强化民族凝聚力、影响民族思维方式的重要机能。

其次，各民族宗教信仰模式的不同在很大程度上影响着民族的政治。宗教是民族的，但各个民族不一定信仰单一的宗教，不同的民族也可以信仰同样的

---

① 《马克思恩格斯全集》第10卷，人民出版社1962年版，第41页。

② 《斯大林全集》第2卷，人民出版社1953年版，第294页。

③ 《马克思恩格斯全集》第19卷，人民出版社1963年版，第333页。

宗教，由此形成了各种各样的信仰模式。有的民族历史上只信仰一种宗教，有自己独特的教义体系，包括基本信仰、神灵系统等等，如琐罗亚斯德教与犹太教。而有的民族则可以在不同的时期信仰不同的宗教，或者在同一时期信仰着多种宗教。这些不同的信仰模式对民族政治的影响是极其重要的，一般而言，共同的宗教信仰是巩固民族共同体的有力因素，而同时信仰具有很大差异的许多不同宗教的民族则很可能呈现出明显的政治不稳定。如当代世界所发生的许多民族冲突、部族仇杀等都与这些国家或地区复杂的宗教信仰模式有关。

5. 宗教与国际政治

宗教不但影响着国内政治，也在很大程度上影响着国际政治。宗教传播、宗教运动、宗教纷争等都会成为国家间政治关系变化的重要变量。宗教对国际关系的影响具有二重性，一方面，宗教可以成为稳定国际关系的因素，如相似的宗教信仰可以巩固国家间的政治关系。但另一方面，宗教也往往是国际政治冲突的原因。帝国主义殖民扩张时期，西方国家就曾经利用宗教作为对外侵略的手段。近几十年来，一些国家的统治者将宗教作为一种政治手段，人为地改变地区政治格局，埋下战争隐患；或利用宗教煽动民众情绪，挑起民族纠纷和地区冲突，导致许多地区政局不稳，民不聊生。如在巴勒斯坦地区、克什米尔地区等，就因为宗教问题而不断发生激烈的国家间冲突。

三、国家与宗教的关系模式

宗教与政治的关系集中体现在宗教与国家的关系。在宗教由一种单纯的观念形态发展到分化出完整的教会组织之后，宗教与国家之间的关系又主要体现在教会与世俗国家政权之间的关系。马克思指出：“在拜占庭帝国，国家和教会是非常紧密地交织在一起的，以致不叙述教会的历史，就不能叙述国家的历史。在俄国也是这样混为一体的，不过同拜占庭的情况相反，教会变成了国家的普通工具，变成了对内进行压迫和对外进行掠夺的工具”。这一方面说明教会与国家二者是相互影响、密不可分的；同时又说明二者之间的具体关系是复杂的，在不同的国家、不同的历史时期，二者之间会呈现出不同的关系模式。总的来说，宗教与国家之间的关系可以分为以下几种模式：

1. 政教合一模式

“政教合一”是指宗教权威和政治权威合而为一的政治制度。“政教合一”的基本特点是国家元首和宗教领袖同为一人，政权和教权由一人执掌；国家法律以宗教教义为依据，宗教教义是处理一切民间事务的准则；民众受狂热和专一的宗教感情所支配。

严格意义上的政教合一主要存在于人类历史的上古时期，如古代埃及、两河流域和中国，都曾有过这种制度。最高统治者被视为神的化身或代理人，总揽教权和政权；上层统治集团包括大量的宗教上层人物，一般僧侣或祭司也兼管教务、政务；宗教是维持统治的巨大支柱，重大政务往往以宗教形式作出决定，宗教上的考虑对政治决策有重大影响。

由教会建立的国家是一种典型的政教合一模式。如伊斯兰教、锡克教就属于这种类型。在伊斯兰教创立时，游牧的阿拉伯人并没有统一的国家。教圣穆罕默德声称接受天启，组织武装力量，以麦地那为基地征服了整个阿拉伯半岛，奠定了阿拉伯帝国的基础，并最终由教会建立了倭马亚王朝。锡克教作为一个武装的宗教，在同莫卧儿王朝争取独立的战争中不断国家化，并在反对阿富汗人侵略的过程中建立了锡克教王国。在这种国家类型中，神权就是政权，神被承认为直接的统治者，宗教教义就是国家的法典，并靠作为上帝代表的神职人员加以执行。类似的政教合一国家还有中世纪的教皇国和早期中国西藏的喇嘛教政权。此外，欧洲中世纪末期，在宗教改革运动中由加尔文创立的“日内瓦共和国”，也是一个典型的政教合一模式。

2. 二元竞争模式

当社会分化出独立的教会组织和国家结构之后，宗教和国家在利益和价值上就出现了分歧和争夺，严格的政教合一模式就会被二元竞争模式所替代。二元竞争模式主要存在于欧洲的基督教社会，虽然其他的世界宗教也产生了能够与国家对立的或强或弱的独立机构，但只有基督教开创了作为宗教团体的教会形式，教会自称根据神授权来行使宗教权力，并有不受任何世俗权力支配的教士为之服务。

冲突与合作构成了二元竞争模式的主要内容。从国家方面看，统治阶级自然要求宗教与社会的阶级结构相适合，与自己所维护的社会秩序相适应。因此，国家政权总是从本集团的利益出发考虑和处理政治与宗教的关系。一方面，它们会通过抬高宗教地位和受制于宗教价值观的形式，神化公共权力以及权力持有者，把统治者及由他们建立的政治体系描绘成特殊文化的象征与履行天职的代表。另一方面，如果社会的宗教结构滞后于社会政治结构的发展，如果某种宗教的群体取向有悖于社会发展的总趋势，只要统治阶级的力量足够强大，就会运用政治权力推动宗教结构的变化，纠正某种宗教的群体取向。一般来说，国家对宗教的态度往往是功利性的，即国家并不太关心宗教信仰的具体内容，而总是从宗教的政治态度和是否有利于巩固既有的社会秩序来考虑。国家担心掌握一定群众的宗教团体变成异己的或反社会的力量，因而采取各种手段消除可能出现的政治风险。从宗教的角度看，教会作为独立的机构，也存在着自身的利益。教会与国家政权的相对地位的变化，将影响到宗教自身的整体利益，尤其是影响到教会上层权势者的社会地位和利益。因而宗教会在社会生活的每一个领域与国家政权进行争夺，并会对旨在改变社会结构的政治变革，作出积极的或消极的反应，如西欧的宗教改革和宗教战争正反映了宗教与世俗国家之间竞争的激烈状况。

3. 政教分离模式

政教分离是现代资本主义国家所普遍采用的宗教与国家的关系模式。资产阶级革命时期，许多思想家提出了这一政治主张，随着资产阶级专政的建立和巩固，绝大多数国家的宪法都规定了政教分离的原则。它要求取消国教，所有的宗教在法律上都是平等的，教会与国家政权相分离，宗教不得干预国家的政治生活。

但真正的政教分离只是法律上的概念，在资本主义国家实际的政治生活中，处处可以看到宗教的痕迹，在宗教中也可以看到政治的影子。以美国为例，美国在宪法第一条修正案中确立了政教分离原则，规定国会不得制定法律支持任何宗教，或禁止信仰任何宗教。但实际上，宗教渗透到美国政治生活的各个方面，如军队、学校、监狱甚至国会，都有基督教神职人员。在一些重要象征性的政治活动中，如总统的就职典礼等，都少不了一些宗教仪式。欧洲历史上宗教与政权紧密结合的传统较深，经过民主革命后这种局面虽有所改变，但在诸如财政和公民教育这些重要方面，宗教与政权仍有着千丝万缕的联系。许多国家仍给予某些教会以特殊地位，如南欧天主教会、爱尔兰天主教会、波兰天主教会、英国圣公会、新教的路德宗和加尔文宗等。在西欧许多国家中，还存在着许多以宗教教义为纲领的政党，即宗教政党。

4. 宗教政党模式

宗教政党是现代资本主义主义国家中宗教与政权结合的一种特殊形式。宗教政党首先是一种政党，它是某些阶级或社会集团的代表，在政治上以夺取政权上台执政为目标。但宗教政党又具有鲜明的宗教属性，它将宗教教义结合到政治纲领之中。在宗教政党参与国家政治生活的过程中，宗教作为一种社会群体，为了维护自身的利益参与国家政治生活，并通过自己的力量对社会发展的政策和走向施加影响。宗教政党往往出现在有着政教合一传统或政教关系比较密切的国家里，如德国和意大利等国，宗教政党在政治生活中具有举足轻重的作用。

第二节　资本主义国家与宗教

一、欧洲早期国家与宗教的关系

在基督教被定为国教之前，罗马帝国有自己的宗教，并采用政教合一模式，统治者同时被赋予最高的宗教职能。由于基督教产生于当时的下层劳动者和奴隶中间，因此尽管它承认并遵守罗马帝国的法律，但在信仰及组织上一开始就是独立于国家政权的。基督教开创了这样一种政治形态，即一个社会的民众可以在表面上服从征服者，但又在内心中坚持保留一种与统治者相分离的信仰。

由于害怕基督教对国家政治统治的威胁，罗马帝国对基督教进行了残酷的迫害。但基督教却以更快的速度传播开来，越来越多的统治阶级的成员也加入其中。罗马帝国维列连皇帝在一份谕旨中提到："元老院议员，罗马骑士，贵妇人都是基督教的一派"。在这种情况下，罗马帝国改变了对基督教的政策，由先前的镇压改为利用。基督教被赋予合法地位，并于公元 379 年狄奥多西任皇帝后，于 392 年将基督教定为罗马帝国唯一的官方宗教。同时，基督教对世俗国家政权的态度也发生了转变，尽管基督教信仰与世俗国家的统治形式存在着明显的疏离，但它已将国家政权视为传播基督教信仰的保护人和同盟者。事实上，教会正是运用世俗国家的武力强迫异教徒改信基督教，并把基督教各派归并到组织森严的教会等级中去，教会本身也发展成势力庞大的封建主。然而，由于宗教和国家各自都具有相互独立的组织机构，因而也必然存在着各自独立的利益，这决定了教会与国家政权的相互关系不可能是平和的。

中世纪基督教神父奥古斯丁将教会和国家的关系喻为"双城"，从而肯定世俗权威和宗教权威的二元性。教皇吉雷西乌斯一世在他写给东罗马皇帝的《第十二篇书信》中，也提出了世界由教皇和世俗君主两种力量来统治。神职人员要负责完善君王的精神和品格，并使君王的灵魂能得到拯救，因此世俗政权应尊重教会；而君王凌驾于万民之上，其权威来源于神，所以在世俗事务上教会应服从国家法令。这种二元论的解说方式在现实中却存在着相反的理解，教会和国家都依照有利于自己的方式解说它们之间的关系。教会将自己视为受神意感召的权威，这种权威通过教会组织及其活动体现出来，教会凌驾于国家之上，它是道德权威、知识权威和政治权威的复合体。然而，世俗统治者却提出了相反的解释，如查理曼大帝就宣称自己是上帝在人间的直接代理人，他无需得到教皇的承认就是最高的权威。在这些观念之争的背后是权力和利益之争，整个中世纪，教会和国家政权在涉及社会控制的各个领域展开争夺，如行政区内任命主教和牧师的权力、对税收及教会财产的管理以及各自的管辖权范围等都是两者争夺的焦点。

基督教分裂后，国家与教会的关系在不同教派中呈现出不同的特点，天主教教会由教皇尼法斯八世提出了国家与教会的关系原则，即教会的权力是至高无上的，它不仅管理宗教事务，还有权对世俗政治事务作出决定。世俗国家的权力只有在教会的授权下才被视为有效。当然，这种关系仅限于理论上的表述，在实际上仍然是教会与国家的二元竞争模式。在东正教中，世俗政权在国家与宗教的关系中则占有明显的优势，国家通过召集宗教会议、资助主教、颁布教会敕令等对教会产生支配性的影响。不过，无论是天主教还是东正教，所谓的教会与国家之争说到底还是统治阶级上层的权力之争，如果考察当时整个欧洲的社会政治结构，仍然是教会与世俗政权联合维护着封建等级制度，但随着工商业的发展及资产阶级的兴起，这种政治格局便再也不能持续下去了。

二、近现代资本主义国家与宗教的关系

1. 资产阶级的宗教改革运动

16世纪欧洲国家与宗教的关系随着资产阶级的兴起而更加复杂了。资本主义工商业的发展要求取消各国的封建割据，建立具有统一主权的近代民族国家，而世俗的王权基于集权的动机一般也能够顺应这一潮流。但贵族依赖教会的支持，竭力维持着封建割据局面。教会虽已经日趋没落，但仍然拥有强大的经济、政治力量。教会与封建贵族具有天然的利益联结，贵族可以凭借教会以遏制王权，而教会也竭力维护各国的封建割据状况，并不断挑起民族仇恨与宗教战争，以求乱中取利，获得对世俗国家的控制权。尤其在德国，罗马教廷利用严重的封建割据局面进行野蛮的剥夺，每年有大量的财富从德国流入罗马教廷，德意志被称为“教皇的奶牛”。于是，阶级矛盾与政治斗争便显得十分尖锐，资产阶级的宗教改革运动正是在这样的背景下发生的。它既是一场反对教会的意识形态的运动，也是一场反对封建贵族的政治革命。宗教改革就是要创造出新的国家以及新的国家与宗教的关系，以适应业已变化了的社会结构和经济基础。正是在这个意义上，恩格斯指出：“宗教改革——路德的和加尔文的宗教改革——这是包括农民战争这一危急事件在内的第一号资产阶级革命。”①

宗教改革发端于德国，领导人是出身于市民家庭的神父马丁·路德(1483—1546)。路德宗教改革的基本思想是人只要信仰上帝就可以得救。正统基督教一再宣称，人的灵魂要得救，就必须依照教会的规定，在教士的领导下进行祈祷、忏悔等各种宗教仪式。教会正是靠这种方式控制着世俗国家的日常生活，加紧对各国人民的剥削和搜刮，教会甚至还出卖圣职，出售所谓“赎罪券”等。而路德则认为，人只靠自己虔诚的信仰便可得救，个人可以与上帝直接进行沟通而不必通过教会和教士的媒介，上帝面前的教士和俗人是平等的，它们都是信徒。路德的这种主张势必对传统的国家与教会的关系造成冲击，并改变人们长期以来对教会和国家的双重效忠观念。取代教会国家二元论的是主权国家的学说，马丁·路德国家学说的中心内容是“君权神授”说，即认为君主的权力是神授的，而教皇的权力则是人为的，是不合神意的。因此，他继而

① 《马克思恩格斯全集》第21卷，人民出版社1965年版，第459页。

主张神授的君权是国家主权的唯一承担者，它有权统治教会，并应对教会实施改革。他呼吁世俗的政府应义不容辞承担起改革教会的责任，断绝同罗马教廷的所有联系，并以本民族为基础建立独立的民族教会、实行政教分离并改革民族教会日常工作。主权国家的学说导致了宗教与国家关系的实质性转变，并实现了所谓的“教随君定”的新模式。即在宗教与国家的关系中，宗教信条和宗教组织应当与世俗统治者信仰的宗教一致，而且一个主权国家不应当干涉其他主权国家的宗教事务。

虽然在这场宗教改革的运动中，马丁·路德始终不敢触动当时的君主制度，并最终转向封建势力，镇压了以托马斯·闵采尔为领导的农民革命。但路德诉诸民族主义情感而发起的宗教改革运动引起了民众的共鸣，并激发了他们为近代民族国家的建立而勇敢献身的精神。路德教最终在德国确立了正统地位，它宣告了教皇控制德国的时代业已结束，并唤起了欧洲更加广泛的宗教改革运动。

恩格斯指出：“当路德的宗教改革在德国已经蜕化并把德国引向灭亡的时候，加尔文的宗教改革却成了日内瓦、荷兰和苏格兰共和党人的旗帜，使荷兰摆脱了西班牙和德意志帝国的统治，并为英国发生的资产阶级革命的第二幕提供了意识形态的外衣。”① 丹麦、瑞典、挪威等国纷纷派人到德国学习，回国后到处宣讲路德的改革主张，最终由国王颁布敕令，没收教产，建立路德教教会，由国王取代教皇的地位。在英国，从 1529 年开始，亨利八世利用新兴资产阶级对罗马教会的不满，打击教皇势力，加强王权，摆脱了教皇和教廷的控制，建立了英国国教会。在瑞士，约翰·加尔文 1536 年受日内瓦宗教改革领袖法雷尔所请，到日内瓦进行宗教改革实验，并发表了其主要的神学著作《基督教原理》，该书中的神学思想成为加尔文在日内瓦进行宗教改革的理论基础。虽然加尔文在日内瓦建立了“政教合一”的政府，但他主张君权神授，并提出要建立独立于罗马教廷之外的民族教会和廉俭教会，要求建立共和化、民主化的教会组织——长老制教会。这些思想都是资产阶级建立近代民族国家，进一步发展资本主义的理论武器。尼德兰的资产阶级也以加尔文教为旗帜，从 1566 年开始进行反西班牙专制统治的斗争，最终在北部建立了资产阶级领导的荷兰共和国。

2. 资产阶级革命与政教分离

如前所述，宗教改革运动的重要后果是国家摆脱了外部的宗教控制，宗教问题转变为主权国家的内部事务。但就民族国家内部而言，国家与教会仍然是紧密联系在一起的，甚至可以说形成了国家与教会的一体化，宗教归国王领

---

① 《马克思恩格斯选集》第 4 卷，人民出版社 1995 年版，第 252 页。

导，教会则转变成为国家的意识形态机构，为封建君主制的合法性作论证。这种政治形态仍然阻碍着资本主义经济的发展，因此历史便赋予了资产阶级新的使命，即通过一场革命来打破封建枷锁，并在革命中确立起宗教与资产阶级国家关系的新原则。

资产阶级革命从英国开始。英国宗教改革后确立的国教完全成了王权专制的支柱，而且国教在组织形式上仍然保留了天主教的遗风，大主教和主教不仅是自己教区的教会首脑及宗教事务和部分的民事案件的审判官，而且一般是上议院的议员。在詹姆斯一世统治时期，又不断地恢复天主教，极力宣扬“君权神授”的理论，革命前的英国已经成为以世俗政权为主导的政教合一的封建专制国家。因此，英国的资产阶级革命是首先从反对国教开始的，但在革命中资产阶级也披上了宗教的外衣，资产阶级把清教作为战胜国王的旗帜，利用清教进行宣传和组织群众。在整个革命过程中，政治斗争与宗教斗争都交织在一起，资产阶级同王权的斗争是以清教同国教和天主教的斗争中表现出来的。在革命的最后，当斯图亚特复辟企图恢复教天主教的统治地位时，清教徒发动了政变，建立了君主立宪政体。

对资产阶级而言，宗教不但是反对王权的有力工具，而且也同样可以为资产阶级国家服务，因而 1689 年的《容忍法》中仍然指定安立甘教会为国教。但革命对国家与宗教关系中所造成的分离化的倾向也是影响深远的，首先表现在政治理论中契约论的兴起，政治理论显然比宗教教义更适合作为资产阶级国家的政治意识形态。霍布斯等理论家用世俗化的契约论代替了神授论，主权者的权力再也不需要由宗教去论证，宗教一向用来同世俗政权进行较量的最重要筹码已经丧失了，因而它在政治生活中的重要性也必然逐渐地下降。其次表现在宗教宽容日益深入人心。洛克在《论宗教宽容》中主张建立宽容的奉行宗教自由主义的教会，并认为国教应对各教派采取宽容的态度，这些主张都最终被吸收到英国的宪法政治之中，它造成了宗教的多元化，并导致教会与国家的逐渐分离。

法国大革命则以异常激进的姿态斩断了国家与宗教的联系。如托克维尔所说：“法国革命的最初措施之一是攻击教会。在大革命所产生的激情中，首先燃起而最后熄灭的是反宗教的激情”。① 而且与英国不同的是，法国革命中并没有采取以宗教反对宗教的策略，而是彻底与宗教决裂，并以天赋权利学的学说作为革命的意识形态，如恩格斯所指出：“法国大革命是资产阶级的第三次起义，然而这是第一次完全抛弃了宗教外衣，并在毫不掩饰的政治战线上作

① 德·托克维尔：《旧制度与大革命》，冯棠译，商务印书馆 1992 年版，第 50 页。

战”。[①] 法国革命中不断地制定限制宗教的法令，1790年制宪议会颁布法令解散修道院并遣散修士和修女，没收教会的财产，又通过立法议会两次通过驱逐反抗派教士的法令，并颁布法令禁止神职人员在举行非宗教仪式时穿宗教服装。反宗教在雅各宾派专政时期达到了高潮，革命党人在巴黎圣母院举行了盛大的打击宗教、弘扬理性的盛典，并将巴黎圣母院改为“理性神庙”，此后，法国各地有近三千所教堂改为“理性神庙”，并举行了全国规模的理性节典礼，以此宣告法国神权蒙昧时代的终结。法国资产阶级革命中宗教与国家的关系几经曲折，期间还出现过宗教复辟的时期。但《1830年宪章》最终确立了政教分立的原则，取消了国教，并规定各教各派一律平等，法国所有公民均有信仰自由。

其他国家的资产阶级革命也都逐渐地采取了政教分离的政策，如美国革命后通过了1787年宪法，其中没有提到上帝，也没有涉及基督耶稣，因而被称为世界上第一部“无神宪法”。1791年国会又通过了著名的“第一修正案”，规定“国会将不制定确立国教或禁止宗教自由活动的法令”。至此，美国明确地通过宪法的形式确立了国家与宗教相分离的原则。其他后起资产阶级国家也都经历了相似的过程，如德国1919年的魏玛宪法规定了宗教与国家分离，意大利和日本在二战后也相继确立了政教分离的原则。

3. 当代资本主义国家与宗教

当代绝大部分资本主义国家都在宪法上规定了政教分离原则，它表明宗教与国家在制度安排上是分开的，但并不表明现实社会生活中宗教与政治就不再发生关系。宗教作为一种不可忽视的社会力量，必然会对政治造成一定的影响，而国家为了更有效地进行统治和治理，也时常会借助于宗教的力量，在政治生活的实际运行中二者仍然是紧密相连的。

首先，宗教与政治意识形态相互渗透。在当代资本主义国家中，宗教仍然影响着人们日常生活的方方面面，因而也继续塑造着人们的社会意识。资本主义国家中90%以上的公民都是各种宗教的信徒，他们从生到死都笼罩在各种宗教仪式和象征之中，因而国家必然要利用宗教来宣传政治意识形态。国家往往也会利用行政力量保证宗教成为宣传政治意识形态的工具，如凡是与政治意识形态靠得很近的教派，往往可以得到许多好处，如减免税收甚至是直接的财政支持。同时，宗教为了保持它对世俗生活的影响，也主动在其教义中加进了世俗的爱国主义等内容。事实上，在资本主义国家中，教会已成为重要的政治社会化机构，宗教不断向人们传递着国家的政治意识形态。

其次，宗教影响政府的政策。在当代资本主义国家，宗教主要在两个层面

---

① 《马克思恩格斯选集》第3卷，人民出版社1995年版，第395页。

上影响国家的政策。一方面，宗教作为一种意识形态，大都具有理想主义倾向，因而它会自动地具有对现实政治的评价功能，并根据这种评价去影响现实政治。宗教经常会通过影响政府立法的方式来维护传统的道德，如许多国家长期就有关堕胎、安乐死、废除死刑等问题的立法争吵不休，就与宗教的影响有很大关系。另一方面，宗教组织作为重要的利益集团，有其自身广泛的现实利益，因此它会通过各种方式影响政府的政策。如美国主要教派都在华盛顿建立了公共事务机构，组成员外活动集团，向国会和政府施加压力。他们常委派专人游说政府，与议员私下会谈，阻挠和支持某些法案的通过。许多宗教团体都有自己在国会中的代理人，他们会经常就政治问题和国家政策经常向教会人士提供信息和咨询服务。

再次，宗教影响选举活动。资本主义国家中宗教信徒众多，因而宗教对政治选举的结果会产生重大影响。选民在政治投票中会受到其宗教情感的影响，他们往往易接受那些利用了宗教信条的政治宣传。这在美国的总统选举中最为明显，如艾森豪威尔曾在竞选过程中匆忙地加入了长老会，原因是有人告诉他美国人不会选一位非教徒的总统。而且，每一届政府上台，新总统在委任诸如联邦最高大法官、各部部长等重要职务时都会考虑大选期间各宗教教派的表现，论功行赏。对于在竞选中不利于自己的教派，则进行打压。1992 年纽约的一个教会团体在《华盛顿时报》上刊登了一个反克林顿的广告，宣称他的竞选纲领“是对上帝的律法的背叛”，在克林顿上台后，这个教会被课以重税。宗教不但影响着全国性的大选，而且通常对于地方选举的影响更大。有的教会甚至在某些地方性竞选中安排自己的候选人，并通过各种方式使教会自己的人得到这个位置。

最后，宗教政党直接掌握政权。当代资本主义国家中宗教影响政治的另一个重要表现是建立宗教政党，并展开政治活动。如基督教民主党（包括基督教社会党、基督教人民党、天主教民主党、天主教人民党等）是第二次世界大战以后，出现在欧美政治舞台上，带有宗教色彩的重要政治力量，特别是西欧国家都有基督教民主党，它们不仅有众多的党员，而且大多数都是执政党（或曾经是执政党）。目前在西欧有 19 个宗教政党，在意大利、荷兰、比利时、瑞士等国家它们已成为执政党。

三、当代资本主义国家宗教的特征

1. 宗教宽容与信仰自由

宗教宽容是指不同宗教或教派之间、宗教与世俗社会之间应当本着宽容原则，相互容忍，相互认可、相互尊重、相互对话，并在此基础上实现和保障宗教自由与宗教信仰自由。宗教宽容是宗教信仰自由的前提条件，只有以宗教宽容为基础，宗教信仰才能成为个人的私事，个人才有可能自由地选择自己的信仰。

宗教宽容的精神在资产阶级政治理论家的学说中由来已久，但直到政教分离的原则确立之后，宗教宽容才得以逐渐成为现实。宗教宽容首先表现在国家与宗教之间的宽容。国家、政府及其官员在信仰问题上保持中立，国家不得确立“国教”，也不得在宗教生活中采取带有歧视、压制甚至是迫害的行为。其次，宗教宽容还表现在宗教团体与其他社会团体之间、宗教团体与异宗教信徒之间，还有不同的宗教信徒之间都相互平等、相互尊重。人类历史上发生的全部宗教冲突、迫害皆与宗教团体及信徒之间相互敌视有很大关系，而宗教宽容的实现则有助于国内及国际社会的和平共处，这不能不说是历史的一大进步。当然，在当代资本主义国家，完全意义上的宗教宽容只能是理论上或法理的规定，因为宗教往往同民族、种族联结一起，因而宗教也往往卷入种族歧视或民族纠纷中去，从而出现宗教不宽容的现象。在有的国家，政府在对待不同的教派的态度也不完全是中立的，政治家为了获得信徒的选票，往往会直接或间接地为某些宗教团体提供财政上的支持。

2. 多元竞争与教派林立

宗教信仰的多元化是宗教宽容的必然产物，所谓多元化，即多种宗派并存发展，整个宗教格局呈现出种类繁多、派系林立的状况。当代资本主义国家宗教的教派多元化已发展到极其复杂的局面，传统的宗教中教派林立，新宗教也层出不穷。

宗教多元化首先表现在一些传统的宗教不断出现分化，从而产生出许多新的教派。以新教为例，自宗教改革以来，新教的历史就与各教派的分化、重组、合并、独立等发展变迁密切相关。就其影响较大的教派而言，新教主要包括路德宗、加尔文宗、圣公宗、公理宗、浸礼宗、卫斯理宗这六大教派，由此再分化，组合成近百个宗派，成千上万个独立教团。其次，还表现在新的教派层出不穷。美国社会学家 E. 冯耶尔曾证实，1965 年以来仅美国就出现了 1300 多个新兴的宗教团体。日本自二战以来新兴宗教的发展也十分迅速。在日本的 700 多个新兴宗教团体中，全国性教团 20 多个，自称百万人以上信徒的大教派就有 8 个，如创价学会、灵友会、生长之家等。再次，宗教多元化还表现在传统教会内部突出的离心倾向。各地的分支组织要求根据自己地方的特点、民族传统、文化特色进行工作，自己管理自己，不受统一集中的上级组织管辖，这在罗马天主教会中表现得最为突出。宗教多元化现象部分是由于宗教宽容而产生的，人们不会因为信仰不同的教派而遭受损失，因而各种教派都得到了发展。但它也反映了当今的资本主义世界是个问题重重的世界，人们在现实社会中找不到解决问题的出路，于是便从宗教中去寻求答案，这正是新宗教总是层出不穷的原因。

3. 世俗化与理性化

世俗化和理性化是当代资本主义国家宗教的又一特征。“世俗”是针对“神圣”而言的，从历史的角度看，世俗化也就是指宗教日益关心世俗世界的日常生活，而不仅仅是关心上帝天国或彼岸世界。世俗化表明在日益理性化的时代，传统的宗教意识、活动和机构逐渐失去了对社会的重要性。不过，世俗化也是宗教为避免自身日益边缘化的手段，通过世俗化它可以获得新的适应性，从而保持了它对人类生活的影响。

宗教世俗化的与理性化的表现是多方面的。许多宗教的信徒都淡化了对遥远天堂生活的追求，也不再只注重上帝的永恒道德和戒条，而更多地追求现实的利益和享乐。甚至一些现代基督教神学家，也逐渐放弃了“原罪说”的教条，不再把人们的物质需要、欲望等都当作罪孽的根源，而是鼓励人们重视人间的现实生活，追求现世的幸福。如早在20世纪五六十年代，教皇约翰二十三世就公开宣称要使天主教“现代化”，并把建立“教会新的青春”作为教会改革的目标，即主张基督徒必须从尘世开始，采取积极入世的态度，从而摆脱现代社会的理性化浪潮给教会带来的危机，恢复教会的权威及在当代世界的影响。

第三节　社会主义国家与宗教

一、宗教在社会主义国家中将长期存在

同任何事物的发展规律一样，宗教也有一个产生、发展和消亡的过程。宗教不是从来就有的，它是社会发展到一定阶段的产物，最终也将随着社会的发展而消亡。但这一消亡的过程不会是一蹴而就的，宗教的存在将是长期的。马克思主义认为对于宗教意识，“必须从物质生活的矛盾中，从社会生产力和生产关系之间的现存冲突中去解释”①。宗教的产生和赖以存在的根本原因，是自然和社会中的异己力量在人们日常生活中所造成的压迫，以及人们对异己力量的不能理解而求助于超自然的神秘力量的消极表现。所以，宗教作为一种社会意识，只有它赖以存在的客观环境消除了，宗教本身才能得以消除。只有随着社会生产力和科学技术的发展，人类彻底摆脱了自然的压迫，同时又消除了社会制度中的压迫力量，宗教才有可能实现自身的消亡。

我国已建立了人民当家作主的社会主义社会，已从根本上废除了剥削压迫

① 《马克思恩格斯选集》第2卷，人民出版社1995年版，第83页。

制度，同时，社会生产力及科学技术也在迅速发展，这客观上为逐步消除宗教的存在创造了条件。但我们也必须认识到，我国目前还处于社会主义初级阶段，生产力水平还很低，自然力量的压迫仍然存在，同时还存在一些有待克服的社会问题，因此，宗教存在的根源并未完全消失，因而，宗教将在社会主义国家中长期存在。具体而言，宗教的长期性主要基于以下几个原因：

1. 宗教产生的自然根源还不可能完全消除

在社会主义初级阶段，由于科学知识的局限，还不能彻底摆脱自然界异己力量的影响。宗教存在的自然原因是普遍性的，大自然的种种灾害，如海啸、火山、地震、洪水、暴风等，还有大规模的传染性疾病，如艾滋病、瘟疫等，并不因社会主义制度的建立而消失。尽管随着科学技术的进步和发展，人类可以逐渐发展出一套灾害应对机制，尽量控制自然灾害的发生并减少其危害，但是人们要完全有效地抵御大自然的各种灾害，还要经过长期的过程。只要自然灾害对人们来说仍然是未能预见的盲目力量和不能控制的破坏力量时，宗教就有生存和传播的余地。

2. 宗教存在的社会根源尚没有完全消失

在社会主义初级阶段，一些社会问题难以马上克服，这也是宗教继续存在的原因。在社会主义制度中，虽然消除了压迫和剥削，但由于生产力不够充分发达，物质财富不是十分充裕，因而还不可能全部理想地解决所有的社会问题，如就业、住房、婚姻、人口、家庭、卫生等各方面的问题。在大部分人的生活水平得以很大改善的同时，还有一部分群众的基本需要得不到满足，因而他们会借助于宗教获得精神的安慰。此外，一些消极的政治现象，如特权思想和腐败行为，造成人们在现实生活中的某些不平等，使得一些直接受害者感到难以掌握自己的命运，在无望中寻求慰藉。同时我们也应认识到，政治作为人类社会生活的一个领域，它虽然非常重要，但它也有自己的边界，人们生活中的许多问题，单靠政治制度的进步是无法克服的，如生老病死、七情六欲等，这都会成为宗教在社会主义国家中继续存在的原因。

3. 宗教具有自身的相对自主性

宗教经过长期的历史发展，已经内化于人类日常生活之中，也成为人类精神意识的一部分，因而它必定具有自身的相对自主性和延续性，不可能在短时间内消失。在长期历史发展中，宗教形成了系统而广泛的组织、严格的戒律、众多的信徒和一整套的活动方式，宗教经典及其解释系统规范构成了人类生活的伦理、道德，甚至是法律的源泉，宗教信仰渗透到人们的世界观与思想情感之中，并与民族文化、风俗、习惯交织在一起，世代相传。因而，宗教作为一种实际存在的传统力量和意识形态，是不可能随着旧制度的消灭而立即消失的，它还会在相当长的历史时期内发挥作用。

4. 国际宗教势力的影响

在经济全球化的大背景下，各国的联系日益密切，宗教不可能在某个国家中单独消亡。现代通讯工具使人们能迅速了解其他国家人民的日常生活，当然也包括宗教活动，所以有神论的影响很难消除。同时，随着我国实行对外开放政策，宗教方面的内外联系也必然日益频繁，我国宗教的存在不可能不受海外宗教的影响。

由此可见，我国现阶段宗教存在的长期性是客观的，是多种因素相互作用的结果。那种认为社会主义制度建立后，经过经济文化的一定发展，宗教就会很快消亡的想法是不正确的，而试图通过行政手段人为地消灭宗教的做法，也只会适得其反。我们国家正是依据马克思主义对待宗教的辩证态度，在承认社会主义国家中宗教长期性存在的基础上，认清了宗教对社会主义建设的有利影响和不利影响，从而制定出正确的宗教政策。

二、社会主义国家中宗教的特征

宗教是从历史中产生的，因而也必然会随着历史条件的变化而发生变化。恩格斯认为对于宗教问题“只有理解了每一个与之相应的时代的物质生活条件，并且从这些物质条件中被引申出来的时候，才能理解。”[①] 因此，不同历史时代、不同社会制度中的宗教会呈现出不同的特点，这正是我们理解社会主义国家中宗教问题的关键。随着社会主义制度的建立，宗教存在的社会环境发生了很大变化，因而宗教自身也必然与以往有所不同。

1. 宗教压迫和宗教剥削已经不复存在

在以往的阶级社会里，许多宗教都作为统治阶级的组成部分，在宗教组织内部也存在着等级压迫。但在社会主义国家中，随着阶级压迫的消失，宗教的社会压迫作用已被彻底废除，同时宗教内部的剥削和压迫也逐渐取消。以我国的佛教为例，在解放前，它依附于统治阶级，占有相当数量的山林土地，不但对广大教民，而且对大多数下层僧侣也实行压迫和剥削。社会主义制度建立后，经过宗教制度的改革，废除了宗教中的剥削压迫制度，使广大信教群众翻身做了国家的主人。而且，宗教界人士也参与到社会主义建设中来，宗教组织内部成立了生产劳动组织，宗教职业者也从事各种社会服务劳动，成为自食其力的宗教活动者。

2. 宗教的政治意识形态功能已经消失

社会主义国家以马克思主义为政治意识形态，与有神论的宗教教义是截然不同的。所以宗教不可能像在过去的阶级社会中那样，成为社会主义的政治意

① 《马克思恩格斯选集》第2卷，人民出版社1995年版，第117页。

识形态。在社会主义国家中，宗教主要是作为个人的思想认识问题，而不再是政治的集中反映。在社会主义制度下，信仰宗教或不信仰宗教，信仰这种宗教或信仰那种宗教，信仰同一种宗教里的这个教派或那个教派，都属于个人的自由选择，而不是像以往阶级社会那样，反映着社会对立阶级之间的复杂激烈的矛盾和斗争。

3. 办教的宗旨和目的已发生了变化

社会主义制度建立后，确立了新的办教宗旨，即团结广大信教群众和宗教界爱国人士，弘扬爱国主义精神，积极参加祖国的社会主义现代化建设事业和反帝爱国、保卫世界和平运动，协助政府贯彻宗教信仰自由政策，坚持社会主义道路。这就使宗教把爱国、爱教与爱社会主义有机地结合了起来，并摆脱了外国宗教势力的控制，独立自主、自办教会，信教群众自己管理宗教事务，开展正常的宗教活动。

4. 宗教的社会治理功能更加突出

在社会主义国家中，由于社会政治问题已不再是宗教存在的主要根源，因而宗教也不再作为阶级统治的工具，但宗教本身所具有的社会治理功能却更加突出。宗教作为社会的自组织机构，在拥护社会主义、拥护共产党领导的前提下，可以起到稳定社会秩序、巩固安定团结的作用。同时许多宗教组织还通过各种途径，起到了扶贫济弱、救危解难的作用，这都会促进社会的和谐团结。

三、社会主义国家中宗教作用的二重性

从社会主义国家中宗教的新特点可以看出，宗教在社会主义政治经济生活中的作用是双重的。一方面在社会主义社会条件下，宗教状况已发生了深刻的变化，剥削阶级作为阶级已经被消灭，宗教已摆脱了统治阶级的控制和利用。因而，社会主义时期的宗教能够同社会主义相适应、相协调，并为社会主义建设服务。但另一方面，宗教在本质上没有发生根本变化，它仍是现实生活在人们头脑中的虚幻的、歪曲的反映。宗教的教义决定了它必然宣扬有神论思想，这对社会主义建设多少会造成一些不利影响。

1. 宗教的积极作用

首先，宗教有利于社会稳定。宗教组织对团结信教群众和宗教界人士起着重要作用。一方面，宗教可以团结普通的信教群众，调动广大信徒建设社会主义的积极性。在社会主义正确的宗教政策之下，各种宗教都能坚持爱国主义，拥护社会主义和共产党的领导，向广大教徒宣传党的路线、方针和政策，号召他们积极参加社会主义建设，从而和全体人民结成了广泛的爱国统一战线，同心同德地为社会主义事业努力工作。另一方面，由于我国还处于社会主义的初级阶段，社会转型期会遇到许多无法立即解决的社会问题，如农村贫困问题、

下岗问题、社会不公问题等，这都难免使一些人在精神上难以承受，甚至出现心理失衡。而宗教一般都宣扬忍耐与知足常乐，因而可以成为一部分人精神的慰藉。从而不会由于人生暂时的不顺而导致心理失衡，出现反社会的行为，甚至走上犯罪道路。这对于维护社会的正常生活秩序，保证社会安定，让人们安居乐业，具有一定的作用。此外，现代化的过程必然伴随着对传统文化、道德的冲击，因而出现很多不良的社会风气，而宗教则可以弥补这方面的不足。宗教信徒的行为规范大都集中了人类社会道德的优良成分，如仁爱、自尊、诚实、坚忍、宽恕、勤劳、节俭等，这些对于协调人际关系，调解人民内部矛盾，消除社会中的某些不和谐和不健康现象，创造一个安定的、良好的现代化建设的环境，具有一定的积极意义。

其次，宗教有利于民族团结。社会主义现代化建设的目标要求各少数民族的共同参与，从而创造中华民族的共同繁荣。但由于少数民族往往有自己的文化传统，尤其是本民族独特的宗教信仰和浓厚的宗教情感，因而社会主义的意识形态，还有党的各项方针、政策在少数民族地区的实施往往会遇到各种不便。但如果当地政府能够寻求当地宗教组织的合作，则会达到更加积极的效果。因为在各少数民族地区，群众信教的比例非常高，宗教领袖对广大教徒的感召力强。因而通过宗教组织的途径可以有效地团结、调动少数民族成员，使他们更加积极地投身到社会主义现代化建设中去。

再次，宗教有利于文化建设。宗教是人类社会中的一种特殊文化现象，宗教文化是历史文化的积淀，包含了许多有价值的东西，是民族文化的宝贵遗产之一。在社会主义条件下，宗教组织对于批判性地继承历史文化遗产，建设社会主义的文化事业，具有一定的积极作用。如宗教人士也能够以其特有的宗教情感来保护、维修和管理建筑、古迹、文物和艺术品等，所以让宗教组织保护历史文化遗产会更加有效。而且，宗教界的高级僧侣和通晓宗教知识的知名人士和学者，能够整理和研究有关宗教的历史、经典、理论、艺术等方面的资料，具有别人不可替代的作用，这对于整理文化遗产具有重要的意义。

最后，宗教有利于国际交往。宗教具有广泛的国际性，全世界信仰宗教的人口很多，有许多国家的大多数国民、政府领导人、著名政治活动家乃至思想家和科学家都是宗教徒。国内和国外的宗教界人士虽然可能教派不同，政见不一，但他们可以在信仰宗教这一点上求同存异，达到相互理解和合作。因此，在国际交往中，宗教能够成为增进各国人民友谊的特有的外交方式。对外开放是我们不可动摇的国策，随着我国国际交往的日益扩大，宗教界在对外交往中的意义也越来越重要，它对于扩大我国的政治影响，反对霸权主义，维护世界和平方面都会起到有利的作用。

2. 宗教的消极作用

在认识到宗教的积极作用的同时，也要看到宗教与社会主义还存在着不协调的方面，对社会主义建设会造成不利的影响。首先，宗教和马克思主义是相对立的思想意识，宗教在某种程度上对社会主义宣传是不利的。虽然我们可以引导宗教与社会主义相一致，但宗教的立足点仍然是有神论的宗教思想本身，它对社会主义的意识形态会造成消极的影响。其次，宗教问题也可能影响到民族团结。虽然在社会主义国家中，民族间并不存在根本性的利益分歧，但一些具体的矛盾也会发生。宗教问题往往是和民族问题结合在一起的，而且由于宗教的介入，会加大民族间的利益冲突的强度。再次，宗教不利于激发社会主义建设的积极性。宗教意识从根本上讲是消极出世的，把社会和自然的全部内容虚幻化为神的意志，主张宿命论，屈服于超人间力量的主宰和支配，并把永恒的幸福最终寄托于“彼岸世界”，因而使得广大教徒在社会生活中包括社会主义建设中处于被动状态，不能积极进取。此外，由于历史上宗教曾长期作为剥削阶级实行政治统治的精神工具，因此宗教的消极方面不可能在短期内消除，国内的一些敌对分子有可能利用宗教进行分裂祖国、破坏民族关系、破坏社会主义事业的活动，国际上敌视我国的反华势力和宗教团体，也会利用宗教这种形式对我国进行政治渗透。

总而言之，宗教与社会主义既有协调的一面，又有不协调的一面；既有一定的积极作用，又有消极的社会影响。发扬和光大宗教对社会的积极作用，努力抑制和消除其消极影响，是正确认识和处理我国现阶段宗教问题的重要立足点。

四、社会主义国家的宗教政策

1. 马克思主义对宗教的基本态度

宗教与马克思主义在世界观上是根本对立的，马克思主义的无神论是以唯物主义为基础的，而宗教则主张有神论，本质上是唯心主义的。宗教是对现实生活的歪曲的虚假的反映，它既无法科学地解释世界，也无力改进现实世界。但是作为人类生活中的一种文化现象，宗教也有自身的发展规律，社会主义国家只有在了解这些规律，并将这些规律运用到宗教政策中去，才能解决好宗教问题。

马克思主义关于社会主义国家宗教政策的原则主要有以下几点：

首先，“应当宣布宗教是私人的事情”，这是列宁在《社会主义国家与宗教》中阐明的无产阶级政党对宗教问题的一个总原则。社会主义国家中宗教和政治是严格分离的，宗教是私人生活中的自我选择。但为了避免引起误解，列宁又说：“就国家而言，我们要求宗教是私人的事情，但是就我们自己的党而言，我们无论如何也不能认为宗教是私人的事情。”其次，不能简单地通过行政手段取消宗教。马克思主义创始人反对用“左”的办法来对待宗教问题。认为这种“左”的做法不仅无助于同宗教的斗争，而且只会刺激信教群众的感情，加强他们的信仰。列宁后来也一再重申，“大声疾呼向宗教宣战是一种愚蠢的举动”，“这样宣战是提高人们对宗教的兴趣、妨碍宗教真正消亡的最好手段。”① 再次，在国家中彻底实现宗教信仰自由。任何人都有充分自由信仰任何宗教，也有自由不承认任何宗教。在公民中间，完全不允许因为宗教信仰而产生权利不一样的现象。最后，要坚持不懈地进行无神论宣传。无产阶级政党不仅要保持自己世界观的纯洁性，还要逐步提高劳动群众对宗教的科学认识，逐步使劳动群众从宗教偏见中解放出来。为此必须进行无神论宣传，向群众说明宗教存在的根源。但是，无神论宣传要服从社会主义建设的大局，不能严重地伤害宗教界人士的情感和利益。

2. 我国的宗教政策

(1) 宗教信仰自由

宗教信仰自由政策是我们党在整个社会主义时期处理宗教问题的一项基本政策。每个公民既有信仰宗教的自由，也有不信仰宗教的自由；有信仰这种宗教的自由，也有信仰那种宗教的自由；在同一宗教里面，有信仰这个教派的自由，也有信仰那个教派的自由，有过去不信教而现在信教的自由，也有过去信教而现在不信教的自由。任何国家机关、社会团体和个人不能强制公民信仰宗教或不信仰宗教，不得歧视信仰宗教的公民或不信仰宗教的公民。在多数群众不信教的地方要注意尊重和保护少数信教群众的权利，在多数群众信教的地方，要注意尊重和保护少数不信教群众的权利。从而使信教群众和不信教群众之间以及信仰不同宗教和不同教派的群众之间彼此尊重，互相团结，和睦相处，共同致力于社会主义现代化建设事业。

(2) 尊重和保护正常的宗教活动

尊重和保护正常的宗教活动的主要内容包括：国家承认依法活动的宗教组织；不允许任何机关和个人干涉和阻挠正常的宗教活动；宗教组织有出版宗教刊物、印发宗教经典、出售一定数量的宗教用品的权利。不允许任何人到教堂寺庙等宗教场所进行无神论的宣传，也不允许在信教群众中挑起有神还是无神的争论。

(3) 引导宗教与社会主义相适应

在贯彻宗教信仰自由政策的同时，党和政府也要主动带领广大信教群众和宗教界人士积极投入到建设社会主义现代化强国的伟大事业中，使宗教在社会主义社会的发展中找到自己的位置，发挥自己特有的优势，成为推动建设中国

① 《列宁选集》第2卷，人民出版社1995年版，第376页。

特色社会主义的积极因素。宗教要能够顺应社会发展的要求，随着社会的变化而调整其教义、组织和仪式等内容，发挥宗教在社会中的某些积极作用。当然，这种适应并不要求宗教信徒放弃唯心主义、有神论的思想和宗教信仰，而是要求他们在政治上热爱祖国，拥护社会主义制度，拥护共产党的领导，并利用宗教教义、教规和宗教道德中的某些积极因素，为社会主义社会服务。广大宗教信徒是拥护社会主义制度的，同全国人民在根本利益上是一致的，这是宗教能够与社会主义社会相适应的政治基础。

(4) 反对利用宗教进行违法活动

我国宪法明确规定："任何人不得利用宗教进行破坏社会秩序，损害公民身体健康，妨碍国家教育制度的活动。"这就对宗教的活动原则进行了明确的限定，任何宗教活动都不能给社会及公民个人造成损失，对于那些以宗教为掩护进行违法犯罪的活动要依法予以取缔。宗教活动不能危害国家利益、损害人民的生命和财产；宗教要和教育分开，宗教活动不能介入到正常的学校教育中去。

(5) 反对外国的宗教干涉和控制

在中国历史上，宗教曾经被殖民主义、帝国主义利用作为侵略中国的工具。中国天主教、基督教的教会曾经完全被外国势力所控制。新中国诞生后，在组织上彻底摆脱了外国的控制，爱国的信教群众也自觉选择了独立自主办教的道路。宪法规定，"宗教团体和宗教事务不受外国势力的支配"，这就表明任何国家不能利用宗教活动来控制和干涉我国的宗教事务，宗教活动要遵循主权原则。当然，独立自主办教，也不是搞封闭。随着我国对外开放的扩大，中国宗教界与世界各国宗教界的正常而友好的交往和联系也会日益频繁。

第十章　政党和政党制度

政党是当今世界各国普遍存在的政治现象。在目前的180多个民族国家中，不存在或不允许存在政党活动的国家不足20个。但是，各国的政党制度具有很大的差异，这主要根源于不同类型国家政治制度的不同。一定的政治制度要求一定的政党政治形式，而一定的政党政治形式必然与一定的政治制度相适应，它服务于特定的政治制度。在西方国家里，政党制度同议会制度、选举制度构成代议民主制的三大支柱；在社会主义国家里，政党制度是其整个政治制度的核心。因此，研究政党与政党制度，是理解近现代政治生活的一个重要内容，因此也是政治学研究的一个基本课题。

第一节　政党的概念

一、政党的定义

由于现实中的政党及政党政治的形式多种多样，关于政党的定义也各不相同。西方学者从各种不同的角度为政党下过许多定义。归纳起来，大致可分为如下几类：

政党是为选举（竞选）而建立的政治组织。《新时代百科全书》的定义是，"政党，是为争取选民投票支持它所提名的候选人而高度组织起来的集中统一的团体。"英美等国的许多政治学者都持这种观点。

政党是为了谋求官职，或是为取得权力和控制政府而建立的政治组织。《国际社会科学百科全书》的论述是，"我们选定党是为谋求官职而建立的这样一个定义，就把党与其他政治组织区别开来。""政党是政治体制内为取得和行使权力的目的而组织的集团。"（《大英百科全书》）"政党是以取得国家权力为目标而基于共同的政策组织和动员国民、开展一切政治活动的持久性的政治团体。"（《日本大百科辞典》）。

《哥伦比亚百科全书》的解释是："政党是这样一种组织，它通常是通过它所提出的候选人担当公职，以达到控制政府机构之目的。政党有很多形式，但它们的主要职能都是相同的，这便是，提供担任政府职务的人员；组织这些人员制定和执行国家政策；以及在个人与政府之间起桥梁作用。”这个定义带有较强的综合性。

上述这些定义，都从不同的侧面指出了政党的某些特征，但是其共性是将着眼点放在政党和政党政治的形式和表面形态上，没有触及政党的本质。马克思主义政治学说开辟了政党理论研究的新阶段。它从政党的阶级实质角度，结合政党的组织和活动内容，对政党做了全面和深入的阐述。

列宁指出：“在通常情况下，在多数场合，至少在现代的文明国家内，阶级是由政党来领导的；政党通常是由最有威信、最有影响、最有经验、被选出担任最重要职务而被称为领袖的人们所组成的比较稳定的集团来主持的。这都是起码的常识。”①

“党是阶级的先进觉悟阶层，是阶级的先锋队。”②

“在以阶级划分为基础的社会中，敌对阶级之间的斗争在一定的发展阶段上势必变成政治斗争。各阶级政治斗争的最严整、最完全和最明显的表现就是各政党的斗争。”③

在总结中国革命的历史经验的基础上，毛泽东提出：“没有一个按照马克思列宁主义的革命理论和革命风格建立起来的革命党，就不可能领导工人阶级和广大人民群众战胜帝国主义及其走狗。”④

根据马克思主义经典作家对政党的阐述，结合政党发展的历史与现实，我们可以对政党做如下的表述：政党是代表一定阶级、阶层或集团的根本利益，由其中一部分最积极的分子所组成，具有共同的政治纲领和理论主张，采取共同的行动，为参与、取得和维护政权而组成的政治组织。

二、政党的特征

所谓政党的特征，是指政党的基本特点。正是政党的这些特征，构成了政党的基本要素，并使它与其他社会政治组织区别开来。研究政党的特征，有助于更清楚地了解政党在政治生活中的地位、作用和活动方式。

1. 政党是特殊的政治历史现象

政党这个特殊的政治团体是在一定的历史条件下产生的一种特殊的社会政治现象。

---

① 《列宁全集》第39卷，人民出版社1986年版，第21页。

② 《列宁全集》第24卷，人民出版社1990年版，第38页。

③ 《列宁全集》第12卷，人民出版社1987年版，第127页。

④ 《毛泽东选集》第4卷，人民出版社1991年版，第1357页。

关于政党产生的原因，众说纷纭。社会心理学者认为，人类是社会动物，人的合群天性是产生政党的原因；还有人认为，人类的天性与气质各有不同，性格与感情也各异，有的重保守，有的喜激进，于是性格相投、感情相合者便互相结合而成为政党。有些历史学家认为，政党是由战斗团体演变而来。在野蛮时代，所有重大争执问题几乎全由战争方法解决，胜者为多数，败者为少数。后来，为避免流血，演变为以计算双方人数的多寡为确定胜负的标准，后又以举手多少来计算，最后演变出了“以选票替代枪弹的政党。”许多西方学者认为，政党是近代代议制度的产物，是意见相近的人们为争取选举的胜利而组织了政党。

这些观点，都在一定意义上揭示了政党产生的部分或非本质的原因，马克思主义则从阶级和阶级斗争的角度揭示了政党产生的根源。

马克思主义认为，政党是阶级的组织，是阶级斗争的产物，但这并不是说所有的阶级斗争都会产生政党。在奴隶制、封建制社会曾出现过“朋党”和“会党”之类的组织。“朋党”是当时的朝臣和士大夫内部的少数人为了个人进退而党同伐异的宗派组织。“会党”一般存在于下层社会中，是为了某种利益和目的，往往伴以宗教迷信而结成的民间秘密组织。这些组织同现代意义的政党完全不同。政党是近代资本主义社会的产物。发达的社会化大生产提供的先进交通、通讯、宣传等手段，使整个资产阶级联系起来了，也使其整体阶级意识得以强化。这是政党产生的基本物质条件和社会阶级基础。同时，资产阶级在反封建专制斗争中所建立起来的民主共和制度为政党的产生和发展创造了政治条件。政党政治与议会民主制、选举制共同构成了西方民主政治的三大支柱。政党既是选举的组织者，又是议会的组成者。有的学者把政党解释为西方民主制的标志，正是基于政党在民主制度中的特殊地位和特殊作用。

2. 政党由阶级、阶层或某些重要的社会集团中的一部分人所组成

从词源上看，英文 party，法文 parti，德文 partito，西班牙文 partido，都是从拉丁文词根 pars 转化而来，其主要含义是“一部分”。政党是由阶级、阶层、集团中最积极、最活跃的一部分人所组成的。从比较宽泛的意义上说，阶级、阶层都可以称之为集团。集团划分的基本依据是它们与特定生产资料所有制的联系。在一个特定的社会集团中，其成员的社会经济地位和利益意识的强弱是不同的。因此，无论是处于统治地位的集团还是处于被统治地位的集团，在追求和实现其集团的使命和利益时，都是由其中的一部分积极分子来领导。到了近代，首先在资产阶级之中，而后在无产阶级之中，积极、活跃、敏感的一部分人分别组成政党。当该集团处于被统治地位时，领导本集团与统治阶级争夺权利和权力，当处于统治地位时，则通过政党执掌国家权力，维护本集团的统治地位和利益。因而，政党成为了本集团的组织者和领导者。政党不是集团的

唯一的组织和代表，但它却代表着本集团的根本利益、长远利益和全局利益，是本集团利益的最高代表。集团中的其他组织往往只代表集团中局部的、一定时期内的、地域性的利益。因而，一个集团要实现自己的根本的长远的利益，必须组成政党。这是政党区别于其他社会组织的基本特点之一。

3. 政党是有组织、有纪律的组织

政党要发挥集团的组织者和领导者的作用，就必须建立自己的组织体系，并以此将全党的力量集中起来，共同行动，以实现自己的奋斗目标。没有一个有效的组织体系，就很难组织和动员本党成员以及更广泛的追随者，就不可能实现其目标，当然也就不可能发挥其组织和领导作用。

建立政党是为了进行有成效的政治活动，要使政党的活动具有力量和产生影响，就必须用党的组织纪律来约束党的成员，把全党的力量统一起来，统一行动。参加党的一个基层组织，如支部或其他基层组织；投本党候选人的票；服从本党的决议、指示和领导；在经济上帮助党，比如交纳党费或不定期地进行捐款等，都是政党的基本纪律约束。一般说来，一个政党的纪律越严格，就越具有战斗力。

资产阶级政党组织结构比较松散、纪律也比较松弛，只有在选举时政党的活动才比较突出。这与资产阶级的个人主义和自由主义及其政治原则是一致的。无产阶级政党则具有严密的组织和严格的纪律，这种建立在自愿、自觉基础上的组织纪律是无产阶级取得革命和建设胜利的基本保证。

4. 政党有自己的政治纲领

政治纲领即政见，它规定了政党的基本政治目标。政党之间的区别在一定意义上是政治纲领的区别。不同的政党有不同的政治纲领，这是由政党所代表的阶级、阶层、集团的特点和历史使命所决定的。列宁说："一个政党如果没有纲领，就不能成为政治上比较完整的、善于在任何转折时期始终坚持自己的路线的有机体。"① 英国的两个最早的资产阶级政党——辉格党和托利党的分歧表现在对待王权问题上的观点不同。辉格党代表新兴的资产阶级反对王权，主张国家的最高权力属于议会；托利党则站在地主贵族阶级的立场上拥护王权，主张最高权力属于国王。美国独立战争后的两党——联邦党和民主共和党的分歧表现为对集权和分权问题上的不同政见。联邦党主张建立强有力的联邦政府；民主共和党则主张保护各州的独立主权。在资产阶级的政治、经济统治地位确立以后，资产阶级政党的不同就表现为各政党的政治纲领的保守和激进之分。保守党派与激进党派的分歧不但表现为政见的差别，而且也在某种形式上表现出来。议会开会时，保守党派的议员坐在议长的右侧，激进党派的议员

① 《列宁全集》第17卷，人民出版社1959年版，第262页。

则坐在议长的左侧，由此，便有了右翼政党和左翼政党之称。无产阶级政党的政治纲领非常鲜明，它不仅表明自己的近期目的，而且也非常明确地提出自己的共产主义目标，也正是因为它提出了自己的这种政治纲领，才使它拥有了广泛的群众基础。

拥有政治纲领，是政党区别于其他社会团体的重要标志之一。恩格斯曾说，一个纲领是一面公开树立起来的旗帜，而外界就是根据它来判断这个党。政治纲领中的政治目标是政党成员结合的基础，没有这个基础，任何团体都无法成为政党。所以，政党的政治纲领一方面用以号召群众，争取群众的信任、支持和拥护，另一方面也表现了政党与其他社会组织等的根本区别。当然，看一个政党的政治纲领，不能只看其党章上的条文，更要看其所实际执行的政策。

5. 政党与政权密不可分

政党只有掌握了政权才能实现其政治纲领。掌握政权是政党的主要目标。这是政党区别于任何其他社会组织的又一个显著特征。如果一个政治团体，不是为了掌握政权而建立，那么它的组织无论多么严密也不成其为政党。资产阶级政党掌握政权也叫控制政府，执掌政权的政党为执政党，未执掌政权的政党称为反对党或在野党。

无产阶级政党也要掌握政权以实现其政治纲领，但是它同资产阶级政党的轮流执政不同。它要推翻资本主义制度，掌握政权，建立无产阶级专政，并以此为基础实现其伟大的政治目标——共产主义。

政党上述五个方面的特征是相互联系，不可分割的。不同政治制度下的政党虽然具有不同的侧重和表现形式，但都具备这些基本的特征。正是这些特征构成了政党与其他社会政治组织的根本区别。

三、政党的分类

为了更清楚地了解政党以及政党政治这种比较普遍而又复杂的政治现象，许多学者试图对政党进行分类。常见的分类有如下四种：

（1）以政党的阶级属性和阶级基础为标准，可将其分为无产阶级政党和资产阶级政党。正如列宁所指出的，“阶级划分是政治派别划分的最根本基础，它归根到底总是决定着政治派别的划分的”。这种划分是以政党的本质属性为依据的，它不仅可以区分资本主义国家内的不同的政党，而且可以区分资本主义国家和社会主义国家的政党。

（2）以政党是否掌握政权为标准，将其划分为执政党、参政党、反对党、在野党。在社会主义国家里，共产党是执政党，同时有些国家里有民主党派存在，作为参政党参与政治活动；在资本主义国家里，根据政党与立法机关的关系，可以按它们在议会占有的席位的多少，把它们划分为“多数党”和“少数党”；根据政党是否有人担任政府首脑，掌握国家行政机关，可以把政党划分为“执政党”、“反对党”或“在野党”等。在议会选举中取得多数议席的政党或政党联盟或者是在总统选举中获胜的政党为执政党，而其他政党则为反对党或在野党。

“反对党”和“在野党”的区别在于，前者是指在两党制的条件下与执政党相对峙的那个最大的“在野”的党派，它往往有一套类似政府组织的班子，即“影子内阁”，随时可能通过政治危机或合法选举上台执政；“在野党”是指在多党制条件下所有不执政的政党。在多党制下，往往没有反对党。此外，需要注意，在实行总统制的国家，由于立法机关和行政机关没有连带责任，因此，执政党不一定是多数党，在野党或反对党也不一定是少数党。

(3) 以政党的法律地位为标准，将其分为合法政党和非法政党。凡为法律所承认的政党是“合法政党”，反之则为“非法政党”。除此以外，在个别国家还有“半合法政党”，即那些虽然没有为法律所承认，但当局又默许它们进行活动的政党。一个政党是否具有合法地位，仅仅与该国的法律有关，而与该政党的性质无关。

(4) 根据政党的活动范围，可以将其分为跨国政党联盟、国内政党和地区性政党。目前，绝大多数政党属于国内政党，其活动限于民族国家之内，但在历史和现实中也存在一些跨国政党联盟，其活动范围超越民族国家，如共产主义的政党组织第一国际、第二国际、第三国际，主要存在于欧洲的社会党国际，当代，最引人注目的，在某种程度上可以说预示现代政党一种重要的发展趋势的“跨国政党”，就是欧洲共同体出现的“欧洲议会党团”和“欧洲政党联盟”。也有一些政党是在一定的地区中开展活动的。

除了上述几种主要的分类标准，西方学者有时还以意识形态倾向为依据，将政党区分为极左翼、左翼、中间、右翼和极右翼或激进党派和保守党派。这种分类的标准常常是比较模糊的。

上述对政党进行的分类，各自有不同的角度，彼此并不互相排斥。

四、政党的功能

政党是当代世界最普遍、最重要的政治现象。这主要是因为政党的活动在政治生活中发挥着极其重要的作用。有些西方学者把政党的组织选举、控制政府、担任公职、制定政策、监督政府、利益表达、利益综合、政治录用和政治社会化、政治沟通等活动看作是政党的主要作用或功能。政党的这些活动确实反映了资产阶级政党在形式上的作用。但是，政党作为阶级组织，它同阶级的关系密不可分。在资本主义社会里，有统治阶级的政党，也有被统治阶级的政党。如果混淆了这一点，就会导致把政党说成是超阶级的政治团体。

马克思主义认为，研究政党的作用不能离开阶级关系。在剥削阶级占统治地位的国家里，统治阶级政党的一切活动，都是为了维护和巩固统治阶级的政治统治。被统治阶级政党的一切活动都是为了反对和推翻统治阶级的政治统治。这是政党政治的根本功能所在。因此，我们研究政党的功能应着重研究政党同本阶级群众的关系和代表本阶级利益所从事的主要活动。据此，我们将政党的功能概括为如下三个方面：

1. 争取群众和影响群众

资产阶级政党代表着资产阶级的利益。由于资产阶级又可以划分为利益不完全一致的阶层和集团，因而，同是资产阶级的政党，又分为代表着不同的阶层和集团利益的不同的政党。以马克思主义作为理论指南的共产党是代表无产阶级根本利益的政党。离开代表一定阶级、阶层的利益，纯粹的“代表全社会利益的政党”实际上是不存在的。作为阶级、阶层的一部分，政党的首要任务就是争取自己所代表的阶级、阶层和集团的那部分群众的支持。

但是，大多数政党都在努力争取群众和影响群众。而且，对于那些先进的政党来说，在正确思想的指导下，也完全可以代表最广大人民群众的根本利益，完全可能成为一个国家和民族在政治上的代表性力量。列宁指出：“任何负有远大使命的政党的第一个任务，都是说服大多数人民，使他们相信这个党的纲领和策略正确。”① 群众是政党生存的基础，如果政党没有群众，脱离群众，或者只有少数追随者，就必然会陷入孤军作战的境地，最终导致溃散。一个政党拥有群众的多少，是这个政党势力大小和强弱的重要标志。

资产阶级政党争取群众的目的在于争取选票和对其纲领与政策的支持。因此，为了选举获胜、执掌政权，它不惜采取任何手段，包括虚假承诺、金钱收买、利益诱导等等。对于无产阶级政党来说，争取群众是它的一项重要任务。无产阶级政党的阶级基础是工人阶级和广大劳动群众，这是由它的纲领和最终目标所决定的。但是这种支持也不可能是完全自发的，需要通过党的工作来积极争取。如列宁所说：“政治家的艺术（以及共产党人对自己任务的正确了解）就在于正确判断在什么条件下、在什么时机无产阶级先锋队可以成功地夺取政权，可以在夺取政权过程中和取得政权以后得到工人阶级和非无产阶级劳动群众广大阶层的充分支持，以及在夺取政权以后，能通过教育、训练和吸引愈益众多的劳动群众来支持、巩固和扩大自己的统治。”② 他又说：“要想善于帮助‘群众’，博得‘群众’的同情、爱戴和支持，就必须不怕困难……哪里有群

① 《列宁选集》第3卷，人民出版社1995年版，第495页。

② 《列宁选集》第4卷，人民出版社1995年版，第207页。

众，就一定到哪里去工作。”①

马克思主义同时还强调无产阶级政党争取同盟者的重要性。“要战胜更强大的敌人，就必须尽最大的努力，同时必须极仔细、极留心、极谨慎、极巧妙地一方面利用敌人之间的一切‘裂痕’，哪怕是最小的‘裂痕’，利用各国资产阶级之间以及各个国家内资产阶级各个集团或各派别之间的一切利益对立，另一方面要利用一切机会，哪怕是极小的机会，来获得大量的同盟者，尽管这些同盟者可能是暂时的、动摇的、不稳定的、靠不住的、有条件的。”② 对于无产阶级政党来说，争取群众、壮大自己、团结同盟者、孤立与瓦解敌人，无论是取得政权以前还是取得政权之后，都是至关重要的，都是政治的首要任务。

为了争取群众的信任和支持，政党还要教育群众，提高群众的政治觉悟。资产阶级政党也懂得这个道理，它通过报刊、电台、电视等传播媒介，对群众进行所谓“民主政治”的认识和参与政治的教育。为此，它可以不惜重金。而目的只有一个，就是获得选票。对人民群众进行宣传教育，提高劳动人民的政治觉悟，是无产阶级政党的重要使命。列宁说：“无产阶级先锋队的作用，即训练、启发、教育工人阶级和农民中最落后的阶层和群众并吸引他们来参加新生活。”③ 在无产阶级掌握政权以前，党教育群众的目的是为了积蓄革命的力量，准备进行社会主义革命。在掌握政权以后，党对人民群众的宣传教育，是为了使广大人民了解、信任和拥护党的路线、方针、政策，焕发人民群众的积极性、主动性和创造性，积极参加国家管理，行使人民当家作主的权利。

2. 集中阶级意志

政治统治是按照统治阶级的意志进行的统治。政党是实现政治统治的工具，它的重要作用之一就是在集中阶级意志的过程中发挥重大作用。任何一个阶级社会，统治阶级的成员在维护其阶级利益和对被统治阶级进行统治这个根本点上是一致的，但在制定和实施具体的政策方面，却往往存在着分歧。这是由统治阶级内部的阶层、集团以及个人的不同利益所决定的。但是，统治阶级的意志在总体上应该而且必须是统一的。

在资本主义社会里，资产阶级政党的作用就是反映本阶级的利益和意愿，制定自己的纲领和政策。一个政党能在多大程度上集中整个阶级的意志，要通过竞选活动来验证。政党在竞选活动中对其纲领、政策进行宣传，争取本阶级群众对其政纲的支持和采纳。资产阶级政党的竞选活动实际上就是统一阶级意志的活动。哪个政党在竞选中获胜，则标志着它的纲领、政策得到了多数人的

---

① 《列宁选集》第4卷，人民出版社1995年版，第208~209页。

② 《列宁选集》第4卷，人民出版社1995年版，第225页。

③ 《列宁选集》第4卷，人民出版社1995年版，第206页。

采纳、支持和拥护。获胜的政党就可以通过执掌政权、制定法律和政策把统治阶级的意志集中起来，上升为国家意志。

在社会主义社会里，工人阶级和广大人民当家作主，但是人民群众在根本利益一致的基础上也存在着各种矛盾。为了发展生产力，为了建设社会主义，就需要形成统一的意志。无产阶级政党代表工人阶级和广大人民的根本利益，在集中人民意志的过程中起着决定性的作用。因为共产党没有广大人民利益之外的自身利益。党制定路线、方针、政策的过程，就是集中人民意志的过程。

3. 行使国家权力

政党不仅要把阶级意志集中起来，还要把集中起来的阶级意志上升为国家意志。阶级意志上升为国家意志，必须通过立法和制定政策的方式才能实现。所以，政党的目的就是要掌握政权、行使国家权力。在近现代国家里，政治权力的行使，在正常的情况下都是通过政党政治实现的。政党在组织政府、制定法律和政策、施政等方面都起着重要作用。

在西方国家，无论是共和制国家还是立宪君主制国家，政权机构通常是由政党组织的。政党掌握政权的方式有两种，一是操纵议会，通过选举取得议会多数席位，把本党的政纲通过议会制定为法律交由政府执行；二是由本党的官员组织和参加政府。在资本主义国家的实际政治生活中，政党还在调节议会和政府之间的权力制衡关系、调节联邦制国家中央和地方分权之间的矛盾以及对政府进行监督等方面，发挥着重要作用和影响。

无产阶级政党是社会主义国家政权的领导核心，党对社会的领导通常是通过国家机构来实现的。党对各类国家机关的领导是国家机关正确执行其职能的根本保证。因此，同资本主义国家的竞争性政党政治不同，无产阶级政党对社会主义国家机关起着领导、监督和保证作用。

第二节　资本主义国家的政党和政党制度

一、资产阶级政党的产生和特征

1. 产生及发展

政党的雏形最早产生于封建社会后期英国议会中资产阶级代表与封建贵族之间的政治斗争。近代意义的政党是在资产阶级革命成功和民主制度建立之后出现的。在“结社自由”成为宪法保障的公民基本政治权利之后，政党的产生才成为可能。由于自由竞争使资产阶级内部分化成不同的利益集团，在民主制度下和平争夺政权的需要，是政党产生的直接原因。在代议制的发展，普选制的实行，社会阶层多元分化的社会历史背景下，政党这种政治组织形式开始成为民主形式的标志和民主制度运作的基础，政党政治成为资本主义民主政治的有机组成部分。政党因其明显的阶级色彩和党派偏私的特点，在其形成初期为近代民主制度的缔造者们所忌讳、厌恶，甚至压制，而被排斥在近代民主政治制度的构架之外，近代民主宪法对政党也从未有过设计和规范。但是，随着议会内党派斗争的发展和选举制度的进一步完善，例如，英国在 1832 年选举改革、尤其在 1867 年选举改革后，其政党及政党活动逐渐由议会内的党派斗争发展为议会外的政党竞争，导致议会外的政党组织的纷纷建立。在此意义上，从直观的角度看，政党是适应议会政治及选举政治的需要而产生的。实际上，政党及政党政治的产生还有其更深层的原因和背景。

当资产阶级革命解除了封建制度对个体的人身束缚和压迫，实现了人类的“政治解放”之后，同时也就造成了一种政治机制的真空。在专制统治之下，通过以血缘亲族关系为基础的高度人身依附性的极端政治化的强制性政治机制，政治统治才得以维系。资本主义的政治统治也同样不能仅仅依靠官方的权力机关，它也需要非官方的社会组织机制来动员民众支持和参与政治生活。随着“政治革命”而来的，是传统的政治社会化的媒介如家庭、教会、学校等的政治性的淡化及其权威的衰减。这就需要新的媒介的出现，以适应新的政治统治、政治管理以及新的政治参与的政治机制。这是政党及政党政治产生的更深层次的原因和背景。

社会现实发展的客观需要，使政党现象和政党政治逐渐演化成各国的宪法性惯例而被各国的政治现实所接受，政党政治开始逐步被纳入立法范围。承认政党和政党政治，成为 20 世纪政治一个重要特点。“二战”以后，联邦德国、意大利、法国、西班牙等国宪法先后对政党的法律地位作出明确规定，将政党正式纳入国家的政治体制。美国、英国宪法虽然没有明确规定政党的地位，但在普通法律或最高法院的裁决中，也规定了政党在该国政治体制中的地位和作用。联邦德国在 1967 年颁布了迄今西方国家的第一部《政党法》，对政党的地位、作用、组织原则、经费使用做了系统的明确规定。

政党产生以来，已经走过了几百年的历史进程。在自由资本主义时期，作为国家与社会、公共权力与个人权利、政府与公民的纽带、桥梁和中介，在资本主义政治的维系与发展过程中起到了极其重要的作用。而 20 世纪以来，伴随着资本主义政治的危机，政党政治也处在危机之中。“二战”以后，传统的代议制经过调整又得到了继续生存和发展，但传统代议制的调整本身就意味着传统政党政治的危机，并且当代政党政治又面临新的危机，这种危机可以从当代资本主义政治中的集团政治、传媒政治等新的政治现象中找到证明，它成为当代资本主义政治的一个重要方面。

2. 基本特征

第一，标榜“超阶级性”。资产阶级政党以“全民党”自称，它有意模糊自己的阶级性质以获取尽可能多的选民的支持。资产阶级政党在其政纲里都竭力标榜自己是社会公正的代表，是全民利益的集合。尽管它实际上是阶级或是阶级中某个阶层的代表，但是它必须尽力淡化这种性质，以取得社会上各个阶级、阶层、集团的广泛支持。这是其政治目的以及特定的选举制度所决定的。

第二，围绕议会和选举开展活动。掌握政权和参与政权是所有政党的直接目标。在代议民主制中，议会是国家权力的核心，参加选举是政党合法取得政权的唯一手段。因此，资产阶级政党的大量活动是围绕议会和选举而展开的。资产阶级政党有时被称为“选举党”，因为最早的资产阶级政党就是在选举组织的基础上产生的；同时，选举结果又是衡量一个政党实力及其在国家政治生活中的地位的重要尺度。一次选举败北可能使传统大党沦落为无足轻重的小党，甚至分崩离析不复存在，造成国家政党格局的重大变化，发生所谓“政治地震”。在选举中获胜的政党主要在议会中活动，通过议会的立法活动，将自己所代表的阶级利益和意志以国家的利益和意志的形式获得实现。政党在议会中的活动主要表现为议会党团的活动。

第三，组织特征上的两极分化。资产阶级政党的组织结构存在着核心领导圈的内部集权和普通党员纪律松散并存的特点。在西方许多国家里，党的组织是对每一个公民开放的。在美国，选民投票支持某个政党，该选民就被认为是某个政党的党员；在英国，一个公民要想成为保守党的党员，只要宣称支持保守党的目标并每年交纳大约两英镑给当地的保守党选区委员会就可以了，党组织对普通党员的控制力有限，不仅缺少约束，而且可以随意改变党籍。但在政党的核心圈里，职业政客和职业党棍是专职的。他们处理日常党务，其中的少数人决定着党的主要政策。

第四，党内派系斗争合法化。资产阶级政党大都允许“党内思想自由”，使政党的生活表现为党外有党，党内有派。以党内派系斗争的方式协调党内各集团间的利益和权力之争。如，日本自民党内部一直保持着田中派、中曾根派等七八个重要的派系。许多资产阶级政党只是地方政党组织的选举联盟，党的全国组织不能要求地方政党组织的绝对服从，而为了寻求在全国大选中的暂时的统一，只能靠党内派系斗争合法化的方式来解决。

第五，资产阶级政党奉行“公平竞争”原则。资本主义的政党政治是多党竞争的政党政治。这在理论上符合资本主义宪政原则的基本精神；在现实政治中，它表明了资本主义政治所具有的竞争、反对与妥协、宽容相结合的特点。在选举的过程中，各政党都通过各种手段，千方百计地争取选举的胜利；一旦选举结果形成之后，各个政党都必须接受现实。当然，执政党还必须依法允许反对党的政治反对。这里的合法和公平，都具有其特定的含义，它们要在资本主义政治环境下来理解，在资本主义的政治框架下来进行。

二、资产阶级政党在国家政权中的地位和作用

政党是阶级统治的工具，采取民主形式的资产阶级政党也不例外。资产阶级政党通过组织选举，动员群众，教育群众；通过制定政纲，统一阶级意志；通过上台执政，行使国家权力来实现本阶级的利益；同时，反对党或在野党，也可以监督政府的活动。其根本使命都是为了实现、维护和巩固资产阶级的阶级统治，维持现有的政治秩序。其具体的地位和作用体现在如下三个方面：

1. 政党政治是资产阶级民主政治的基石，是资产阶级民主的标志

作为西方民主制度的三大支柱之一，政党制度既是选举制和议会制发展和完善的产物，也是两者运行的方式和动力，政党的活动和功能也主要体现于竞选过程和议会的党团活动中。

“二战”以来，一些西方国家开始把政党制度纳入法律体系，但只是将其作为“民主”的手段和选举的工具。第一个在宪法中规定政党地位的意大利，在 1948 年 1 月 1 日生效的战后意大利新宪法第 49 条规定：“为了在确定国家政策方针方面以民主方式进行合作，全体公民有自由地组织政党之权利。”有人认为，意大利宪法赋予政党的权利相当于其他国家“政府决定并指导国家政策”的政府职能，因此而认为意大利开了“政党民主国家”之先河。但西方国家宪法一般不规定政党有代表人民的权利，而把政党与政治团体相提并论，并不享有特殊地位。法国 1958 年 10 月颁布的第五共和国宪法第 4 条规定“各政党和政治团体协助选举表达意见”。1978 年 12 月颁布的西班牙宪法第 5 条规定：“各政党体现政治多元主义，可以提出和表达人民的意志，是政治参与的基本工具。”1975 年 6 月颁布的希腊宪法第 29 条第 1 款规定：“有选举权的希腊公民可以自由地建立政党和参加政党，这些政党的组织和活动必须是为民主体制自由运行而服务。”联邦德国 1949 年 5 月颁布的《基本法》第 21 条规定，“各政党应互相协作以实现国民的政治愿望。”而且联邦宪法法院曾裁定，政党是向政府输送候选官员的政治组织，通过政党组织和选举程序才能形成人民的意志，并把人民的意志转变为国家的意志，因此，政府可以向政党提供竞选经费。由此可以看出，西方国家对政党的作用主要定位在选民意愿的集合和表达上。

根据西方的社会契约理论，选举是公意集中和体现的过程，而公意是公共权力合法性的唯一源泉，政党通过政纲体现民意，政党通过选举架构起选民和政府间的桥梁。政党成了政治系统与外部环境、政治与社会双向交流的渠道。在西方民主政治下，政党通常把选举作为参与、取得和保持政权的唯一合法手段和实现本党政治目标的唯一途径。因此，选举成为政党活动的主要内容和重

要目标。各政党不仅在政纲和口号上适应选举，而且在组织结构上也为适应选举的需要而设置。从中央到地方的各级领导机构实际上是各级选举委员会。这些政党在非选举期不是处于休眠状态，就是为下一次竞选做准备，而只有在选举期间，各政党才处于紧张工作的状态。有些政党是为准备选举而组织的，选举成功就逐渐发展，一旦败北，就迅速走向消亡；有的大党一次选举的失利就可能造成党的迅速分裂。虽然各国法律并没有明文规定选举只能由政党来组织，但随着政党政治的发展，选举几乎被政党垄断，候选人一般由各政党提名，候选人之间的竞争事实上是政党间的竞争，而各国的宪法惯例也承认并保障这种政治事实。如由政党提名候选人，在选票上列出政党名称，有的选举要求只选政党，计算选票时以政党为单位来分配议席。虽然在竞选中也允许以独立候选人的身份出现，但当代的选举需要“无微不至”的竞选宣传、排山倒海般的竞选攻势，没有庞大的竞选班子和充裕的竞选费用是难以竞选成功的，以个人的财力和能力来难以支撑如此庞大的局面是困难的。

同时，政党政治是政治民主的标志。政党不仅是传递民意的渠道、公众参政的工具，竞争性政党政治的外在形式和“合法反对、公平竞争”的活动原则，也是西方社会公平、自由、民主的象征。在公开竞选过程中，各自的标榜，相互的揭短，选举结束后，反对党对执政党的监督、牵制，对执政党政策的质询，对政府高官的弹劾，客观上增加了政治的透明度和民主程度。

2. 政党制度是民主制度协调运作的工具

西方国家的宪法普遍确认以分权与制衡原则作为民主的保障。以权力制约权力，可以抑制集权倾向，但也难免造成效率的损失。政党选举获胜，组织政府。总统制下，总统是当然的执政党领袖。议会制下，多数党党魁组阁。政党领袖和行政首长双重身份合一，使行政首长在法定的职权能力外，增加了其特有的控制能力。政党组阁时，往往把政府中的政治性职位授予本党党员，即依据在竞选中的作用和在党内的地位进行“分赃”。职位授予权以及政党提名权的现实和潜在的权威，使行政首长大大增强了对下属政治官员的控制。文官制度的发展，政治与行政的相对分离，政党所能分配的职位相对减少，同时也强化了政治官员与政党同进退的特性。在行政与立法机关的关系方面，政党也发挥着控制和协调国会活动的作用。在议会内阁制国家中，议会多数派领袖同时是内阁首相，议会多数派必然是执政党。每当议会表决对政府不利的议案时，执政党便通过设置在议会中的督导员，指导、监督本党议员投票。在政党政治的条件下，议员的宦海沉浮不能不依赖于政党的作用。一般而言，议员不可能违抗政党的指示，从而保证了立法与行政之间的相互合作和协调。如撒切尔夫人当政期间，为了加强对保守党议员的控制，对议员的忠诚进行定期、正规的检查。党的督导员每年召开两次会议来讨论议员的投票记录和他们的观点。每当撒切尔首相任命新的官员时，这些记录都被认真审查和考虑。所以，事实上，政府支配着议会。总统制下的美国，国会与总统是两个分立并制衡的权力中心，总统不能直接控制国会，但同样能通过政党影响国会。美国的国会中也存在议会党团，国会中的政党领袖，是参众两院中最有权势的人物，他负责领导和监督本党议员并推行本党在各种重大问题上的决策。总统与国会中本党领袖的沟通，促进了国会与总统、立法与行政间的合作和协调。另外，总统一般会考虑提名与本党观点接近的人出任联邦最高法院法官。由此，行政长官通过执政党获得了协调、控制立法、司法机构的条件。政党弥补了权力分立中的沟壑，架起了权力分立的三个机构间沟通的桥梁，不至于使宪法上的制约和平衡原则把政治系统弄得支离破碎，各自为政。

3. 政党政治是资本主义政治制度的自我调整机制

西方民主制度在经历无数次大大小小的经济危机和政治危机后，能不断调整、重新适应新的社会环境和经济环境，并能保证社会的相对稳定和经济增长，这在很大程度上是与政党政治在西方社会中所起到的适时调整功能联系在一起的。政党是现代政府的主要政策提供者。选举过程中，每个政党必须针对选民所关注的社会、政治、经济问题，提出对策和施政纲领，以吸引选民和获得选民的支持和认同，这样才有可能获取选民手中的一票。所以选举结束后，不管上台执政，还是下台在野，不管是为了连任，还是夺回政权，这些政党组织都非常关注社会的变化、选民的倾向、民意的焦点。频繁的民意测验，使政党有可能在下一次大选或中期选举时能适时提出政纲，或通过政治系统中的议会党团及时反馈给政府决策中心，适时调整政府政策。政党对社会的关注和调查，以及政党对政治系统的不可替代的重要影响力，使政治系统具有了较强的应变能力。所以政党制度是西方政治制度的自我调整机制，它使19世纪就已构建的西方民主制度的“硬件”在20世纪仍能正常运作。资本主义政治要保持其生机和活力，就离不开政党政治这种能够不断修正的“软件”。

三、资本主义国家政党制度的类型

政党制度又称政党政治，是指一个国家通过政党行使国家权力或干预政治的一种政治制度。资产阶级的政党政治就是资产阶级政党通过议会选举和总统竞选，各政党轮流执政、联合执政或单独执政，以实现资产阶级政治统治的一种方法。资产阶级政党制度不同于其他民主制度，不是由宪法明文规定，而是在政党参与政治的过程中逐渐形成的一种宪法惯例。由于各国的历史传统、政治制度、阶级结构以及各种政治力量对比情况的差异特别是选举制度的不同，各国实行的政党制度的形式也各不相同。从政党数目、政党关系、政党执政方式等方面综合考察，资本主义政党政治可以分为三种类型，即两党制、多党制和一党制。

（一）两党制

1. 两党制的概念

所谓两党制，是指资产阶级民主国家中两个势均力敌的政党通过竞选取得议会多数席位，或赢得总统选举胜利，而轮流执掌政权的一种政党制度。在议会选举中获得多数席位或在总统竞选中获胜的一党，执掌政权，成为“执政党”或称“在朝党”；而在议会选举中没有取得多数席位或在总统竞选中失利的政党，成为“反对党”或称“在野党”。需要注意的是，反对党不是从根本上反对政府，更不是要推翻现政权存在，而是以合法监督政府、制约执政党的形式充当现政府的后备军，在时机成熟的时候，即政府换届或执政党陷入政治危机时取而代之，实现政权的和平更迭，从而使整个国家机器正常有序地运转。

两党制仅仅描述的是一国内两大政党轮流执政的政治现象，所谓两党制，不是这个国家内只存在两个政党，而是在众多的政党中，有两个大党居于垄断性的地位。事实上，实行两党制的国家中，除了在政坛上举足轻重的两大政党外，还存在一些小党。在美国，除民主党和共和党外，还存在共产党、社会党、社会劳工党、社会主义工人党等。在英国，除了保守党、工党两大党外，还存在自由党、共产党、社会民主党、民族阵线等小党。但这些小党因本国的政治制度，特别是选举制度及其运作机制所限制，往往不能发挥重要作用。这些小党难以独掌政权，但不是说他们没有影响政权、参与政权的途径和能力。当一个大党在议会中难以赢得议会多数时，往往需要小党的支持。或者在两大党力量均衡、僵持不下的时候，小党也可以对这二者到底由谁取得执政权起着重要的影响作用。所谓“轮流执政”，是指两个政党按一定的任期，不规则地交替执掌国家行政机关。任期是规则的，但是一个特定的政党，执政的时间可能相当长，持续若干个任期，也可能只是一个任期，甚至在第一个任期中就被“倒阁”而失去政权。

2. 两党制的类型

两党制最初产生于英国，后传入英国的殖民地和受英国影响较深的国家，如美国、加拿大、新西兰、澳大利亚等国家。当两党制与各国的具体的政治制度相结合，就形成了各具特色的政党制度的运作模式。在目前实行两党制的国家中，有两种典型的两党制模式。

第一种模式：以英国为代表的议会内阁制下的两党制。

英国两党制的形成和演变过程大体经历了三个阶段，这个过程与英国政党的演变过程相一致。第一阶段是辉格党与托利党先后交替执政时期，第二阶段是保守党与自由党轮流执政时期，第三阶段是保守党与工党轮流执政时期。第一阶段还没有真正形成政党政治，但为英国两党制的形成和发展奠定了基础。英王威廉三世以前，政府内阁是由托利党人和辉格党人选出若干人共同组成。直到 1714 年，乔治一世即位不久，英国议会才形成了国王不出席内阁会议，而由乔治一世指定议会中获得多数议席的辉格党领导组成内阁，由此开创了一党组阁的先例。议会下院多数党领袖组阁成为英国政治制度中的宪法惯例。在这一阶段，因英国选举法所限，两党的活动仅限于议会。第二阶段，工业革命之后，托利党和辉格党演变成保守党和自由党，两党为适应 19 世纪中叶开始确立的普选制，从议会内的政派集团逐步扩展成全国群众性政党组织，这既是近代意义政党形成的标志，也是政党政治形成的标志。第三阶段，工党取代自由党地位，形成保守党和工党轮流执政的政治格局。保守党于 1907 年首创“影子内阁”，以后凡在大选中获得下院次多数议席的政党则正式成为反对党，可以组织“影子内阁”，一套相当于政府各部大臣的班子，承担着“后备政府”的作用。反对党可以通过投不信任投票推翻现政府，取代执政党上台执政。反对党成为有责任的反对党。这一阶段，是英国两党制的政党政治成熟和完善时期，英国形成了一套体系完整、运作合理、具有本国特色的两党制。

英国的议会内阁制下的两党制的特点：

第一，两党的活动围绕议会选举展开。英国实行议会内阁制的政治制度，上议院议员由贵族世袭或国王任命，与政党制度无关。下议院由选举产生，两大党靠竞选争夺下院议员席位，由获得多数席位的政党组织内阁，执掌政权。该党成为执政党，党的领袖担任首相，内阁成员也都是议会议员，这样，执政党不仅掌握行政权，也掌握立法权。在选举中获次多数议席的党，成为法定“反对党”。在议会中，执政党与反对党在形式上经纬分明，执政党与反对党的“对抗”性活动也仅以议会为限。反对党往往有一套类似政府组织的班子，即“影子内阁”，来领导本党在下议院中的一切活动，“影子内阁”的设置与内阁部门一一对应。当议会就某项政策进行辩论时，就由负责该事务的“影子内阁”成员代表反对党发言。如果在下届议会选举中获胜，“影子内阁”就成为该党的执政内阁。

第二，两党采取集中制原则。根据英国议会内阁制运作机制，为保证执政党的议案能在下院顺利通过，政策得到有效地贯彻，政党毫无例外地用严格的党纪约束本党党员和议员的行动。在每次重要投票中，所有该党议员必须按党的决定投票。英国两党都有党的领袖任命的党的干事，以监督该党议员的出席情况和投票情况。有时也允许一些该党议员投弃权票或反对票，但要以不使本政府的意图受到损害为限，而且这种“反叛”行为也只能偶尔为之，否则，轻则影响晋升，重则在下次大选中不予提名，甚至有被开除党籍之危险。所以，尽管两党政治分野相当明显，只要本党议员内部不发生严重分歧，作为多数党领袖的首相，在整个任期内，能够比较有效地推行其政策，得到议会的支持，就能保证本届政府稳定和统一。

英国政党的集中性质还体现在政党本身的组织结构上。中央和地方组织之间有着直接的联系纽带，并且政党活动具有连续性。两次大选之间，它们的活动并不停止，而在继续各自的宣传活动，如召开会议，组织地方力量参加地方选举，保持与议会和内阁的接触。

第二种模式：以美国为代表的总统制下的两党制。

美国两党制，最早萌芽于建国之初的联邦党派和反联邦党派的对立，1800年，联邦党因竞选败北而分裂，美国在这段时期事实上是只存在民主共和党的一党制，后来几经分化、重组，直至1828年大选，民主共和党分为民主党和国民共和党，1834年，国民共和党改名为辉格党，两党制初步形成。开始实行由两党的全国代表提名总统候选人制度。两党都建立了从全国到地方各级党的国会外组织。1828—1852年，两党轮流执政，民主党在政治舞台上占优势，辉格党仅有两次执政机会（1840—1844年，1844—1852年）。自内战结束到19世纪末20世纪初，美国两党制最后确立。在此期间，美国正式形成了比较稳定的由共和党和民主党轮流执政的两党制，而且两党所代表的阶级利益日趋一致，两党内部的人员流动也比较大。

美国总统制下的两党制特点：

第一，两党制主要表现在总统竞选上。美国实行总统制，总统和国会在法律地位上是平等的。总统选举和参众两院的选举是两个各自独立的选举过程。美国两党制以总统竞选论胜败。总统竞选获胜者为执政党，失败者为反对党。而两党在议会中席位的多少与执政党和非执政党的地位无关。在这一制度下，一党若在总统选举中获胜，即使在国会选举中失利也不会影响它的执政地位。也就是说，执政党不一定是多数党，在野党或反对党也不一定是少数党。在美国历史上，常常出现在总统选举中获胜的执政党却是国会中的少数党的情形，这种情形需要执政党与反对党进行更多的妥协与合作。

第二，美国的两党组织结构松散，没有严格的投票纪律。美国的两党虽然存在从地方到中央的组织机构，但结构松散，党的全国机构对州和地方机构的权力有限，权力通常是自下而上的，而不是自上而下的。美国的政党一向基本上是各州和地方委员会的松散联盟，没有什么有力的全国机构、强大的凝聚力或严格的纪律，这与实行联邦制有关。两党党员没有严格的入党手续，某人想成为某党的党员，就可以成为某党的党员，党员人数统计以大选前的选民登记或以投票为依据。在国会两院中，两党都有本党的政党领袖，两院中的各党领袖又各有一名助手，即督导员，共同负责领导、监督本党议员，协调本党议员的行动以推行本党在重大问题上的决策。虽然党的领导人对该党议员施加一些影响是完全可能的，但党的组织对一个议员却不具有英国式的强有力的约束。因为议员由选民选举产生，进退升迁一般与政党胜败无关，所以议员主要从选区利益出发考虑自己的态度和倾向。在许多问题上，保守主义和自由主义的区别往往取代了两党本身的区别。因此，在美国两党制下，在国会中拥有多数席位的多数党并不意味着在所有立法问题上都能获得稳定的多数。正是美国政党这种松散的结构，两大党之间变化无常的组合，两大党之间模糊的差别，才使美国两党制保持了相对的稳定。

3. 两党制的特点

英、美两党制都是与本国具体的政治制度相协调并具有本国特色的政党制度，但作为两党制又具有共同的特点。

第一，国内存在势均力敌长期占据本国政坛的两大政党。美国历届国会选举、总统选举以及各州议会和州长选举均为两大政党垄断。一百多年来，美国的政治舞台上一直保持着民主党和共和党轮流执政的格局。虽有独立候选人或第三党候选人出现在选民面前，因限于选举制度及自身实力的悬殊，这种两党格局一直未曾被打破。英国在第一次世界大战后，自由党衰落，工党崛起，取代自由党在英国政坛的大党地位，与保守党角逐英国政坛。“二战”后两党的选票占有额虽有所下降，但两党轮流执政的垄断地位仍未动摇。

第二，两党处于竞争和对立状态。竞选过程中，两党互相攻击对手，吹嘘自己。竞选结束后，作为反对派监督政府，要牵制执政党，而且在一般情况下，两党不会联合执政。美国在将近二百年的历史中，两党近乎平分秋色。英国虽曾出现过两党或三党的“联合内阁”，但仅在某些特殊情况下发生，主要在战争时期，故也称“战时内阁”。

第三，两党制以多数代表制为基础。英国在议会下院，美国在参众两院的选举都实行一轮多数代表制。美国总统竞选的大选预选，除缅因州外，各州也一律按多数代表制的计票方法，即“胜者全得”的方式。这种选举制度有效保证了两大党的垄断地位。如美国在1828—1964年间第三党平均只获得5.2%的选票。英国在1983年6月的大选中，自由党和社民党联合虽获得了25.4%的选票，由于受选举制度所限，只获得3.5%的席位；工党只获得27.6%的选票却获得32.1%的席位；而保守党虽只获得42.4%的选票，却取得了61%的议席。两大政党的优势和特权一目了然。

4. 当代两党制的新变化

第一，政党的阶级基础日益趋向一致。美国的两党松散的结构，相互的交融是其政党制度一大特征。英国在工党崛起前，自由党、保守党都是有产阶级的代表，而在工人运动基础上建立的工党虽有较广泛的劳动者支持，但仍然是体制内政党。“二战”后，各政党的成分逐渐向中产阶级发展，保守党和工党的社会基础不如成立之初那样经纬分明。

第二，两党政策与立法思想的趋同。“二战”后以来至70年代末，英国的两党的执行政策趋同现象非常明显。1945年，工党政府所执行的许多内外政策，如外交、防务、经济、移民、治安、教育和非殖民化等政策，为以后历届保守党政府的政策奠定了基础。“巴茨克尔主义”清楚表明了两党在经济政策上的一致性。趋同现象反映在立法上，政府更迭时执政党并不轻易否定上届政府的立法，而且往往重提下台政府因大选而搁置的一部分议案，甚至是在野时所批评、攻击乃至于反对的某些议案。例如，1970年，新上台的保守党政府重提被上届工党政府搁置的14项议案；1974年，工党政府重提保守党政府搁置的15项议案。而且两大政党议会党团中持中间态度的议员逐渐占了优势，两大政党之间因此而有了较多的共同点。两大政党的政策、行动均注重实效，而并不以抽象的意识形态为指导。这也从另一角度反映了两党制得以长期、稳定存在的原因。每种政党制度都有运行于其中的国际、国内的“生存”环境，环境是恒动而非静止的，所以一党制、多党制、两党制仅指相对稳定的框架性政党运作机制。英国是传统、典型的两党制国家，但也出现过自由党和工党联合执政的历史。澳大利亚、新西兰、加拿大等受英国影响较深的国家，虽也实行两党制，但也有其特殊之处，这些国家中小党具有较大作用，在议会中越来越多的政党能占据议席。对立的一方或双方都需要组成政党联盟。如澳大利亚，两大政党一个是工党，另一个是自由党－国家党联盟，该联盟比较稳定，先后联合执政31年，实际起着同澳大利亚工党相对立的两党制中另一极的作用。

（二）多党制

1. 多党制的概念

所谓多党制，就是在一个国家中，多党并立，各党单独或联合竞选和执政的政党制度。在多党制国家，在选举中获得议会多数席位的党单独或联合执政，未参加政府的政党成为在野党，起监督和牵制执政党的作用。实行多党制的主要有西欧、北欧的多数国家和第三世界摆脱殖民统治的一些民族独立国家。

社会利益的多元化和错综复杂的社会矛盾，是党派林立的内在原因。比如德国历史上就长期存在宗教分歧、教派之争。在政党制度下就以政党的面貌和党派斗争的形式出现，如基督教民主联盟，基督教社会联盟；工人阶级与资产阶级的矛盾和对抗，产生了各种维护和代表工人利益的工人组织和政党；主张德意志民族的统一与代表诸侯国利益的地方主义的矛盾，历经了德意志帝国的统一和“二战”后国土的分裂的曲折历史后，并未消除。相反，出现了许多代表地方主义利益的小党，如联邦联盟党、巴伐利亚故乡党，德国汉诺威党等；

工业社会引起的生态问题，促成了以保护生态平衡为宗旨的绿党及其他近10个类似小党；战后国土分裂，民族主义情感的激发，在此背景下出现了许多“关于德国问题的小党”，如全德意志人民党、全德意志联盟等。

比例代表制是多党制形成的主要制度条件。一个国家政党制度的类型与选举制度密切相关。多党制国家一般实行比例代表制，比例代表制使小党也有可能在议会中占有一席之地。但比例代表制也造成政党林立、组阁困难、政局不稳等现实政治的困境，促使各国对比例代表制辅之以一些限制性措施，如意大利，为防止权力过度分散，法律规定了获得选票的最低限额。因此，在意大利参加竞选的党派或政治组织一般不下30个，在议会中获得席位的只有10个左右。俄罗斯联邦实行比例代表制的同时，规定只有选票超过5%的政党和选举组织才能进入议会，参与分配议席。1995年俄罗斯杜马选举，有40多个政党和选举组织通过中央选举委员会合法审查，获准登记，最后只有4个政党获得席位。

2. 多党制的类型

在实行多党制的国家中，因政党结构的差异执政方式亦有不同，一般可分为三种类型。

第一，两极多元格局的多党制。这种类型下的政党体制的特点是，其一，政党数量多，力量分散；其二，各政党往往分化成阵线分明的左右两大阵营，轮流执政；其三，政权的更替往往取决于第三党的结盟政策。这种类型的国家以德国和第五共和国时期的法国为典型。在第五共和国第一届国民议会成立之前，戴高乐一改过去比例代表制，实行“单记名多数两轮投票制”。根据这种选举法，法国本土划分成465个选区，每个选区选出一名议员，在第一轮投票中获得绝对多数票的候选人方能当选，否则就必须实行第二轮选举，而只有在第一轮选举中得票超5%的候选人才有资格进入后一轮角逐，第二轮中，获得相对多数票即可当选。在这种选举制度下，客观上促使法国政党格局向左翼和右翼两极集合。1962年11月，单记名多数两轮投票制首次在法国的立法选举中发挥作用，使法国的多党林立的政党格局开始向两极分化。以后，每经历一次选举，法国党派重新进行一次分化组合，1974年5月的法国总统选举后，使法国最终形成“两派四党”的政党格局。以戴派（1974年改名保卫共和联盟）为核心，和吉斯卡尔派（以独立共和党为主）联合社会民主人士中心、激进党于1978年组成法国民主联盟，为右翼极，为执政的多数派；以社会党为核心，和法共组成左翼极，作为反对派。这种政党格局在法国右翼长期执政过程中发挥了很大作用。

德国也是这种两极化的多党政治的典型国家。1990年12月2日，统一后的德国首届大选，进入联邦议院的政党，只有基民盟（基督教民主联盟）、基社盟（基督教社会联盟）、社民党、自民党、民社党和绿党联盟。基民盟和基社盟，虽然都有独立而完整的组织系统，但它们的政治纲领基本一致，两党在1949年以来在联邦议院一直组成一个议会党团，作为一个大党来行动。1949—1969年在西德联邦政府中联合组成主要执政党，1969年后联合组成反对党，人们称两党为“姊妹党”、“联盟党”。民主社会党的前身是德国统一社会党，虽在原民主德国执政40年，但两德统一后，该党的凝聚力下降，而绿党联盟尚未成熟。所以统一后德国仍旧保持着基民盟－基社盟与社民党为两极的多元格局的多党制。

第二，多元并存的多党制。在这种政党体制下，任何一个政党在选举中都很难单独获得绝对多数席位。政府一般都是联合政府，反对派也组成联合阵线与之相抗衡。实行这种多党制的国家有意大利、瑞士、芬兰和1958年第五共和国建立之前的法国。

在1958年以前的法国，经常参加竞选的政党保持在十几个到五十多个之间，而在比例代表制的选举制度下，选票非常分散，一个政党很难获得多数议席，只能联合组阁，而阁员之间没有连带关系，又无统一纪律约束。代表不同社会集团利益的政党一旦在某项政策上发生分歧，不是有关政党撤回阁员而酿成内阁危机，就是通过议会的不信任案推翻政府。这种体制造成了第三、四共和国的政局不稳。第三共和国每届政府平均寿命不足8个月；第四共和国时期内阁更迭的频率更超过第三共和时期，12年中内阁就更换了20届，平均寿命只有半年，最长的不过一年多，最短的只有两天。

意大利也是多党制的典型。战后活跃在意大利政坛上影响较大的政党有七个：天主教民主党、意大利共产党、社会党、社会民主党、共和党、自由党和社会运动党。天民党是战后意大利最大的政治党派，在议会中所占席位最多，一直是意大利最主要的执政党。共产党是意大利第二大党，经常处于反对党地位。两党的席位占了议会的绝大多数；其他小党的席位远远小于两个主要政党。小党在众议院中所占席位最高时达39%，也无法与两大党抗衡。而且两大党所获选票数相差不大，在参众两院席位数也相差无几，所以任何一党都无法成为议会多数。天民党往往拒绝与共产党联盟，而宁愿争取其他小党的支持形成议会微弱多数而单独执政或与其他小党组成联合内阁，共同执政。正是这种政党格局，造成了意大利政局的频繁动荡。只要有一个小党，哪怕微不足道的小党撤回对政府的支持或退出政府都会引起政府危机。自“二战”结束到1990年9月，意大利更换了49届政府，平均寿命10个月，寿命最长的2年10个月（还曾一度陷入危机），最短的只有9天。

多元并存政党制度的最大特点就是常常不得不形成联合执政的局面，其次是政权更迭比较频繁。值得注意的是，政权不稳并不意味着政治不稳定。法国经历了第三、第四共和国的频繁倒阁，第五共和国宪法孕育而生，促成了两极多元的政党体制，保证了政局的相对稳定。而意大利虽然政府频繁更换，但内阁主要成员保持了相对稳定。战后至1990年意大利更换过49届政府，但担任过总理的人数只有19名。在许多情况下，新政府的大部分组成人员是前一届政府的人马，特别是外交部长和内政部长这两个重要职务，其人选变动较小，因而实际控制意大利政府大权的政界要员变动不大，从而保证了意大利内外政策的连续性和在政府频繁更迭的情况下保持了相对安定的政治局面。

第三，一党独大的多党制。在这种多党制中，也存在多个政党，但其中一个政党在该国处于明显的优势地位，可以单独执政，而其他政党处于在野党地位。典型的例子就是日本的“五五体制”。

在日本，在议会中拥有席位的政党有七个左右，但自从1955年，自由党和民主党合并为自由民主党，从此自民党便获得了在议会中的绝对多数，连续执政38年。根据宪法，日本并不禁止其他政党执政的可能性，所以属于多党制。事实上日本自民党是“党内有派”，派系之间的斗争并不亚于政党之间的斗争，只不过是在自民党一党的旗号下，党内不同派系之间的竞争和轮流执政代替了其他国家的政党之间的竞争和轮流执政。1993年，自民党发生分裂，派系之间的竞争演化为正式的党派竞争，标志着日本由一党独霸政坛的政党格局的解体和多党制的暂时形成，但日本政党格局的演化并未停止。

此外，存在一党独大类型的国家还有印度国大党、新加坡人民行动党以及墨西哥革命制度党等。

（三）一党制

一党制是指一个国家的政权完全掌握在单一的一个政党手中，法律上和事实上不允许其他政党存在或与之争夺政权。一党制的要害，不是一党执政，而是全国只有一个合法政党。现代国家的一党制有两种典型形式，一类是法西斯主义的一党制，一类是亚非拉一部分民族独立国家的一党制。

1. 法西斯国家的一党制

法西斯主义一党制是资本主义国家深刻的经济和政治危机表面化、尖锐化后在政治制度上的一种体现，是垄断资本与封建专制主义、军国主义相结合的产物。“法西斯主义”一词最早由墨索里尼开始使用，1919年成立的“法西斯意大利斗士团”于1921年改组为“法西斯国民党”。此外，德国，土耳其、日本、希腊、西班牙等资本主义国家在“二战”期间都实行过法西斯一党独裁。

德国、意大利在实行法西斯主义一党制以前，都是多党制国家，这也为法西斯政党在各国政治舞台上的活动提供了合法的制度外壳。德国纳粹党在1923年7月的国会选举中由原来最小的党一跃成为在国会中占有230个议席的第一大党。1933年希特勒出面组阁，立即解散议会，重新选举，纳粹党议席增至 288 个。议会通过授权法案，规定国家法律由内阁制定，公布于公报上即生效力。这样，议会便形同虚设，立法权和行政权都集中于希特勒一人之手。同年 5 月，希特勒宣布解散工会；7 月，又宣布解散一切其他政党，规定纳粹党为唯一合法政党。12 月，又公布了维护党、国家统一的法律，规定："内阁总理为纳粹党魁、兼挺进队司令官，得发布一切施行命令。"于是纳粹党与国家合为一体。1934 年 8 月，兴登堡总统逝世后，希特勒公布法律，规定总理兼任总统，并改称国家领袖。这样，希特勒集党、政、军大权于一身，开始实行法西斯独裁统治。

意大利法西斯党领袖墨索里尼 1922 年 10 月进军罗马，受命组阁，第二年强迫国会通过新选举法，以全国为一大选区，一个政党得票占 1/4，便可以在下议院占 23 的席位。选举结果，法西斯政党在下议院获绝对多数，执掌政权，进而镇压其他政党，将之一一消灭。法西斯政党遂成为全国唯一合法的政党。1928 年 12 月，墨索里尼公布法律，使法西斯党的全国代表大会成为国家的最高权力机关，实行党国合一的法西斯独裁统治。

德意法西斯一党制都是通过民主制度的合法渠道产生的，最终背弃了近代西方民主制度和民主价值理念。其根源在于 20 世纪 30 年代整个西方资本主义社会发生的全面的经济危机动摇了资产阶级的统治，表明以"民主"形式实现其阶级统治的方法变得脆弱无力，垄断资产阶级为了维护其统治而采取了集权、独裁的政治统治方式以代替温文尔雅的民主制。

法西斯一党制的首要特点是国内唯一一党的合法存在；其次，一党制建立在党魁个人独裁的基础上；第三，国家的统治以恐怖和暴力来维持，把国家的暴力特征和专政性质推向极端。第四，实行党政合一的政权形式。实际上，法西斯一党制是一种变态的政党政治，它已经背离了近代民主政治的基本精神。

2. 民族主义国家的一党制

"二战"后，世界上产生了许多新独立的民族国家，一部分实行了多党制，大部分实行一党制。这些国家实行一党制是由其特殊的历史背景、严峻的现实以及发展经济的紧迫需要等客观条件所决定的。所以，尽管这些国家实行一党制的过程不尽相同，但在这些国家中却面临着一个共同的社会历史背景，即在长期的殖民统治下，经济文化极端落后，政治上分裂，部族矛盾、宗教矛盾、民族矛盾以及国家间矛盾十分尖锐，国民缺乏民主传统等现实状况，实行一党制的集中领导对内有利于维护国内的政治稳定和经济发展，对外有利于维护国家的主权独立。而两党制、多党制只会人为地制造混乱和分裂，为殖民者所利用，不利于国家的独立、统一和民族团结，不利于经济的发展。

亚非拉国家一党制的形成途径：第一，这些国家争取独立的运动原本就是由一个政党领导的，这个政党在国内享有崇高的、绝对的威信，独立后自然成为唯一的执政党，如几内亚、莫桑比克、安哥拉等国。第二，民族独立以后，由多个政党合并成为一个政党。如津巴布韦，原存在两个政党，津巴布韦非洲联盟和津巴布韦非洲人民联盟，曾在1979年共同组织代表团与英国举行了独立谈判，1980年成立民族团结政府，统一了军队，但两党存在着矛盾和冲突，为了“团结全民族，维护国内和平，实现法治，保证社会经济发展和政治稳定”，“决定两党合并为一党，以执政党津巴布韦非洲联盟”（民盟）为新党名称，建立一个一党制的社会主义国家。第三，先通过法令取消全部政党，再组建一个唯一合法政党。如赤道几内亚在独立之初实行多党制，1970年7月解散国内一切政党，成立“全国统一劳动党”作为唯一合法政党。第四，执政党宣布其他政党为非法政党，或通过军管取消一切政党，然后再建立唯一合法政党。如扎伊尔、索马里等国即是如此。第五，有的建国初期为多党制国家，但在发生政变后，经过军政权转化为一党制。

亚、非、拉民族国家中的政党在领导本国人民反帝反殖的革命斗争和独立后的重建过程中起到了进步的历史作用，但这些民族主义国家的一党制的性质及其发展方向，仍有待于这些国家的发展来作出历史的定论。

第三节 社会主义国家的政党和政党制度

一、无产阶级政党的产生和特征

1. 无产阶级政党的产生和发展

无产阶级政党是无产阶级的先锋队组织，建立独立的工人阶级政党是工人阶级由自发斗争上升为自觉斗争的产物，是一种自觉行为。

无产阶级作为独立的政治力量的成熟是无产阶级政党产生的阶级基础。工业革命使整个社会日益分裂为两大敌对阵营，分裂为两大直接相互对立的阶级：资产阶级和无产阶级。两大阶级利益的对立必然导致尖锐的阶级斗争。在资本主义社会的早期，在无产阶级诞生之初，缺乏阶级觉悟的无产阶级只是作为“自在的阶级”而存在，尚未意识到有组织的集体行为的重要性，把自身的苦难归结为机器大生产，发生了类似于捣毁机器和厂房的自发工人运动。不断的斗争教育了工人群众，使他们意识到有组织的斗争的重要。于是，互助储金会、工人俱乐部和工会等工人团体纷纷成立，工人阶级开始有领导有组织地进行为改善劳动条件、缩短工时和提高生活水平的经济斗争。长期的经济斗争使工人阶级认识到政治斗争的必要性，他们认识到，不掌握国家政权，就不可能获得彻底的解放。19世纪三四十年代西欧国家所爆发的三大工人运动，标志着工人阶级作为独立的政治力量登上历史舞台，工人阶级开始作为“自为的阶级”而存在。

工人阶级由“自在”到“自为”的转变是在科学社会主义理论的指导下完成的。与资产阶级政党产生的背景不同，无产阶级政党则是在与自己的政治纲领相对立的现实政治制度环境下建立的。这一客观历史事实为我们理解两种类型政党的性质、组织及活动特点、在各自的政治制度中的地位与作用等重要问题提供了一个非常独特而富于启发的视角。世界上第一个无产阶级政党是19世纪中叶在马克思恩格斯领导下所建立的“共产主义者同盟”。以此为开端和基础，建立“第一国际”、“第二国际”和“第三国际”；19世纪后期，在欧洲的许多国家陆续建立了社会主义共产主义性质的政党组织；并进行了法国“巴黎公社”的尝试；随着俄国“十月革命”的胜利，世界上建立了第一个以马克思主义为指导的、以无产阶级政党为领导的无产阶级专政的国家政权；20世纪的不同历史阶段，在各种类型的国家里成立了一大批以马克思主义为指导，或者打着马克思主义旗号的政党。使无产阶级政党和社会主义、共产主义运动呈现出丰富多彩、复杂多样的局面。

2. 无产阶级政党的特征

第一，无产阶级政党是马克思主义和工人运动相结合的产物。共产党是在工人运动中产生的，它以马克思主义为指导，以工人阶级为自己的阶级基础，以解放全人类作为自己的最终目标。正如中国共产党党章所明确规定的：“中国共产党以马克思列宁主义、毛泽东思想、邓小平理论为自己的行动指南。”无产阶级政党以工人阶级为自己的阶级基础，始终是工人阶级的一部分，是为工人阶级和广大民众求解放的政党。所以党必须依靠工人群众和一切劳动者，必须关心群众利益，全心全意为人民服务。中国共产党章程规定：“党除了工人阶级和最广大人民群众的利益没有自己特殊的利益。党在任何时候都把群众利益放在第一位，同群众同甘共苦，保持最密切的联系，不允许任何党员脱离群众，凌驾于群众之上。”

第二，无产阶级政党由工人阶级中的先进分子组成，其任务是提高整个工人阶级的觉悟。共产党是工人阶级的先锋队，是由阶级队伍中少数最先进、最具有共产主义觉悟的优秀分子所组成的。正如列宁所指出的：“我们是阶级的党，因此，几乎整个阶级……都应当在我们党的领导下行动，都应当尽量紧密地靠近我们党；但是……忘记先进部队和倾向于它的所有群众之间的区别，忘记先进部队的经常责任是把愈益广大的阶层提到这个先进水平，那只是欺骗自己，漠视我们的巨大任务，缩小这些任务。……”①

第三，无产阶级政党具有高度的组织纪律性，是按照民主集中制原则组织

① 《列宁选集》第1卷，人民出版社1995年版，第457～458页。

起来的战斗集体。无产阶级政党的坚强战斗力，在于它的高度的组织纪律性和在马克思主义基础上的坚强团结。在民主基础上的集中，在集中指导下的民主，是党的根本组织原则，也是群众路线在党的生活中的运用。发扬党内民主，才能调动和发挥各级党组织和广大党员的积极性和创造性；坚持正确的集中，才能保证全党行动的一致，保证党的路线、方针、政策的贯彻执行，才能发挥党的战斗集体的作用。

第四，无产阶级政党是其阶级一切组织的最高形式。党是阶级的组织，但不是唯一的组织。工人阶级在斗争中不仅创建了政党，也组织工会、青年团、妇女联合会、合作社以及其他社会团体。但是，只有无产阶级政党是其阶级组织的最高形式。在无产阶级政党执政以后，党的使命就是把一切群众组织以及政府机构的行动统一起来，引向一个共同的目标，为实现共产主义而努力。中国共产党章程规定："党必须保证国家的立法、司法、行政机关，经济、文化组织和人民团体积极主动地、独立负责地、协调一致地工作。党必须加强对工会、共产主义青年团、妇女联合会等群众组织的领导，充分发挥它们的作用。"

第五，无产阶级政党有独特的思想作风和工作作风。无产阶级政党同资产阶级政党的根本区别就在于无产阶级政党代表无产阶级和广大劳动人民的根本利益。无产阶级政党的阶级性先进性和革命性，决定了无产阶级政党必然要在思想上、工作上产生根本不同于资产阶级政党的作风。这就是"理论和实际相结合的作风，和人民群众紧密地联系在一起的作风以及自我批评的作风。"①

二、无产阶级政党在国家政权中的地位和作用

1. 共产党的领导是社会主义政治制度的核心

当代世界各国，政党是政治体系的核心，社会主义国家尤其如此。在社会主义国家中，坚持共产党的领导是社会主义政治制度的根本原则。社会主义政治制度实质上就是无产阶级专政制度，在中国是人民民主专政制度。而"共产党是无产阶级专政的基本工具；一个党的领导（这个党不与其他政党而且不能与其他政党分掌这种领导权）是无产阶级专政的基本条件，没有这个条件就不可能有任何巩固的和发展的无产阶级专政。"② 宪法确认了中国共产党的核心领导地位，"中国各族人民将继续在中国共产党领导下，在马克思列宁主义、毛泽东思想、邓小平理论指引下，坚持人民民主专政，坚持社会主义道路……把中国建设成为富强、民主、文明的社会主义国家。""没有共产党就没有新中国。"没有共产党，也没有中国的社会主义现代化建设事业。正如邓小平所说：

① 《毛泽东选集》第3卷，人民出版社1991年版，第1094页。

② 《斯大林全集》第9卷，人民出版社1954年版，第43页。

"从根本上说，没有党的领导，就没有现代中国的一切。……没有党的领导，就没有一条正确的政治路线；没有党的领导，就没有安定团结的政治局面；没有党的领导，艰苦创业的精神就提倡不起来；没有党的领导，真正又红又专、特别是有专业知识和专业能力的队伍也建立不起来。这样，社会主义四个现代化的建设、祖国的统一、反霸权主义的斗争，也就没有一个力量能够领导进行。"①

2. 党的领导的具体方式

共产党核心地位和领导作用主要是通过党的政治领导、思想领导、组织领导来实现的。

第一，政治领导。就是各国党依据马克思列宁主义原理，结合本国具体情况，根据不同历史时期的特点和需要，制定党的（同时也就是整个国家的）纲领、路线、方针、政策、战略和策略，规定长久目标和现阶段的任务，给人民群众指出奋斗目标和前进方向。中国共产党十三大明确提出了党在社会主义初级阶段的基本路线："领导和团结全国各族人民，以经济建设为中心，坚持四项基本原则，坚持改革开放，自力更生、艰苦创业，为把中国建设成为富强、民主、文明的社会主义现代化国家而奋斗。"党的十五大报告"第一次系统地完整地提出并论证了党在社会主义初级阶段的基本纲领，对跨世纪的伟大事业作出战略部署，""制定了有中国特色社会主义经济、政治、文化的基本目标和基本政策。"从根本上说，政治领导就是共产党在无产阶级政治体系中担负着进行最高决策和各种关键性决策的任务。这种决策是政治统治活动的核心。

第二，组织领导。是为实现党的路线、方针、政策而进行的队伍建设，以充分发挥党员的先锋模范作用和各级党组织的战斗堡垒作用。组织领导的核心是干部问题。政治领导能否实现的关键就看党的组织领导是否能够实现。因此，要求党贯彻"德才兼备"的原则，按照"革命化、年轻化、知识化、专业化方针，建设一支适应社会主义现代化建设需要的高素质干部队伍。"

第三，思想领导。在中国就是用马克思列宁主义、毛泽东思想、邓小平理论武装全党、教育人民群众，坚持理论联系实际，学以致用，不断提高全党和全国人民的思想觉悟水平，保持全党在思想上、政治上的高度一致，保证党的路线、方针、政策的贯彻执行。思想领导是无产阶级政治体系存在和发展的重要保证。

党在社会主义政治制度中的政治领导、思想领导和组织领导，是一个密切联系的统一的整体。政治领导是核心、思想领导是灵魂、组织领导是保证，由这三个方面构成的共产党的领导就是社会主义国家政党政治的本质。

---

① 《邓小平文选》(1975—1982)，人民出版社 1983 年版，第 230 ~ 231 页。

3. 不断加强和改善党的领导

要保证党的领导的有效、正确与长久，作为唯一执政党的共产党必须不断地加强和改善党的领导。根据社会主义各国的历史实践，加强和改善党的领导的关键是实行党政分开。

“党政不分”、“以党代政”、“以党代法”的弊病很多。比如：重复决策、效率低下；政出多门，易致内耗；干部队伍和管理机构庞大等等。从历史上看，社会主义国家的许多失误也是出在党委和党委主要领导人过分集权这一环节上。这是党改革领导方式的基本原因。

邓小平早在1980年《党和国家领导制度的改革》的讲话中就指出，要“着手解决党政不分、以党代政的问题”，“这样做，有利于加强和改善中央的统一领导，有利于建立各级政府自上而下的强有力的工作系统，管好政府职权范围的工作。”①

党政分开主要涉及的是党和政的关系问题，作为执政党，要把自己的纲领政策通过政权来实施。当然，由于历史的、现实的原因，社会主义国家的党的领导与西方国家的政党政治有着本质的区别，社会主义国家不能实行竞争性的政党政治，不允许各党轮流执政。共产党的领导是无产阶级领导权的体现，不能同其他政党分割领导权，这是一条根本的原则。但是共产党作为执政党，也需要通过政权来实现党的纲领和政策，在此意义上同其他政党政治是一样的。人民群众接受党的领导，不是因为党拥有权力，而是因为党是人民群众利益的代表，是因为党的正确。如果党政不分，就是把党的方针、政策直接用国家强制力来实现，党的组织就变成了国家政权组织，这是同政党的性质不相容的。所以，党政不分，不仅在实践中出现了许多矛盾和弊端，而且在理论上也是说不通的。②

规范党政关系，必须寻找合适的突破口。就中国而言，其中一个重要的途径是理顺党和人民代表大会的关系。因为，党和人民代表大会是两种具有重要影响的因素。这种重要性不仅体现在各自在政治生活中的地位，更体现在二者关系的模式对社会主义民主具有的标志性意义。人民代表大会体现的是人民的权利，人民通过自己的代表实现对国家事务的管理，人民代表大会的行为体现着人民的意志。同时，人民代表大会发挥着立法机关的作用，体现着国家的意志。在人民代表大会，国家意志与人民意志得到统一。从理论上理顺党与人大的关系，关键问题是党的领导地位如何与作为民权机关的人民代表大会统一起来。通过党政关系的规范和调整，既改善和加强党的领导，又真实代表民众的

---

① 《邓小平文选》(1975—1982)，人民出版社1983年版，第281页。

② 参见《邓小平文选》第3卷，人民出版社1993年版，第177页。

利益，充分反映民众的要求，使民意得到顺畅的表达。

党的组织也有权力和纪律，但这只对党员有约束力，对党外没有约束力。所以，党的方针政策要在全社会实施，必须上升为国家意志，这不是形式问题。上升就是通过国家权力机关，在中国就是通过人民代表大会，经过国家权力机关的法定程序成为法律和法规，这实际上是人民行使权力的过程，人民接受党的路线、方针的过程。如果在这一过程中不被接受，那就需要通过协商，做细致的工作，或者是检验党的方针、政策是否正确。如果党的方针不通过国家权力机关直接贯彻到全社会，就是超越和违反了民主程序，这是同社会主义民主政治不相容的。因此，《中国共产党章程》明确规定："党必须在宪法和法律的范围内活动。""并且负有维护宪法尊严、保证宪法实施的职责。"党的十五大报告中指出："依法治国，是党领导人民治理国家的基本方略……依法治国把坚持党的领导、发扬人民民主和严格依法办事统一起来，从制度上和法律上保证党的基本路线和基本方针的贯彻实施，保证党始终发挥总揽全局、协调各方的领导核心作用。"

三、社会主义国家政党制度的类型

共产党的领导是社会主义国家政党政治的主要内容，但是，体现这种内容的形式——政党制度，在不同的国家却不是整齐划一的。是实行一党制，还是实行共产党领导下的多党合作制，是由各国不同的阶级关系状况、不同的历史条件、不同的革命进程决定的。

1. 共产党领导下的多党合作制度

实行共产党领导下的多党合作制国家，有中国、朝鲜和东欧剧变前的波兰、东德、保加利亚等社会主义国家，它们有着相似的历史背景。在第二次世界大战中，这些国家的各种民主力量在反对德国和日本法西斯侵略者的斗争中联合起来，它们相互合作，互相信任。在反法西斯战争胜利之后，由民主革命过渡到社会主义革命，这些国家的民主党派也认识到，共产党所确立的目标是最具代表性的，同时也代表着它们的利益，因而在向社会主义革命转变过程中继续与共产党合作，从而形成了新兴社会主义国家中的共产党领导下的多党合作制度。如中国的各民主党派在抗日战争与解放战争中与中国共产党结成统一战线，共同为新民主主义革命的胜利和建立新中国作出了贡献。建国后的50余年里，它们在中国共产党的领导下，为社会主义革命和建设事业做了大量有益的工作，从而形成了以中国共产党为核心力量的中国社会主义多党合作制度。它成为中华人民共和国的一项基本的政治制度。

中国共产党领导下的多党合作制度有如下几个特点：

第一，坚持共产党的领导是多党合作制的基本前提。共产党的领导地位是历史形成的，并经受了时间的检验。共产党是执政党，其他各民主党派是参政党，它们接受共产党的领导地位并与其通力合作，参与国家大政方针的协商，参与国家管理，是中国共产党的亲密友党，而不是反对党。

第二，协商和监督是多党合作制的主要内容。中国共产党和各民主党派是“长期共存、互相监督、肝胆相照、荣辱与共”的关系，具体体现这种合作关系的是政治协商制度。通过这种制度化的形式，中国共产党与各民主党派共商国是，共同决定国家的大政方针，就重要的人事安排征求民主党派的意见。民主党派的参政、议政对中国民主政治的建设具有重要意义，特别是民主党派对执政党的监督，“能够对我们党提供一种单靠党员所不容易提供的监督，能够发现我们工作中一些我们所没有发现的错误和缺点，能够对我们的工作作出有益的帮助。”①

第三，宪法和法律是各党活动的基本准则。各政党包括执政党都必须尊重宪法的权威。各民主党派享有宪法规定的权利和义务，享有宪法所保障的政治自由、组织独立和法律地位平等，并自主地管理内部事务、独立地开展活动。

中国共产党领导下的多党合作制度是领导与合作的统一。正如邓小平指出的：“我们国家也是多党，但是，中国的其他党，是在承认共产党领导这个前提下面，服务于社会主义事业的。我们全国人民有共同的根本利益和崇高理想，即建设和发展社会主义，并在最后实现共产主义，所以我们能够在共产党的领导下团结一致。我们党同其他几个党长期共存，互相监督”。② 中国共产党领导的多党合作制度，是与中国社会主义经济、政治关系相适应，反映和代表各族各界人民的根本利益，适应改革和发展需要的。它是建设富强民主文明的社会主义现代化国家的政治保证。

2. 社会主义国家的一党制

实行和曾经实行一党制的国家有苏联、蒙古、南斯拉夫、匈牙利、古巴等国。这些国家建立一党制的过程有所不同。有的国家是因为共产党在民主革命或反法西斯战争中是唯一的领导人民斗争的政党，建国后，其他政党在人民中失去影响而消失。有的国家，成为执政党的共产党或工人党由于受“左”的思想的影响而取缔其他政党，建立一党制。俄国十月革命后，国内也存在着布尔什维克党和社会革命党。1918 年 4 月社会革命党人发动叛乱，被苏维埃政权镇压，从此苏俄和其后的苏联也实行了一党制。第二次世界大战后，罗马尼亚和匈牙利都分别存在着两个工人阶级的政党和其他政党。1948 年 2 月，罗马尼亚共产党和社会民主党召开两党联合代表会议，宣布成立统一工人党。1948

---

① 《邓小平文选》第 1 卷，人民出版社 1994 年版，第 224 ~ 225 页。

② 《邓小平文选》（1975—1982），人民出版社 1983 年版，第 231 页。

年6月，匈牙利共产党和社会民主党宣布合并，成立匈牙利工人党。这两个国家的一些小资产阶级政党与农民政党随着民主革命的彻底胜利和向社会主义革命转变，由于种种原因退出了历史舞台，一党制在这两个国家逐渐形成。

社会主义国家由于建立的历史较短，其政治制度包括其政党制度都在不断的完善之中，但是无论采取什么样的形式，保证共产党对国家政治生活的领导地位，将始终是社会主义政党制度的基本原则。

第十一章　政治团体

目前，除了阶级、阶层、政府、政党以外，各种政治团体也成为了重要的政治存在形式。1908 年，美国政治学家本特利（Bentley）在《政府进程：社会压力研究》一书中，最先提出了关于“集团”（group）的问题；20 世纪 50 年代，美国政治学家戴维·杜鲁门（Truman）在《政府的进程：政治利益与公共舆论》一书中重提集团问题，并作了比较系统的阐述；1965 年，奥尔森发表的《集体行动的逻辑》一书，将有关集团问题的研究和争论进一步扩大了。到这时，与政治团体已经成为社会政治生活中的一个重要角色大体同步，被西方学者通常称为“利益集团”的社会政治团体，已经成为了政治学重要的研究对象。对政治团体进行系统研究，对于清晰地理解现代政治的结构和政治过程，特别是对于综合理解政党问题、民主问题和政治发展问题，具有十分重要的意义。

第一节　政治团体的含义

一、政治团体的定义

从广义上讲，政治团体（英文 group）是指为表达、争取人们的利益或与国家权力的运行有关而组成的群体、集合、集团或组织。依此来看，国家机关、军队、官僚机构、政党、工会、企业界协会、宗教组织都属于政治团体。但是，在政治学研究领域，人们通常是在与国家机关、政党等范畴的相对比之中来理解政治团体的含义的。

一般来说，公共权力机构在政治生活中居于重要的位置，因此学术界通常按照一定社会团体与权力中心的距离来对政治组织进行分类。居于公共权力核心圈的是国家机关，我们可以称之为公共权力组织，或权力集团；然后是政党，它在公共权力组织的形成和运行过程中有着正式的、合法的、重要的地位与作用；而后才是我们这里所要探讨的政治团体，它们与公共权力不具有正式的、直接的、法律程序上的联系，但是它们又与公共权力相关。

这种政治团体在西方国家有不同的称谓，有的叫作“利益集团”（interest group），有的被称为“政治利益集团”（political interest group）、“压力集团”（pressure group）、“院外活动集团”（lobbying group）。它们一般不具有正式的政治地位。在社会主义国家，政治团体一般被称为群众团体，有着比较确定的组织形式和正式的政治地位。在这两种基本类型的政治制度之下，政治团体在组织、活动、性质等诸多方面都存在着重大区别。但是，从上述的一般意义上，在同国家机关、政党的比较的意义上，二者又是处于同一层次上。

利益集团现象在美国最为发达，有关著述也最为丰富。齐格勒在《美国社会中的利益集团》一书中指出：“利益集团就是指一群人自觉地联合起来，加强自己的力量，在同本组织有益的问题上商讨共同对策，并且为达到自己的目的而采取行动。”① 这个定义比较宽泛，应看作是对利益集团的一种简单的表象描述。

达尔的定义则更为宽泛，他认为：“从最广泛的含义上说，任何一群为了争取或维护某种共同的利益或目标而行动的人，就是一个利益团体。”② 作为多元主义政治学家，达尔承袭了派别政治的传统，注重社会利益的多样性，但这个定义过于宽泛，难以把利益集团与其他社会组织明确区别开来。

戴维·杜鲁门认为：“利益集团是任何建立在享有一个或更多共同看法基础上，并向社会其他集团或组织提出某种要求的组织。”③

沃塞曼在《美国政治基础》中认为利益集团或者压力集团是“一群人组织起来为追求共同利益而对政治过程施加压力。”④ 从政治学的角度讲，这个定义比上述其他定义更接近了一步，即表明了利益集团的存在基础，又将其同政治生活联系起来了，但是它也同样不能揭示这种集团同其他组织和团体之间的区别，也没有比较全面地揭示出利益集团的基本特征。

密利本德在《英国资本主义民主制》一书中指出，压力集团同其他政治组织相似，“都力图对政府、对人口中的某些部分以及整个社会施加影响”。⑤ 此定义与其他定义所不同的是，它提供了利益集团活动的更广阔的领域和空间，将集团活动由对政治生活的影响扩展到对于整个社会和其他人和其他群体的影响。

这些定义各自的出发点都不同，所用的名称也不尽一致，并且其概念所指基本上是欧美发达国家的社会团体，但其中的概括实际上也可以用于分析其他

---

① 转引自李寿祺：《利益集团与美国政治》，中国社会科学出版社 1988 年版，第 3 页。
② 转引自李寿祺：《利益集团与美国政治》，中国社会科学出版社 1988 年版，第 2 ~ 3 页。
③ 转引自谭融：《美国利益集团政治研究》，中国社会科学出版社 2002 年版，第 1 页。
④ 沃塞曼：《美国政治基础》，陆震伦等译，中国社会科学出版社 1994 年版，第 182 页。
⑤ 密利本德：《英国资本主义民主制》，博铨等译，商务印书馆 1988 年版，第 79 页。

国家。综上所述，政治团体就是那些区别于政党和国家机关，有组织地去参与政治过程和影响政府决策的社会利益群体。代表特定集团的利益，是政治团体存在的基础；参与和影响政治过程，是它的主要任务；通过影响法律和政策的制定来实现集团利益，是政治团体的基本政治性质。

二、政治团体的特征

第一，政治团体的社会基础是具有相对具体、集中、单一的利益和目标的人群。共同的利益要求是政治团体形成的前提。没有这一基本的前提，也就不会有政治团体。按照本特利的说法，“没有集团的利益就没有集团，这里所用利益这一术语就是集团的等价物。”① 这实际上也是所有政治性组织所共有的特性，因为任何政治组织的产生、发展和活动都离不开利益基础。但是同其他政治组织如国家和政党相比，政治团体的利益和目标更为单一、具体，甚至可以说是狭隘和自私。在这个方面，政治团体同政党的区别非常鲜明，政党的旗帜和目标是为全社会服务，以社会上各种各样的利益的代表的身份出现；而政治团体则对于自己的偏狭直言不讳，将自己的单一、具体的团体利益和要求作为旗帜公之于众，其目的就是要实现本团体利益的最大化。这是政治团体的一个基本特点。

第二，政治团体建立的目的，是影响立法和政策的制定。很多学者都认识到政治团体影响政治过程，实际上，这是政治团体活动的客观政治后果。政治团体由于其利益的单一，其活动的直接指向往往是一项具体的政策。因而，比较准确的概括应当是政治团体影响政策过程，而非政治过程，只是由于政治团体的广泛出现并大规模地参与公共政策的制定，才在客观上形成了政治团体影响整个政治生活的局面。影响公共政策的制定是政治团体满足团体利益的重要手段，正因为如此，团体的存在和活动才具有了政治性质。现代政治生活中的决策是一个讨价还价的过程，任何一项政策都是妥协的产物，在民主政治中尤其如此。通过影响一项具体的政策，集团满足自身的利益，同时它们也就加入了政治过程。需要注意的是，政治团体以政治途径来实现自己的利益，是以影响政府公共政策的制定为限度的，它并不以夺取或掌握政权作为自己行动的目标。

第三，作为一种非政府组织，政治团体属于社会团体的范畴。在很多国家里，社会团体不具有真实的社会性质，直接或者是间接地隶属或附属于政府。在欧美国家，政治团体是独立于政府机构的。在很多具体的利益问题上，它们常常同政府处于对立的地位，它们试图向政府施加压力以求集团利益的满足，

---

① 转引自奥尔森：《集体行动的逻辑》，陈郁等译，上海人民出版社1995年版，第145页。

而对于集团的组成及内部活动，政府无权介入。在这方面，政治团体既区别于政府组织，又区别于政党。同政府相比，利益集团的组成和活动带有更大的自发性和灵活性，因而具有更广泛的社会性，而政府组织的构成以及职责、活动范围等是有明确的法律依据的；同政党相比，政治团体同样具有更明显的社会性质，政党是纯粹的政治组织，它必须有自己的政治纲领和组织机构，它的目的非常明确，那就是要争取在选举中取得胜利，组织政府，成为执政党，而政治团体则组织形态各异，没有明确的面向全社会的政治纲领，并不想成为直接的政策制定者，只是试图影响与本集团利益相关的立法和政策制定。因而，政治团体通常的存在状态是社会性的，是名副其实的利益群体。但是当它参与和影响公共政策过程的时候，就是作为政治组织而存在了。这里也体现出了政治团体现象的复杂性质，就是说，有些集团要比其他集团具有更多的政治性质，一个具体的集团有些时候要比另外一些时候具有更多的政治性质。研究者们所使用概念的不统一大概也源于此。

三、政治团体的地位和作用

政治团体及团体政治是现代政治生活的有机组成部分，与一定的政治制度与政治体制相联系，在一定的政治体系中占有一定的地位、发挥着特定的作用。它的组织特点和活动特性，从一个特定的角度向代议民主制提出了挑战，代表了民主制发展的某种现代趋向。它在当代政治生活中的地位和作用主要体现在如下几个方面：

1. 政治团体是公民政治参与的工具

在传统的代议民主制之下，公民的政治参与主要体现在定期地参加选举，通过投票来表达自己的意愿。在伊斯顿的政治体系理论和阿尔蒙德的结构－功能主义政治分析中，政党和集团都属于意见表达和意见综合的工具。所谓意见的表达和综合是基于如下的认识：社会上的利益和要求纷繁复杂，要使一种利益获得表达和被政治权威所认可，必须以一种有组织的形式出现。在现代社会，进行利益的表达和综合的主要形式就是政党和政治团体。公民通过政党所表达和聚合的利益是一种间接的表达和聚合，即公民通过参与选举，选出自己的代表来实现自己的利益。代表一旦选出，公民的使命也就完结了，他们对于代表的政治活动是很难控制的。政治团体和团体政治恰恰填补了这一空间。它们可以随时随地就本团体所关心的问题向有关的权力机关和权力者施加压力和影响，以促成于己有利的政策的出台，以防止于己不利的政策的产生，更好地维护自己的利益。公民通过有组织的方式表达和实现自己利益的过程实际上就是政治参与的过程。政治团体将相对具体、单一而狭隘的利益汇聚起来，通过各种各样的方式向立法、行政和司法机关施加影响，弥补了代议制的不足，使公民具有了一种新的、经常性的参与途径，因而政治团体的组织和活动就成了一种新的、更直接的、政治参与形式，它反应了一种公民对直接民主的强烈需要。

2. 政治团体是政治社会化的一个新的有效的媒介

政治社会化是特定社会的公民的政治文化的习得过程。在传统社会里，公民政治社会化的主要媒介是家庭、教会、学校和政府；近代以来，除了上述的媒介之外，又增加了政党、大众传媒等新的形式。资本主义政治的现代发展所造就的政治团体又成了一种新的政治社会化的媒介。“可以把政治结社看作是开办一所免费的大学，每个公民都可以到那里去学习结社的一般原理。”[①] 公民通过参加政治团体的组织和活动，了解其所生活于其中的政治制度的结构与过程、了解主要的政治家的思想和政策倾向、了解社会上的其他团体和有关的个人的政治态度和主张等等。通过参加政治团体，人们可以结识更多的人，可以彼此交换意见，可以去共同完成各种事业，并将在其中获得的观念带到日常生活和更多的人中去。因而，团体政治是潜移默化地、极自然地影响和改变着人们的政治文化。在这方面，它具有其他媒介所难以比拟的优势。

3. 政治团体与政治统治、政治管理、政治稳定密切相关

团体政治不仅是参政形式、意见表达和综合方式，还是公民政治社会化的媒介，最终还是一种统治和管理，还是一种利益关系、阶级关系。在特定社会中占统治地位的阶级、阶层、集团会利用一切可以利用的形式来实现自己的统治。正如在资本主义社会里，一切所谓民主形式从最终的意义上都会被统治者所利用，成为一种统治和管理形式。政治团体和团体政治也不例外。尽管公民可以利用这种形式为自己争取权益，但是，就如在其他的形式中一样，不同的社会群体在表面上的平等的背后，实际上是不平等的。任何政治形式都是符合特定的政治秩序的。尽管表面上每一个社会成员都是平等的一员，都可以自由地组织自己的团体，都可以从事政治活动，但是其客观的影响和后果却是不一样的。戴伊对此有深刻的见解。他认为：“利益集团：现状的辩护人”。他用翔实的实证资料来证明，集团活动的表象的背后掩盖着由于成员的经济地位的差异所造成的集团在政治生活中的实际影响的区别，集团活动实际上是服务于上层阶级的形式。[②] 就像代议民主制的其他形式一样，在表面的社会平等的背后实际上是等级差别的事实。通过团体政治，使得社会成员的利益和要求又有了新的合法的表达途径，也同时使政府又有了一种缓解压力和冲突的比较和平的方式。因此，许多西方国家在重大决策中会主动与相关的政治团体进行协商。

---

① 托克维尔：《论美国的民主》（下卷），董果良译，商务印书馆 1988 年版，第 647 页。

② 参见戴伊等：《民主的嘲讽》，孙占平等译，世界知识出版社 1991 年版，第 9 章。

这显然是政治统治和政治管理方式的新发展。

在社会主义国家里，各种政治团体是在共产党领导下，实现党和人民联系的中介，也起着联系和沟通政府与民众的作用。特定群体的利益和要求可以通过自己的团体向政党和政府机关表达，并以一种比较规范化的方式向政府机关施加影响，以求得特定群体的利益和要求的满足。它同样服务于国家的统治和管理的需要。同时，它也是一种比较重要的公民参政的方式和行使民主权利的重要组织形式。

第二节 西方国家的压力集团

在发达国家，压力集团是指那些在某些方面拥有共同利益或共同主张的人们，为了使政府维护其利益或实现其主张而组织起来对政府施加压力的集团。比较典型的如工商企业界的协会、联合会，劳动者方面的跨行业和行业的工会、农民协会，以及其他的诸如宗教的、种族的、职业的、性别的、年龄的组织等等。

在西方国家，压力集团在法律形式上有较大的独立性；在组织及活动方面独立于政党和国家政权机关；通过直接和间接的院外活动影响国家政权机关的政策，以满足其比较单一的集团利益和要求。由于集团的组织规模的大小相去甚远、组织及活动方式灵活多样、具体的集团满足自身利益的程度及对总体政治生活的影响也各不相同。

一、压力集团产生的原因和背景

1. 利益集团发展的过程

D. 杜鲁门曾经讲过："社团的组建呈现浪潮形式"[①]，这比较准确地概括了欧美国家利益集团产生和发展的历史事实。概括起来，利益集团的产生和发展大致经历了形成、发展和现代变化三个阶段。

19世纪后半叶至20世纪20年代是利益集团孕育和形成时期。在这段时间，在欧美主要国家，在久已有之的地区性狭小的集团组织的基础上，全国范围的集团开始组建。在英国，1860年，建立了英国企业协会；1865年，建立了英国商业协会；1876年，成立了英国钢铁贸易协会；1890年，成立了造船联合会。这些企业界协会的纷纷成立，同当时日益发展的国际工人运动有关，尤其同当时国际工人运动中所表现出来的"议会道路"倾向密切相关。与此同时，其他类似的利益集团也相继出现，例如，1870年成立的全国小学教师联

① 转引自李道揆：《美国政府和美国政治》，中国社会科学出版社1990年版，第273页。

盟，1884年成立的反对虐待儿童协会等等。美国是利益集团活动比较典型的国家，其利益集团的产生和发展也比较有代表性。实际上，利益集团的广泛出现一方面标志着世纪转折时期欧美社会的转折，是一种社会结构变迁的标志；另一方面，也是欧美社会政治转折的标志和结果。美国在世纪转折前后出现了一大批至今还影响不衰的利益集团，如1886年成立的美国劳工联合会，1895年成立的全国制造商协会，1912年成立的美国商会，1919年成立的美国石油协会和美国农场局联合会，1875年成立的美国教育协会，1892年成立的山岭俱乐部，1910年成立的全国有色人种协进会，1920年成立的全国农业联合会等等。

20世纪中叶是利益集团的产生发展过程中的又一个“浪潮”，是利益集团的发展时期。根据斯克罗兹曼等人的研究，大约40%的院外活动集团成立于1960年以后，25%的院外活动集团成立于1970年以后。J. 巴尔内研究了83个公民或公共利益集团，发现几乎50%的集团是在1968年至1972年期间成立的。①

如果将这两个时期进行简单对比的话，会发现产生时期的利益集团大部分都有明确的经济动机，所谋求的主要是经济利益，因此，这一时期的利益集团以企业和行业性质的利益集团为主。20世纪中叶前后利益集团发展时期所建立的利益集团则具有更广泛的社会性质，具有明确经济性质的利益集团虽然仍然占有重要地位。但是从总体上看，这一时期所产生的利益集团在更加广泛的领域内发挥作用和影响，尤其是围绕公共事业、环境保护、人权、妇女儿童权利、社会问题、国际问题等等，建立了一系列利益集团，如1965年美国成立的“共同事业”组织，1968年美国成立的消费者协会等等。

在英国，利益集团的发展表现出了独特的倾向，利益集团逐渐深入议会党团，直接在政党之内形成势力。例如，在保守党内有1922委员会、星期一俱乐部、政策研究中心等等；在工党内有费边社、论坛派、劳工民主运动等等。

利益集团数量的增加，集团活动领域的扩大无疑是利益集团及其院外活动发展的突出标志。同时，利益集团的具体活动也有重要的变化。为了加强对于政府决策活动影响的力度，许多新老集团都在首都建立了自己的专门机构。在美国，利益集团的影响更加专门化和职业化。到20世纪70年代，有63%的公共利益组织在华盛顿设立了办事处。同期，以游说为职业的华府律师人数也大增。②

20世纪80年代以来，利益集团的组织和活动又有了新的发展。这一浪潮

---

① D.L.Bear, D.A.B.ositis, *Politics and Linkage in a Democratic Society*, pp.52 – 53, Prentice Hall 1993.

② D.L.Bear, D.A.B.ositis, *Politics and Linkage in a Democratic Society*, p.16, Prentice Hall 1993.

的鲜明特征是一些非营利性的利益集团的大规模涌现。在美国，这类社团从1970年的10734个增加到1983年的17644个，增长了近70%，[①] 很多人又同时参加几个集团。众多的利益集团为公民参与社会活动提供了广泛的渠道。在这些集团之中，教育、文化、科学技术、公共事务等方面的组织的数量增长最迅速。集团组织和活动的另外一个特点是利益集团一方面日益深入到基层社会政治生活，在地方和社区的社会政治生活中发挥重要作用，另一方面利益集团及其院外活动开始进入国际领域，开始出现所谓跨国利益集团、国际院外活动等。

2. 集团政治产生和发展的原因

第一，世纪转折时期的社会变化是利益集团产生和发展的重要社会背景。在转型社会中，人们赖以生存的旧的社会组织已经解体，即所谓"社会解组"了，但是新的社会组织还没有建立起来。这时，人们就不仅失去了情感方面的依托，甚至部分丧失了基本生活保障。社会要维系和发展下去，就必须提供新的组织形式，也即所谓"社会重组"。正如布莱克所说，欧美社会在上一个世纪之交时期，在此意义上，组织形式、组织规模、活动方式等等灵活多样的利益集团的大规模出现，满足了人们寻求新的社会组织形式的需要。这成了利益集团产生和发展的重要的社会背景。

第二，社会政治结构的变化也从一个特定的角度说明了利益集团的产生和发展。实际上，转型期社会组织结构的变化就已经意味着社会政治结构的变化。因为说到底，社会组织结构的变化是根源于利益关系的变化，而利益关系的调整又需要政治权力给予承认和规范。20世纪以来，两大对立阶级之间的界限随着阶级内部的阶层分化和阶级之外的社会利益群体的出现而有所淡化，某些在过去非常明显的社会界限被集团现象在一定程度上所覆盖。但是，他们的利益需求同样具有明确的政治性质，也同样形成了与社会发展新阶段相适应的集团性的政治结构。这也正是20世纪在欧美政治学、社会学和法学领域曾一度盛行多元主义思潮的重要原因。

第三，利益集团的出现是权力制约的需要。国家权力的膨胀需要一种社会性的制约。利益集团作为"居间职业团体"，其实质是一种平衡日益扩张的国家权力的社会性因素。利益集团的出现的确成了一种对公共权力的制约力量，是要以团体的力量去向国家争取更多的资源。在此意义上，国家对经济和社会生活的更深入的介入成了利益集团产生和发展的推动力。政府职能的不断扩大和政府支出的增加，刺激了各种利益群体通过组织行为来保护或争取自身权益。正如一位企业院外活动分子所说，"当政府能够告诉你放多少奶油到冰淇

---

① 李道揆：《美国政治和美国政府》，中国社会科学出版社1990年版，第274～275页。

淋中时，你除了游说政府，别无选择。”

西方民主制度的不断完善，为利益集团的产生和发展提供了契机。决策总是各种利益之间妥协的产物，政治过程实质上是一个在不同利益集团之间讨价还价的过程。利益集团存在的合法性来自于西方民主制度的认可，其活动本身来自于西方民主制度本身的弹性空间。

这些原因和背景在欧美社会具有一般性质，但是如其他社会政治现象一样，利益集团的产生和发展在欧美的每一个国家都有其具体的过程、背景和独特的原因。如果比较英美两国，会很容易发现，美国的平等传统、缺乏比较强大的工会运动和左翼政党等等对美国的利益集团的产生和发展产生了很大的影响，而英国长期的工会运动历史又恰恰是英国利益集团组织和活动特征的一个很好说明。两党制的英美国家和多党制的欧洲大陆国家利益集团的产生发展以至组织活动都表现出各自不同的特点。因此，要弄清一个国家具体的利益集团产生、发展和组织活动的情况还要深入到一个国家的内部去进行更深入的考察。

二、压力集团的院外活动

“院外活动”一词，源于美国政治学，它最初用来描绘意欲在国会立法期间影响议员的活动。院外活动（lobbying），源于 lobby，意思是走廊、门厅。lobbying 原来的意思是指那些等候在议会大厅的一些人，在议会开会休息的时候，同国会议员进行接触，试图影响他们的态度和投票倾向，以满足自己或是自己所代表的集团的利益。lobbyist（院外活动分子、院外活动家、说客）即是由此演变而来。院外活动的现代含义更为广泛，它包括利益集团影响公共政策制定的所有活动。它不仅包括利益集团影响议员的活动，而且也包括利益集团谋求政党、政府机构和其他公共机构的支持的活动，以及通过传播媒介等谋求一般公众支持的活动。

利益集团产生、发展的根本目的就是在保持、巩固和扩大其利益，推进其事业，促进其信念、价值。这不是一个自发的过程，往往需要集团去活动和争取。这就表明，利益集团有必要采取一定的方式、步骤和措施来对政治过程施加压力。在某种意义上来说，利益集团也正是通过对政治过程施加影响来维护其利益和价值的。但是，这并不意味着所有的利益集团都会为此而采用相同的方式。恰恰相反，不仅不同国家的利益集团的活动方式不同，就是相同国家的不同利益集团的活动方式也存在着差异，更进一步，同一国家的同一利益集团在相同的问题上也常常变换手法。换言之，利益集团的活动方式是复杂的。为了分析利益集团的政治作用，就有必要分析利益集团发挥政治作用的活动方式，而为了从复杂的活动方式中把握利益集团如何发挥政治作用，就有必要对利益集团的活动方式进行分类。

美国学者赫热贝纳和斯科特在《美国的利益集团政治》一书中把利益集团的活动方式分为两大战略、14 个策略。一是，直接院外活动战略，同参与决策者进行直接的交往。具体策略包括（一）由集团代表或专职院外活动人员直接对参与决策者本人进行游说。（二）沟通关系：（1）社交性接触，（2）经济资助。（三）提供情报和材料：（1）帮助进行专题研究，（2）起草法案和报告，（3）听证会上作证，（4）参加顾问委员会。二是，间接院外活动战略，通过本组织的会员、舆论工具或其他团体来影响参与决策者。具体策略包括（一）基层动员：（1）发动广大会员施加影响，（2）动员有关选区的选民进行游说。（二）运用传播媒介工具造成社会舆论。（三）用抗议等活动引起参与决策者的重视。（四）组织联盟或联合阵线以壮大自己的力量。（五）越过参与决策者直接动员社会公众表态：（1）公开创议书，（2）公民投票。①

美国学者奥恩斯坦和埃尔德也把利益集团的活动方式分为基本的两类："内部"战略，即集中于政治团体的成员或其工作人员，建立社交性友谊和关系之网；所谓"外部"战略，即集中于基层舆论和压力，侧重于选区或选民、新闻媒介工具、或者群众运动。②

从利益表达的角度，阿尔蒙德和小鲍威尔把利益集团的活动方式分为合法的接近渠道和强制性的接近渠道两大类。合法的接近渠道包括个人联系、精英人物代理、大众传播工具、政党、立法机构及内阁和政府行政机构、抗议示威、罢工以及其他非暴力的但激烈而直接的压力；强制性的接近渠道包括罢工和阻挠、暴乱、政治恐怖等。③

还有的学者联系国家机构来对利益集团的活动方式进行分类。罗斯卡因等人则把利益集团的活动方式分为四类：接近立法者，包括游说等活动；接近行政部门；接近法院系统；其他战略，包括基层动员、抗议示威和暴力自卫。④

本书认为，利益集团活动方式分类的基础不仅仅是手段的差别，而应放到整个政治过程的背景中去考察。基于此，把利益集团的活动方式分为直接院外活动和间接院外活动两大基本类别，是比较合理、简明的分类之法。当然，分类是相对的，因为种种活动方式往往交织在一起。

---

① 李寿祺：《利益集团与美国政治》，中国社会科学出版社 1988 年版，第 65～66 页。

② 奥恩斯坦等：《利益集团、院外活动和政策制订》，潘同文译，世界知识出版社 1981 年版，第 95～108 页。

③ 阿尔蒙德等：《比较政治学：体系、过程和政策》，曹沛霖译，上海译文出版社 1987 年版，第 210～227 页。

④ Michael G. Roskin, Robert L. Cord, James A. Medeiros, Walter S. Johnes, *Political Science*, pp. 203－207, Prentice Hall, Eaglewood Cliffs, 1991.

1. 直接院外活动

直接院外活动是指利益集团或其代表——院外活动分子，在与制定公共政策的机关（包括立法、行政、司法、独立机构等）和个人（包括这些机关的决策者和工作人员）的直接接触中影响具体的公共政策的制定的活动。这是传统的院外活动的主要方式，也是利益集团常用的策略手段。它所影响的主要是立法、行政、司法机关的决策人员的决策活动。正如院外活动的最初来源一样，院外活动分子在议会的走廊和门厅里试图在议员开会前或开会后及会议中间休息时向他们施加压力和影响，以使得议员在讨论、投票表决时站在自己的立场上。当然集团及其代表向议员施加影响的方式不仅仅这么简单，并且影响的对象也不仅仅是国会议员，还包括行政、司法及独立机构的相关人员。具体说，有如下几种方式：

社交性接触和游说。压力集团要与议员、政府官员等保持良好的关系。这是一种公共关系工作，需要做长期安排，一旦需要，会很容易地联系上。社交性的接触和游说更多的是通过合理、合法、公开的方式进行，如邀请国会议员出席鸡尾酒会等。但有时也会出现非法方式，比如行贿等。

提供信息和情报。这是以一种很巧妙的方式将集团的利益和要求传达给决策者的方式。现代政府的决策量大而涉及面广，决策者几乎是不可能具备足够的知识和资料来处理他们所面对的所有问题，因而，集团就趁机而入。它们对与自己利益攸关的问题进行充分的调查、了解并系统地进行整理，一旦有关的政策要出台时，他们会想方设法将有关资料及时传达给有关的决策者。当然这些资料是准确的，同时也必然是有倾向性的。

出席听证会。很多决策机构在一项政策的酝酿阶段都会举行公开的公众听证会。利益团体的成员经常为支持或反对国会正在审议的法律议案而到国会作证。有些国家的政府机关在正式的政策出台之前还会在有关的政府公报上将拟议中的政策公之于众，征询意见。为支持或反对某些建议的规章，他们会积极地到制定规章的行政部门作证。

参加政府组织的各种顾问委员会和相关的协商组织。比如，美国的行政部门建立咨询性的委员会历史非常悠久。这种委员会当然是只有咨询性质，而没有“合作管理”之意。但是通过参加这类委员会，可以更有效地表达自己的要求。在西欧，政府部门更倾向于建立一种比较正式的“社会伙伴”关系，承认体制内的压力集团在政治体系内的正式代表地位。在这种情况下，集团的意见是主动被咨询的，使它们更容易地实现自己的利益和要求。

通过司法诉讼寻求利益的满足。根据“权力分立与制衡”的原则，司法系统具有重要的政治功能，它们的很多判决具有明显的政治性质。因而集团有时可以通过影响法院的判决来表达自己的要求。典型的案例是美国“全国有色人种协进会”为反对种族隔离、争取平等权利而进行的长期诉讼。当他们发现对国会的院外活动困难重重的时候，就把精力转移到了联邦最高法院。从20世纪50年代起，通过50多次法院判决，使种族隔离制度起码在法律形式上被取消了。集团还可以作为“法庭之友”在他人或集团的诉讼活动中提出辩护状，根据法律依据和事实（于自己有利的），影响法官的态度、想法，以最终影响判决。

2. 间接院外活动

相对于直接院外活动，间接院外活动是指集团通过一定的中介，如选民和大众传媒来影响政治过程。虽然，在这里，集团所影响的直接对象不是国家机关，但最终目的还是影响政策。间接院外活动的主要方式有：

（1）参与选举活动。集团本身并不推出自己的候选人，但是却可以支持或反对某个候选人，从而影响选举结果。集团一直是政党竞选经费的主要来源。尽管后来各国对政治捐款有法律限制，但在美国，集团通过建立繁多的“政治行动委员会”来对付这种限制。除了直接捐款，集团还可以“独立”地帮助自己所支持的候选人竞选，破坏自己所反对的候选人的竞选。通过参与选举，集团实际上事先进行了“感情”投资，为以后的直接院外活动做了先期准备。

（2）利用新闻媒介影响公众舆论。新闻媒介对政治生活的影响在现代西方社会十分巨大，被称为传统“三权”之外的“第四种权力”。在选举活动中，集团就大量使用媒体。此外，它还经常利用媒体做广告来影响公众的态度，以形成对有关的立法议案的公众舆论，或形成公众舆论对某一项重要人士任命的倾向等等，以此达到最终影响公共政策的目的。

（3）基层动员（grass roots lobbying）。这是一种比较新的院外活动方式，主要是指集团影响选区选民，利用选民来影响代表本选区的议员，以最终达到影响立法的目的。这可以通过传媒、邮政、电信、大量发送邮件等方式来实现。或者是动员其成员给议员或总统写信、打电话。成功的基层动员可以造成一日之间，成百上千万的信件一起涌向国会，造成一种强大的公众要求的气氛，使得国会议员不得不考虑他们在有关问题上的态度。

（4）抗议示威活动。集团的特殊要求和利益通过其他方式不能得到满足时，还有最后的办法，就是示威、游行、罢工之类的所谓的非暴力不合作方式。目的在于制造声势、吸引公众的关注，从而对政府形成强大的压力。种族集团、有组织的劳工都曾成功地运用这种方式来达到自己的目的。

在利益集团的活动中，一个集团还常常通过与立场接近的集团的结盟，来降低工作成本，增强行动的力量，制造更大的声势，以便更有效地达到影响立法和决策的目的。

三、集团政治与现代西方政治的发展

1. 集团政治改变了政治决策的基本机制

政治决策，在此是指由国家权力机关或者由国家权力机关授权的机关，通过法定的程序所制定的具有法定权威的一系列以各种形式表现出来的规范。在传统的代议民主制之下，比较典型的政治决策机制是：相互竞争的政党在选举过程中发表本党的竞选纲领，表达各党的政策趋向，获得选民票数最多的政党成为执政党，通过国家机关的规范化的程序将其政策纲领化为具体的具有法律效力的政策。具体体现在政治决策的横向的基本结构形式和纵向的运行过程及其主要环节上。从基本结构形式上看，在传统的代议民主制之下，公民（在这里以选民的身份出现）通过政党的组织而参与或进行组织政府的活动，由政府（广义上的政府）代表公民来行使政治权力。从公民与政府的关系角度看，公民是通过政党间接地同政府发生联系，这是一种比较典型的间接民主模式，这种相对比较单一的政治结构符合于自由资本主义时期国家对经济及社会生活的所谓自由放任主义。在此背景之下，公民个人、企业及其他社会团体无需从政府那里寻求更多的利益满足，另外还因为交通、通讯技术以及公民的政治参与意识也相对落后，因此，不具备较多运用直接民主形式的社会基础。从一项政策的形成过程及其基本环节上看，在传统的代议民主制之下，参与政策过程的基本角色乃是政党和国家机关，政党组织通过他们在议会里的代表提出政策建议，然后由相关的机关做出具有法律效力的决定，公民则很少直接参与政策的制定。

现代资本主义民主（此处乃是指20世纪以来尤其是第二次世界大战以来的资本主义政治）政治机制发生了比较重大的变化。公民一方面通过参与选举表达自己的政治要求，间接地参与政策制定过程，同时通过一系列其他形式、方式和途径直接地参与政策过程。在这一系列形式、方式和途径中，压力集团政治是最重要的一种。从公民同政府的关系看，我们可以发现当代资本主义政治同传统的资本主义代议民主制在政治机制上所发生的变化。公民、政党、政府间的关系并没有发生根本性的变化，公民仍然参与选举，在执政党的选择和政府的组成方面发挥他们所应该和所能够发挥的作用，但是，在此同时，公民通过广泛地参与利益集团及其院外活动直接地影响政府的政策制定。公民通过政党而对政府的组成发挥作用，这是一种间接地影响政策制定的方式。公民通过集团对政府的影响表面上看也是间接作用于政府的方式，实际上并非如此。首先，政党是一小部分政客的权力舞台，公民可以在选举中对于某个政客集团表示支持或反对，但是实际上政党所代表的只是一种可能的政策趋向，并不代表普通公民的直接和具体的目标和利益。集团则不然，它是人们基于直接、具体并且常常是比较单一的目标和利益而结合在一起的，实际上是以集团的形式对公民进行一种划分、区分。因此，公民通过集团作用于政府和公民作用于政府实际上是同一的。其次，公民通过政党参与选举是选择代议者，即决定由谁来代表他们来制定政策的，但是公民本身并不能够直接参与政策制定，而集团则通过其院外活动方式直接寻求对他们所选择的决策者的具体决策活动施加影响，这里更清楚地体现出它的直接性质。与传统的代议民主制之下的政治机制相比较而言，当代资本主义的政治机制变得更加复杂、多元和丰富多彩。这主要根源于集团利益的形成、国家权力的增强和扩张以及公民参政意识和参政能力的增强和提高。

2. 集团政治表现为一种公民政治参与的扩展与深化

政治参与从其宽泛的意义上说，是指制定、通过和贯彻公共政策的行动。这种行动可以是指当选的政治家，也可以是政府官员，还可以是普通公民的任何政治行为。但是衡量政治参与的程度常常是从普通公民参与政治生活的角度来探讨。在传统的代议民主制时期，普通公民的政治参与是间断的、有限的，主要形式就是定期地参加选举投票。而到了当代，普通公民的政治参与则已经扩展和深化了，其重要体现之一就是普通公民通过利益集团及其院外活动的形式直接地参与公共政策的制定。这种政治参与的新形式不仅体现在公民具有了一种新的合法化和制度化的参政形式，而且还表现在这种新形式同传统的公民参政形式相比较而表现出来的特点。传统的政治观往往认为，政治的界限可以划在政府组成的时候，政治过程到了选举结束、执政党产生的时候就已完结。这种观点尤其受到了以政策为核心来界定政治的很多现代政治学者的批评，在他们看来，政治的重要阶段开始于选举结束、执政党产生、政府组成以后的政策制定和执行阶段。利益集团及其院外活动的主要作用范围就是政府组成以后的切实的政策过程，他们不满足于参与选举，他们更要参与具体的政策制定，这种政治参与形式无疑是对于传统的代议民主之下的政治参与在参与的范围、领域、内容等方面的扩展和深化。

3. 集团政治客观上成为一种新的权力制约机制

集团政治是传统的西方民主政治权力制约机制的补充和发展。资本主义政治之所以成为资本主义政治，乃是由于它遵循着一些基本的政治哲学原则和制度运行原则，如私有财产不可侵犯、公民主权、权力分立与制衡、法治、权利平等与政治自由等等，资本主义的政治制度结构、权力结构、决策机制以及其他政治形式、程序、方式、途径等，都从根本上体现着这些原则。二战以后，资本主义政治在很多方面都发生了阶段性的变化，但是，只要这种变化还没有超出资本主义的宪政原则所允许的范围，资本主义政治仍将是资本主义政治。权力的分立和制衡是资本主义政治的基本原则之一，是直接针对着封建专制与政治腐败而设置的。在传统的代议民主政治之下，这一原则主要体现为不同的国家机关之间权力和责任的相互制约和平衡。这实际上适应了自由资本主义时期国家采取自由放任主义政策，公民政治社会化程度较低的政治历史背景。20世纪以来，随着国家一改“守夜人”的姿态而以积极的经济及社会生活的主动参与者和干预者的身份出现，传统的主要以国家机关之间的相互制约和平衡的权力制约机制就远远不能满足资本主义政治的内在要求了，而集团政治的出现恰恰填补了这个空白。

国家权力要加强，又要保留资本主义制度，这就需要一种新的制约机制，集团政治适时地承担了这个角色。利益集团通过对政治决策的直接参与，客观上平衡了扩张了的国家权力。现代资本主义政治的权力制约机制可以概括为，一方面，国家机关之间的权力制约关系尚在，同时，以集团政治为主要标志的社会性的权力制约机制也逐渐形成。19世纪转折时期著名的法国社会学家涂尔干在这方面可谓远见卓识，他看到了当时的法国的国家权力集中和增强的趋势乃是不可避免的，并认识到仅仅靠国家机关之间的相互制约已经远远不够，提倡组织所谓“居间职业团体”，既可以达到他所谓在社会“解组”状态下使人们重新找到依归的目的，又可以以此制约和抗衡国家权力的这种集中和扩张趋势。当然，集团政治的这种独特的政治功能并不是一种主观自觉的产物，毋宁说它是资本主义政治机制自发作用的结果。危机之中这种权力机制的调整反映了这种制度自身所具有的适应生存的自我调适能力。

集团政治及其所反映出的政治机制方面的变化对于资本主义政治的存在和发展来说至关重要，但这并未改变资本主义政治的基本性质。资本主义民主的根本局限性就在于其建基于私有财产制度之上。资本主义民主所保障的是以对物的依赖为基础的个体的独立性，而这种对物的依赖本身又标志着、造就出实际上的人与人之间的巨大的差异，即真实的不平等。在此基础上的民主政治其实质只能是以资产者的利益为最后的依归，而不可能是所谓的真正的人人平等的民主。精英主义者在这一点上是对的，集团政治在其本质上说是对于资本主义政治现状的辩护。具体的集团利益满足的程度要依集团的经济实力、组织规模等因素而定，而财政实力无疑是一项重要因素。它最终服务的还是私有财产制度。正如资本主义政治制度中的其他具体制度一样，集团政治尽管也可以成为劳动者阶级表达利益和要求的一种途径，但是，归根结底它必然成为有产者阶级的政治形式，成为资产阶级的民主。

第三节　社会主义国家的政治团体

一、社会主义国家政治团体的性质和特征

政治团体作为现代政治现象，在社会主义国家体现得也很明显。社会主义国家建立之初，政治团体就在政治体系中占有重要的位置。作为执政党、政府和民众之间联系的桥梁和纽带，政治团体发挥着重要的作用。

在社会主义国家，尤其是处于社会主义初级阶段的国家，由于存在着多种所有制形式，也由于在职业、行业、性别、年龄等等方面的区别，社会上存在着不同的群体，他们之间必然存在着利益的差异和矛盾。因为在社会主义国家里，从根本上说，人们的利益是一致的，所以这种冲突、差异和矛盾不具有对立性质，依此为基础而形成的利益群体也不具有对抗性质，并且社会主义国家的所谓利益群体并不是完全自发地产生的。因而，它不同于资本主义国家的压力集团。在社会主义国家里，有组织的利益群体主要是政治团体，它们不是完全独立于政党和国家政权机关之外的利益群体，从法律形式上说，它们是群众团体，从其地位、作用看，它又具有很强的政治性质。在一定意义上，政治团体的组织和活动作为社会主义政治制度和政治过程的有机组成部分，是被规定的。

在社会主义国家里，政治团体具有如下一些基本特征：

第一，都具有比较广泛的群众基础。比如，中华全国总工会是中国共产党领导下的职工自愿结合的群众组织，只要是工人阶级的成员，无论性别、民族、职业、宗教信仰、教育程度，都可以加入该组织，实际上，大部分职工都是会员。中华全国妇女联合会是各族各界妇女的群众性组织。与工会不同的是，它不实行严格的个人会员制，而是实行团体会员制，各个单位中的工会女工工作委员会或妇女工作委员会都是全国妇联的团体会员。另外如共青团、全国青联、学联、全国工商联等等也都具有相同的特点。

第二，有比较统一、规范的组织结构形式。社会主义国家的政治团体一般都没有同行的竞争者，没有左右翼的工会之分，也没有保守与激进的妇女组织之别。成员的广泛、组织规模的庞大及其社会主义性质，使社会主义国家的政治团体基本上都是按照民主集中制原则，依行政区划，随生产和工作单位而组成。一般都具有比较严密的组织体系。如中国工会是按照产业与地方相结合的原则组织起来的。同一工作单位中的成员组织在一个基层组织中；同一国民经济部门或性质相近的几个国民经济部门，根据需要建立全国或地方的产业工会组织。省、自治区、直辖市、自治州、市、县建立地方总工会，作为当地的地

方工会组织和产业工会组织的领导机关。中央设全国总工会，作为地方总工会和各产业工会的全国组织的领导机关。

第三，不同政治团体之间存在着利益差别和不一致，但这种差别和不一致是建立在它们的整体利益一致的基础上的。作为政治上的最高领导力量的执政党——共产党是广大劳动者的根本的、长远的利益的代表，它集中统一了全体劳动者的根本意志和利益，社会上各种各样的利益在这里得到了整合。因而，在现实中即使还存在着社会群体的利益的差异和矛盾也是一种在根本利益一致基础上的差异和矛盾。在中国实行改革开放政策以后，原已存在的社会群体之间的利益差异和矛盾更加突出和显著，也得到了执政党和政府的认可，并尽可能地在政策上予以协调。

二、社会主义国家政治团体的地位与作用

无产阶级专政是一种统治体系，它是一个整体。这就决定了各种政治角色在整个政治统治体系中的地位与作用。共产党是这一政治统治体系的领导核心，而政治团体则是社会主义政治总格局的不可或缺的有机组成部分。政治团体的专职管理人员也是属于党的“组织领导”的范围，这从组织上保证了党对政治团体的领导，而这也保证了政治团体在整个政治统治体系中的作用。中国共产党的十五大报告中强调指出：“工会、共青团、妇联等群众团体，要在管理国家和社会事物中发挥民主参与和民主监督的作用，成为党联系广大人民群众的桥梁和纽带。”政治团体的具体作用可以概括为如下几个方面：

第一，意见表达功能。社会主义国家的政治团体不是“压力集团”，但它们都不同程度地代表着一部分社会生活中的具体利益和特定方面的人民群众，通过向党和政府积极地表达和反映它们所代表的某一部分人民群众的利益、愿望和意见，政治团体在政府过程中承担了一部分意见表达甚至意见综合的职能。比如，从20世纪80年代末起，中国工会等人民团体已经比较明确地强调“维权”职能，共青团、妇联也一直在强调青少年权益和妇女权益的保护问题。

第二，组织功能。政治团体是群众组织，通过它把分散的个体群众组织起来，为当家作主的人民群众参政议政提供了组织渠道，为党和政府实施对社会的管理提供了方便的组织形式。在中国，通过工会、共青团、妇联、工商联、学联、青联、侨联等群团组织，几乎将全体社会成员都组织起来了，政治团体所发挥的组织功能为公民的政治参与、为政府的政治统治和政治管理提供了基础。

第三，参政功能。通过政治团体的组织和活动，公民可以以多种方式参与国家的政治生活。在中国，政治团体的参政功能主要体现在如下几个方面：其一，政治团体可以推选自己的代表参加各级人民代表大会。中国的选举法规

定，各政党、人民团体可联合或单独推荐候选人；选民或其代表10人以上联名推荐代表候选人。这种提名方式使得中国的各主要政治团体都会在国家权力机关里有自己的代表，直接参与立法活动。其二，参与行政部门的决策。行政部门在作出重大决策之前，一般会征求有关政治团体的意见，通过召开联席会议或扩大会议来共同协商政策。有时政府还直接吸纳政治团体的成员进入政府部门，直接参与决策。其三，政治团体参与政治协商组织及其活动。政治协商制度是中国社会主义民主政治制度的重要组成部分。它是在党的领导下，包括政治团体在内的各界人士参加的一种政治协商和民主监督制度。通过这种制度安排，政治团体可以就国家的大政方针、重要的人士安排发表意见，表达和维护集团的利益。其四，利用传媒传达政治团体的要求。各政治团体通过大众传播媒介、通过新闻发布会、各种座谈会、对话会等形式，对国家政治生活中发生的重大事件及时作出反应，既可扩大本团体的影响，又可促进本团体及其成员的权益的实现。

第四，民主监督功能。社会主义国家的党和政府为了公正、合理而又高效地履行其政治功能，一方面需要加强其自身建设，同时也需要外在监督，政治团体的监督就是一种非常有效的外在监督。政治团体在关注和维护本团体及其成员的利益时，会对国家的宪法、法律、法规的实施情况，党和国家方针政策的执行情况，党和国家机关工作人员履行职责、遵纪守法、为政清廉等方面的情况给予关注和监督。这种监督能够起到党和政府内的监督所起不到的作用。

第五，教育功能。适应于社会主义历史较短、尚处于初级阶段的特点，民众的教育程度比较低、权利和主体意识也有待提高，社会和政治参与意识和能力也与社会主义民主政治建设存在着距离，社会主义国家的政治团体还担负着重要的政治教育功能。在党的领导下，政治团体通过各种方式教育群众，增强他们的政治意识、法律意识、公民意识，使他们能够尽快地、积极主动地为社会主义民主政治建设而发挥其主人翁的作用。在此意义上，政治团体主要发挥的是一种上情下达的作用，即把党和政府的方针政策及时准确地传达到各自所联系的民众中去。

三、社会主义国家政治团体的发展

随着社会主义市场经济和社会主义民主政治的发展和完善，社会主义社会在社会利益结构、社会群体结构等方面都在进行着重组。这必将影响到政治团体的组织和活动的变化。

社会主义国家原来的政治团体都是在社会主义国家早期的经济、政治、文化等状况的基础上而建立和活动的。它适应于比较单一、确定并且是强政治化的社会结构状况。随着社会主义国家的全面变革浪潮的推进，尤其是市场体制的逐步确立，社会主义国家的利益结构和群体结构向着多元、复杂、并在一定意义上弱政治化的方向演变。在这种情况下，作为党、政府和民众之间的中介的政治团体必将实现反映这种变化的重大改革，并不能排除会出现新的从事政治活动的社会团体。在坚持社会主义基本政治制度的基本原则和结构的前提下，政治团体的组织和活动必将也需要进一步发展、健全和丰富。这符合社会主义国家的基本性质，与现代政治的发展趋向是一致的。政治团体将更加富有主动性，尤其是在下情上达，反映和表达日益复杂多样的团体利益，健全利益表达和权益保障机制，对党和政府的民主监督，推进各级领导决策科学化和民主化过程中，发挥日益重要的作用。

第十二章　政治文化

政治文化是20世纪60年代出现的新学科领域。它主要研究不同民族和不同社会中，影响政治体系成员的政治价值观念、政治认知、政治情感和政治态度的文化和心理等因素的形成过程及其在政治生活中的作用。因此，政治文化研究广泛地使用了社会学、心理学和文化人类学等学科的研究方法。从政治文化层面对政治现象进行研究，将有助于深入探讨不同社会和民族的文化习俗、价值观念和行为方式等因素在某种特定的政治体系中的作用，同时还为比较不同政治体系的文化内涵，分析各类不同的宏观政治体系与微观政治行为之间的逻辑关系，提供了新的研究角度和方法。

第一节　政治文化的含义及功能

一、政治文化的含义

政治文化这个概念，首先是在比较政治学研究领域中出现的。现代西方的一些政治学者在进行不同国家的政治体系比较研究时发现，在任何一种特定的政治体系中，都存在着某种特定的政治价值观念和行为模式，它是某种特定的政治制度得以有效运行的重要因素，由此构成了个人行为与政治制度、政治活动之间的必然联系，即所谓“政治行为的倾向性”。如果单纯地使用“政治态度”、“政治价值观念”、“意识形态”、“民族心理和文化模式”等概念，都难以完整地概括这种关系，因此，人们开始使用“政治文化”（Political Culture）这个新的概念，用以表达和研究影响政治体系运作的上述因素。

政治文化概念首先是由美国政治学家G.A.阿尔蒙德提出的。1956年，他在《政治学杂志》上发表了《比较政治体系》一文，他通过使用“政治文化”这个概念，来界定某一民族和社会对于某一政治系统以及各种政治问题的态度、信仰、感情、价值观和行为方式，并且提出了每一个国家和民族都具有自己独特的政治文化的结论。此后，美国的塞缪尔·比尔和亚当·乌赫姆在他们合著的《政治模式》一书中，也使用了政治文化这个概念。政治文化概念出现之后，立刻成为政治学领域中引人注目的研究课题。20 世纪 60 年代以后，政治文化已经成为西方政治学理论的重要领域。抽样调查、访谈和数理统计、社会心理分析和文化人类学分析等研究方法，逐渐被广泛地应用于政治文化的研究，相继出现了一批这方面的论著。其中最有影响的研究成果，是阿尔蒙德与 S. 韦伯合著的《公民文化》（1963）、L.W. 派伊和 S. 韦伯合著的《政治文化与政治发展》(1965)、阿尔蒙德和 G.B. 鲍威尔合著的《比较政治学：发展研究途径》（1966）等著作。此后，其他许多国家的学者也开始重视政治文化的研究。我国政治学界在 20 世纪 80 年代初，也开始对这一领域进行了介绍和研究。

关于政治文化的内涵，各派政治学家的理解是不完全一致的。一般认为，美国当代比较政治学中的结构－功能主义学派创始人加布里埃尔·阿尔蒙德所提出的定义，比较全面地反映了政治文化概念的内涵。他在《比较政治学》(第二版)（1978）一书中提出："政治文化是一个民族在特定时期流行的一套政治态度、信仰和感情。这种政治文化是在该民族的历史和现在社会经济、政治活动进程中形成的。人们在过去的经历中所形成的态度类型对未来的政治行为有着重要的制约作用。政治文化影响各个担任政治角色者的行为、他们的政治要求内容和对法律的反应。"① 阿尔蒙德认为，政治文化具有三大特征：一是政治体系文化，即"对于国家的认同意识"；二是过程文化，即"对于政治过程的一系列倾向"；三是政策文化，即"对公共政策的倾向模式"。同时，他还把个人对政治的态度分为三个组成部分来考察。其一是认识性因素，即个人对政治体系、政治过程、政治目的、政治角色、政治产品等方面的认识。这些认识有正确的，也可能有错误的，它本身就反映了认识主体的政治态度。由于人们的政治行为源于这些认识，因而无论这些认识是否正确，都应予以关注。其二是感情性因素，即个人对政治体系的热爱、忠诚、怀疑、疏远等情绪的反映，这些感情因素决定了人们对政治当局的要求的反应。其三是评价性因素，即个人根据自己的价值标准对政治体系所进行的价值判断。最后，阿尔蒙德还指出，政治倾向的这三个部分是相互联系的，并以各种方式相互发生影响和作用。政治认识可能受到政治感情的影响，也可能影响政治感情；政治认识和政治感情决定了政治主体对政治的价值判断。但它们又都会受到个人政治态度形成过程中诸种因素的影响。

还有不少政治学家对政治文化的概念作过表述，但实质上都没有超出阿尔蒙德的定义范围。如路森·帕尔认为，政治文化乃是人们对政治行动的感觉、认识、评价和情感取向。《国际社会科学百科全书》认为政治文化是"在一定

---

① G.A. 阿尔蒙德：《比较政治学》，上海译文出版社 1987 年版，第 29 页。

的政治机制中支配人的行为的设想、原则、规范政治过程的程序、方式，包括心态、信仰、情操等内容的一个概念”。美国的《政治学分析词典》则把政治文化解释为“每一社会内由学习和社会传递得来的关于政府和政治行为模式的聚集。政治文化通常包括政治行为的心理因素，如信念、情感及评价意向等。政治文化既是全社会历史经验的产物，也是每个人社会化的个人经验的产物”。① 丹尼斯·卡瓦纳则认为，政治文化就是整个社会文化的一个组成部分。总之，西方政治学者是把政治文化作为“政治体系的心理方面”加以研究的，也就是说，他们对政治文化内涵的界定，指的是一种由意识、心理、动机和情感等诸多因素构成的主观观念和行为模式。

近年来，随着我国政治学界对政治文化这一课题研究的展开和深入，我国的政治学者也从不同视角对政治文化的概念进行了各种各样的解释。尽管其中不乏很多分歧，但总的来说，可以将其分作两派观点。一派是从广义的角度来解释政治文化。这种观点认为政治文化具有观念和实体的二重性，即它由“政治制度形态的政治文化”和“观念形态的政治文化”两部分组成。另一派则从狭义的角度来解释政治文化，认为政治文化就是指“观念形态的政治文化”。这种理解同大多数西方学者的观点趋于一致。对于这两种不同观点，我们认为，由于政治文化的特质性，政治制度对于观念形态的政治文化来说，具有一定的独立性和非同质性。政治制度以政治文化的物化形式出现，并且与观念形态的政治文化发生关系。二者既有十分密切的内在联系，同时又有本质上的区别。如果从广义上来解释政治文化的概念，就会把上层建筑中有关政治的全部内容都包括在政治文化之中。这样一来，政治文化的内容和结构则过于宽泛，甚至可以囊括或代替政治学及其某些分支学科的研究对象，从而使政治文化的概念失去了它的特殊性。所以，应该从“观念形态的政治文化”的意义上来解释政治文化概念。然而，在政治文化的概念中排除政治制度，并不是说我们不重视两者之间的互动关系，而是把政治文化界定为一种观念范畴的文化现象。同时，我们强调政治文化的特定内涵，提示政治文化的社会基础及其同政治制度的互动关系之目的，正是要准确地阐明政治文化的主体、结构、内容、作用及其特质性。

综合中西学者的观点，可以对政治文化概念做如下的概括：所谓政治文化，就是一个国家中的阶级、团体和个人，在长期的社会历史文化传统的影响下形成的某种特定的政治价值观念、政治心理和政治行为模式。它主要包括政治主体对政治体系、政治活动过程、政治产品等各种政治现象，以及自身在政治体系和政治活动中所处的地位和作用的一种态度和价值倾向。这个定义包含

---

① 杰克·普拉诺等：《政治学分析词典》，中国社会科学出版社 1986 年版，第 111 页。

了如下几层含义：第一，政治文化的主体，是同政治活动的主体相一致的，既有团体性的，也有个体性的，既指普通公民，也指政治团体和其他的社会团体。阶级是政治活动中最主要的角色，也是政治文化最主要的承载者，不同的阶级会形成不同的政治文化。第二，政治活动主体的政治态度和政治心理倾向，不是凭空产生的，而是历史与现实的经济、政治和文化生活综合作用的产物。第三，政治文化所要揭示的是作为政治活动主体的人与政治体系及政治过程的关系；同时，也是政治文化与公民政治行为之间的关系。第四，政治文化的内容包括：政治认知、政治感情、政治态度、政治动机、政治意向、政治信念、政治参与意识和参与能力等内容。

对政治文化的上述定义，既体现了马克思主义政治学的根本特点，也弥补了西方政治文化概念的不足。它是从历史唯物主义的高度，根据社会存在与社会意识、经济基础与上层建筑的互动关系原理，结合阶级与阶级斗争学说，对政治文化概念作出的科学解释。

政治文化是一种特殊的观念形态的政治现象，由于它包括政治意识、政治价值、政治心理、政治行为模式以及民族气质、民族精神等方面的内容，因而它有别于一般意义上的文化概念。同时，它既不属于理论化、系统化的政治思想范畴，也不属于政治制度等现象范畴。我们可以将政治文化的特点主要概括为以下几个方面：

第一，政治文化具有深刻的阶级性和鲜明的民族性。这是政治文化相对于一般文化更为显著的特质。政治文化作为对国家政治生活的一定倾向与价值取向，必然要体现一定阶级的利益和要求。不同的阶级有不同的政治文化，一个社会中政治文化的冲突，实际上反映了阶级之间的斗争。一个新兴阶级的崛起，往往与一种崭新的政治文化的形成相联系。一个国家中的政治文化是复杂多样的，其中占主导地位的是统治阶级的政治文化。政治文化也具有一定的民族性，这是政治文化不同于集中、直接反映阶级利益和要求的政治思想的一个特点。政治文化中包含有许多因素，其中民族心理是一个非常重要的方面。一个民族在共同的地域、长期共同的经济生活和社会生活中，形成了共同的语言，形成了表现于共同文化上的共同心理素质，并成为维系民族凝聚力的心理和文化纽带。

第二，政治文化有其特殊的社会结构性。在世界上，每个国家都有自己特殊的政治文化，这种特殊的政治文化作为一种无形的力量，影响和制约着整个社会的政治生活内容。我们把在社会中占据主导地位的政治文化，称为主导型政治文化。同时，由于任何一个社会、一个国家的社会成员，都是由不同的阶级、阶层和集团所构成的。这些次级组织在自身的形成和发展过程中，会形成特殊的政治价值和心理倾向，这些特殊的政治价值和心理倾向，在文化学上被称之为亚文化系统。因此，在一个社会或国家的整个政治文化体系中，存在着主导型政治文化和属于亚文化系统的非主导型政治文化之分。主导型政治文化代表着一个社会或国家总体的价值取向和心理取向，它往往通过一定的亚文化系统的折射后而得到体现，并存在于整个社会文化体系之中。亚文化系统可以有不同的性质和类型，其中有的是与主导型政治文化相协调的，可以称其为次主导型政治文化；而有的则可能与主导型政治文化有着根本性的冲突，可以称其为反主导型政治文化，这三种文化并存于同一个社会体系之中，彼此相互作用和相互影响。

第三，政治文化具有相对的稳定性。政治文化是一个历史的范畴，其发展具有一定的历史继承性，并随着一定社会的生产方式和社会关系的变化而变化。政治文化的相对稳定性，主要体现在它与政治制度的相互关系方面。作为一种观念形态，政治文化的变动往往与政治制度的变动不同步。社会生产方式的变更，必然会引起政治制度的变革，旧制度因失去其赖以存在的经济基础而瓦解。但是，旧的政治文化却不会随着新制度的建立而立即消失，它还会在一个相当长的时期里滞留在人们的观念领域，沉淀在人们的心理意识之中，并对人们的行为产生持久的影响。由于构成政治文化的因素相当复杂，因而传统的政治文化既有同新的政治制度相互抵触的内容，也有同新的政治制度相互融合的方面。因此，必须要对传统的政治文化进行客观、冷静和科学的分析，不应采取简单地全盘否定的态度。

总之，政治文化作为一种社会政治现象，是一个民族、一个国家的政治历史与政治现实交互作用的产物，并且将随着社会历史和人类政治文明的发展而演变。同时，它又影响、制约着政治体系、政治关系和政治活动，在社会历史和人类政治文明的过程中起着不可忽视的作用。但是，这种作用并不是决定性的。政治文化的模式虽然影响人们的政治行为取向，但不是政治行为的决定性因素。政治制度、政治活动的性质和模式、政治发展的方向，归根结底不是由政治文化，而是由社会生产方式决定的。这是马克思主义政治学的根本观点。对于政治文化这个政治学领域中新的研究领域，我们必须要以马克思主义为指导，运用马克思主义的立场、观点和方法，准确地把握政治文化研究的正确方向，探索社会主义政治文化的发展规律，加强社会主义政治文化的建设，推进社会主义民主政治和社会主义现代化建设事业的发展。

二、政治文化的功能

政治文化的功能，是指政治文化中的各种因素对一个社会的政治体系和政治过程的影响和作用。

关于政治文化的功能，当代政治学者提出了不同的看法。路辛·派伊认为，政治文化的功能，主要是赋予政治制度以规则，给予个人行为以社会意义，使个人的政治行为按照一定的方式运行，使政治体系具有价值取向，保证政治体系具有某种统一性等等。阿尔蒙德则从结构–功能的角度来对政治文化的功能下定义。他将政治文化与政治体系之间的关系归结为三个层次，即体系文化、过程文化和政策文化。

马克思主义强调经济基础对上层建筑和社会意识形态的决定作用，但又反对把经济因素视为历史发展的唯一因素。历史唯物主义认为，社会文化的发展，尤其是政治观念和政治意识形态的发展，也是历史发展中的一种重要力量。事实上，政治文化通过人们的政治心理、政治观念、政治意识、政治信仰，而对人们的政治行为和社会的政治体系、政治过程发生深刻的影响，并且这种影响是多方面的。我们可以将政治文化的功能主要归纳为以下几个方面：

第一，规定政治生活的基本指向和内容。政治文化反映了社会成员的政治倾向和政治情感，反映了政治体系、法律制度在社会成员心中的价值认知取向。这种政治认知倾向在一定的社会历史条件下，在一定程度上决定了某一时代或某一社会政治生活的方式和内容。政治文化也反映了社会成员对政治体系的要求和愿望。一个特定社会中的社会成员，在特定的政治文化传统影响下，将形成特定的政治价值观念。这种观念制约着他们的政治愿望和政治要求。在古代中国，生活在封建纲常礼教的传统文化氛围中的民众，自然不会产生对民主的要求。他们对于政治体系的最大期望，是出现“明君良臣”。“普天之下，莫非王土；率土之滨，莫非王臣”是当时人们普遍的政治观念。“明君”、“贤相”、“青天大老爷”等形象，则反映了当时人们的政治理想。在现代社会的民主政治文化氛围中，每个社会成员的政治主体意识，自然要求广泛的政治参与。不同的政治社会，将产生不同的政治观念和政治要求。不同的政治文化，特别是该社会中占主导地位的政治思想，将赋予某一社会中政治生活的目标、方式和内容以特殊的规定性。

第二，指导和规范各种政治行为。政治文化规定着政治主体内在的政治心理、情感和价值倾向。社会成员的政治思维能力、价值观念和心理倾向，可以使人们更清醒地对传统政治文化影响下的非理性政治行为的弊端作出理性的思考和判断。因此，个体所接受和具有的政治文化，将指导和决定着个体的政治价值取向和行为模式。政治文化一方面通过其物化形态——政治制度、规则等，规范着团体及个人的政治行为模式；另一方面则直接通过政治认知和价值取向，影响着人们政治行为的性质、类型和目标。例如，“修身、齐家、治国、平天下”的人生理想，反映了中国古代知识分子的价值追求。因而，“一室之不治，何以天下家国为?”便成了传统中国社会普遍流行的观念。由于当时普遍奉行以孝道治天下的统治原则，在政治人才的选拔上则相信“忠臣必出于孝子之门。”由此可见，政治文化决定着个体对政治体系、政治目的、政治关系、政治现象的态度和情感，决定着社会成员对共同规范和标准的态度，同时还决定着社会成员的政治思维方式和行为模式，决定着整个社会成员对政治体系的基本看法。因此，任何政治主体的行为，都在不同程度上受着该社会特有的政治文化的影响和制约。

第三，影响政治过程。社会成员的自我意识是政治文化的一个重要内容。它对政治体系的政治过程，即对政治体系的决策和执行的过程和方式发生作用，从而影响着整个政治体系的功能。美国政治学家阿尔蒙德在对一些发展中国家进行调查的基础上，根据民众对政治的认知态度和他们在政治过程中的不同表现，将其分为三种类型。这三种类型分别为褊狭型、顺从型和参与型。他认为，在任何国家中，这三种类型的人都是存在的。只是在不同的国家中，这三种人的比例和结构有所不同。也正是因为社会成员的政治主体意识和参与意识的不同，才导致各种政治体系中政治过程的差异性。事实上，一个社会中人们的政治意识、价值倾向、政治心理的状态，也直接影响该社会的政治过程。同时，不同阶级，具有不同的政治信仰，受过不同教育的公民，在同一政治过程中的选择也必然是有差别的。

第四，维系或变革政治制度。政治文化是政治制度得以有效运作的有机组成部分。因此，政治文化的性质和内容对于政治制度的维系或变革，具有很大的影响。首先，政治文化对于确立政治制度的结构具有重要的影响。这种功能是指政治文化对政治制度性质和形式的规定。例如，同样是现代资本主义国家，美国实行总统制，法国则实行半总统制，而英国和日本却采用了君主立宪式的议会内阁制。这种区别正反映了各国的政治文化的不同。其次，政治文化对于维持政治关系的稳定有着重要意义。在这方面，英国的政治文化倾向于温和的政治改良，美国的政治文化则强调理性和妥协。它们虽然都属于多元系统的政治文化，但其政治运作方式却大体相似，因而政治过程很少会出现大起大落。而法国的政治文化中亚文化系统庞杂，因而其政治生活和政治关系相对不稳定。再次，每一场政治文化的变革，都与政治制度的变革具有相辅相成的关系。政治制度是以一定的政治文化为背景的。政治文化的变化将必然导致政治制度的变革。同样，当政治文化没有变化，而强行进行政治制度的变革时，其结果只能导致人们对新制度的认知能力低下，从而使其无法正常运行。因此，在我国进行政治体制改革的过程中，建设一种新型的社会主义政治文化，将是一个具有极其重要意义的课题。

第二节 政治文化的类型和结构

一、政治文化的类型划分

政治文化的类型划分，是指根据什么标准来区别各种不同类型的政治文化。目前西方学者一般将政治文化分为以下几种类型：

1. 参与型政治文化与服从型政治文化。这是从社会成员的参政倾向来进行划分的。在参与型政治文化体系中，公民普遍具有参政的愿望、能力和要求。民主、平等的观念是这种政治文化中的主导观念。政治体系通过普遍选举、政党政治、民选议会等方式为公民提供参政的途径。它使公民成为政治主体，可以自由地参政、议政。在服从型政治文化体系中，政治只是少数人的事，多数社会成员不能也不愿参与政治，即使政治体系提供了参与政治的途径，民众也会因为其参与政治的能力与愿望的低下而使政治参与难以实现。

2. 冲突型政治文化、协调型政治文化和混合型政治文化。这是根据政治文化在一个国家、社会的作用和政治文化中亚文化结构及其相互间关系而划分的。冲突型政治文化是指在这类文化中存在着亚文化系统之间的相互冲突。这种冲突可由多种因素引起，如阶级对立，民族差异和矛盾、利益冲突以及大众与精英之间的文化差别等，都可以成为冲突型政治文化出现的起因。协调型政治文化是指在这种文化中，各种亚文化系统之间相互协调、相互融合，社会各个阶层、各个集团、各个民族、大众与政治领导之间不存在政治观念和政治信仰方面的根本冲突。亚文化之间的差别和不同，可以通过政治体系或相互适应来加以协调，从而促进整个政治共同体内部的利益协调。混合型政治文化指的是在这类政治文化中，各种亚文化系统之间的界限尚不分明，社会各个阶层、各个集团、大众与领导之间的分野也不明显，同时政治关系又与血缘关系、种族关系与宗教关系交织在一起。这种现象在发展中国家较为多见。

3. 理想型政治文化和现实型政治文化。这是从政治价值原则类型的角度，根据政治文化的价值理念的特点而加以区分的。理想型政治文化把道德、宗教与政治价值观结合在一起，因而它赋予国家以道德教化和干预人们思想的权力。现实型政治文化则将政治价值原则与道德原则分离开来，因而趋向于尽量地缩小国家的干预范围。理想型政治文化要求道德上的完人来治理国家，因而它将人治作为治国原则。现实型政治文化则认为任何人都不可能是道德完人，因而它要求通过法律来制约权力。

4. 传统政治文化与现代政治文化。这种类型的区分主要是根据政治文化的发展阶段而划分的。一般认为，传统政治文化是与自然经济的经济基础和社会结构相适应的一整套政治心理、情感和价值观。它以专制主义与等级观念为核心内容，而且，大多数社会成员都用一种带有迷信色彩和宿命论的眼光来看待世界和政治体系，认为一切都只能听天由命，缺乏个人的主体意识和竞争意识。领袖崇拜、宗教信仰往往成为它的突出特点。在这种政治文化中，传统的价值原则居统治地位，人们向往过去，缺乏适应新环境的创造力。与此相反，现代政治文化是与生产的商品化和社会化相适应的一整套政治态度、情感和价值观。它具有下列几个特征：第一，民主政治与平等自由的观念构成政治文化的核心内容，与此相适应，政治体系保障着广泛的政治参与。第二，社会大多数成员不是听天由命，而是勇于革新与开拓，他们对政治体系和世界表现出理性和科学的态度，主体意识、竞争意识成为政治文化的主流。第三，开放意识与创新精神成为政治文化的主要内容，面向未来成为大多数社会成员的价值取向。当然，传统性与现代性的区别又是相对的。因此，在实现社会现代化的过程中，应当正确处理好传统文化与现代文化的关系，促进传统政治文化的创造性转化。

马克思主义认为，区分不同政治文化的标准，最重要的有两点：一是它的经济基础，二是它的阶级性质，划分政治文化类型的根据亦在于此。一种政治文化的形成，是多种因素综合作用的结果，而其根源则“深深扎在物质的经济的事实中”。① 马克思指出：“在不同的占有形式上，在社会生存条件上，耸立着由各种不同的、表现独特的情感、幻想、思想方式和人生观构成的整个上层建筑。”② 当然，政治文化的生成与发展，还受到社会政治制度、文化类型、历史背景、民族心理和地理环境等种种因素的影响和制约，但其最根本的基础，只能是社会的生产方式和经济关系。只有从政治文化同社会生产方式的联系角度出发，才能把握不同政治文化之间的根本区别。

由此可见，政治文化不是超阶级的，它的阶级属性是它的本质规定性。政治文化的不同阶级属性，构成了不同政治文化的本质区别。西方各个资本主义国家的政治文化虽然具有各种差异，但其主导型政治文化的性质却是相同的，它们的基本原则是维护资本主义私有制和资产阶级的政治统治。因此，脱离阶级属性来划分政治文化的类型是不科学的。根据政治文化的阶级属性，我们可以把政治文化划分为剥削阶级类型的政治文化和劳动阶级类型的政治文化。

马克思主义是我们进行这种划分的基本依据。因为只有在一定的经济基础之上，才能确立起一定的阶级统治，而统治阶级的政治文化正是该社会中占统治地位的主导型政治文化。因此，在资本主义社会占统治地位的是资产阶级政

---

① 《马克思恩格斯选集》第 3 卷，人民出版社 1995 年版，第 719 页。

② 《马克思恩格斯选集》第 1 卷，人民出版社 1995 年版，第 611 页。

治文化，在社会主义社会占统治地位的是无产阶级政治文化。

根据上述原则和标准，政治文化的基本类型或主体类型应该是剥削阶级社会的政治文化和社会主义社会的政治文化两大类。

1. 剥削阶级社会的政治文化

在剥削阶级占统治地位的社会里，剥削阶级的政治文化处于主导地位。剥削阶级以他们的政治文化维护该社会的私有制生产方式，维护该社会一定阶级的政治统治，压制和麻痹被剥削、被压迫阶级的反抗。同时，被剥削和被压迫阶级也以自己的政治文化来指导自己反剥削、反压迫的斗争。根据社会经济、政治、文化条件的不同，可以将剥削阶级社会政治文化划分为奴隶制社会的政治文化、封建制社会的政治文化和资本主义社会的政治文化三种不同类型。

在奴隶制社会中，占据主导地位的是奴隶主阶级的政治文化，奴隶主阶级以它们的伦理和政治相结合的、维护他们政治统治和社会等级的国家观和等级观，来建立自己的政治文化。奴隶在当时被当作会说话的工具，不作为人看待，更没有文化知识。但他们的反抗和斗争，则反映了他们反对奴隶制，追求人身自由的政治愿望。

在封建制社会中，封建主、地主阶级封建专制主义政治文化占据主导地位，维护其政治上和经济上的统治。被统治阶级则以自己的政治意识和政治观念与封建主义相抗争。尽管其中不乏一些愚昧、顺从的封建意识，但其主流是反暴政、反专制的愿望和追求人格独立和自由的政治理想。

资产阶级政治文化在资本主义社会中占据主导地位。它是在反封建的斗争中逐步形成的。欧洲文艺复兴时期，资产阶级在政治意识形态领域里，进行了一场反对封建制度，反对神权统治，要求人身自由和思想自由的革命。在这个过程中，资产阶级思想家提出了他们的民主观、平等观、自由观、主权学说、分权学说等政治原则和政治思想。当时的资产阶级政治文化具有革命性，推动了人类政治文化的发展，具有历史进步意义。当资产阶级夺取政权和建立资本主义制度以后，资产阶级的政治文化成为维护资本主义私有制和资产阶级政治统治的工具。资产阶级性质的政治文化，必然有其历史局限性，由于资产阶级政治观念往往是披着超阶级的外衣，以普遍性的形式和面貌出现的，因而具有一定的欺骗性。在资本主义社会中，无产阶级以本阶级的政治文化与资产阶级政治文化相抗衡。马克思主义的诞生和发展，推动了无产阶级政治文化的发展。

2. 社会主义社会的政治文化

社会主义社会的主导型政治文化，是建立在生产资料公有制的基础上，与人民当家作主的新型政治制度相适应的，以马克思主义为指导的，无产阶级性质的社会主义政治文化。

社会主义经济制度和政治制度的建立，使广大劳动人民在经济上和政治上得到真正的解放，成为社会的主人，共同参与管理国家事务。以此为基础并与此相适应的社会主义的民主意识、参政意识，将扎根于广大人民群众的心理之中，并转化为一种自觉的行动。

社会主义是人民群众自己创造的伟大事业，人民群众在树立起主人翁精神和政治责任感的同时，形成强烈的参政意识。人民群众真实地享有和行使民主权利，自觉地关注国家政治生活和国家前途，积极地参与国家管理，随着社会主义的发展，公民参政的广度和深度将不断增强。同民主意识和参政意识相联系，人民群众对自己国家的政治制度、政治决策、政治过程和政治领袖也形成了高度的信任感、认同感和支持感。

在社会主义社会，马克思主义是整个社会的指导思想。随着社会主义建设事业的不断发展，马克思主义将成为广大人民群众自觉的价值认同。邓小平理论是当代中国的马克思主义，是我国社会主义现代化建设的理论指南。社会主义民主观是社会主义政治思想体系中的基本点，它要求将社会主义国家的全部政治生活纳入社会主义民主与法治的轨道，即由人民当家作主，国家的一切权力属于人民。社会主义民主原则，在国家制度上要求建立和坚持人民民主专政，保证国家的社会主义民主性质。在国家政治过程中，要求在共产党的领导下管理国家事务。由于共产党集中代表了全国各族人民的根本利益，党的领导表现为支持和组织人民当家作主，使人民群众更切实有效地行使自己的民主权利，并保证国家机关真正为人民服务；社会主义民主观在国家政治发展上要求坚持社会主义的方向。

社会主义政治文化中的政治理念和政治思想，同时也为政治评价提供了价值标准。社会主义民主即人民当家作主，国家一切权力属于人民。这里所指的人民概念是一个有机的整体，是人民群众共同当家作主和掌握国家权力。在社会主义社会中，集体主义是社会政治评价的基本价值标准。集体主义原则作为政治评价标准，根本的内容就是人民群众的共同利益至上，个人的利益、不同群体的利益必须服从全社会的整体利益，一切政治行为都应以此为基本依据。

综上所述，社会主义政治文化是一种新型的政治文化，在本质上具有剥削阶级政治文化所不可比拟的优越性。而且，社会主义必然向共产主义迈进，是人类社会发展的必然规律。随着社会主义建设事业的不断发展和社会主义政治文化的不断传播，共产主义已经成为广大人民群众共同的理想和信念。

二、政治文化的结构

政治文化是一种复杂和特殊的社会现象，有其从内容到形式、从结构到功能的特殊规定性和表现形式。如上所述，政治文化的构成要素主要包括：政治意识、政治信念、政治行为准则、政治价值评价、政治动机、政治情感、政治习俗、政治心理等政治观念形态的一系列表现形式。这些要素依据一定的规律，按照社会结构多样化的分界和组合方式组成政治文化的结构。概括地说，政治文化结构主要由政治意识形态、政治价值观、政治心理这三大层次有机组合而成。

政治文化的这三个结构层次是一个不可分割的有机整体。在政治文化发挥其社会功能的过程中，它们之间并无明显的分野，而是以政治文化的整体形态出现的。

但是，由于这三个层次的特征和功能不同，就决定了它们在政治文化整体结构中的地位和作用不同，政治意识形态层次居于政治文化结构的核心地位。它是对国家政治生活的基本看法和价值界定，它直接反映了社会经济关系和生产方式的状况，体现了社会阶级关系和不同阶级的地位与利益。社会各阶级都有着自己的一系列基本看法和要求，它通过本阶级的政治思想家形成理论化和系统化的政治意识形态，并指导本阶级的政治实践。政治意识形态层次之所以居于政治文化结构中的核心地位，是因为它代表着政治文化的属性，规定了政治文化的本质，它在社会意识形态中占据主导地位或统治地位，影响或制约着其他社会意识形态的变化，其他各层次只有通过它才能发挥作用。如果把政治文化结构中的这一核心层次排除在政治文化之外，也就否定了政治文化的内在本质，抹煞了政治文化的阶级性，也无法对整体政治文化进行科学评价或比较分析。西方政治学者在政治文化的比较研究中，往往从政治文化的外在表现形式上加以区分，或从文化角度加以比较，忽视或抹煞了政治文化的本质属性。例如阿尔蒙德在《比较政治学》中，将政治文化类型划分为偏狭型、顺从型和参与型，并依次把处在这三种不同类型文化圈中的社会成员称为偏狭者、顺从者和参与者，这是一种明显地以民族文化价值系统的外在表现形式为标准进行的归类。离开政治意识形态的阶级性质来划分政治文化类型是不科学的，这种方法必然把剥削阶级社会政治文化与社会主义政治文化混为一谈，抹煞封建主义政治文化、资本主义政治文化与社会主义政治文化之间的本质区别。政治文化之所以不同于一般文化的特质性，正在于它不是以民族或民族群众为基本单位，而是以国家为基本单位。在一个社会中占据统治地位的政治意识形态，只能是该社会统治阶级的政治主张。因此，政治意识形态在政治文化结构中居于核心地位。

在政治文化结构中，政治价值评价一般指的是人们对政治世界的看法，它包括人们看待、评价某种政治系统及其活动的标准，并由此形成政治主体的价值观念和行为模式的选择标准。在某种政治文化影响下，社会成员在总体上都存在一种基本一致的政治价值观念，它直接影响着政治行为主体的政治信念、信仰和态度。政治行为准则是对政治行为和政治活动的价值评价标准和行为规范。人们在长期共同的政治生活中逐渐形成的道德规范和习俗，往往成为决定人们价值观念和行为模式的基本要素。在传统中国社会，民众日常生活中对“福”、“禄”、“寿”、“财”、“土”五神的崇拜，就反映了传统中国世俗社会的价值取向。这种价值取向又逻辑地表现为以“孝”为核心的“亲亲尊尊”、“长幼有序”的伦理道德。它将血缘宗法关系和按照人间感情的亲疏作为界定社会关系的价值标准，并由此形成一种金字塔式的社会等级制度。它配合以各种相应的道德规范，通过民俗风尚而为维护社会政治统治起着重要的作用。由此可见，作为评价与评判的标准，政治行为准则是通过政治伦理与政治习俗等方面表现出来的；政治评价是对政治世界的价值判断。对于某种政治体系和政治活动，人们总是从一定的视角，根据一定的标准来形成自己的政治动机、政治选择、政治意向，并在这个基础上进行政治活动。因此，政治文化中的价值认知标准，决定了政治主体对政治行为的选择。

政治心理作为隐形文化，是政治文化中的深层因素，它在政治文化结构中的作用和重要性，并不亚于政治思想。但是，政治心理的内容和特征，将受到政治思想和政治认识两个层次的制约。同时，政治心理不仅会受到阶级的影响和制约，而且民族历史、民族文化、民族风俗、习惯和信仰等因素，对政治心理的形成也有着十分重要的作用。政治心理是政治社会化的结果和政治环境长期作用的产物，它蕴含着政治文化的遗传机制和再生功能，因而，政治心理是政治文化的重要组成部分。西方政治学家在这个问题上的理论局限性，是他们将政治心理的作用视为人们选择政治模式和进行政治行为的根本原因，将心理和文化方面的因素视为政治动机和态度的决定因素，无限地夸大了这些因素的作用。

从政治文化结构三层次间的关系及其运动规律来看，可以将其归纳为以下三个特点：第一，处于不断变动状态的政治文化，其结构的层次性特征并不十分明显。从三个层次自身来说，是由政治心理、政治价值观、政治意识形态，渐次由低向高而形成的，从三层次的内容来说，每一个具体的环节，都是其整体结构的有机组成部分。第二，政治文化结构的这三个层次的特征和功能的差异，决定了它们之间变化的非同步性。政治意识形态是政治文化结构中最为活跃的层次，政治文化的变异首先是从这一层次开始的。与此相反，政治心理层次的变动过程则非常缓慢，它不会随着政治意识形态和政治价值的变化而立即变化，因此往往成为阻碍政治发展的滞后性因素。政治价值意识作为中间层次，它虽然受到政治意识形态和政治心理两个层次的制约，同时又在与政治生活和经济生活的发展过程中不断发生变化并具有独特的规定性，因而它在政治文化结构中也具有其相对的独立性和非同步性。第三，政治文化结构内部三个层次的相互运动，表现为相互间的依存、配合和制约的关系。

政治文化的结构并不是封闭的，而是一个开放的系统，结构中的每一层次都与外界具有广泛的联系。社会生产方式、社会经济运动、政治活动都直接或间接地作用于政治文化结构的各个层次，并在各层次上具有不同的体现。政治文化及其各结构层次之间，虽然具有相对的独立性，但归根结底受制于经济基础，因而它必须适应一定的社会经济生活和政治生活才能存在。政治文化结构的各个层次之间，也必须具备基本吻合的关系。这既是政治文化结构稳定的条件，也是政治文化得以存在的条件。

政治文化与政治制度相比较，有其自身的特点，从社会成员所处的不同经济、政治、社会地位和具有不同的政治价值观念和心理素质而言，政治文化在任何社会都不是单一的。从社会基本结构角度，可区分为不同阶级、阶层的政治文化；从社会成员的民族成分角度，可区分为不同民族的政治文化；从社会的阶层结构角度，可以区分出不同职业群体、不同社会团体、不同年龄群体、不同性别、不同区域乃至不同社区的政治文化；从历史和现实的角度，可区分为传统政治文化与现代政治文化。总之，根据不同的研究需要，从不同的角度出发，可以将政治文化的类型作出各种各样的划分，这也反映了政治文化本身的复杂性质。

第三节　政治社会化

一、政治文化与政治社会化的关系

政治社会化这个概念指的是政治文化的社会化过程，也即一个社会中的政治文化通过某种方式而得以传播、普及和延续的过程。个体在自己的成长过程中，通过政治文化的社会化过程而获得了该社会特定的政治文化，并由此保持了该社会政治体系的特征；而该社会的统治阶级，则通过这种方式来维护自己的政治统治。

政治社会化作为一种政治文化的教育和传递过程，实际上就是社会成员接受政治教育的过程。因此，政治社会化现象古已有之。但是，对政治社会化问题加以专门的研究，则始于政治文化的研究兴起之后。“政治社会化”这个概念，出现于第二次世界大战之后，而其专门性的研究，则始于 20 世纪 50 年代末期，美国政治学家戴维·伊斯顿于 1958 年首次发表了关于政治社会化方面的论文。1959 年，海曼的《政治社会化：政治行为心理的研究》出版，这是最早的一本对政治社会化进行系统研究的著作。此后，政治社会化研究不断深入，并成为了政治学研究领域的一个引人注目的课题。我国政治学界对政治社会化的研究虽然起步较晚，但发展较快。国内的许多学者都对政治社会化问题进行过专门的研究。

从个体角度来看，政治社会化是社会成员通过学习，获取社会既定的政治文化，由“自然人”转变为“政治人”的过程，即个体通过学习获得社会或群体成员所具备的政治知识、政治态度、政治情感及政治行为方式的过程。同时，也是每个个体运用自己的经验和知识，来丰富、发展、修正并使政治文化发生变化的过程。在这一过程中，个体是政治社会化的主体。个体通过各种方式的政治学习，逐渐地从不自觉到自觉地获得某种政治价值意识，并由此而产生某种政治情感和政治信仰，形成特定的政治人格，从而成为一个政治人。如果个体不能顺利地完成这个过程，他就会对社会政治生活产生不适应感和产生逆反心理。因此，政治社会化是个体提高心理适应水平和社会适应能力，培养健康的政治人格，参与社会政治生活的重要途径。

从社会的角度来看，政治社会化是社会培养、教育、训练社会成员接受社会政治规范，支持、拥护现实的政治制度，承认统治阶级的统治，并在政治生活中发挥作用的过程。在这个过程中，社会是政治社会化的主体，而个体则成为客体。社会通过各种途径，采取各种方式，将政治文化在全体成员中扩散、传播，以使社会成员直接接受特定的政治信息、政治情感、政治信仰，并按照共同的模式进行政治活动。只有当相当数量的社会成员接受某种共同的政治文化模式，才可能真正形成政治社会，产生统一的政治共同体。对于社会本身，或者对于统治阶级本身来说，社会成员或政治团体成员的政治社会化水平，将直接地影响该社会或政治团体的稳定与巩固，关系到它是否能够继续生存。对于某一政治制度来说，如果人们对它不信任、不支持、甚至反对，它就失去了能够有效地进行统治的权威性，人们就会产生政治不服从行为，从而使社会处于动荡不安的状态之中。对于一个政党来说，如果没有人对它信任和支持，它的目的将无法实现。政治领袖将无人拥护，它所组织的政治活动则无人参加。所以，每一社会政治体系及每一政党，都必然要对公民及自己组织的成员进行政治社会化的训练与教育。因此，几乎在所有国家，都将社会成员的政治社会化问题列入自己的活动内容，以确保社会政治的稳定和有效运行。由此可见，对政治社会化问题的研究，不仅仅是一个理论领域的课题，同时也是一个现实领域的课题，它具有理论与实践的双重意义。

政治文化与政治社会化是两个密不可分的概念，两者具有不可分割的关系。政治文化是政治活动中的主观意识领域，它包括社会成员对政治活动的态度、信仰、情感和价值。在社会政治生活中，政治文化作为一种无形的力量，对社会政治生活的各方面具有深刻而持久的影响。它规定了社会成员的政治行为方式，制约着社会政治体系的运转，推动着社会政治体系的变迁。但是，政治文化的巨大作用又是通过政治社会化方式来实现的。社会内部的政治取向和社会模式的学习、融合和代际传播的过程，也是一个政治共同体内部传播政治文化的过程，只有通过政治社会化，政治文化才能得以维持、传播、继承和发展、创造。因此，政治文化与政治社会化之间是内容与形式、目的与过程、目的与手段的关系，即政治文化是政治社会化的内在内容，政治社会化是政治文化实现的外在方式；政治文化是政治社会化运行过程的目标，政治社会化是政治文化的形成和传播过程；政治文化是政治社会化的目的，政治社会化是传播政治文化的手段。可见，政治文化与政治社会化是一个统一的整体。

政治文化与政治社会化的密切关系，主要体现在以下三个方面：

(1) 主导型政治文化对非主导型政治文化的引导和制约。从社会的角度而言，政治社会化主要是政治共同体传播主导型政治文化的过程。因而它是当政者的一种针对全体社会成员的有目的的政治行为。主导型政治文化是统治阶级政治思想的集中反映，是政治体系认可的文化，它的传播深度和广度，将直接关系着政治共同体的稳定程度。因此，各种政治共同体总是根据自身的政治需要，竭尽全力地借助各种手段和途径，确立符合自身利益的政治文化的核心地位。非主导型政治文化作为亚文化系统，是社会政治生活中的一种客观存在，它与主导型政治文化的政治价值取向具有一定的差别，因而在政治社会化过程中，它将会对主导型政治文化的社会化构成一定的影响或威胁，对社会政治生活发挥着自己独特的作用。政治共同体为了维护自身的巩固与发展，必然要不断地对非主导型政治文化进行规范和引导，吸收其有益于自身的因素，努力维持政治体系有效运转的社会环境，以维护其政治体系的稳定。

(2) 培养公民政治文化素质和提高政治能力的手段。政治社会化是政治文化的传播和普及过程。通过政治社会化，社会的每一个成员获得一定的政治态度、政治信仰、政治知识和政治情感。个体学习政治文化的过程，首先是个体政治心理（意识）发生发展的过程，它包括个体认知系统的建立、政治价值系统的形成等。个体政治心理（意识）发生和发展过程，具有其内在的规律性，它反映了个体政治社会化的内在机制，制约着个体政治社会化的水平与方向。其次，个体学习政治文化的过程，具体表现为个体对政治知识和政治技能的学习和认识过程。政治知识是政治文化的核心，人们主要是通过学习政治知识来掌握政治文化的。学习政治文化在于理解和掌握每一政治概念的文化内涵以及它们之间的内在逻辑联系。政治技能主要是在政治实践中反复训练达到的，不同的社会和不同的政治活动，需要不同的政治能力。个体只有在掌握各种政治能力基础上，才可能成为适应该政治系统的政治人。在这个意义上，也可以将政治社会化定义为通过社会的政治教育方式，使政治文化个性化的过程。

(3) 对反社会型政治文化的抵制和斗争。在社会政治文化结构中，可能存在着某些与现存政治制度相对立的亚文化系统。它是与主导型政治文化的政治价值取向相反的文化系统，从而导致产生不同的政治观念和政治行为之间的冲突。因此，为了维持和巩固现存的政治体系，政治共同体必然要动用它的各种政治资源，对该社会中的这种政治文化进行抵制和斗争，阻止它的社会化过程，使其无法形成具有影响的社会力量，从而减弱它对政治体系的威胁。由此可见，政治社会化过程也是一个不同政治文化相互影响、相互斗争的过程。在这个过程中，主导型政治文化不仅要完成其自身的继承与创新，而且还要努力抵制和排除各种与其相敌对的政治文化的影响，不断消解社会政治生活中的矛盾与冲突，遏制敌对势力的发展，从而维持其政治体系的稳定运行。

由此可见，政治社会化是政治文化的存在方式，政治文化通过政治社会化而获得传播和遗传机制。开展政治文化的研究，将使我们进一步理解不同制度、不同民族和不同时代，在政治价值观念、政治制度和政治行为方面之所以具有巨大差异的原因。而对于政治社会化的研究，将使我们深入了解各种类型和形式的政治文化是如何得到继承、发展以及社会成员是如何获得政治文化等问题。

二、政治社会化的途径与方法

政治社会化是通过各种媒介进行的。它只有通过一定的途径才能实现，这种途径同时也是政治共同体实现其对政治文化传播、教育功能的主要方式。这些途径主要包括以下几个方面：

第一，家庭。家庭是社会的细胞，也是人生的第一学校。家庭在政治社会化过程中具有重要的作用。其中的关键因素包括：父母、家庭生活与家庭关系。家庭生活是政治社会化过程的起点。它虽然不是一个政治团体，但却是影响一个人确定其政治价值观念和社会行为模式的重要因素。家庭教育在政治社会化中的功能主要表现在儿童阶段。父母是儿童的启蒙者，家庭教育则是一切教育的基础。父母不仅教会儿童进入社会所需要掌握的基本知识和技能，而且还传递给儿童对于社会和国家的认同感，并形成儿童的自爱心、自尊心、自信心、正义感、荣誉感等社会心理情感。父母的言谈举止、作风行为，将潜移默化地给儿童以深刻的影响。这些东西多属于非政治性的。然而，它们以后都会转化为影响个体政治行为的重要因素。

家庭结构不同，在政治社会化过程中的作用也不尽相同，一般说来，由夫妻和子女两代构成的家庭，父母对儿童的教育和影响是直接的。如果夫妻政治态度一致，儿童的政治倾向就很容易与父母趋向一致，当夫妻意见经常不一致时，家庭中具有权威的人物对儿童将产生具有决定性的影响。如果夫妻经常处于争吵之中，儿童政治社会化进程就容易减慢。由祖孙三代或几代同堂构成的大家庭，容易使儿童形成保守的政治倾向。这主要是由于大家庭往往倾向于维持现状而导致的结果。双亲不全或失去双亲的家庭，由于对儿童缺少管教，因而这类儿童容易自由放任，但也容易较早地形成自己独立的个性。

由此可见，家庭在个体的政治人格塑造、人生观的形成、基本政治生活规范的获得方面，起着某种关键性的作用。但是，家庭的影响又是比较浅层的和较易改变的，并受到由于年龄所带来的各种有限条件的限制。

第二，学校。学校生活是个体完成政治社会化过程的重要阶段。当然，就学校本身的性质来讲，它是一个非政治性的专门的文化教育机构。然而，由于学校是由国家资助或支持的，因而它必须贯彻执行国家的政治意图和政策方针，对学生进行系统化的政治教育。不同国家的学校，其政治教育的目的、内容和后果，是完全不同的。资本主义国家的学校向学生灌输的是所谓个人主义的价值观念，社会主义国家的学校则以集体主义为基本的价值原则。

学校是个体系统地学习和获得政治文化知识最重要的场所和最重要的阶段。学校的教育比家庭父母的教育更具有权威性。学校通过有计划的课程安排和有意识地组织各种社会活动，不仅能够强化或改变青少年在家庭中形成的政治心理、政治态度，而且能够增加和扩大他们的政治倾向，尤其能够使他们获得全面而系统的政治文化知识，为他们此后参与政治活动奠定思想基础和理论基础。

学校教育在政治社会化中的作用是渐进和累积式的。小学阶段的教育，具有政治启蒙性质，它主要培养儿童的政治情感；中学阶段的教育则主要是向少年灌输政治生活的基本常识；大学教育是全面和系统的，也是最重要的。由于个体在大学时期，其人生观已经基本形成。个体为了实现自我价值，不仅会自觉地系统地学习专业知识，而且会有意识地全面学习政治文化知识，尤其是主动地参加社会性的政治实践活动。大学生在校的状况将直接地影响他们此后在社会实践中的政治倾向和行为模式，热心政治的人，很可能在走上社会后成为政治活动家。

总之，学校是正式、有效和系统地进行政治社会化的场所，一般而言，学校教育巩固和拓展了青少年在家庭早期影响下所形成的政治态度，确立了个体的某种政治价值观念以及对政治系统的认识和认同，从而形成较为清晰的完整的政治价值倾向。因此，学校教育实际上是一种有意识、有目的的、正规的政治文化培养过程。

第三，社会。社会环境的影响是政治社会化的基本途径。人是社会关系的综合体，每个人都生活在特定的社会关系之中。社会环境无时无刻不给人以各种影响，在这些影响的综合作用下，形成了个体特定的政治观念和行为模式。

环境对个体的政治社会化过程具有重要影响。首先，一个人居住的地区对人的政治化的影响十分明显。在农村长大的人和在城市长大的人，其性格、品质、作风、知识结构就具有明显的差异。其次是工作场所的影响。工作场所是个体之间相互交往的主要场所，周围人群的政治态度将会对一个人的政治行为产生较大的影响。当周围的人群都拥护某项政策法规，个体则很容易随波逐流。而当周围的人群都反对某项政策法规，个体则很难持赞成态度。因此，工作场所和职业性质的不同，将影响到个体的政治心理和政治取向。再次是同辈亲友的影响。同辈亲友对个体政治倾向的影响具有很大的作用。因为同辈亲友年龄相仿，知识水平相近，言语相投，在一起往往能够互相产生政治影响。正如中国的一句古话："不知其人看其友"所言，同辈亲友也会对个体的政治意识产生很大的影响。

此外，社会共同体也会对政治社会化过程产生重要影响。一般的成年人都会参加各种不同的社会组织，如各种政治组织、职业性组织、社区组织和各种团体等。这些社会共同体是由社会地位、利益相近、信仰大致相同，且有某种共同志向的人所组成的。例如政党、工会、学会、协会、俱乐部以及其他一些非正式的团体等等。这些社会共同体具有不同的利益要求，它们直接或间接地参与各种政治活动。个体通过这些社会共同体有组织的政治活动，不断积累政治活动的经验，提高政治能力。这些社会共同体在政治文化的社会化过程中起着某种强化的作用，并成为促进个体参与政治生活和形成政治态度的主要因素。

大众传播媒介是政治社会化的另一个重要社会工具，它一般包括报纸、杂志、广播、电视、书籍以及电脑互联网络等信息手段。它们具有超时空性、迅速性以及大众性等特点。在现代社会，传播媒介的政治倾向和政治价值的判断标准，将会对人们的政治观念与态度产生深刻的影响。另外，大众传播媒介作为政治文化的传播工具，可以通过传播来诱发和提高人们的政治兴趣。同时，大众传播媒介的传播政治信息功能，也为社会成员进行政治问题的讨论提供了场地和手段。

上述内容是政治社会化的几个主要途径。它们通过相互联系、相互影响和相互作用的方式，在政治社会化过程中发挥着自己特定的作用。

三、坚持我国社会主义政治文化的正确方向

阿尔蒙德曾经说，政治文化研究途径是当代行为主义革命的产物。他所开创的政治文化研究是要把一种系统的、精确量化的标准引入到对政治文化的比较研究中，以一种更加实证或科学的方法来考察行为模式。从 20 世纪 60 年代开始，直至 20 世纪 70 年代，西方政治文化的研究都呈现出一种欣欣向荣的局面，政治文化理论备受人们青睐。然而，在 70 年代，政治文化的研究路径却

遭到了严厉的批评，这些批评包括：政治文化是作为一种“剩余范畴”（residual category）而被人们使用的；以描述为主，缺乏分析；低估了社会结构和权力结构的作用；局限于欧洲几个主要的国家的研究，没有贯彻价值中立原则，具有种族中心主义色彩等等。然而，政治文化研究遭遇到批评和其短暂的衰落，并不意味着政治文化研究的荒芜和中断。80年代政治文化研究开始复兴，并出现了一批引人注目的学术成果。阿尔蒙德和S.韦伯主编了《公民文化反思》，对西方学者近20年来的批评作出回应。1988年英格尔哈特发表了《政治文化的复兴》，重新论证了政治文化对民主政体所具有的重要意义，力图从更大的历史背景中透视西方文化的发展历程。冷战的结束为政治文化的研究提供了进一步的推动力。后冷战时代政治文化方面影响最大的当属塞缪尔·亨廷顿的《文明的冲突?》。1993年，美国哈佛大学教授塞缪尔·亨廷顿在美国权威的《外交事务》季刊上连续发表了《文明的冲突?》和《不是文明冲突，又是什么?》等文章。1997年他又将自己的观点充实成专著《文明的冲突与世界秩序的重建》。亨氏认为，冷战后国际冲突的基本根源已不再是意识形态和国家利益的差异，而是文化的差异，主宰全球的将是“文明的冲突”。目前世界主要文明主要有儒教文明、日本文明、印度文明、西方文明、伊斯兰文明、东正教文明、拉美文明以及可能存在的非洲文明。“全球政治的主要冲突将发生在不同文明的民族和集团之间，文明的冲突将左右全球政治，文明之间的断层线将成为未来的战斗线。”①

政治文化研究的出现本身是人们对政治活动中内在的情感、心理等因素的深刻省察的结果。人们政治行为模式的不同应该有着更为深刻的文化的根源。诚如亨廷顿所说，文化的差异是人类最基本的差异。但他将文化和文明看作是国际冲突的首要原因，却显然夸大了文明、文化因素在国际政治中的作用。国际冲突的根本原因是领土、财富、资源等经济因素。文化差异本身并不会引发战争，恰如文化相像不能保障和谐一样。各文明之间的差异可能会助长、促进不和谐现象的产生并带来严峻的后果，但其间的共性也有可能消弭分歧，弥合纷争。文明之间的交往并不必然产生冲突，关键在于我们站在各自文明的立场上如何看待我们共同的集体生活。文明问题的存在只是在说，我们需要寻找1993年世界宗教议会第二届大会上所提出的“一种最低限度的基本共识”。

当前，西方政治文化研究的范围已经遍及世界各个文化区域和大多数非西方国家，而且正呈现出前所未有的繁荣态势。复兴后的当代西方政治文化研究力图克服早期政治文化研究在方法论上的各种缺陷，在继承过去研究传统积极因素的基础上，不断寻求创新，努力推进人们对政治文化的认识。我国目前正

① 亨廷顿：《文明的冲突》，载美国《外交事务》1993年夏季号，第22页。

处于社会主义社会的初级阶段。当代中国政治文化的价值结构和主要特征，是同我国现在所处的历史阶段相联系的。虽然我国的社会主义政治文化已经初具规模并在社会中占据着主导地位，但其中的一些基本概念和整个理论体系还需要进一步深入研究和整理，因而尚处在一个发展过程之中，有待于我们对其进一步加以完善。而且，我国是一个后发型的现代化国家，不可避免地要吸收和融会外来文化，因此，我国的政治文化要经历传统政治文化的创造性转型、中西政治文化的碰撞与融会的复杂过程。这是一项复杂而艰巨的文化工程，需要政治学家们以创造性的工作来积极参与现代式中国政治文化的理论设计。

20 世纪 80 年代中期，政治文化概念及研究从西方传入中国，引起了中国学者的广泛关注，政治文化学迅速成为我国政治学研究的显学。20 世纪 80 年代中期到 90 年代初，国内政治文化研究基本上处于对西方政治文化的翻译和吸收的阶段。90 年代中期以后，基于学术的积累和对现实的责任与兴趣，中国学者逐渐转向本国政治文化的理论建构，并且取得了质量较高的学术成果。但我国目前的政治文化研究总体上说还处于起步阶段，远没有构建起自己的政治文化理论体系。研究方法上我国目前还缺少实证的量化分析，对西方政治学的行为主义与后行为主义研究方法尚处于介绍阶段，它们要融入中国政治分析的主流理论还需要一个较长的过程。

我国现阶段的政治文化的研究和建设，是中国特色社会主义建设的重要组成部分。在社会主义初级阶段，它与经济体制改革、政治体制改革、精神文明建设和民主政治建设紧密相联系，是提高全民族政治文化素质，建设富强、民主、文明的现代化社会主义国家的重要任务。

坚持我国政治文化研究和建设的社会主义方向，必须要遵循和贯彻以下原则：

第一，要坚持以马克思列宁主义、毛泽东思想、邓小平理论为指导，以党的基本路线为指南。我们坚持中国政治文化研究和建设的社会主义方向，必须要提高马克思主义的理论水平，树立马克思主义的政治观，提高明辨政治是非的能力，自觉地抵制错误思潮的影响。要努力学习党的路线、方针和政策，用集体主义原则教育人民，维护国家和集体的利益，形成社会主义的国家利益意识，以对国家和集体负责的精神引导人们的政治行为。

第二，要体现社会主义精神文明建设的水平，要具有鲜明的时代精神。社会主义精神文明是社会主义现代化建设的重要组成部分，也是社会主义优越性的根本体现。我们社会主义政治文化的研究和建设，必须与建设高度发达的社会主义精神文明结合起来；必须与坚持爱国主义、弘扬自尊、自信、自强的民族精神结合起来；必须与深入开展以为人民服务为核心的社会主义道德结合起来。我们进行社会主义政治文化的研究和建设，既要继承发扬优良传统，又要充分体现时代精神；不断吸收世界各国政治文化中的优秀成果，使我国的政治文化能够健康发展、不断完善、始终充满生机与活力。

第三，要为发展我国的社会生产力、为经济建设服务，要与社会主义民主政治相适应。社会主义的根本目标是经济、政治、精神文明的共同发展。因此，作为政治与精神文明共同组成部分的政治文化，在与社会主义经济协调发展方面，具有特别重要的意义。

第四，要与政治体制改革相结合，遵循有利于政治制度不断完善的原则。社会主义政治文化的发展水平是与社会主义民主政治的建设过程相联系的。只有在社会主义民主政治的逐步完善过程中，在选举与决策等方面的民主化、民主参政、民主监督机制的基础上，在人民群众真正享有各项民主权利的前提下，社会主义政治文化的建设和发展才能不断深入。

最后，要对中国传统政治文化和西方政治文化作出科学的分析，坚持兼收并蓄，批判借鉴的原则。对于中国传统文化，我们要认真发掘，深入研究，对其中的优秀成果和精华部分，要注意保留和弘扬。同时，我们还要注意将传统文化与现代文明相结合，特别是与建设社会主义市场经济相结合，努力做好中国传统政治文化的创造性转化工作。对于西方的资本主义政治文化，我们首先应该认识到当前政治意识形态斗争的复杂性和尖锐性，西方资本主义国家以它们的民主观、自由观和人权观对社会主义国家施加影响，搞和平演变；同时我们又必须看到它为资产阶级利益服务的根本性质。然而，对于西方资本主义政治文化的形式和具体内容，应进行科学的分析，对于值得借鉴的优秀政治文化成果，要在批判借鉴的基础上兼收并蓄，为建设中国特色的社会主义政治文化服务。

第十三章 政治发展

政治形态是一个动态的历史发展过程。它的变迁往往是先从局部的调整开始，经过逐渐的量的积累，进而导致总体结构的根本性质的变化。政治形态的这种由低级向高级的上升变化就是政治发展。

政治发展是同经济发展相伴的概念，它是由生产力和生产关系的矛盾引起的。因为“随着经济基础的变更，全部庞大的上层建筑或慢或快地发生变革”。① 政治发展的重要意义在于，它将对经济生活以及全部社会生活起着巨大的推动作用，因此，政治发展是衡量一个社会发展程度的重要指标。

西方发达资本主义较早地开始了现代化进程，也较早地经历了政治发展。虽然取得了许多政治文明的成就，但也有其历史局限性。真正能持续推动政治发展的是社会主义。社会主义革命结束了少数剥削阶级占统治地位的局面，是人类政治发展史上的一场最伟大的变革。社会主义政治体制改革既是社会主义经济发展和社会发展的客观要求，同时也是巩固社会主义经济基础，推进政治发展和社会全面进步的重要手段。

第一节 政治发展的实质与内容

政治发展的实质是什么？它包含哪些方面的内容？这是研究政治发展所必须回答的问题。西方政治学立足于资产阶级政治价值观，将政治发展局限于第三世界，同时把西方的一整套制度模式视为第三世界国家应追求的终极目标，具有明显的狭隘性和片面性。马克思主义政治学以历史唯物主义为指导，从分析社会基本矛盾运动入手，深刻、全面地考察了政治发展进程，揭示了政治发展的实质、动力、途径和趋势，形成了系统的政治发展理论。

一、西方政治学的政治发展观

在一般意义上，发展是人类社会的一种固有属性。自人类文明诞生的那一

① 《马克思恩格斯选集》第2卷，人民出版社1995年版，第33页。

天起，发展的历程就开始了。但是，当人们把和平与发展并列，称之为当今世界的两大主题的时候，又对发展赋予了一种特定的时代内涵。这种时代内涵，是同现代化进程在全球范围内的迅速蔓延，特别是第三世界或发展中国家追求现代化的要求与努力密不可分地联系在一起的。

“二战”结束以后，亚洲、非洲、拉丁美洲诞生了一大批新兴的民族国家，随着摆脱殖民宗主国的统治而获得独立。但在东西方冷战对峙的条件下，第三世界国家朝什么方向发展，不仅关乎它们自己的命运，而且也影响到国际政治的格局，牵涉西方主要发达国家的利益和地位。美国作为西方阵营的总代表，出于全球战略的考虑，对这个问题格外关注。它以政府和民间资助等形式，建立机构、搜集资料、网罗人才，加强了对第三世界国家社会现状和发展趋势的对策研究。20世纪50年代起，此类研究在西方学界逐步成为热点，并于60年代达到高潮，形成了具有特殊取向的政治发展理论。

在几十年的历史演变中，西方政治发展理论出现了若干观点不同的流派。它们重点各异，分析框架和具体结论也存在着不小的差别。但由于其基本宗旨是为西方发达资本主义国家的战略利益服务，因而从总体上看，它们又显现出某些共性特征。归结起来，主要有以下几点：

1. 在适用范围上，将政治发展限定于第三世界

当代西方政治学的政治发展理论，就主要内容而言，只是关于第三世界国家政治发展问题的探讨。西方学者之所以格外关注第三世界国家的政治发展问题，根本上是为给西方发达国家的全球战略提供对策，以便按照资本主义的价值观念和政治模式引导或左右第三世界国家的发展方向。如果说，霸权主义的政治需要激发了西方学者的研究兴趣，那么，第三世界国家所面临的现实政治危机，则使这种旨趣得到了进一步的加强。由于一系列复杂的历史原因和社会原因，“二战”后独立的一大批新兴国家，不仅在经济上极度落后，而且在政治上也动荡不安。在这些国家中，种族和宗教冲突接连不断；动乱和暴力事件层出不穷；军事政变频繁发生。它们被政局不稳、行政无能、内部分裂、官员腐化等政治危机所困扰，不仅无力完成振兴民族经济，进而推动现代化进程的重任，反而使全社会时常笼罩在贫困和饥馑的阴影之中，成为一叶在惊涛骇浪中漂泊的失控之舟。正是政治动荡所产生的严重的负面影响，将政治发展作为制约社会总体发展的关键环节而显现出来。美国政治学家布莱克指出：“尽管现代化的每一方面因其代表着探索同一现象的不同角度，所以可望在某种程度上反映其他各个方面，但能为一个社会提供组织基础的却是政治”。[①]

西方政治学家强调第三世界国家所面临的政治发展的紧迫任务，应当说是

① 布莱克：《现代化的动力》，四川人民出版社1988年版，第81页。

切中时弊的。但是问题在于，资产阶级意识形态的偏见和西方中心主义的傲慢却使他们走入极端，得出了十分片面的结论。在他们看来，西方政治制度是全世界最完善的政治制度。它作为富足、自由、民主的象征，是人类社会政治发展的最高尺度和基本坐标。如果说发展是趋向一种完善、成熟状态的运动，那么，这一运动似乎只有对那些落后的、欠发达的或发展中国家才是适用的和必须的。这也是西方政治学家将政治发展限定于第三世界的一个重要原因。

由于否认资本主义社会固有的基本矛盾、排除西方政治制度的变革问题，因此，在西方学者那里，政治发展就成了一个狭隘和缺乏科学规定的概念。在很大程度上，它不过是研究发展中国家，即亚洲、非洲、拉丁美洲较贫穷或者工业化程度较低的国家政治进程的一种方法。这些国家不仅因为时常发生政治动荡，而且因为在总体上属于落后的传统社会或前现代社会，所以才面临着政治发展的任务。按照这一逻辑，对第三世界国家政治的任何一个方面的研究，在西方学者那里所使用的主题、概念和研究方法，都被称之为关于政治发展问题的探讨，而在欧美发达国家进行同样的调查则不这样认为。①

2. 在评价标准上，把西方政治制度奉为理想模式

按照西方政治学者的看法，研究第三世界国家的发展趋向，必须确立一个衡量标杆。在他们眼里，这个衡量标杆当然就是西方发达国家。而将西方发达国家作为衡量标杆确立起来，从理论上讲，又必须追根溯源，探索它们的成长历史或发展道路。这通常被看作是一条从传统走向现代的道路。

一些西方政治学者简单地认为，当今第三世界国家的发展过程，不过是早先西方国家经历过的从传统向现代转型的限定逻辑的重演。所以，要对第三世界国家的发展方向和目标作出恰当的评估，就必须参照西方发达国家业已具备的一些先进特征。他们把这些特征称作“现代性”。在西方学者那里，“现代性”是一个宽泛的概念，包含了相当复杂的内容。比如经济结构的工业化、社会结构的都市化、生活形态的世俗化、文明教养的知识化、思维方式与行为方式的理性化和个性化、社会组织形式的功能专门化以及社会成员关系在横向和纵向中的自由流动性等等。西方学者认为，与经济、社会、文化诸方面的这些先进特征的获得相伴随，并受其支持，产生高度发达的现代西方政治体系。

在某些西方学者眼中，所谓发展，就是谋求现代化；而谋求现代化，则无非是打破传统、获得现代性的过程。这个过程在西方世界已告结束。阿尔蒙德以西方政治模式为蓝本，从政治系统与外部社会环境的互动关系入手，描述了一种成熟政治体系的典型特征。他认为，一种适应现代化的社会环境并能为之

① 参见亨廷顿、多明格斯：《政治发展》，见格林斯坦、波尔斯比编：《政治学册精选》下卷，商务印书馆 1996 年版，第 151 页。

提供有效支援的政治系统，一方面要具备完善的“输入”功能，即应当：政治的世俗化（大众参与不断扩大、政府行为合理化），政治录用以成就（有技术专长、有组织和说服能力、恪守职责）为标准，利益表达（不同利益集团的政治要求）得以准确地传递和控制，利益综合（把政治要求转化为政策选择）公正而协调；另一方面也应该具备完善的“输出”能力，包括：提取能力（吸取社会资源的能力），调整能力（控制个人和集团行为的能力），分配能力（分配财富、服务、地位、荣誉和各种机会的能力），象征能力（创造文化符号以感召和团结民众的能力）以及回应能力（接受、反应和处理问题的能力）等等。

亨廷顿的看法略有差异，他特别强调政治制度化的作用。在他看来，一种政治体系的制度化水平可用四个指标来衡量。一是适应性，即政治体系能否应付环境不断变化的挑战，从而得以存活和延续。二是复杂性，即政治组织是否在结构上高度分化，并在功能上实施隶属关系明确、职责权限清晰的专门化分工。三是自主性，即政治系统能否独立于其他社会力量或社会活动而运作，程序合理、决策果断、令行禁止。四是内聚性，即政治体系是否具备共同意识，在总体上做到团结协作、步调统一。按照亨廷顿的理论逻辑，用上述指标来衡量，西方政治制度无疑是最完备、最成熟的理想模式。

西方学者就政治发展的评价标准提出的看法形形色色，十分繁杂。派伊曾对各家观点进行过总结。他认为，政治发展可看作是总体现代化进程的一个方面。这个方面既是社会经济现代化的产物，反过来又成为社会经济现代化的保障条件。因此，在实质意义上，政治发展和政治现代化不过是同一问题的两种不同表述。依据西方现代化的历史经验，派伊概括出政治发展的三个核心趋向。一是与政治系统相关的个人的持续增长的平等。这种平等意味着实行广泛的民主参与，意味着政治生活的法制化，意味着公共职位依据个人的实际能力和成就向全体公民平等开放。二是与环境相关的政治系统的不断提高的能力。这种能力意味着政治系统必须适应经济发展和社会发展的日益复杂的要求，在政治和行政决策方面做到容量大、范围广、效率高。三是政治系统内部体制和结构的日益明细的分化。这种分化意味着政治组织实行高度专门化的分工，分别承担各自比较确定的任务；同时也意味着它们相互合作、相互制约、相互协调，从而使政治系统有序运行，高效率地发挥其功能。

西方学者对现代政治体系的结构与功能的具体分析，其基本价值取向渗透着资产阶级理论家的深刻偏见。一方面，他们把社会化大生产以及与此相联系的经济、政治、社会、文化诸领域的人类文明发展的某些共性特征，不加分别地归结到具体的西方模式上，进而将资本主义政治制度神化成为最完善的政治模式。另一方面，他们又将这一神化的政治模式作为衡量世界上任何国家，尤其是第三世界国家政治发展的最高标准，以显示这些国家的差距、缺陷乃至丑陋。在西方学者看来，第三世界国家的政治体系本质上都是落后的传统政治体系。个人专断的政治统治、贵贱有别的等级秩序、效能低下的行政管理、混沌不清的组织结构、蒙昧陈腐的政治文化等等，构成了这些落后的政治体系的基本特征。因此，西方政治学家纷纷明确或含蓄地认为，第三世界国家从传统状态向现代状态的政治发展过程，就是重走西方当年的老路，并最终向高度完善的现代西方政治模式趋同。根据他们的逻辑，只有按西方的民主模式发展，才是“积极发展”；如果方向有偏差，则只能说是“消极发展”。无疑，这种价值定向中蕴涵着西方中心主义的根深蒂固的傲慢与自负。

3. 在研究方法上，推崇“价值中立”的实证分析

就社会背景来说，当代西方政治发展理论的出现，起因于西方发达国家左右和控制第三世界国家发展方向的现实需要。因此，它具有一种为霸权主义进行政治服务的工具性质。不了解这一点，就不能正确认识当代西方政治发展理论的实质。但是也应指出，多数西方政治学家并不直接具有资产阶级政客的身份，他们就政治发展问题发表的看法，也并不完全等同于资产阶级的官方意识形态宣传。至少就表现形式来说，当代西方政治发展理论有一种讲究“科学”的外观。这种外观甚至成了西方政治学家的追求。

其所以如此，主要受到三个方面的影响。一是受西方行为主义主流政治学的影响。西方政治学流派林立，但行为主义一直处于主流学说的一个主要特征是崇尚实证分析，主张价值中立。“二战”之前兴起并在“二战”之后迅速蔓延的行为主义研究方法，为这种实证分析提供了学术背景。作为对传统政治学研究方法的反抗，行为主义政治学提出应剔除带有道德、伦理色彩的价值判断，摒弃从某种哲学化的信条和原则出发进行的思辨演绎，主张把注意力集中实际的和可观察的行为上，广泛地收集有关政治生活的确切资料和数据，然后依据严格的科学方法，对其作出客观的、可验证的描述、解释、分析和预测。这种研究旨趣促成了政治同自然科学及其他社会科学的交叉渗透。据此，一些政治学家从其他学科中吸收诸如系统、结构、功能、输出、输入、反馈、均衡以及角色、团体、世俗化、理性化、社会性、现代性概念，为政治发展建构了“可以在分析和比较不同国家的政治中运用的有系统的框架。”随着各国政府和国际机构统计工作的改进、数学分析工具的完善和计算机手段的运用，西方政治学家为求精细准确，又在定性分析的基础上开展了微观到繁琐程度的定量研究。

二是受理论为现实服务的特殊方式的影响。从现实需要来看，当代西方政治发展理论的兴起，主要是为了给西方发达国家的全球战略提供对策性建议。这种对策性建议通常具有较大的务实色彩。因此，只有对第三世界国家的社会现状和发展态势作出具体、细致的分析，理论的功利性目的才能来得更加切实有效。但问题在于，当西方政治学家自觉或不自觉地肩负着某种特殊使命将自

己的理论视野转移到第三世界的时候，他们却发现自己面对着一个极其复杂的研究对象。与西方发达国家相比，广大发展中国家不仅有着不同的经济状况，而且有着不同的制度框架、历史传统、民族构成、宗教信仰、风俗习惯和生活方式。研究对象呈现出明显的多样性和复杂性。

三是受研究对象态度的影响。第三世界国家随着民族独立意识的觉醒而对殖民主义逻辑的深恶痛绝，使那些想对第三世界国家作具体了解的西方政治学家，不得不把自己的意识形态信仰悬置或隐蔽起来，以“价值中立”的客观形式寻求某种可被广泛接受的实证分析。

从理论框架来看，当代西方的政治发展研究主要有三个流派，它们分别运用了各自的特殊方法。其一是“结构－功能”方法。这种方法将系统理论和结构功能主义相结合，构造研究政治系统的总体模式，并在分析层面上运用概念通则，转换出所谓有普遍意义的发展模型。其主要代表人物和代表作有：阿尔蒙德的《发展中地区的政治》、里格斯的《发展中国家的行政管理》、伊斯顿的《政治生活的系统分析》、阿普特的《现代化政治》以及列维的《现代化与社会结构》等。其二是社会过程方法。这种方法把政治发展和工业化、都市化、商业化、识字率、职业流动等社会发展过程中的各项指标联系起来，以经验为取向，进行因果分析和定量分析。其主要代表人物和代表作有：多伊奇的《社会成员和政治发展》、卡特莱特的《民族政治发展》等。其三是比较历史方法。持这些方法的学者观点各异，但都侧重历史经验，主张从社会演化入手，对多个国家的发展类型进行比较研究。它的代表人物和代表作主要有：布莱克的《现代化的动力》、派伊的《政治发展面面观》、摩尔的《民主和专制的社会起源》以及亨廷顿的《变革社会中的政治秩序》等。

总的来说，当代西方政治发展理论在研究方法上推崇“价值中立”原则，试图通过具体的实证分析来显示自己的客观性和科学性。但是就本质而言，所谓“价值中立”不过是一层虚假的外表。它不仅没有剔除资产阶级意识形态和西方中心主义的偏见，而且可以说是宣扬这种偏见的新形式。另外，虽然西方政治学家试图对第三世界国家的社会现状和发展态势作出某种合理的分析和预测，但由于他们或是把西方政治模式奉为最高标准，或是依据西方政治发展的历史经验而提出主观构想，因而他们的研究不仅割断发展中国家的历史、脱离发展中国家的国情，而且对发展中国家人民那种改变现状的迫切愿望以及实现其特定目标的追求和努力，也不可能作出公正的评价。最后，由于盲目崇尚实证分析，并将理论视野局限于第三世界，西方政治学家不仅没有在普遍性上把握政治发展的客观规律和多样性，而且那种抽象地构造变项以及拘泥于琐碎的经验数据的研究方法，根本就缺乏真正的历史感。他们的研究方法实质上是狭隘的、非历史的和形而上学的。

在对西方政治学的政治发展观进行分析研究时，除了指出其存在的片面性和偏见外，还应当注意吸收其中有价值的成分。从总体上说，在世界范围内，政治发展必然存在某些共同性和普遍性。尽管不同国家、不同历史时期的政治发展发生的时空条件不同，具体形式也多种多样，带有特殊性，但它们都不可避免地受政治发展的一般规律所支配。因而，西方发达国家较早出现的政治发展进程和结果中肯定存在某些带有共同性和普遍性的因素和成分。这些反映到西方政治学的政治发展理论中，也就成为对人类政治发展有价值的部分。我们在批判西方政治学的政治发展观时，要细心地将其中的合理的、对发展中国家政治发展有借鉴意义的思想剥离出来，为我所用。

二、马克思主义的政治发展观

政治发展问题作为当代西方政治理论的一个专门领域，虽然出现于 20 世纪 50 年代，但是，对政治发展问题的研究却早已有之。事实上，当马克思和恩格斯在 19 世纪中期创立唯物史观，从生产力和生产关系、经济基础和上层建筑的矛盾运动入手，对人类社会形态之历史变迁的客观规律和必然趋势进行总体考察的时候，已经内在地包含了对政治发展问题的科学探索。新一代马克思主义者，以历史唯物主义为指导，认真研究 20 世纪社会发展的新现实，特别是在科学总结社会主义革命和社会主义建设的历史经验的基础上，进一步丰富和完善了马克思主义的政治发展理论。马克思主义的政治发展观，是系统、全面、科学的政治发展观。其基本看法是：

1. 政治发展是政治形态不断从低级走向高级的总体性过程

马克思主义认为，人类社会是一个由各种关系和各种过程相互联结、相互作用所构成的有机整体。这个有机整体可从两个角度去把握。若作横面解剖，社会可区分为经济、政治、文化等基本成分或基本要素。它们按一定的方式相互联系，形成特定的社会结构。若作纵向考察，社会结构因内在的矛盾运动又展开为一个动态的历史过程。马克思主义把社会结构类型在历史上的依次更替，称为社会形态的演进与发展。

社会结构理论和历史过程理论，是马克思主义把握社会历史运动的两个基本视角。它作为一般意义的哲学世界观，为政治分析提供了科学的理论框架。如果通过这个框架来考察，所谓政治发展，实质上也就是适应生产力和生产关系之发展要求的、由进步阶级、阶层或集团推动的政治制度的变革和政治体制的调整过程。这种变革与调整之所以称为政治发展，并不仅仅在于它导致了政治关系的不断变化，虽然其间不可避免地存在曲折、停顿甚至暂时的倒退，但是在全局上、总体上促进和推动政治关系变得越来越完善、越来越合理，即体现了一种前进上升的方向与趋势。因此，政治发展就总体而言，是自国家产生以来，人类政治形态不断由低级向高级的历史演进过程。

马克思主义认为，在不同的历史阶段和历史时期，无论政治制度的变革还是政治体制的调整，都往往具有不同的水平和特定的历史表现形式。但是，它能否发生以及如何发生，对社会生活，首先是社会经济生活起着至关重要的作用。恩格斯指出："国家权力对于经济发展的反作用可以有三种：它可以沿着同一方向起作用，在这种情况下就会发展得比较快；它可以沿着相反的方向起作用，在这种情况下，像现在每个大民族的情况那样，它经过一定的时期都要崩溃；或者它可以阻止经济发展沿着既定的方向走，而给它规定另外方向——这种情况归根到底还是归结为前两种情况中的一种。但是很明显，在第二种和第三种情况下，政治权力会给经济发展带来巨大的损害，并造成人力物力的大量浪费。"①

由此可见，政治发展应该从两个方面来认识。从根源上看，政治发展是由生产方式的矛盾运动引起的；而就其作用来说，它又是制约经济发展和社会发展的一个能动因素。不了解前一个方面，就不懂得政治发展的必然性；而否认后一个方面，则会抹煞政治发展的重要性。历史的经验表明，当一个社会的政治上层建筑存在严重的缺陷，并制约着该社会的经济发展和社会发展的时候，政治发展的任务往往显得格外迫切和突出。当今一些第三世界国家的情况即是如此。但是，这并不意味着政治发展只是第三世界国家的特殊任务。马克思主义认为，由于异常活跃的生产力促使经济关系和社会关系不断发生变化，使上层建筑与经济基础的适应性只具有相对的意义，因此，政治发展的任务就其客观根源来说普遍存在于任何社会。资本主义国家经过几百年的经营，虽然在具体的政治组织形式和管理形式上呈现出某些表层的、局部的、暂时的合理性，但由于其基本社会制度存在着自身不可克服的内在矛盾，即使是发达的资本主义国家，现代化的早发国家，仍然面临着一系列具体的政治发展的任务，而且资本主义国家政治发展的必然结果是要经过政治变革最终为社会主义所取代。马克思主义认为，在社会主义条件下，即使社会基本矛盾不再具有对抗的性质，政治上层建筑也还存在某些与经济发展和社会发展的客观要求不相适应的方面或环节。这些方面或环节需要通过社会主义政治体制改革来逐步地加以克服。唯其如此，才能为社会主义的经济发展和全面社会进步提供可靠保障。

总之，政治发展是自国家产生以来任何时代、任何社会所面临的一项基本任务。随着这一任务依据不同的历史条件，通过不同的道路途径，在不同的范围、层次、程度和水平上不断得以解决，人类政治形态便逐步地由低级走向高级，由必然王国走向自由王国。这就是政治发展的总体进程，也是政治文明建

① 《马克思恩格斯选集》第4卷，人民出版社1995年版，第701页。

设的总体进程。

2. 政治发展的动力是一个以经济变革为基础的复合系统

马克思主义认为，要在普遍性和必然性上把握政治发展，决不能局限于孤立的政治生活本身。政治发展并不是源于某种封闭政治体系的自生自灭的要求，更不是来自理论家的宣传呼吁或者精英人物的强力意志和一时冲动。从本质上讲，政治发展作为总体社会发展的一个重要方面，必须结合社会基本矛盾的辩证运动来认识，归根到底是从生产力和生产关系发展变革的客观要求来认识。正如恩格斯所说："一切社会变迁和政治变革的终极原因，不应当到人们的头脑中，到人们对永恒的真理和正义的日益增进的认识中去寻找，而应当到生产方式和交换方式的变更中去寻找"。①

将生产方式看作是决定政治变革的终极原因，首先基于一个简单的事实，即人们为了"创造历史"，为了从事政治实践活动，必须要有最起码的物质生活资料作为生存的保障。因此，物质生产方式乃是全部社会生活的第一要素，它构成了其他一切社会活动，包括政治实践活动的基本前提。不仅如此，特别需要指出的是，作为人类生活的第一要素和基本前提，物质生产方式从来就不是凝固不变的。它处于生生不息的矛盾运动之中。生产力的不断发展，带来经济关系、利益关系及其他社会关系的不断变化。这种变化持续下去，必然显现出原有政治关系和政治结构的落后与不合理。于是，经济和社会的进一步发展就会按照某种特定方向提出进行政治变革的客观要求。当一个社会中的进步政治力量意识到这一客观要求，并将其成功地转化为政治实践的时候，一个特定的政治发展任务就完成了。在典型形式上，可对这一过程作如下描述：

在生产方式中，作为内容的生产力是不断发展变化的最活跃、最革命的因素。生产力的发展导致分工形式、交换形式等等的变化，从而在旧社会的母体中孕育出新的生产关系的萌芽。新的生产关系的萌芽不断发育成长，最终趋向于新的生产资料所有制形式的建立。新的生产资料所有制形式伴随着一种新的产品代表新的生产力和生产关系的进步阶段、阶层或集团，随着自身力量的壮大会提出与自己经济利益相关的政治权力要求。经济关系、阶级关系、政治关系的发展变化，反映在思想观念上，形成新的政治要求、政治价值观念和政治理论。以政治理论为思想先导，新兴阶级或进步集团的政治实践由自发上升到自觉。新的政治变革要求会遇到传统的落后保守势力的阻碍，由此产生以阶级冲突为核心的政治冲突。政治冲突受到特定的社会历史条件影响，或者以渐进改革方式，或者以暴力革命方式获得解决。与生产方式变革和历史进步方向相一致的先进阶级最终夺取国家的政权，成为整个政治生活的统治力量和管理力

① 《马克思恩格斯选集》第3卷，人民出版社1995年版，第617～618页。

量，从而实现新旧政治形态的更迭交替。

有必要指出，政治发展的终极动力，虽然在归根到底的意义上只能从生产方式的变革来说明，但是，马克思主义的政治发展观并不是机械的经济决定论。马克思主义所以特别强调经济变革对政治变革的根本制约作用，是为了在错综复杂的关系中找到考察政治发展问题的核心线索，但是如果由此片面地加以引申，将经济因素视为唯一起作用的决定性因素，那就会“把这个例题变成毫无内容的、抽象的、荒诞无稽的空话。”① 因为在其现实性上，政治发展并不是一个单向的线性因素链条，而是一个多重因素彼此渗透、交互作用的复杂过程，是一个物质文明、精神文明和政治文明三个协调推进的持续过程。在这个过程中，生产方式的决定作用是通过与其他因素的相互联结、相互影响而实现出来的。这些因素包括：民族利益和民族关系、阶级与阶层的分化格局、政治力量的觉悟程度与组织程度、民众的关心程度和参与程度、政治领袖的组织才能和领导才能，以及特定的政治文化传统、政治心理意识、政治价值取向、政治理论原则等等。如果忽略了这些因素，那么对政治发展的理解就是简单的和片面的。

3. 政治制度的新旧更迭是政治发展的根本标志

宏观意义的政治发展，是社会形态总体发展的一个有机组成部分。就像社会形态的变化在本质上是社会基本结构的根本质变一样，政治发展从实质上说也首先是政治制度的根本改变。国家政权的阶级归属构成了政治制度的核心。因此，与社会形态历史沿革的总体进程相对应。自国家产生以后，奴隶制政治制度、封建制政治制度、资本主义政治制度和社会主义政治制度这几种国家类型的依次更迭，大致可以看作是政治形态沿革的几个基本阶段。

把这几个基本阶段的依次演进称之为具有前进上升意义的政治发展，主要有两个方面的原因。一方面，就功能作用来说，这几个基本阶段在越来越高的层次上顺应了生产方式变革的客观要求，从而也就在越来越高的水平上为以生产发展和经济发展为基础的总体性的社会进步和文明进步开辟了道路。另一方面。就结构性质而论，政治制度的每一次变革，都程度不同的意味着国家政权的阶级基础和社会基础在更广泛范围上的扩大。在人类历史上，随着作为政治统治力量的阶级及其同盟者的循序变更，专政的对象越来越少，而享受民主的人数则越来越多。从这个角度看，封建主专政取代奴隶主专政，因使农奴获得一定程度的人身自由是历史的进步；资产阶级专政取代封建地主阶级专政，由于打破世袭等级特权，在形式上推行以议会制、普选制等等为特征的政治民主，也是历史的进步。社会主义政治制度的建立之所以是人类政治发展史上的

① 《马克思恩格斯选集》第4卷，人民出版社1995年版，第696页。

最伟大变革，从根本上讲，就因为它结束了少数剥削阶级占统治地位的局面，使占全社会人口绝大多数的无产阶级和劳动群众第一次真正成为国家的主人。因此，只有在社会主义条件下，一种与以往任何剥削制度有着本质区别的最具普遍性、广泛性和真实性的民主政治才能够建立和完善起来。

以制度变革为标志的政治形态由低级到高级的前进上升运动，是人类政治发展的基本趋势。这个趋势就总体方向来说是不可逆转的。但是需要指出，人类政治发展的一般规律并不排斥不同国家和民族在政治发展的道路和顺序上的特殊表现形式。各个国家和民族都有其独特的历史传统和具体国情。随着国际交往的不断加强，外部的环境条件常常同各民族现实生活的内部诸因素相互缠绕、相互交织，从而在历史转折时期为每一民族的政治发展显示出较为广阔的“可能性空间”。历史经验表明，在这个由多种可能构成的广阔空间中，究竟哪一种可能变成现实，往往不仅取决于经济发展水平，而且取决于各民族的自觉选择。一般来说，各民族总是一方面依据自身的社会状况和历史传统，另一方面又依据国际环境所提供的外部参照和历史启示，来设计和创造自己的特定政治模式。这使得政治发展既显示出在一定程度上超越一般顺序的跳跃性和多样性，同时又显示出制度建构与体制变革错综交织的复杂性和艰巨性。如果不懂得这一点，那么对政治发展的理解就是狭隘和简单化的。

4. 政治体制的改革完善是政治发展的重要内容

政治制度的变革是一个质变过程，它构成了政治发展的根本标志。正如生产关系的变革具有明显的阶段性一样。政治制度的变革是一个由量变到质变的过程。一般而言，一种符合历史发展趋势的政治制度在经过复杂的矛盾冲突而最终得以确立之后，便会进入一个相对稳定的调适期。在通常情况下，政治制度的调适是通过一系列具体的组织形式和管理形式在结构上的健全和功能上的完善表现出来的。我们可以把政治制度的具体的组织形式、管理形式和运作形式，称作政治体制。从本质上讲，政治体制要受政治制度的制约，但是它与政治制度相比，又有自己的相对独立性，并因而表现出某种变化调节的灵活性。如果这种灵活的体制调节能够适应经济发展和社会发展的客观要求，在结构和功能上变得越来越合理、越来越完善，那么就是常态下的政治发展。其特征主要表现在以下几个方面：

第一，政治结构的合理化。生产发展和经济发展的社会化，在不同的历史条件下表现为不同的水平。但是，不论哪种水平上的生产发展和经济发展，其整体规模的社会化，总是以构成要素的一定程度的分化或多样化为前提的。从历史演进的总体趋势来看，具体环节的分化和整体联系的一体化一样，表现为一个不断加速的过程。随着生产发展和经济发展从先前较为简单的要求，扩张为各个方面，诸如农业、工业、商业、财政、税收、金融、货币、能源、原料、交通、信息、生态环境等更为复杂的要求，像法制建设、福利保障、医疗卫生、科技教育、文化生活等愈益广泛的社会要求也会逐步地衍生出来。要满足这些要求，政治体系就必须实行严密规范的专门分工，形成层次清晰、职责分明、彼此协调、自如运转的合理结构。否则，政治体系便会因体制的简单和僵化而在复杂多样的社会要求面前束手无策，调度失灵，乃至产生紊乱和衰败，那当然也就谈不上什么政治发展。

第二，政治功能的完善化。将功能的完善确定为衡量政治体制发展的指标，主要有两个方面的含义。其一，与经济发展规模的不断扩大及其所促成的一体化社会联系的愈益紧密相顺应，政治功能的完善，指的是政治体制着眼于全局和整体的协调、计划、干预和控制能力的增强。这种能力的增强常常是和创建、促进公共利益联系在一起的。其二，与经济发展和社会发展在具体环节、运作方式上的分化或多元化趋势相顺应，政治功能的完善，指的是政治体制应付和处理形形色色的复杂事务所必需的诸种专门能力的增强。这种能力的增强往往通过决策和管理的及时、准确、迅速、连贯等方式表现出来，这被称之为有效行政。如果同一功能由若干性质不同的机构和角色承担，或者一个机构和角色同时承担若干不同的功能，其结果便只能是行政的低效率乃至无效率。因此，政治功能的完善化，意味着一种政治体制无论在宏观调控还是在微观管理上都能够有令有方、有力有效，否则就会产生上下断裂、左右摩擦、前后脱节的混乱局面，这无疑与政治发展的方向背道而驰。

第三，政治变革的自主化。生产发展、经济发展和总体社会发展是一个连续性的动态过程，与之相联系，政治结构的合理化、政治功能的完善化也不是什么超历史的凝固不变的东西。如果说，环境的变化，总是向政治体系不断提出新的要求和挑战，那么，只有具备内在的自我变革能力的政治体系，才能够积极主动地适应这种要求、迎接这种挑战。正像弱不禁风的人很难承受大手术一样，政治体系若要自我变革，首先必须自身强壮。这意味着一种具备起码承受能力的政治体系，应该具有足以维持公共秩序的有效权威。但是，这种权威的有效性，从一种较为长远的眼光来看，不在其刻板的强制性，而在其适应环境变化的结构功能上的创新性和灵活性。即使某种体制针对某一类型的问题已形成一套行之有效的对策，倘若它变得保守僵固，当它碰到完全不同的问题并需要采取完全不同的对策的时候，就很可能沦为自己过去成功的牺牲品。所以，一种政治体系要保持其生命活动，就必须以开放的姿态去迎接挑战，根据时代发展的需要而不断进行自我调整，否则就会落后于时代，以至成为历史前进的绊脚石。

从总体上说，政治体制的发展是在一定的政治制度的框架范围内进行的。因此，政治制度适应生产力和生产关系之发展变革的客观要求的能力，决定了政治体制自我完善所能达到的基本水平和基本限度。如果一种政治制度仍旧处于合乎历史进步潮流的上升时期，那么其框架范围内的体制变革就有某种潜在的回旋余地。在特定情况下，当这种回旋余地因某个统治者或某个统治集团的顽固保守、软弱无能而变得萎缩的时候，便会有新的进步政治力量以这样那样的形式取而代之，重新将它开辟出来。迄今为止的任何一种政治制度，都有过开明的政治体制改革；而这种体制，反过来又都使政治制度得到了程度不同的巩固、维持和延续。但是，如果一种政治制度已在根本上丧失了适应生产力和生产关系之变革要求的历史合理性，那么该政治体制的发展也就终结了。这时候，只有通过政治制度的彻底革命，亦即通过新旧政治形态的更迭交替，才能为政治发展开辟出新的道路。

第二节 政治发展的基本途径

从根本上说，政治发展是由生产力和生产关系、经济基础和上层建筑的矛盾运动引起的，因此，它是一个客观的和有规律的过程。但是，与自然界的盲目运动不同，历史规律并不是存在于人的活动之外的超然力量。只有当社会基本矛盾运动引起利益关系和力量对比的变化，并转化为进步阶级、阶层或集团变革旧秩序的政治实践的时候，政治发展才能得以实现。从主体与客体的交互作用来看，政治发展一般通过两条主要途径或者采取两种基本形态，即政治革命和政治改革。前者是政治关系的质变过程，导致政治制度的新旧更替；后者是政治关系的量变或部分质变过程，促成政治体制的改进与完善。

一、政治革命

1. 政治革命的含义与特征

革命是人类历史中的一个重要现象，历来为人们所关注。中国古代就有“汤武革命，顺乎天而应乎人”的说法。这里的“革”即变革，“命”即天命，二字联用即实施社会变革以应天命的意思。这是对王者易姓、改朝换代所作的神秘主义论证。从古希腊的柏拉图和亚里士多德开始，革命就成为西方社会政治学说研究的重要问题。尽管近代西方资产阶级学者也对政治革命有过比较深刻的认识和论述，但他们的观点却具有明显的时代和阶级的局限性。通过对本书第三章的学习，我们知道政治革命是国家历史类型更替的主要方式，而国家历史类型的更替又是政治发展的最高形式。因而，政治革命对于国家历史类型的更替和对于政治发展的作用和意义几乎是完全一致的。鉴于前文我们在对国家历史类型的更替方式进行介绍时，已经对政治革命的基本特征作过比较系统的论述，这里不再赘述，我们只将马克思主义的主要观点作一个简要回顾和提示，以保证本章结构的完整。与以往的思想家不同，马克思主义是基于社会基本矛盾运动及其在阶级关系和阶级斗争方面的特定历史表现来考察革命的起源、实质和特征的。作为总体社会革命的一个重要组成部分，政治革命是以阶级为主体、以夺取政权为首要标志、以政治制度的新旧更替为基本内容的激烈的政治大变革，是政治发展过程中的质的飞跃。由于反动统治阶级不会自动退出历史舞台，因此，旨在推翻反动统治的政治革命往往同暴力相联系。但马克思主义认为，并不是所有的暴力都导致革命。那种不具备革命形势、缺乏群众基础、只有少数人参加的政治密谋和政治恐怖活动，是不可与政治革命等量齐观的。

2. 政治革命的根据与条件

马克思主义认为，政治革命是历史发展中的必然现象。当旧的生产关系严重阻碍生产力的发展，旧的上层建筑，特别是国家政权拼命维护旧的经济基础，阻挠社会进步时，必然引起各种社会矛盾和阶级斗争的尖锐化。代表生产力发展要求的革命阶级，或迟或早地要组织起来用革命的手段夺取政权，摧毁旧的生产关系和上层建筑，建立和发展新的生产关系和政治制度，解放生产力，从而推动整个社会的发展。这是不以人的意志为转移的客观过程。当一种生产关系对生产力的发展还起着积极的促进作用时，任何人要想人为地“制造”革命，是绝对不会成功的。同样，当一种生产关系已经十分腐朽、变成生产力发展的严重障碍时，任何力量想要阻止革命、取消革命，也是根本不可能的。

社会基本矛盾运动是政治革命的深刻的社会根源。它说明了革命发生的内在必然性。但革命在何种情况下发生，还取决于特定的革命形势。所谓革命形势，也就是革命的客观条件的总和。列宁指出，革命形势的主要特征是：“(1) 统治阶级已经不可能照旧不变地维持自己的统治；‘上层’的这种或那种危机，即统治阶级在政治上的危机，给被压迫阶级不满和愤慨的迸发造成突破口。要是革命到来，单是‘下层不愿’照旧生活下去通常是不够的，还需要‘上层不能’照旧生活下去。(2) 被压迫阶级的贫困和苦难超乎寻常地加剧。(3) 由于上述原因，群众积极性大大提高，这些群众在‘和平’时期忍气吞声地受人掠夺，而在风暴时期，无论整个危机的环境，还是‘上层’本身，都促使他们投身于独立的历史性行动。没有这些不仅不以各个集团和政党的意志、而且也不以各个阶级的意志为转移的客观变化，革命通常是不可能的。这些客观变化的总和就叫作革命形势。”①

可见，革命的客观形势是阶级矛盾和社会冲突极端尖锐化、各种因素汇合

① 《列宁选集》第2卷，人民出版社1995年版，第460~461页。

起来形成全国性的政治经济危机的结果。在这种形势下，一方面，统治力量因遭到严重削弱而指挥失灵。它既不能维护旧有的秩序，也无法以原有的方式处理危机，更没有能力实行政治革新。由于统治阶级已不能照旧不变地统治下去，这就为革命政治力量提供了一个实施突破的缺口。另一方面，被统治阶级和人民大众因物质生活极度贫困而承受着超乎寻常的苦难。这种苦难不仅使他们对现有社会秩序和政治秩序产生强烈的不满与愤慨，而且达到了不能再忍气吞声的程度。由于人民群众已不愿以旧有的方式生活下去，这就为政治革命提供了广泛的群众基础和强大的社会生力军。

革命的客观形势使革命的爆发成为可能，但可能转化为现实，还必须具备一定的主观条件。否则，再好的革命机遇也会丧失。在近代以来的世界史上，不少国家曾出现过对人民有利的革命形势，但最终取得革命胜利的国家却屈指可数。造成这种状况的一个重要原因，就是革命的主观条件还不成熟。列宁指出："不是任何革命形势都会产生革命，只有在上述客观变化再加上主观变化的形势下才会产生革命，即必须再加上革命阶级能够发动足以摧毁（或打垮）旧政府的强大的革命群众行动，因为这种旧政府，如果不去'推'它，即使在危机时代也决不会'倒'的。"①

历史的经验表明，在革命形势下，被统治阶级，特别是代表生产力发展要求的被统治阶级，只有对自己的社会经济地位和根本利益形成深刻的认识，并且自觉地承担起自己的历史使命，即在形成革命意识、提高革命觉悟、从自在阶级上升为自为阶级的时候，才能凝聚为摧毁反动政权的革命力量。此外，革命阶级是否由先进分子组成革命组织，借以充当革命的发起者和领导者，宣传革命思想、制定革命纲领、选择革命时机、设计革命的战略和策略等等，对于革命的进行和成功也至关重要。革命阶级的觉悟程度和组织程度，是促成革命胜利的主观条件。

综上所述，革命的爆发和胜利，在马克思主义看来体现了客观规律性和主观能动性的统一。社会基本矛盾的尖锐化，使革命的发生成为必然；而革命阶级意识到革命的客观条件已经成熟，从而形成革命的决心和勇气，并且通过有组织的联合行动来追求其政治目标，则使革命转化为直接的现实，革命既是社会基本矛盾尖锐化的必然结果，也是解决社会基本矛盾的根本手段。

3. 政治革命的类型和形式

社会基本矛盾及其发展，是决定社会政治革命必然趋势的一般根据。然而，现实的社会基本矛盾及其阶级表现是历史的、具体的，因而有着它的特殊性。正是这种特殊的根据，决定了革命的不同的性质和类型。因此，所谓革命

① 《列宁选集》第2卷，人民出版社1995年版，第461页。

的类型就是由特殊的社会矛盾、社会性质所规定的革命现象、任务和动力的集中表现。

马克思主义认为，从原始社会向奴隶社会过渡，是在生产力发展和生产资料私有制产生的基础上自发进行的。奴隶主和奴隶两大对抗阶级在这个过程中逐渐形成，没有经历完全意义上的革命。但是进入阶级社会以后，情况就根本不同了。每一次重大的社会变革，都要经过剧烈的革命斗争才能实现。在奴隶社会，发生过反对奴隶主阶级的奴隶革命和起义，目的是推翻野蛮的奴隶制度，解决奴隶阶级和奴隶主阶级的矛盾。新兴地主阶级经过长期斗争并借助奴隶起义的力量，推翻了奴隶主阶级的统治，实现了由奴隶制度向封建制度的转变。在封建社会，农民阶级为摆脱自己遭受的经济剥削和政治压迫，发动过多次反对封建地主阶级统治的农民革命和农民战争。随着资本主义生产方式在封建社会内部成长和发展起来，新兴资产阶级借助广大劳动群众的力量发动反封建的资产阶级民主革命，在一些国家建立了资本主义制度。在资本主义社会，生产的社会化同生产资料资本家私人占有之间的矛盾日益尖锐化，必然要求用生产资料的公有制代替私有制，用社会主义代替资本主义。这一矛盾表现在阶级关系上，就是无产阶级同资产阶级的尖锐对立和斗争。解决这一矛盾的途径只能是无产阶级的社会主义革命。

历史上的革命有多种类型，因而也必然有多样的形式。马克思主义认为，在阶级社会中，暴力革命一般是实现社会变革的必要手段。恩格斯说："革命无疑是天下最权威的东西。革命就是一部分人用枪杆、刺刀、大炮，即用非常权威的手段强迫另一部分人接受自己的意志。"① 在通常情况下，革命阶级只有运用暴力的权威力量，才能打碎旧的国家机器，推翻统治阶级的政治统治，建立新的政治制度和政治秩序。

暴力革命之所以成为政治革命的基本形式，是与统治阶级的本性和政治革命的本质分不开的。从统治阶级的本性来看，无论怎样腐朽的反动统治阶级都不会自动退出历史舞台。当革命开始威胁它们的统治地位的时候，它们总是要动用手中掌握的暴力工具毫不犹豫地进行镇压。正如列宁所说："反动阶级通常都是自己首先使用暴力，发动内战，'把刺刀提到议事日程上来'……"②。在这种情况下，革命阶级要推翻武装起来的统治者，仅仅诉诸道义的力量是不够的，还必须组织和运用革命的暴力，直到统治阶级彻底失败为止。从政治革命的本质来看，任何时代的政治革命都是由社会基本矛盾尖锐化引起的阶级利益对抗的总爆发，因而往往具有不可调和的空前残酷和激烈的形式。对革命阶

① 《马克思恩格斯选集》第3卷，人民出版社1995年版，第227页。

② 《列宁全集》第39卷，人民出版社1986年版，第373页。

级来说，革命的首要目标是夺取国家政权，而要实现这一目标，通常会经历一场生死存亡的大搏斗，因此，暴力这一最具威慑力和打击力的手段，便成为它借以摧毁反动统治阶级的国家机器的可靠保证。

马克思主义强调暴力在革命转变中的突出作用，但是并不把暴力看作是实现政治革命的唯一方式。一个国家和民族究竟以何种具体方式完成政治革命的任务，往往取决于一系列复杂的社会历史条件，如特定的国内环境、国际环境、革命主客观条件的成熟程度以及革命与反革命的力量对比等等。其中，政治力量对比是一个至关重要的因素。当革命力量占有绝对优势，国内外环境大大有利于革命阶级，统治阶级力量严重衰弱以致根本无法与革命阶级对抗的时候，通过非暴力的和平方式实现政治权力的新旧交替也是可能的。

马克思、恩格斯和列宁在论及无产阶级革命时指出，无产阶级之所以走上一条暴力革命的道路，是因为面对反动统治阶级的残酷镇压，没有别的选择。就无产阶级本身来说，它当然希望革命能够和平发展。马克思主义把暴力看作是新社会的“助产婆”，但从来就不迷恋暴力，而是客观地估计暴力在革命转变中的作用，并力求在革命实践中尽可能地不使用或少使用暴力。马克思、恩格斯和列宁，从来就不排除在资产阶级军事官僚机器不发达的地方，或无产阶级在社会力量对比中已经占优势的情况下，革命有和平转变的可能性。他们认为，即使这是千载难逢的罕见机会，无产阶级及其政党也不应该放过它，而应该尽可能地争取它，利用它。问题只是在于，资产阶级掌握强大的国家机器，并常常首先运用暴力手段，所以无产阶级不可对和平过渡抱不切实际的幻想。而且，即使在特定的历史条件下出现了革命和平发展的有利形势，也不可无度推演，把它看作是无产阶级夺取政权的唯一道路。

4. 政治革命的地位和作用

如同一切事物的发展总是采取量变和质变两种状态一样，人类社会也总是在进化和革命这两种状态的交互更替过程中前进的。从总体上说，这两种状态对人类社会的发展都很重要。但比较而言，革命是社会急剧变动的时期，是政治制度和社会形态发生根本转变的时期。它对政治发展和社会进步所起的推动作用，无论在广度上还是在深度上，都是和平发展时期所无法比拟的。列宁指出：“从马克思的全部历史观点出发，必然会对人类发展的革命时期给予高度的评价，因为正是在这样的时期，所谓和平发展时期慢慢积累起来的许多矛盾才能够解决。正是在这样的时期，各个不同的阶级在确定社会生活形式方面的直接作用才得到最有力的表现，而后来长期以更新了的生产关系基础为依托，政治‘上层建筑’的基本方面才得以建立，同时，马克思和自由派资产阶级的理论家不同，他并不认为这样的时期是脱离了‘正常的’道路，是‘社会病态’的表现，是过激和谬误的可悲的结果，他认为这是人类社会历史中最有生气、最重要、最本质、最具有决定性的关头。”①

革命之所以具有如此重要的地位，首先在于它是解决社会基本矛盾的根本手段。当生产力的发展同落后的生产关系，进而同维护落后生产关系的旧的上层建筑发生尖锐冲突的时候，不但会提出进行政治革命的客观要求，而且也为政治革命发挥其巨大作用提供了绝好的契机。只有通过代表历史进步方向的阶级发动摧毁上层建筑的政治大革命，才能保证新的生产关系的形成和发展，从而使生产力从旧的生产关系的束缚下解放出来，为整个社会的全面发展和进步扫清道路。因此，革命是历史的火车头。

政治革命的直接目标是推翻反动阶级的政治统治。这种统治由于极度腐烂已成为社会进步的严重障碍。但是，革命的意义并不仅仅在于摧毁一个旧制度，它同时也使革命阶级和广大人民群众的主观世界得到改造。在革命过程中，革命的政治力量最能克服自身的弱点，抛掉旧社会加在自己身上的陈旧的东西，激发起高昂的热情和理想，表现出创造性的聪明和智慧。正如列宁所说：“在革命时期千百万人民一个星期内学到的东西，比他们平常在一起糊涂的生活中所学到的还要多。”② 所以，每次革命的胜利都将引起道德和精神上的飞跃性变化。因此，没有革命的锻炼和洗礼，就没有人类自身的进步。

革命是破旧，更是立新。它使原本尖锐化的社会基本矛盾得到解决，通过维护和巩固新的生产关系来促进生产力的发展，因而也就将新的上层建筑奠定在了更高级、更坚实的经济基础之上；它使反动统治阶级退出历史舞台，通过政权的转移建立新的政治制度，因而也就为政治组织方式、政治管理方式及政治运作方式的全面更新创造了条件；它使旧道德、旧观念、旧习俗得到洗刷和改造，通过宣传革命思想来教育群众，并借助直接的革命行动来培养新型的政治文化，因而也就为今后政治生活在健康的轨道上发展提供了积极的精神资源。总而言之，政治革命是历史进程中的里程碑，是政治发展和社会发展的一种决定性方式。

二、政治改革

1. 政治改革的含义与特征

政治发展是间断性和连续性的统一。当一种符合历史进步趋势的政治制度在经过复杂的矛盾冲突而最终建立起来之后，便会进入一个相对稳定的调适期。在通常情况下，政治制度的调适是通过一系列具体的组织形式和管理形式在结构上的改进和功能上的完善而表现出来的。我们把统治阶级中的政治领导

① 《列宁全集》第1卷，人民出版社1955年版，第747～748页。

② 《列宁选集》第3卷，人民出版社1995年版，第94页。

集团，根据社会矛盾状况，适应社会发展要求，依靠现有社会制度本身的力量所进行的改进政治体制、调节政治关系、完善政治功能，以巩固和加强其政治统治的政治过程，称作政治改革。

同政治革命相比，政治改革不是政治形态的根本质变，而是以维护现有的政治制度为前提的自我调整和自我完善。它体现了政治发展的渐进性和连续性，因而从总体上说，属于政治发展的量变过程。这个过程之所以发生，一方面是因为现有政治上层建筑存在着同经济发展和社会发展的客观要求不相适应的方面与环节；另一方面也是因为社会基本矛盾以及由此所决定的阶级矛盾还没有达到激化和对抗的程度。因此，政治改革一般是在政治统治者控制的范围内进行的。它或者是调整统治阶级内部不同阶层和集团的利益关系，通过权力分配和政策制定在新的基点上的综合平衡，来解决它们之间的矛盾纷争；或者是调整统治阶级与被统治阶级的利益关系，通过对被统治阶级作出必要的让步，在一定程度上满足其利益要求，以缓和阶级矛盾和阶级冲突。但是不论哪种情况，政治改革都以不破坏既有政治统治的根本基础为前提。在这个意义上，政治改革同政治改良有相似之处。

但是，政治改革并不完全等同于政治改良。一般来说，政治改良是统治阶级在保持其统治的条件下，对社会政治生活的某些部分或环节所作的局部的、微观的改善，使政治结构及其活动方式发生一些微小的量的变化。它虽然能够带来某种程度的社会进步，但是这种进步往往是很不彻底的。同政治改良相比，政治改革通常要落实为政治体系的较大幅度的变动。它并不仅仅是单纯的量变，更重要的是总的量变过程中的部分质变。这种部分质变意味着，政治改革既不是一时性的政策微调，也不是新任政治领导人对前任的施政方针、政府计划、人事安排和领导作风等等的变通，而是有计划、有目标、有步骤地对现有政治结构及其运作方式进行兴利除弊、革故鼎新的改造。从这种改造的系统性、全面性和深刻性而言，政治改革也是一场“革命”。

当然，在严格意义上，政治改革与政治革命有着重大区别。从目标追求来看，政治革命的根本任务是推翻现有的政治秩序，实现政治权力的转移和政治制度的彻底变更。而政治改革则以不破坏现有政治制度的基本框架为前提，其目的是通过政治体制的调整与革新，来巩固和加强统治阶级的权力基础，提高和完善统治阶级政治权力的实际效能。从行为过程来看，政治革命是自下而上地发生的，其主体一般是被统治阶级。而政治改革则是自上而下地进行的，它以政治领导层为主体，整个变革过程通常被置于较为严密的计划和组织之下。从实现方式来看，政治革命虽不排除和平过渡的可能，但大多采取激烈的暴力方式。为了推翻旧的政治统治，革命者往往最大限度地进行政治动员，集结革命力量，发起革命运动，力图在较短的时间内促成政治秩序的根本性变化。而政治改革则以非暴力的和平方式展开，通常表现为一个长期的和缓慢的过程。为了顺利实现改革目标，改革者往往有计划地选择改革时机，设计改革方案，制定改革策略，确定改革步骤，并随时调整改革的规模和速度，力求避免任何突发的和不可控的暴力事件与行为。

总之，作为政治发展的一个重要途径，政治改革的特征应当在同政治改良和政治革命的联系与区别之中来把握。与政治改良相比，政治改革不仅是政治发展过程中的量变，而且是部分的质变。它是对现有政权结构及其运作方式的系统、全面、深刻的革新。但同政治革命相对照，政治改革谋求和带来的质变，仅仅是部分的，而不是全局的和整体的。它以不破坏现有政治制度的基本框架为前提，由政治领导层组织和推动，采取自上而下的和平方式，按计划有步骤地展开，实际上是一个使仍然具有历史合理性的政治秩序的积极能量得到充分发挥和释放的过程。

2. 政治改革的根据与条件

像政治革命一样，政治改革的根源也必须从社会基本矛盾运动之中去寻找。在社会基本矛盾运动中，生产力是最活跃和最革命的因素。当生产力的发展使某一类型的生产关系越来越显现出不相适应的一面的时候，如果一种政治上层建筑刻板僵化，以保守方式维护和巩固其经济基础，就会使生产关系中那些同生产力发展不相适应的方面和环节得不到应有的改善，从而成为生产力发展和社会进步的障碍。于是，政治改革的任务就被提出了。在这个意义上，经济发展和社会发展的客观要求，是引起政治改革的根本原因。

一般来说，社会基本矛盾运动会在社会分层和利益关系上得到表现。这大致有两种情况。其一，统治阶级内部不同阶层或集团之间以及统治阶级和被统治阶级之间，在原有利益格局的基础上产生力量对比的新变化。其二，随着生产方式、分工方式、交换方式、分配方式和消费方式等的发展，社会上出现了新的利益集团，产生了新的政治力量和社会力量。以上两种变化都要求对现有政治体制进行适度的变革。这种变革，或者是在利益关系方面作调整，通过制定新政策和新措施，来协调和解决社会上的利益矛盾；或者是在权力结构方面作调整，通过适当吸纳新兴政治力量，并在不同程度上认可其他阶级、阶层、集团和广大民众的利益要求，来扩大和加强现有政治统治的范围与基础。否则就会导致尖锐的阶级对抗和社会紧张。

社会基本矛盾运动以及社会分层和利益关系的新变化，必然要在思想观念上反映出来。一方面，随着经济发展和社会发展，人们追求物质利益的欲望不断高涨，期望值日益提高，对现有政治体系弊病的感受越来越深刻，从而要求进行政治改革的呼声也就越来越强烈。但是另一方面，传统的政治思想、政治理论和其他政治意识形态，会对政治改革构成阻力；同时，国民在以往的政治体系中长期形成的安于现状、求稳怕乱的心理，也是抑制政治改革一大障碍。因此，改革进程往往伴随着新旧价值观念的剧烈碰撞。当进步的社会力量的革新要求占据上风，逐步成为社会成员的普遍共识的时候，政治改革的文化氛围和思想条件也就孕育成熟了。

政治改革是一种自上而下地进行的有计划有步骤的政治变革活动。因此，能否出现一个具有改革意识和改革能力的政治领导层，对于政治改革的发起、组织乃至成败，都至为关键。改革必须要有改革的倡导者和领导者。他们应当思想开明，富有远见，对本阶级的根本利益和历史地位有着深刻的理解，对社会经济形势的发展变化有着清醒的认识，对现有政治体系及其弊端能够作出正确的分析。他们热衷于改革事业，具有制定并实施正确的改革计划的能力，同时还必须把政治改革和本阶级成员以及广大民众的利益联系起来，充分调动他们的积极性，使他们拥护改革，支持改革，成为推动改革的政治力量。一般来说，政治改革的内容与方式、进程与步骤、深度与广度，都是与政治领导层的改革意向和改革能力分不开的。这是政治改革的主观条件。

政治改革是一种以和平方式进行的循序渐进的政治变革活动，因而需要有一个稳定的社会环境。在一个社会冲突接连不断、暴力事件层出不穷、军事政变时有发生、抗议活动此起彼伏、生活局面混乱不堪的社会环境下，改革计划的有效贯彻和连续实施是不可想象的。由于政治改革势必触及某些社会力量的利益，打破或改变既往的社会利益结构，从而在客观上造成一些新的社会不安定因素，因此，正确处理稳定、改革和发展三者之间的关系，对于政治改革的顺利推进至关重要。保持相对稳定的社会环境，努力把社会动荡降到最低限度，是推行有计划、有步骤的政治改革，并使之获得切实成效的必不可少的社会条件。

3. 政治改革的目标与方式

政治改革是一种自觉的政治变革活动。为了明确前进方向，稳步而有序地推动改革进程，政治改革的领导者通常会确定改革所要完成的任务和达到的目的。这就是政治改革的目标。在不同的历史时期和社会条件下，政治改革的目标是各不相同的。如果对各种形式的政治改革加以概括，其目标设计总的说来要考虑以下几个方面：

第一，调整政治结构。政治改革之所以要进行，根本上是为了变革政治上层建筑中那些同经济发展和社会发展不相适应的方面与环节。从历史上看，经济发展和社会发展呈现出高度分化与高度综合两种相反相成的趋势。要适应这一趋势，政治体系就必须实行规范化分工，形成层次清晰、职责分明、彼此协调、自如运转的合理结构。否则，政治体系便会因为体制的刻板僵化而在复杂多样的要求面前束手无策，调度失灵，乃至产生紊乱和衰败。

第二，提高管理效能。政治改革必须落脚于政治体系功能的完善。与社会经济发展高度分化与高度综合的趋势相适应，政治功能的完善体现在微观管理和宏观调控两个方面。无论哪个方面，都需要政治体系形成一套程序化、科学化的决策机制、管理机制和监督机制。否则，便只能是行政的低效率，甚至产生运行中的脱节、断裂和摩擦。

第三，协调利益关系。社会基本矛盾运动所导致的利益关系格局的变化，是驱动政治改革的基本原因之一。为了平衡和解决各个方面的利益矛盾，政治改革必须对现有的权力结构进行适度调整。这种调整首先要扩大政治参与，使权力体系向更多的阶层和集团，特别是那些新兴社会力量开放，以便激发和保持政治体系的活力。同时，由于权力结构调整打破了旧的利益分配模式，容易引发动荡，因此，在触及某些社会力量的政治经济利益和可能造成社会不稳定的问题上，必须综合平衡，使社会的矛盾紧张化减到最小程度。就此而言，参与的扩大化和权威的稳定性，是政治改革所谋求的双向目标。

同政治革命相比，政治改革是以和平方式展开的一个相对缓慢和较为持久的过程。从这个方面来考虑，政治改革必须根据实际情况，分别确定其近期目标、中期目标、长远目标，而且在实施过程中，还要随机应变，不断作出适时、适度的修改与调整。但是，政治改革尽管与政治革命相比呈现出平稳和缓的特点，然而各种具体的政治改革之间，在推行改革计划、实现改革目标的方式上却有很大的差异，这大致可分为两种：

一种是激进式改革。这种改革强调总体设计和强制性变迁，因而被形象地称之为“闪电战略”和“休克疗法”。在运用这种改革方法的时候，改革者往往从一开始就将改革目标全盘托出，主张整体推进，一步到位，系统和全面地实施改革计划，在较短的时间内完成对旧体制的斩草除根式的改造。激进改革有利于缩短新旧政治体系转轨的阵痛期，但却极大地增加了社会阵痛的强度。因此，只有在社会格局和政治格局相当稳定、广大民众具备足够的心理承受能力的条件下，这种改革方式才是可行的和有效的。如果缺乏这些条件，推行激进改革就有可能因为全面出击而树敌太多，最终招致失败。

另一种是渐进式改革。这种改革强调长远和眼前、总体与局部的平衡，主张由易到难，循序渐进，因而被形象地说成是“费边战略”、“多项分进方法”。这种改革方法要求改革者在确定最终的和总体的目标之后，恰当地选择改革序列，合理地分解改革内容，实行各个突破，分期分批地完成改革任务。从形式上看，渐进改革不如激进改革来得迅速，而且要持续一个较长的时间。但它却有利于随时调整改革计划，纠正改革的失误；同时也有利于化解不利因素，减轻改革所带来的阵痛。渐进战略的一个优点是，既可以有步骤地推进改革，又可以在每一次改革中赢得某些潜在的反对派的默许或支持，从而使改革的阻力减至最低限度。

各国的社会历史条件不同，因此它们究竟采取哪种改革战略，要视具体情况而定，不能盲目地抬高一种战略而无条件地贬低另一种战略。事实上，成功的改革往往是从实际出发，实行渐进战略与激进战略的交替配合。而能否恰当地实行这种交替配合，从某种意义来说，是对改革者政治能力、政治智慧和政治技巧的一个重大考验。

4. 政治改革的地位与作用

在文明社会，政治革命和政治改革是政治发展的两种基本途径或基本形式。如果说，渐进性和间断性的统一构成事物发展的一般规律，那么，政治发展同样是在量变和质变的更迭交替中实现的。当一种政治制度完全衰朽，已变成社会进步的桎梏的时候，只有通过政治革命，实现政治形态的质变和飞跃，才能为政治发展开辟道路。但是，政治革命并不是可以人为地制造出来的。如果一种政治制度同经济发展和社会进步基本适应，仍有继续存在的合理价值，问题的关键就不是用革命方式将它彻底摧毁，而是用改革方式克服它的某些不良方面或环节，使它蕴含着的积极潜能充分实现出来。就实质来说，政治改革是一个使仍然具有历史合理性的政治体系的积极能量得到充分挖掘和释放的过程。这是推动政治发展和社会进步的重要方式，也是认识政治改革的历史地位的基本出发点。

辩证地看，充分发掘一种政治体系的积极能量，既以维护其制度框架为前提，同时也以变革其不合理的方面和环节为条件。因此，改革绝不是一种守旧倾向，而是一种锐意进取的开放姿态。这种姿态有双重表现。一方面，它积极回应环境变化向政治体系发出的挑战。由于经济发展和社会发展是一个连续的动态过程，因此，环境变化会对政治体系不断提出新的要求。在这些要求面前，政治体系常常会暴露出一些不完善之处。即使一种政治体系针对某一类型的问题曾形成一套行之有效的对策，但当社会历史条件发生变化以后，固守原来的对策也会沦为过去成功的牺牲品。因此，改革之所以为进取和创新的一个重要表现在于，它积极迎接环境变化的挑战，通过调整政治结构，完善政治功能进而在相当程度上自我完成除旧布新。反过来说，这种过程的自觉推进和顺利完成，不仅有利于维持政治秩序的稳定，提高政治管理的效率，保障政治体系的良性运作，而且还会向外部环境输入积极能量，强有力地推动经济发展和社会发展。这是政治改革的一个重要作用。

政治改革在另一方面的表现，就是勇于革除现有政治体系的种种弊端。这种弊端并不仅仅是难以适应经济和社会发展要求的结构功能上的不完善，而且更重要的是与社会进步潮流相违背的局部环节上的不健康。贪污腐败、以权谋私、官僚主义、独断专行等即为典型。这些政治弊端危害很大，若任其膨胀，势必激化社会矛盾，破坏乃至瓦解现有政治统治的合法性基础。政治改革的革新之处，很重要的一点就在于它从本阶级、本民族、本国家的长远利益和总体利益出发，对现有政治体系的弊端进行大胆剖析，并采取相应措施设法予以整治和克服。反过来说，当政治弊端在一定程度得到整治和克服，它就不仅会使社会矛盾趋向缓和，使政治统治的合法性基础得到强化，而且还会为人类文明的进步不断积累政治价值资源，在开明、民主的轨道上把政治生活不断推向前进。这是政治改革的又一重要作用。

自古至今的每一个历史时代都曾有过改革尝试。这些改革尝试因为社会条件、阶级基础、制度框架的不同而具有不同的特点。在剥削阶级占统治地位的社会，政治改革是统治阶级迫于形势的压力所采取的革新措施。它本质上是统治阶级维护自己统治地位的一种变通手段。但即使如此，由于它在一定程度上适应经济发展和社会发展的需要，对被统治阶级的利益要求作出某些让步，因而其积极意义也不能完全抹煞。在社会主义条件下，社会基本矛盾具有非对抗性质，无产阶级和广大劳动群众在根本利益上存在着共同性和一致性。这就使政治改革获得了全新的内容和意义。通过政治改革，自觉调整社会主义政治上层建筑中那些同经济和社会发展不相适应的方面与环节，充分发挥社会主义制度的优越性，实现社会主义制度的自我革新和自我完善，是社会主义政治发展的必由之路和唯一形式。

第三节　政治发展的未来趋势

政治发展固然是由生产力和生产关系、经济基础和上层建筑的矛盾所决定的。但在不同的国家或民族那里，社会基本矛盾运动往往各有其特殊的表现形式。这种特殊表现形式意味着，当一个国家或民族处于某一历史转折点的时候，其内部的基本矛盾与外部的环境条件极为复杂地缠绕和交织在一起，相互作用、相互影响，常常显示出多种可能的发展途径。另外，政治发展途径的多样性，并不排斥和否定政治发展总体进程的统一性。尽管不同的国家和民族往往有着不同的特点，但从总体上看，人类历史或世界历史的演进，受社会基本矛盾运动的一般规律所支配，表现为一个由低级到高级、由简单到复杂的有序的前进上升过程。如果说原始社会、奴隶社会、封建社会、资本主义社会和社会主义社会几种社会形态的依次更替构成了人类历史进程的基本顺序，那么，就政治发展而言，通过社会主义革命，推翻以资产阶级为代表的一切剥削阶级的政治统治，建立无产阶级领导的人民民主专政的新型国家政权，并且在此基础上，对整个社会进行全面而深刻的改造，最终促成阶级的消灭和国家的消亡，实现从有阶级向无阶级、有国家向无国家社会的转变与过渡，则从总体上代表了世界上所有国家和民族的进步方向与发展趋势。无论道路多么曲折，都不能使这一方向和趋势发生逆转。

一、社会主义革命是政治发展的必然产物

在制度层面，资本主义国家是人类历史上最后一种剥削阶级专政的国家形态，它是建立在生产资料资本主义私有制的经济基础之上的上层建筑。当资本主义生产关系与生产力发展的客观要求基本适应的时候，资产阶级专政的国家政权同奴隶主专政和封建主专政的国家政权相比，具有一定的历史进步性与合理性。但是，资本主义从产生的那一天起，就存在着生产的社会化与生产资料的私人占有之间的对抗性矛盾。随着资本主义渡过它的上升期，这一矛盾逐步外露并日益尖锐化。尽管借助资产阶级国家政权的力量，通过对资本主义生产关系的局部调整，这一矛盾似乎可以得到暂时的缓和，但是从根本上说，它不可能在资本主义制度的框架范围内获得真正的解决。解决生产的社会化同生产资料资本家私人占有之间的矛盾，只有用公有制代替私有制，用社会主义代替资本主义。

但是，这一社会变革并不会自发地完成，它必须以无产阶级自觉的革命斗争为动力。马克思、恩格斯通过对资本主义社会结构与阶级关系的科学分析，指出资本主义的发展，不仅为社会主义革命准备了必要的物质条件——社会化大生产，而且也使这场革命的主体承担者，即无产阶级逐渐地成长起来。随着资本主义的内在矛盾不断地酿成经济与政治危机，无产阶级作为代表历史进步方向的新兴政治力量，在反对资产阶级的斗争中不断地壮大和成熟，社会主义革命就变成了直接实践的问题。社会主义代替资本主义，是历史发展的客观规律，也是无产阶级反对资产阶级斗争的必然结局。

19世纪末20世纪初，自由资本主义过渡到垄断资本主义即帝国主义阶段。列宁依据新的时代特点，创造性地发展了马克思主义，提出社会主义首先在一国胜利的理论。他指出，在帝国主义时期，资本主义固有的基本矛盾不仅日益尖锐，而且各资本主义国家之间经济政治发展的不平衡性不断地加剧。一些后起的资本主义国家跳跃式地赶上和超过老牌的资本主义国家，导致了它们之间实力对比的急剧变化。资本主义经济发展的不平衡，必然影响到政治力量的对比。在殖民地已经被老牌帝国主义国家瓜分完毕的情况下，后起的帝国主义国家要求重新划分势力范围，于是不可避免地发生了帝国主义之间的战争。战争使帝国主义国家的力量相互削弱，结果就在帝国主义链条上造成了薄弱环节。这样，无产阶级就有可能首先在这里冲破帝国主义阵地，取得社会主义革命的胜利。

以社会主义一国胜利论为指导，列宁率领俄国布尔什维克党和广大劳动群

众，利用帝国主义大战造成的有利时机，成功地进行了俄国十月社会主义革命，建立了世界历史上第一个无产阶级专政的社会主义国家。十月革命的胜利，开辟了人类历史的新纪元，使殖民地半殖民地人民的民族民主革命，从资产阶级民主革命的一部分变成了无产阶级社会主义世界革命的一部分。在俄国十月革命的影响下，中国共产党领导中国人民，经过长期艰苦卓绝的斗争，推翻封建主义和官僚资本主义的反动统治，驱逐帝国主义势力，将新民主主义革命转变为社会主义革命，在中国建立了人民民主专政的新型国家政权。

无产阶级革命是人类历史上最深刻、最彻底的一场社会革命。它不是用一种私有制代替另一种私有制,一个剥削集团代替另一个剥削集团,一种剥削形式代替另一种剥削形式,而是要在根本上消灭一切私有制,消灭任何形式的人对人的剥削和压迫,最终实现全人类的彻底解放。因此,随着无产阶级革命的初步胜利,社会主义政治制度也就具有了区别于以往一切旧制度的崭新特征。这主要表现为:人民群众当家作主的政治地位得以确立;资产阶级及其他剥削阶级作为国家统治者的政治权力被剥夺;无产阶级政党成为国家政治生活的领导核心;它以为广大人民群众谋求根本利益为宗旨,运用国家政权进行社会管理,大力发展生产力,不断巩固和完善社会主义的经济基础,建设高度的社会主义政治民主、政治文明和社会主义精神文明,从各个方面为向共产主义过渡创造条件。

二、民主政治是政治发展的基本目标

社会主义政治制度的建立是人类历史上的一场伟大变革。从政治发展的目标来说，它结束了少数剥削阶级占统治地位的政治局面，使占全社会人口绝大多数的广大劳动群众真正成了国家的主人。因此，只有在社会主义条件下，一种与以往任何剥削制度有着本质区别的最具普遍性、广泛性和真实性的民主政治，才能建立和完善起来。

民主政治是人类政治发展的价值目标。列宁曾把民主赞誉为一个伟大的名词。自从古希腊人用这个概念来表达“人民的权力”或“多数人的统治”的政治形式开始，一代又一代的仁人志士就为实现民主理想展开了不懈的努力和追求。人类政治生活的开明和进步，是同这种努力与追求分不开的。

马克思主义认为，“民主是国家形式，是国家形态的一种。”作为国家形式或国家形态的民主包括两个方面。从形式上看，民主作为人类社会组织政权、实行政治统治和政治管理的一种特定方法，它坚持并奉行一个基本的价值原则，那就是“形式上承认公民一律平等，承认大家都有决定国家制度和管理国家的平等权利。”① 如果一种政治统治形式能够按照这样的价值原则以及与之

① 《列宁全集》第3卷，人民出版社1960年版，第201页。

相适应的程序和方法来组织与运作，它就获得了某种民主的特征，并且因为这种特征，在与专制独裁相对应的意义上被认为具有一定的价值合理性和历史进步性。

民主作为“国家形式”或“国家形态”，是与一定的经济基础和阶级利益相联系的。它在一定的经济基础之上产生，并且随经济基础的变化而变化。正如列宁所说：“任何民主，和任何政治上层建筑一样……归根到底是为生产服务的，并且归根到底是由该社会中的生产关系决定的。”① 在阶级社会中，生产关系表现为一定的阶级关系，因此，民主总是打着阶级的烙印。维护统治阶级的政治统治和经济利益，是民主的实质内容。如果说，民主政治在形式上具有某些共同的基本原则，因而区别于专制独裁，那么，其在特定的经济基础和阶级关系制约下所获得的实质内容，则又使它们相互区别，并在历史发展中表现为不同的类型。

历史上的第一种民主类型出现于奴隶社会。它的典型模式是古希腊雅典国家的城邦民主制。城邦民主制形式上奉行“主权在民”原则。“平民群众必须具有最高权力，政事取决于大多数人的意志，大多数人的意志就是正义。”② 由公民大会选举公职人员，制定法律，决定重大问题，是雅典城邦民主制的主要特点。但是，尽管雅典城邦民主制宣称主权在民，然而真正享有公民权的却只是一部分自由民，其中起主导作用的是工商奴隶主和贵族奴隶主，而占人口绝大多数的奴隶则不过是“会说话的工具”，没有任何民主权利可言。因此，在奴隶社会，撇开君主制、寡头制、独裁制等最普遍的国家形式不论，即使在个别情况下出现过民主制，享受民主实质上也只是少数统治阶层的特权。

历史上的第二种民主类型出现于资本主义社会。它是近代资本主义商品经济发展的必然伴随物。商品经济的内在逻辑，即等价交换和自由竞争，在政治上和法律上必然要求一种具有普遍形式的平等和自由。因此，资产阶级在反封建革命中，高举起了自由、平等、民主、人权的旗帜。在反封建革命胜利后，资本主义民主制逐步确立了起来。它奉行“法律面前人人平等”的原则，承认一切社会成员具有平等的政治权利，在政权的组织形式上用议会制代替专制君主制，用普选制代替等级制和世袭制，因而它“从全世界社会发展来看，是一大进步。”③ 但是，资本主义民主制存在着形式与内容的二元分裂。就形式而言，它承认法律面前人人平等。然而由于以生产资料私有制为基础，这种法律面前的人人平等却被资本的有无或多寡的实际不平等限制和抵消，从而在现实

① 《列宁全集》第 4 卷，人民出版社 1972 年版，第 405 页。

② 亚里士多德：《政治学》，商务印书馆 1959 年版，第 312 页。

③ 《列宁全集》第 4 卷，人民出版社 1972 年版，第 38 页。

的社会经济、政治生活中成了保护资产阶级本阶级内部平等的屏障。无产阶级和广大劳动群众，没有或很少占有生产资料，他们主要靠出卖劳动力受雇于资本家，因此，法律赋予他们的民主权利实际上落实为保护他们出卖劳动力商品的权利。从这个意义来说，资本主义民主制归根到底只是维护资产阶级政治统治和经济利益的一种巧妙的方式和手段。它取消了公开的封建特权，却维护着隐蔽的资本的特权；它承认了形式的平等，却掩盖着事实上的不平等。只要资本主义私有制依然处于支配全社会的地位，这种事实上的不民主、不平等就无法消除。

历史上的第三种民主类型诞生于社会主义社会。它是在无产阶级的革命斗争中萌芽，随着社会主义政治制度的建立而形成和发展起来的。社会主义民主是迄今为止人类历史上最高类型的民主。这不仅因为它批判地借鉴和继承了人类民主发展史上的一切优秀成果，更重要的是它建立在生产资料公有制的基础上，并以无产阶级领导的人民民主专政的新型国家政权为依据，为建设高度完善的民主政治提供了前所未有的广阔前景。同以往剥削阶级占统治地位的民主类型相比，社会主义民主具有以下特征：

第一，新型国家政权使绝大多数人真正享有民主权利。在古代民主政治和资产阶级民主政治中，公民权利虽然在形式上得到确认，但由于少数剥削阶级操纵国家机器，因而其实行就本质来说是十分狭隘的。与此不同，社会主义国家是无产阶级领导的、以工农联盟为基础的人民民主专政的新型国家政权。它的实质性特征是人民当家作主，一切权力属于人民，而只对极少数破坏社会主义事业和危害绝大多数人利益的敌对分子实行专政。因此，只有社会主义国家才能真正确立人民的主人翁地位，这种新型民主不仅使他们享有参与和管理国家事务的最普遍、最广泛的政治权利，而且能够借助新型国家政权的专政力量，使这种权利得到可靠的维护和保障。

第二，公有制基础主体使人民当家作主得到切实体现。一切政治问题根源于社会的经济关系之中。在资本主义社会，无产阶级和广大劳动群众，因为没有或很少占有生产资料，只能处于依附于资本的地位，所以对他们来说，平等的民主权利只不过是一种空泛的形式。真正享受民主的是那些控制国家经济命脉的垄断资本家及其政治代理人。与此不同，社会主义民主是建立在生产资料公有制主体基础之上的。社会主义革命消灭了剥削制度，使无产阶级和广大劳动群众在经济上获得解放，享有了对生产资料的不同形式的所有权和支配权，这就为他们以民主方式协调相互之间的关系、解决内部的非对抗性矛盾提供了坚实的社会基础。

第三，民主集中制为民主建设确立了全新的组织原则。资产阶级民主在形式上具有“普选制”、“议会制”、“多党制”、“法律面前人人平等”等虚饰外观，但是，由于在生产关系中居于被支配地位的无产阶级和广大劳动群众根本无法进入资本主义国家的政治机构，因此，这些民主装饰非但不能改变资产阶级专政的实质，反而显示出资产阶级民主的虚伪性。不仅如此，资产阶级民主制的决策和运行存在着并随历史的演化越来越暴露出一对尖锐的矛盾。一方面，为了更有效地维护和实现资产阶级的政治经济利益，国家事务的决策权和管理权愈益集中在少数官僚手中，他们作为资产阶级的代理人，形成了高高在上的所谓精英集团；另一方面，资本主义私有制又为个人主义、唯我主义的膨胀提供了合适的土壤，从而将所谓的民主参与扭曲成极端的自由化和无政府主义的泛滥。与此不同，社会主义坚持民主集中制的原则。它一方面切实保证人民当家作主的权利，使国家机构同人民群众保持极其密切的联系；另一方面又强调在充分发扬民主的基础上，将群众意见中那些有益的部分集中起来，形成统一意志，以此作为指导行动的共同准则。如果说，生产资料公有制的主体基础使发扬民主成为必然要求，那么，建立在公有制主体地位基础上的人民群众总体利益的一致性，则为集中统一的顺利实现提供了可能。因此，社会主义民主本质上是高度民主和高度集中的辩证统一。民主是集中的基础，只有充分发扬民主，才能达到正确的集中；集中是民主的指导，只有实行正确的集中，才能实行真正的民主。

总的说来，社会主义民主是社会主义制度的本质要求，也是它的基本特征之一。社会主义致力于人民群众根本利益的自觉的追求和维护，因此就其本质而言必然具有政治上的民主属性。没有民主就没有社会主义。建设高度民主的社会主义政治制度，是社会主义革命和社会主义建设的一项根本任务和根本目标。为了实现这一目标，社会主义国家在各自的政治实践中作出了积极的和富有成效的努力。新中国成立以后，特别是党的十一届三中全会以来，在建立和完善人民代表大会制度、共产党领导的多党合作制度与政治协商制度、民族区域自治制度、基层民主制度，以及社会主义的选举制、监督制、质询制、罢免制等民主化建设方面，取得了举世瞩目的伟大成就。当然社会主义民主建设不是一蹴而就的，而是一个长期和复杂的过程。这个过程需要通过社会主义自身的改革，有步骤、有层次、有秩序，由浅入深、从低级到高级持续而稳步地加以推进。

三、政治改革是社会主义政治发展的基本途径

社会主义革命的胜利，结束了少数剥削阶级占据统治地位的局面，建立了无产阶级领导的、以工农联盟为基础的人民民主专政的国家政权，为建设高度完善的民主政治开辟了前所未有的广阔道路。同以往剥削阶级专政的国家政权相比，社会主义政治制度在本质具有无可怀疑的优越性。怀疑或否定这种优越

性，在理论上是错误的，在实践上是极其有害的。

但是20世纪的社会主义，是基于资本主义经济政治发展的不平衡，在一些经济和社会发展相对落后的甚至是半封建、半殖民地的国家获得胜利的。这种跳跃式的发展，既实现了社会制度的根本变革，同时也成为社会主义政治制度和政治体制的进一步完善带来了一系列复杂的难题。这主要表现为：落后的生产力水平使社会化大生产的物质基础还不够坚固，这在客观上对社会主义民主政治的发展构成了制约或限制；社会主义国家的前身没有经历过资本主义的充分发展，根深蒂固的封建残余的影响使社会主义民主政治的进程遇到了严重的障碍；历史条件的复杂性和主观认识的某些偏差，造成社会主义具体实践进程中的一些失误，致使社会主义政治体制存在许多不完善的环节甚或较为严重的缺陷，妨碍了社会主义优越性的充分发挥。凡此种种，都需要通过社会主义自身的改革，逐步地加以解决和克服。从当代中国社会主义建设的实际经验来看，社会主义条件下的政治发展可以从以下几个方面来进行认识：

1. 社会主义现代化进程提出了进行政治体制改革，实现社会主义政治现代化的客观要求

中国是在半殖民地半封建的历史条件下，通过新民主主义革命道路进入社会主义阶段的。新中国成立后，运用无产阶级专政的国家力量，完成生产资料所有制的社会主义改造，并且仿效苏联建立了高度集中统一的计划经济体制。应该说，这种体制在社会主义建设初期百废待兴的情况下，曾经起过积极的历史作用。但是，由于中国生产力总体水平低下，且发展很不均衡，这种体制很快暴露出刻板、僵硬，同生产力发展的实际状况不相适应的弊端。邓小平指出，我们过去一直搞计划经济，但多年的实践证明，在某种意义上说，只搞计划经济会束缚生产力的发展。

当计划经济的弊端日益暴露，因而需要加以改革时，我们却在很长时间内陷入了两个思想误区。一个误区是，片面理解社会主义生产关系的特征，超越中国生产力发展的实际状况而不断拔高公有化的程度，同时在分配领域实行平均主义和大锅饭，结果反而使劳动者的积极性受到严重挫伤。另一个误区是，错误理解社会主义初级阶段的主要矛盾，片面强调上层建筑领域的斗争和革命，结果冲击了社会主义经济建设这一中心任务。不仅使生产关系中那些不适应生产力发展要求的方面和环节，得不到及时和应有的改善，而且造成或加剧了权力过分集中、以党代政、政企不分、干部领导职务终身制、家长制、官僚主义和特权现象等一系列政治体制上的弊端。这些错误倾向随着党的十一届三中全会的召开而在思想上得到根本性的纠正。党的十一届三中全会以后，通过不断的理论探索和实践探索，确立了以经济建设为中心，坚持四项基本原则，坚持改革开放的基本路线，中国进入了社会主义建设的新时期。

围绕经济建设这一中心任务，将社会主义的一般原则同中国当前的具体实践紧密地结合起来，坚定不移地推行改革开放，既反映了解放和发展生产力，提高人民群众生活水平的客观要求，同时也体现了上层建筑对经济基础的巨大反作用。随着社会主义现代化的全面推进，经济改革、社会发展同政治改革、政治发展之间的辩证关系跃进到了一个更高的水平。近 20 年来，中国的改革开放由经济改革入手，从农村改革到城市改革，从产品经济到商品经济，从计划经济到市场经济体制，从经济领域扩展到社会生活的各个领域，加上国际联系和国际交往的日益增强，有力地改变了中国既有的社会结构。这场社会大变革的主要特征是：(1) 社会环境从相对稳定的状态进入到现代化全面启动、社会结构全面转型的状态，传统型的农业社会、乡村社会和封闭半封闭社会，以不断加快的步伐向现代化的工业社会、城市社会和开放社会过渡。这一社会转型必然产生相关的政治效应。(2) 社会发展的战略选择不仅完成从以政治运动为重点到以经济建设为中心的转移，而且确定了建立社会主义市场经济体制的基本目标。实现这一目标，作为驱动社会变革的中轴，无疑也会对政治发展产生至关重要的影响。(3) 经济的快速发展和对外开放的不断深入，促成管理方法、管理模式的推陈出新，同时，高新技术手段也正在全面进入社会调控过程。社会发展的现代化取向和特征，呼唤着新型的政治管理、政治决策和政治运行体制。(4) 在现代化的总体氛围下，特别是伴随着都市化的发展、教育水平的提高以及与现代传播媒介的频繁接触，民众的生活方式、价值观念、心理习惯发生重大变化。这种变化必然影响他们的政治认知、政治情感和政治评价，从而在很大程度上改变政治运行的文化条件。

由于上述原因，在社会主义现代化进程中产生了一种水平和层次越来越高的矛盾互动关系。一方面，经济、社会和文化的日新月异的发展，对政治体制中那些陈旧、落后、不合理的方面与环节，必然要产生不适的反应，而且这种反应会越来越敏感。这就提出了进行政治体制改革的客观要求。另一方面，也只有通过政治改革，建立起高度民主、法制完备、富有效率、充满活力的社会主义政治体制，才能为经济的健康发展和现代化进程的顺利推进，提供政治上的支持与保障。离开了这种支持与保障，社会主义市场经济体制的建立、社会转型过程中诸多矛盾关系的合理的协调与解决，都是难以想象的。正如邓小平所说："现在经济体制改革每前进一步，都深深感到政治体制改革的必要性。不改革政治体制，就不能保障经济体制改革的成果，不能使经济体制改革继续前进，就会阻碍生产力的发展，阻碍四个现代化的实现。"①

2. 扩大社会主义民主，健全社会主义法制，是社会主义政治改革和政治

① 《邓小平文选》第 3 卷，人民出版社 1993 年版，第 176 页。

发展的根本任务

人民群众当家作主，是社会主义政治制度的本质规定，也是它的优越性之所在。但是，由于中国有着几千年的封建传统，专制主义残余一时难以彻底清除；新民主主义革命胜利后，仿照苏联模式建立起高度集中的权力结构，加之极“左”思想的影响，造成了个人崇拜、一言堂、领导职务终身制、长官意志和官僚主义盛行等一系列弊端。党的十一届三中全会以来，我国在社会主义民主建设方面迈出了可喜的步伐，取得了重大成就，但是，种种迹象表明，我国的民主化进程，离经济发展和社会进步的客观需要，离人民群众的政治要求和政治期望，还有相当差距。特别是在当今以市场经济为基本启动力量的社会转型期，一部分党政领导干部滥用手中掌握的权力对经济生活进行非正常渗透，造成了十分严重的政治权力腐败现象。所有这些都需要通过深化政治体制改革来逐步地和坚持不懈地加以克服。

建设高度完善的社会主义民主是政治体制改革的根本任务，是因为发展社会主义民主是我们党始终不渝的奋斗目标，是社会主义事业兴旺发达的重要标志，是使社会主义政治制度的优越性得到充分发挥的关键。当前中国现代化全面启动、社会结构全面转型所提出的各类政治要求，归根到底都与民主有着密不可分的联系。如果脱离民主化建设这一根本基础，要对社会结构大幅度变动带来的利益分化作出合理的满足与恰当的综合，对社会转型过程中产生的复杂矛盾作出及时的反应和正确的处理，从而适度平衡各个方面的关系，充分调动广大人民群众的积极性，实现富有活力的动态政治稳定，推动社会主义现代化事业的持续发展和进步，则是不可能的。因此，无论就社会主义政治制度的本质要求来说，还是就当今社会主义现代化进程的现实需要来说，民主化建设都在政治发展中居于特别重要的地位。

建设高度民主的社会主义政治是一项复杂的和长期的任务。过分强调民主化进程中的困难而放慢或停止民主建设的步伐，无疑是一种错误倾向；夸大民主化进程中的有利因素，不顾客观条件盲目地追求一步到位，也是一种片面和有害的主张。对尚处在社会主义初级阶段的中国而言，建立民主政治应该面向未来，立足现实，注重成效。在当今条件下，至为关键的一点是将政治体制改革同完善社会主义市场经济以及社会主义现代化进程的全面推进紧密结合，把社会主义民主纳入法律化、制度化轨道，“从制度上保证党和国家政治生活的民主化、管理经济的民主化、整个社会生活的民主化。”① 其主要内容是：

(1) 坚持和完善人民代表大会制度。人民代表大会制度是同我国人民民主专政的国体相适应的政权组织形式，是人民当家作主、行使民主权利的制度保

---

① 《邓小平文选》第2卷，人民出版社1994年版，第336页。

障。坚持和完善人民代表大会制度，一方面要根据宪法的规定，积极推进民主选举，进一步强化人民代表大会的立法职能和监督职能，完善人民代表大会及其常委会的各项工作制度，把人民代表大会建设成为宪法所规定的有权威的国家权力机关。另一方面要进一步密切人民代表与广大人民群众的联系，逐步形成深入了解民情、充分反映民意、广泛集中民智的决策机制，推进决策的民主化和科学化，提高决策水平和工作效率。

（2）坚持和完善共产党领导的多党合作与政治协商制度。“在中国共产党的领导下，实行多党派的合作，这是我国具体历史条件和现实条件所决定的，也是我国政治制度中的一个特点和优点。”① 当前坚持和完善共产党领导的多党合作与政治协商制度，关键是要按照“长期共存、互相监督、肝胆相照、荣辱与共”的方针，加强中国共产党与各民主党派、民主团体的合作共事，使有关重大方针和重大问题的政治协商与民主监督经常化、规范化、程序化；同时充分发挥各民主党派联系社会各界人士的作用，在全社会范围内建立广泛的对话渠道，以相互沟通和相互理解的方式来协调与处理各类人民内部矛盾，最广泛地发挥人民群众的积极性、创造性。

（3）坚持和完善民族区域自治制度。民族区域自治是中国共产党运用马列主义基本原理解决民族问题的基本政策，是国家的一项重要政治制度。当前坚持和完善这一制度，一方面要保障少数民族权利，巩固和发展平等、团结、互助的社会主义民族关系；另一方面要加快发展少数民族地区的经济和科学文化事业，促进各民族的共同繁荣。同时还要认真贯彻党的宗教政策、侨务政策，充分调动爱国人士的积极性，为社会主义现代化建设服务。

（4）坚持和完善基层民主制度。基层民主是我国民主政治建设的一个重要的方面，是社会主义民主最广泛的实践，也是人民当家作主最直接的体现。当前进一步扩大基层民主，主要是要切实加强基层政权组织和群众自治组织的建设。要依法进一步建立健全村民委员会、居民委员会等组织，不断完善基层民主选举的具体制度和办法，普遍推行政务公开、村务公开、财务公开等制度，使广大人民群众对身边的经济、政治和社会事务，能真正有效地实行民主管理、民主决策和民主监督。在企事业单位，要继续坚持和不断完善以职工代表大会为基础形式的民主管理制度。要随着我国经济体制改革的不断深化和企业组织形式、劳动关系的变化，适当调整职代会的职能，拓展工作领域，丰富工作内容。同时，还要注意在实践中积极探索实行职工民主管理的新形式、新途径。

（5）健全和完善民主监督制度。社会主义民主政治，必然要求政府根据人

① 《邓小平文选》第2卷，人民出版社1994年版，第205页。

民的利益、按照人民的要求使用权力。一切干部手中的权力都是人民赋予的，必须受到人民和法律的监督。在现今条件下，加强民主监督的制度化，规范化建设，建立健全依法行使权力的制约机制，显得特别重要。关键问题是要把党内监督、法律监督、群众监督结合起来，充分发挥舆论监督的作用。加强对宪法和法律实施的监督，维护国家法制统一，加强对党和国家方针政策贯彻的监督，保证政令畅通；加强对各级干部，特别是领导干部的监督，防止滥用权力，严惩执法犯法、贪赃枉法。

发展民主必须同健全法制紧密结合，实行依法治国。社会主义民主和社会主义法制是两个相互联系、不可分割的方面。民主是法制的基础，法制是民主的保障。大力加强社会主义法制建设，走依法治国之路，是社会主义政治发展的必然选择。所谓依法治国，“就是广大人民群众在党的领导下，依照宪法和法律规定，通过各种途径和形式管理国家事务，管理经济文化事业，管理社会事务，保证党和国家各项工作都依法进行，逐步实现社会主义民主的制度化、法律化，使这种制度和法律不因领导人的改变而改变。”① 依法治国是党领导人民治理国家的基本方略，是发展社会主义市场经济的客观需要，是社会文明进步的主要标志，是国家长治久安的重要保障，因而也是社会主义政治发展所要完成的一项基础性工程。

3. 通过政治体制改革，实现政治结构的合理化与政治管理的高效化，是社会主义条件下政治发展的重要内容

如前所述，权力过分集中是当前我国政治体制改革中遇到的突出问题。这个问题的形成有着一定的历史原因。它发源于革命战争年代，确立于社会主义改造时期，并在多次大规模群众运动和高度集中的计划经济模式的背景下不断得到了强化。虽然这种体制在历史上曾经起过非常积极的作用，但是，随着由计划经济向社会主义市场经济的转轨，这种体制却愈益显露出了与社会主义现代化进程的基本要求之间的不适应性。其不适应之处，一方面在于权力的过分集中易于造成指挥和领导的武断，不利于充分发扬社会主义民主；另一方面则在于，不断膨胀的权力机构往往交叉重叠，权限不清，职责不明；而大包大揽、一统到底的管理方式，又与市场经济规律不合拍，结果就造成了行政管理的低效率。

市场经济的发展和社会主义现代化的全面推进，不仅向政治体系提出了民主化的要求，而且提出了高效化的要求。因为在这个过程中，社会的变化特别迅速，问题特别复杂，如果政治体制因权力过分集中而显得简单、僵硬、缺乏活力，它就会在复杂多变的要求面前束手无策，调度失灵，乃至于产生严重紊

① 江泽民：《高举邓小平理论伟大旗帜，把建设有中国特色社会主义事业全面推向二十一世纪》。

乱。因此，为了与社会主义现代化建设的客观要求相适应，必须通过政治体制改革，建立层次清晰、职责分明、彼此协调、自如运转的合理结构，以便实现政治管理与政治决策的规范化、科学化、高效化。具体途径包括以下几方面：

（1）稳步而有序地下放权力，解决好中央与地方、政府与企业之间的关系。效率机制只有通过激发各个方面的积极性才可能形成。为了创造各种机制，需要合理划分中央与地方、政府与企业的职权范围。由于权力过分集中是我国政治与行政体制中的突出问题，因此，必须稳步而有序地实行权力下放，给地方、企业、基层以更多的自主权。当前，尤其要根据社会主义市场经济的要求，转变政府职能，实现政企分开，把企业生产经营管理的权利切实交给企业。要把综合经济部门改组为宏观调控部门，调整和减少专业经济部门，加强执法监管部门，培育和发展社会中介组织。一个总的原则是，凡是适宜下面办的事情，都应由下面决定和执行，以充分调动它们的积极性和创造性。但是，在权力下放的同时，必须确保"中央要有权威"，"宏观管理要体现在中央说话能够算数。"① 权力下放不能削弱中央权威和政府能力，不能造成地方主义和分散主义。在新形势下，必须更好地坚持发挥中央和地方两个积极性的方针。只有把各个方面的积极性都发挥好，才能使社会主义现代化事业健康地向前发展。

（2）精简机构，建立方位适当的行政职能体制和高品质的行政指挥系统。长期以来，政府机构庞大、人员臃肿，一直是困扰我们的大问题。为了降低运行成本，提高行政效率，必须坚决裁减冗员，运用法律形式实现国家机构的组织、编制和工作程序的法制化。同时，由于社会主义市场是资源配置的基本手段，因此，政府必须通过转变职能来提高和增强其行政管理的恰当程度，亦即从直接管理转向间接管理、从微观管理转向宏观管理，从集权管理转向程序管理、从保险管理转向保证管理，从而构建服务型政府。为了顺利实现职能转变，并向社会主义市场经济的建立和现代化的全面推进提供适时有效的法制保障、秩序保障和政策保障，政府机构还必须进行合理的结构调整，使内部运行机制不断地趋于完善。行政管理的高效能，依赖于工作人员的优化、精干、稳定和廉洁。为了实现这一目标，必须对干部人事制度进行改革，按照公平竞争、注重实绩、照章办事、民主监督等原则，进行国家公务员的选拔、录用、考核及奖惩，形成专业化、知识化、规范化、程序化的行政管理人员体制。

（3）完善决策机制，实现决策的民主化和科学化。随着改革开放的不断深入和现代化建设的飞速发展，社会事务变得越来越复杂。这就需要改变依靠个人决断和感性经验的传统决策方式，实现政治决策的民主化与科学化。民主化

① 《邓小平文选》第3卷，人民出版社1993年版，第277～278页。

意味着充分反映和尊重民意，进行社会信息的全面沟通；科学化则意味着通过准确的分析预测，合理地设定目标，并选择达到目标的最佳途径，按照规范化的程序将方案付诸实施。在实施过程中，还要借助监督系统和反馈系统不断地对政策进行评估、调节和修正。决策的民主化和科学化，是富有效率和充满活力的社会主义政治体制的基本追求。

4. 面对现代化进程中遇到的复杂矛盾，社会主义政治体制改革必须在保持政治稳定的前提下谋求渐进发展

政治体制改革应注意吸收和借鉴人类发展史上的优秀成果，包括西方发达国家的某些成功经验。在我国的政治体制改革过程中，“需要认真调查研究，比较各国的经验，集思广益，提出切实可行的方案和措施。”① 但是，从本质上说，政治体制改革是社会主义制度的自我发展和自我完善，因此，决不能照搬资本主义国家那一套，走全盘西化的道路。“我们的政治体制改革是有前提的，即必须坚持四项基本原则。”② 这样，改革才能朝着正确的方向进行，否则就会误入歧途。

像其他领域的各项改革一样，政治体制改革必须从中国的具体国情出发。中国既是一个社会主义国家，又是一个发展中国家。作为社会主义国家，中国建立了以公有制为主体的经济基础和无产阶级领导的人民民主专政的新型国家政权，这从根本上保证了广大人民群众总体利益的一致性。但是作为一个发展中国家，中国又是在一个相当落后的基点上来启动和推进现代化的。特殊而又复杂的国情使中国在社会转型期不可避免地产生了一些新问题和新矛盾。主要表现在：市场经济的建立和发展，冲击了原有的利益分配模式，造成了社会成员的利益分化，拉开了贫富之间的差距；新旧体制转轨之际存在着某些缝隙和漏洞，致使一部分人得以运用不平等竞争或不公正手段攫取私利，加剧了社会摩擦；社会结构转型促成人们的生活状态和社会地位的急速变迁，并不断扩展着区域流动，增加了社会控制的难度；现代化浪潮在文化层面引发出复杂多样的价值追求，不同层次、不同地位、不同群体的人们形成较为明显的观念反差，直接影响着他们对社会变革的承受力和适应性，以及对社会发展的目标、方式等的体认、评判与选择。上述问题和矛盾需要审慎、适当地加以协调和处理，否则就有可能引起社会动荡。而动荡一旦发生，改革和发展也就无从谈起了。正如江泽民所说：“当前正处于经济体制转轨时期，人们思想观念的转变需要一个过程，各方面利益变动较大，各种矛盾可能会比较突出，保持稳定更

---

① 《邓小平文选》第2卷，人民出版社1994年版，第336页。

② 《邓小平文选》第3卷，人民出版社1993年版，第332页。

具有重大的意义。”①

以市场经济为中轴的社会主义现代化进程的全面展开，既需要改造或打破僵化的旧体制，使全社会激发出充沛的活力；同时也需要在更高的水平上建构新秩序，以便使激发出来的活力能够产生积极的效应。一个社会是不可能在无序状态中获得健康、持续的发展的。由于现代化进程所需要的新秩序不会自发产生，因此必须借助社会主义国家政权的力量对它加以自觉地培育。从这个意义来说，国家利用自己的权威，通过法律、法规及各种政策的制定与执行，在宏观上对经济转轨和社会转型进行正确而有力的调控、规范和牵引，不仅是经济发展和社会发展的重要保障，而且其本身也构成了政治发展的一个现实目标。

但是，加强宏观调控并不意味着回到权力过分集中的旧体制的老路。实践已经证明，那种旧体制是没有活力的。经济发展和社会发展离不开稳定的政治秩序，因此，政治改革必须从中国的现实国情出发，讲究稳妥、渐进。但是，从本质上讲，稳定的政治秩序作为协调器和助推器，又必须与经济发展和社会发展的客观要求相适应，“稳妥变成停滞不前就坏了。”② 为了不至于将稳妥变成停滞不前，就需要坚定不移地进行政治体制改革，立足现实、放眼未来，有计划、有步骤地推进社会主义民主。只有通过政治体制改革，加强民主化建设才能使社会主义政治体系的运作保持活力，并对经济发展和社会发展这一中心目标发挥积极的推动作用。因此，在社会主义现代化进程中，改革、发展、稳定的关系是一个关乎全局的问题，必须精心谋划，正确地加以处理。“要把加快改革和发展的紧迫感同科学求实的精神很好地结合起来，充分考虑经济社会各方面的有利条件和可能出现的困难，做到在政治和社会稳定中推进改革和发展，在改革和发展的推进中实现政治和社会的长期稳定。”③ 三个方面的辩证统一和动态平衡，将使社会主义在健康轨道上不断地获得自我完善和自我更新，最终走向一个美好的未来。

四、政治消亡是政治发展的最终归宿

马克思主义认为，政治是伴随阶级分裂、国家产生而出现的一种特殊现象。它不是从来就有的，也不会永远存在下去。随着私有制被彻底消灭，社会生产力获得高度发展，物质财富充分涌流，以致“不仅可能保证一切社会成员有富足的和一天比一天充裕的物质生活，而且还可能保证他们的体力和智力获

① 江泽民：《正确处理社会主义现代化建设中的重大关系》。

② 《邓小平文选》第3卷，人民出版社1993年版，第240页。

③ 江泽民：《正确处理社会主义现代化建设中的重大关系》。

得充分的自由的发展和运用，”① 阶级的分裂便丧失了赖以存在的基本前提。一旦伴随阶级分裂而来的种种社会差别和不平等最终归于消失，作为阶级对立不可调和产物的国家，也将自然而然地退出历史舞台。那时候，政治生活和政治关系也就从社会生活和社会关系中最终消失了。

从社会形态之历史演进的总体趋势看，政治消亡同阶级和国家的消亡紧密联系，因此它是社会主义政治发展的必然结果。阶级的分裂使国家成为从社会中产生而又高居于社会之上并且日益同社会相脱离的力量，于是出现了与原始社会权力相对立的政治权力。尽管国家从一开始就具有某种管理全社会公共事务的职能，然而在阶级社会中，这种职能是以阶级统治的形式获得实现的。为了装点自己政治统治的合法性，剥削阶级国家只是以全社会普遍利益的代表者自居。但是从本质上说，社会主义以前的所有类型的国家，都只是一种“虚幻的共同体形式”，所谓代表全社会的普遍利益，不过是掩盖少数剥削阶级特殊利益的虚假的意识形态宣传罢了。冒充全社会普遍利益的代表而行使剥削阶级专政，这是社会主义以前所有国家类型的本质。正因如此，通过社会主义革命，打破以资产阶级专政为代表的一切剥削阶级专政的国家机器，建立无产阶级专政的新型国家政权，使广大人民群众真正成为国家的主人，也就构成了国家与社会从分离走向统一的关键环节。马克思主义认为，无产阶级专政的重要内容，就是把凌驾于社会之上的“国家”所吞食的一切力量最终归还给社会有机体。“这是社会把国家政权重新收回，把它从统治社会；压制社会的力量变成社会本身的生命力；这是人民群众把国家政权重新收回，他们组成自己的力量去代替压迫他们的有组织的力量。”② 随着社会主义由低到高的不断发展和完善，当国家真正成为整个社会的代表的时候，政治统治即让位于社会管理，国家也就作为多余的东西而自行消亡了。

但是，国家的消亡是一个漫长的过程。列宁依据对历史必然性的认识，同时结合社会主义政治发展，将国家消亡的过程大致划分为三个既有区别又有联系的阶段。第一阶段是政治国家。要实现国家消亡，首先必须建立无产阶级专政。因为除此之外，没有别的道路和方式能够结束剥削阶级的统治。无产阶级专政的国家，已不是原来意义的国家，即不是少数人对多数人进行专政的国家，但只要国际、国内还存在敌对的阶级，无产阶级专政还担负镇压职能，它就仍然具有政治性质。第二个阶段是非政治国家。随着国内阶级消灭，国家职能逐渐失去政治色彩。但这时国家还保留着。保留国家不是为了执行镇压职能，而是为了维护某些为社会利益所必需而不得继续生效的强制性权利规范。

① 《马克思恩格斯选集》第3卷，人民出版社1995年版，第633页。

② 《马克思恩格斯选集》第3卷，人民出版社1995年版，第95页。

这是吸引整个社会最普遍、最广泛地参与政治生活，因而是正在消亡的国家。第三个阶段是国家的完全衰亡。当社会主义完成向共产主义的过渡，生产力高度发达，全体人民的思想觉悟和道德品质极大提高，人们已十分习惯于遵守公共生活准则，那时，特殊的国家机器将完全失去作用，社会将摆脱国家这个“赘瘤，”而把它“放到它应该去的地方，即放到古物陈列馆去，同纺车和青铜斧陈列在一起。”①

人类从无阶级、无国家到有阶级、有国家，再到无阶级、无国家，这是马克思主义所揭示出的人类社会发展的一般进程。从政治角度来看，这个进程意味着，政治发展的最高境界是实现对政治本身的彻底否定，即走向政治消亡。虽然国家消亡和政治消亡在今天还不是直接实践的问题，但是讨论这个问题绝非没有意义。列宁指出，促成国家消亡是一切社会主义者的最终目标，不达到这个目标，“真正的民主即平等和自由就无法实现。”② 为了使共产主义理想最终变成现实，社会主义者应当通过自己的努力去积极地创造条件。概括说来，主要有以下几个方面：

第一，大力发展社会生产力。这是国家消亡的物质基础，也是社会主义的根本任务，只有生产力高度发展，物质产品极大丰富，人们对生产资料的关系才能真正处于完全平等的地位，阶级对立以及工农差别、城乡差别、脑力劳动和体力劳动的差别，才能得以彻底消除。

第二，不断提高社会成员的思想文化水平。促成国家消亡，仅有发达的物质文明是不够的，还必须全力进行思想和文化方面的精神文明建设。精神文明建设最后归结为人的建设。要实现共产主义崇高理想，必须造就一代又一代的共产主义新人。

第三，建设高度的社会主义民主。要为国家消亡创造条件，必须充分发挥广大人民群众管理经济、文化和社会生活的作用，大力推进政治文明建设，这是实现国家消亡的必由之路。

只有不断地培育各种形式的人民群众直接参与社会管理的组织渠道，并使它们的水平不断提升，民主作为国家形态的政治性质才能逐渐消退，而作为社会生活的民主才能越来越健全、越来越完善。当所有社会成员都学会管理社会生活的时候，人们对公共规则从必须遵守变成自愿遵守和习惯遵守，强制性的权力机构再无存在的必要，社会发展和人的发展将达到自由创造的理想境界。

---

① 《马克思恩格斯选集》第4卷，人民出版社1995年版，第174页。

② 《列宁选集》第3卷，人民出版社1995年版，第701页。

第十四章　中国的政治文明

党的十五大提出依法治国、建设社会主义法治国家的政治建设目标，在此基础上，党的十六大又进一步提出发展社会主义民主、建设社会主义政治文明的建设目标，把中国政治建设提升到一个新的高度。坚持和推进依法治国，发展社会主义民主政治，建设社会主义政治文明，成为全面建设现代化社会的一项重要任务。中国共产党把建设社会主义政治文明作为一项历史任务和奋斗目标，是对世界社会主义运动理论的重大创新，是中华民族对人类文明发展作出的重要贡献。社会主义政治文明、物质文明和精神文明的协调发展，开辟了中国社会主义现代化建设的新阶段。

第一节　中国政治文明发展的历史逻辑

在历时百年的现代化探索过程中，中国的政治文明经历从传统向现代的艰难转型，其间所获得的历史经验和教训，是当前中国建设社会主义政治文明的丰富资源。近代以来对中国政治文明的探索和实践，为新世纪的中国政治文明建设提供了如下重要启示，即：中国的现代化发展不能没有现代政治文明的建设和发展；中国现代政治文明的建设和发展不能脱离社会主义道路；中国社会主义政治文明的建设和发展既不能脱离人类政治文明发展的一般规律，也不能脱离中国的历史、文化和现实国情。

一、传统政治文明的现代转型

中华民族在数千年的种族传承中创造了灿烂的中华文明，传统政治文明是其中的重要组成部分，它在其他文明形式物质和精神的积累基础上，日臻完善和精致，达到了相当成熟的发展水平。但是，从辩证的眼光看，传统政治文明的这种高度成熟，在维系中国传统社会的长期延续性和稳定性之余，又限制了社会实现创造性转换的可能。因此，当中华文明不得不应对西方文明冲击时，如何突破中国传统政治文明的限制，推进中国社会从传统走向现代、从危机走向复兴，以实现传统政治文明的现代转型，则成为中国百余年现代化发展的首要任务。

对于上述问题，当时所能获得的基本共识是：中国必须实行政治变革，即引进现代代议政治，实现从专制政治向民主政治的转型。但是，在变革的具体手段和变革所选择的政治文明取向上，却众说纷纭、莫衷一是，形成了改良和革命两大政治力量。就前者而言，改良者反对推翻君主统治，主张以改造和拯救传统政治文明为取向；就后者而言，革命者以创建现代政治文明为取向，要求结束君主统治，建立体现现代政治文明的民主共和国。辛亥革命以革命的方式对中国现代化过程中政治文明的取向问题作出了选择，传统政治文明中的制度体系因此全面崩溃，中国社会由此迈上了以民主共和为取向的现代政治文明发展之路。革命也从此成为中国政治文明语系中的主导话语，1919 年的“五四”新文化运动，就是这一话语在精神领域的延伸，它以革命的方式否定传统政治文明中的价值体系，试图以此扫清可能抗拒和纠缠现代政治文明建设的障碍，让“民主”和“科学”取代天理和伦常。革命终结了中国传统的君主政治，中国的政治发展被引入建设西式现代政治文明的道路。终结前者所需不过一瞬，而建设新的现代政治文明，却是一个极其漫长和复杂的过程，对此，中国革命的先行者、资产阶级革命领袖孙中山先生有着十分清醒的认识，他在《建国方略》中指出：“人之初生，不能一日而举步，而国家之初造，岂能一时而突飞？孩提之举步也，必有保姆教之，今国民之学步，亦当如是。”因是之故，建立现代民主政治，必须从掌握“民权初步”开始。①

由于中国的传统政治文明与现代政治文明之间存在着根本差异，文明的转型过程是一个“从头学起”的过程。因此，以孙中山先生为代表的资产阶级革命者，一方面激烈地批判和否定中国传统的政治文明，强调以现代西方政治制度为榜样，使中国向着民主共和的方向实现彻底转变；另一方面，他们又并不因此而断然否定中华民族的全部文明成果，主张在建设现代政治文明时充分利用传统，在具体的政治文明建设中结合中国国情，认为“以我五千年文明优秀之民族，应世界潮流，而建设一个政治最修明、人民最安乐之国家，为民所有、为民所治、为民所享有者也，则其成功比较革命之破坏事业为尤速尤易也。”② 为此，孙中山等人在促使中国传统政治文明向现代政治文明转型的过程中，时刻不忘“为我所用”，注重发扬中华文明的长处，努力将中国传统文明中的积极因素融入现代政治架构，创建了以西方“三权分立”体制为模本、

① 为了更好地说明上述道理，孙中山曾举例道：“中国乡族之自治，如自行断讼、自行保卫、自行教育、自行修理道路等事，虽不及今日西政之美，然可证中国人禀有民权之性质也。”相关论述参见《孙中山选集》，人民出版社 1956 年版，第 341 页。

② 《孙中山选集》，人民出版社 1956 年版，第 106 页。

又不同于“三权分立”的“五权宪法”，试图以中国传统政治文明之长补现代西方政治文明之短。对此创举，历史学家钱穆作了如下评价，他说：“在近代中国，能巨眼先瞻，了解中国传统政治，而求能把他逐步接上世界新潮流的，算只有孙中山先生一人。他的三民主义，实能采纳世界政治性潮流之各趋势，而使其会归一致。”① 当然，孙先生等人的上述努力并没有取得最后的成功，其中缘由颇多，最关键的因素则在于：以孙中山为代表的中国资产阶级，无力为其所要构筑的现代政治文明奠定必要的政治和社会基础——即民族解放、国家独立、社会进步。从《三民主义》到《建国方略》，字里行间，充分显现了孙中山等人将中国引入现代社会，然后在此基础上建立资产阶级现代国家的强烈意愿，但是，变革的意图却缺乏变革所需的基础和实力，这既与中国资产阶级的不成熟性密切相关，同时，也反映了孙中山等人领导的民主革命存在着内在局限性。正是由于不能形成最终构成现代政治文明的“现代社会”和“现代国家”，致使孙中山的有关现代政治文明的理论架构和制度设计，不仅不能在后来的政治实践中得到有效的落实，反而被蒋介石的军事独裁肢解得面目全非，民主共和的理想丧失殆尽。

无力实现民族解放、国家独立和社会进步，最终导致近代中国资产阶级的民主共和试验失败，其后果是进一步加深了国家危难和社会危机。在此历史的危急关头，中国共产党应运而生，开始担负起拯救民族危亡、建设中国现代国家的历史使命，并从此开创了中国资产阶级民主主义革命的新境界——新民主主义革命。随着中国革命从旧民主主义革命向新民主主义革命的转换，中国现代政治文明的建设和发展也进入到一个新的历史时期。这个阶段的根本标志是：中国共产党成为中国现代政治文明建设的领导核心，人民民主开始成为中国现代政治文明建设的本质取向。这一点，正如毛泽东在《新民主主义论》(1940年）中所阐述的：“国体——各革命阶级联合专政。政体——民主集中制。这就是新民主主义的政治，这就是新民主主义的共和国，这就是抗日统一战线的共和国，就是三大政策的新三民主义的共和国，这就是名副其实的中华民国。……这就是革命的中国、抗日的中国所应该建立和决不可不建立的内部政治关系，这就是今天‘建国’工作的唯一正确的方向。”②

二、社会主义政治文明的萌蘖及其当代发展

新中国成立前夕，毛泽东写成《论人民民主专政》一文，这篇文章奠定了中国社会主义政治文明建设的基本方向，它从人类政治文明发展的整体趋势和

① 钱穆：《国史新论》，三联书店2001年版，第116页。

② 《毛泽东选集》第2卷，人民出版社1991年版，第677页。

近代中国政治文明转型的历史过程两个方面，深刻地揭示和把握了“人民民主”的制度内涵。其基本观点是：一方面，资产阶级民主政治实践的破产，使“资产阶级的民主主义让位给工人阶级领导的人民民主主义，资产阶级共和国让位给人民共和国。”另一方面，近代中国资产阶级民主主义的发展又为人民民主的发展奠定了重要基础，因此，中国走上人民民主的政治发展道路，是中国近代社会历史发展的必然选择。

早在土地革命时期，中国共产党就已开始着手建立中国现代国家、建设社会主义政治文明的探索工作。这一时期建设社会主义政治文明的核心任务是：在中国建立真正的民主共和国。为达成上述目标，中国共产党反思并总结了近代资产阶级的民主共和试验，从失败的经验和教训中深刻意识到，民主共和的政治理想，是必须与民族解放和国家独立紧密结合、共同完成的。在阐述新民主主义宪政时，毛泽东就曾明确指出：“中国缺少的东西固然很多，但是主要的就是少了两件东西：一件是独立，一件是民主。这两件东西少了一件，中国的事情就办不好。”基于上述认识，中国共产党在为实现民主共和之理想而奋斗的过程中，时刻注重将革命的理想目标与革命的现实需要相结合，并以此作为前者的现实基础和实现保障。

1949年，中华人民共和国成立，这标志着中国社会主义政治文明建设已取得了民族解放和国家独立的重要基石，在此前提下，如何进而实现“社会主义”的本质规定性，便成为了此后政治文明建设的核心内容。由于中国社会主义革命的历史逻辑，决定了中国的社会主义生产关系不可能在前社会主义社会诞生，因此，“使无产阶级上升为统治阶级”之后的下一个目标，就是利用自己的政治统治夺取剥削阶级的全部资本、增加生产力总量、建立新型的“社会主义”的生产关系，也就是毛泽东在建国前夕所指出的：“人民民主专政的国家，必须有步骤的解决国家工业化问题。”但是，实践表明，中国共产党“利用自己的政治统治”，并没有成功地解决国家的工业化问题——即社会主义的现代化发展问题，致使革命所欲建立的民主共和的社会主义国家政权，在相当长的时间里不能形成与政治上层建筑相适应的经济基础，并由此而衍生出了严重的经济和社会发展问题。对于新兴的社会主义政权来说，一方面是缺乏社会主义发展必需的雄厚经济基础，另一方面又是实践社会主义必须应对的各种挑战。在此两难困境下，社会主义政权选择依靠政权的力量巩固自身，以此面对经济和社会发展的危机，由此引发的另一个后果是：过度集权在所难免。党的一元化领导正是这种集权的制度体现，它使社会主义政治文明应有之义——社会主义民主政治——不但无法得到有效发展，反而严重地扭曲变形，最终导致“文化大革命”的发生。对此，邓小平说：“我们付出了沉重的代价”。

1978年底，在为准备党的十一届三中全会而举行的中央工作会议上，邓小平发表了题为《解放思想，实事求是，团结一致向前看》的讲话。这篇讲话实际上初步勾勒出了全面启动中国改革和现代化发展的战略部署。其内在逻辑主要分为以下三个层次：首先表明的是，解放思想是中国启动改革和发展的首要前提；其次，解放思想的重要条件就是恢复和发展民主；最后，从推动改革和发展的角度看，民主应首先着重两个方面的内容——一是经济民主，其核心是分权；二是政治民主，其核心就是实现民主的制度化和法律化，为此，民主必须与法制相结合。在这个改革和发展的战略部署中，我们可以清晰看到，邓小平将全面调动人的积极性视为中国改革开放的前提和基础，为此，他还强调指出：社会主义民主的全面发展是社会主义现代化建设的根本前提和内在目标。1979年，在党的理论工作务虚会议上，邓小平进一步明确了上述认识，指出"没有民主就没有社会主义，就没有社会主义现代化。"从改革开放后中国社会主义政治文明建设的历史逻辑看，这一时期的政治文明发展是与全面启动社会主义现代化建设紧密交织在一起的，也就是说，现代化的发展为政治文明的发展奠定了物质基础，而政治文明发展则为现代化的发展提供了思想前提和制度保障，其中，建设社会主义民主和法制，是改革开放后中国政治文明发展的核心主题。具体说来，改革开放后二十余年的政治文明发展，大体可划分为两个时期：一是政治形态的复原期，时间在20世纪80年代，这个时期的任务是使被"文革"扭曲的权力结构、制度体系、政治生活和观念形态恢复到原来的正常状态；二是政治形态的转型期，时间是从20世纪90年代至今，其逻辑起点是中国开始全面推行社会主义市场经济体制。随着经济形态从社会主义计划经济向社会主义市场经济转型，原有的旨在服务计划经济的权力结构、制度体系、政治生活和观念形态，必将日益不适应市场经济社会的变化和发展，为此，有必要在建立和发展社会主义市场经济的过程中，将政治文明发展的目标定位为：构建与社会主义市场经济相适应的新型权力结构、制度体系、政治生活和观念形态，实现政治形态的整体转型。

总之，社会主义市场经济体制的确立和发展，深刻改变了中国社会的基本权力结构。随着社会资源配置方式的改变，社会成员日益自主，"党－国家－社会"的一元化权力结构，也逐渐被"国家－社会"的二元分化权力结构所取代。权力结构的上述变化，直接触及了原有的"党－国家"、"党－社会"、"国家－社会"关系，致使党如何领导国家和社会、国家如何治理社会等诸如此类的问题，成为20世纪90年代以来中国政治文明建设面临的核心问题。显然，在新的"党－国家－社会"的权力关系架构中，不能以对旧体系的简单修补来解决上述问题，而必须从社会主义政治文明发展的全局入手，使其得以全面解决。党的十五大在治国方略上所作的重大调整，为社会主义政治文明的全面发展迈出了坚实的一步，江泽民在纪念建党八十周年上的讲话，则使政治文明的发展，从党的治国方略向着党的理论创新和制度创新的方向深化。中国共产党明确了发展社会主义政治文明的根本点，是“坚持党的领导”、“人民当家作主”和“依法治国”的有机结合，其目标是实现社会主义民主政治的制度化、规范化、程序化，发展有中国特色的社会主义民主政治。

第二节　社会主义政治文明的理论内涵

马克思主义认为，文明产生于阶级社会基础之上，进入阶级社会后，人类发展的不同时代，有不同形态的文明与之相对应；政治文明是人类进入阶级社会后，随着国家的产生而产生的，国家是政治文明的集中体现，“是文明社会的概括”。人类的政治文明发展和人类的社会发展一样，同样经历了从低级形态的政治文明到高级形态的政治文明的发展过程。社会主义政治文明是人类政治文明发展的历史必然，它将在更高层面上推进人与社会的全面发展。

一、马克思主义政治文明观

根据历史唯物主义的相关原理，我们认为政治文明是人类在一定的社会经济基础之上，为建立公共秩序、推动社会进步而形成的，用于调节公共权力和私人利益关系的价值规范、组织体系和制度安排的有机总和。它通常由政治意识文明、政治制度文明和政治行为文明三个部分组成，其中，政治制度文明是核心。马克思主义关于政治文明的基本理论，正是在这样的政治文明观基础上形成和发展的，结合当代中国政治文明的发展实际，可将之具体归纳为以下若干观点：

第一，人类生活是物质生活、政治生活和精神生活的有机统一。马克思主义认为，开启人类历史的首要前提是人类的物质生产，人类在物质生产中不仅要形成一定的人与自然关系，而且要形成一定的人与人关系，上述两种关系决定了“人们的国家制度和人们的精神方式”，使物质生活、政治生活和精神生活，在人类历史发展过程中有机地统一在一起。“物质文明”体现的是与一定的社会生产关系相依存的生产力的发展状况，“政治文明”体现的是与一定的社会生产发展相适应的社会政治价值规范和制度安排，“精神文明”体现的是科学、文化、宗教、艺术、道德、伦理、哲学、经济、政治、法律等思想理论和意识形态的发展状况。正是由于人类文明的发展，必然是物质文明、政治文明和精神文明辩证统一的运动过程，因此，中国共产党人所提出的，在物质文明、政治文明和精神文明协调发展的基础上全面建设小康社会的奋斗目标，完全符合人类社会发展的基本运动规律，是马克思主义在21世纪的新实践。

第二，政治文明产生于人的现实活动，必须以现实的经济与社会发展为基础。人是政治生活的主体，任何形式的政治文明都必然源于人的智慧与创造，这不是思辨的结果，而是人的现实活动的结果。将人的生产活动和社会交往视为政治文明的现实基础，这是马克思主义对人类社会政治现象和政治生活本质规定性的深刻揭示，将它落实到政治文明建设进程中，必定产生以下两个方面的要求：一方面，政治文明建设必须充分反映经济与社会发展的现实要求，并以现实的经济与社会发展为基础，正是基于此要求，邓小平才一再告诫全党，认为中国的社会主义民主建设“一定要结合实际，要根据自己的特点来决定自己的制度和管理方式”；另一方面，政治文明建设不能脱离经济和社会发展的实际状况，也就是说，不能脱离相应的物质文明建设。毛泽东在《论联合政府》中曾指出：“新民主主义的国家，如无巩固的经济做它的基础，如无进步的比较现时发达得多的农业，如无大规模的在全国经济比重上占极大优势的工业以及与此相适应的交通、贸易、金融等事业做它的基础，是不能巩固的。”① 江泽民同志也表达了相似的主张，认为：“民主建设是一个过程，它的发展程度，又同一定的经济文化状况相关联”。②

第三，政治文明建设的核心是国家政权建设，国家政权建设的关键是制度建设。马克思主义认为，国家政权不仅是革命的首要问题，而且也是政治建设的首要问题，对此，列宁十分明确地指出：政治中最本质的东西就是国家政权机构。毛泽东关于新民主主义政治的一系列构想和主张，都是围绕着建立新型的国家政权展开的，他把全世界多种多样的国家政权，按其阶级性质分为三种类型：一是资产阶级专政的共和国；二是无产阶级专政的共和国；三是几个革命阶级联合专政的共和国。从中国半殖民半封建的社会性质出发，毛泽东主张选择第三种国家政权形式，即几个革命阶级联合专政的共和国；从国家的阶级性质出发，毛泽东主张确立与国体相适应的政体和政权组织形式，即人民代表大会制度。由此可见，在毛泽东看来，中国的社会主义政治文明建设必定包括国体建设和政体建设两方面的任务，国体建设的核心内容是在一定的阶级关系基础上，维护和发展工人阶级领导地位；政体建设的核心内容是以民主集中制为原则，建立以人民代表大会制度为根本政治制度的国家制度建设。

第四，政治文明的发展过程是从古代政治文明向现代政治文明进化的过程。人类的成长过程是人逐渐摆脱外在束缚、最大限度获得自由的过程，这个过程被马克思称为“人类解放的过程”。从文明发展的历史过程看，人在具体历史条件下的现实活动，取决于人类在这个时代所获得的解放程度，人类的解放程度从根本上决定了人类文明的发展程度，也从根本上决定了古代政治文明

---

① 《毛泽东选集》第3卷，人民出版社1991年版，第1081页。

② 《江泽民论有中国特色社会主义》，中央文献出版社2002年版，第321页。

和现代政治文明的划分。马克思主义认为，现代政治文明产生于人类的政治解放，即摆脱人对于人的从属关系，获得人的独立性以及由此决定的基本权利，实现人与人政治上的权利平等。就人类解放的历史进程而言，资本主义生产关系的兴起以及由此产生的资产阶级民主革命，是人类获得现代意义的政治解放、实现现代政治文明的历史起点，社会主义政治文明正是从这样一个"起点"开始自己的历史的。

第五，民主是现代政治文明的本质特征。现代政治文明产生于人的政治解放，而人的政治解放的本质内容就是：一方面，人在社会领域获得自我支配的权力，成为自由的劳动者；另一方面，人在政治领域获得平等参与政治生活的权利，成为公民和法人。就后者而言，人民拥有独立的政治地位，获得平等的政治权利，成为自由自主的政治主体，是产生现代政治文明的基础，是实现人类政治解放的前提。但是，由于人类的解放不仅要实现人在政治领域内的平等，还要实现人在经济和社会领域内的平等，因此，政治解放只是人类解放过程中的一个环节，基于人的政治解放所达成的民主，并不是民主发展的最高形态，在经济和社会权利尚未平等的条件下，政治民主必然是有限的和相对的，此时，"国家还是任凭私有财产、文化程度、职业按其固有的方式发挥作用，作为私有财产、文化程度、职业来表现其特殊的本质。"① 资本主义民主政治的虚伪性，恰恰体现于这一点，尽管建立了相对完善的普选制度，但是，资本主义国家权力依然掌握在控制资产的人手中。

第六，"社会主义政治文明"是新型的现代政治文明。马克思曾在《哥达纲领批判》中指出："在资本主义社会和共产主义社会之间，有一个从前者变为后者的革命转变时期。同这个时期相适应的也有一个政治上的过渡时期，这个时期的国家只能是无产阶级的革命专政。"② 这是马克思对"社会主义政治文明"作出的历史定位，它表明：尽管"社会主义政治文明"在文明的形态上，还是属于现代政治文明，但是，它拥有新的本质规定性，因此，与同属于现代政治文明的资本主义政治文明形态相比，"社会主义政治文明"又是一种新型的现代政治文明。"社会主义政治文明"新的本质规定性，主要表现在以下两个方面：一方面，"社会主义政治文明"发展的历史任务，不仅要实现人的政治平等，而且要实现人的经济与社会平等，为此，"社会主义政治文明"要最大限度地保障和推进经济与社会的全面进步和发展；另一方面，"社会主义政治文明"使民主制度成为人民当家作主的民主制度，而不是少数人合法统治多数人的制度形式。社会主义民主共和国以人民当家作主为基础，这种民主

① 《马克思恩格斯全集》第1卷，人民出版社1956年版，第427页。

② 《马克思恩格斯选集》第3卷，人民出版社1995年版，第21页。

共和国被马克思称为“社会共和国”，“共和国只有宣布为社会共和国才能存在”。①

第七，政治文明建设必须坚持时代性与民族性的有机统一。政治文明的“时代性”特征，要求政治文明必须随人类文明的发展而发展，做到与时俱进、与其他文明形式协同发展。这当然只是问题的一个方面。另一方面，政治文明又不得不是一个国家、一个民族的政治文明，其“时代性”的特征不得不与“民族性”的特征相互交织，并有机地统一在一起。毫无疑问，民族性是各国政治文明建设顺应时代潮流发展的重要基础，顺应时代潮流不能以丧失民族性为代价，丧失了民族性的政治文明建设，其对时代性的追求也就失去了实际意义，不但不可能形成有效的政治发展，反而可能导致严重的政治危机。在评论苏联模式时，邓小平曾经说过：即使这个模式“在苏联是百分之百的成功，但是它能够符合中国的实际情况吗？各国的实际情况是不相同的。我们现在提出政治体制改革，是根据我国的实际情况决定的。”② 由此可见，立足本国实际、顺应时代潮流，应当被视为中国政治文明建设的一项重要指导原则。

二、社会主义政治文明的实践形态

在人类政治文明发展的历程中，社会主义政治文明代表着新型的现代政治文明。以现代政治文明作为历史起点，以社会主义作为目标取向，由此展开的社会主义政治文明的探索和实践，始于巴黎公社的革命实践。马克思从巴黎公社实践中总结出的理论和原则，经过俄国十月革命后建立起来的社会主义国家的实践，得到了丰富和发展，为社会主义政治文明建设奠定了系统的指导思想。

实际上，早在1844—1847年的一份研究提纲中，马克思就曾使用“政治文明”一词。根据这份提纲第七条的逻辑结构，即“执行权力；集权制和等级制；集权制和政治文明；联邦制和工业化主义；国家管理和公共管理”，可以推断马克思是试图以“政治文明”来概括现代国家。值得注意的是，此时，马克思已经发现“法的关系正像国家的形式一样，既不能从他们本身来理解，也不能从所谓人类精神的一般发展来理解，相反，他们根源于物质的生活关系”，对国家的解剖“应该到政治经济学中去寻求”，因此，他对于“政治文明”的研究，不是缠绕于概念和抽象的理论，而是深入到时代精神和国家的现实发展中，对政治文明的实践形态给予了具体的把握。马克思和恩格斯的理论探索，为社会主义的政治文明建设奠定了基本的政治形式，加上此后社会主义革命的

① 《马克思恩格斯选集》第2卷，人民出版社1995年版，第422页。
② 《邓小平文选》第3卷，人民出版社1993年版，第178页。

制度实践，社会主义政治文明主要经历了以下若干发展阶段。

首先，是马克思和恩格斯对社会主义政治文明所作的理论探索。围绕1848—1851年的法国工人运动和国内政治斗争，马克思写下了《1848年至1850年的法兰西阶级斗争》和《路易·波拿巴的雾月十八日》，这两部著作深刻揭示了资本主义国家的本质，阐明了无产阶级革命的道路，为创立无产阶级专政学说奠定了基础。1870年，巴黎公社运动爆发后，马克思又写下了《法兰西内战》，从巴黎公社的革命实践中，找到了建立无产阶级政权的必要政治形式，即人民群众把国家政权收回到自己的手中，通过选举他们的代表组成同时兼管行政和立法的代表会议，从而建立人民当家作主的社会主义共和国。针对马克思在巴黎公社运动中发现的"新型的政治形式"，恩格斯以其有关国家的人类学研究给予了印证，1884年写就的《家庭、私有制和国家的起源》用大量的史实证明，马克思对社会主义政治文明的制度探索符合人类政治文明的基本发展规律。

其次，是苏维埃政权对马克思和恩格斯的上述理论成果的实验和实践。俄国十月革命胜利后，列宁将巴黎公社的人民代表会议制与俄国农业国的具体国情相结合，在工农联盟的基础上创立了工农苏维埃，"这是在民主发展过程中具有全世界历史意义的一大进步"，是巴黎公社创造的新型政治形式的发展与完成。但是，在斯大林时期，社会主义法制遭到严重破坏，社会主义民主政治遭到重大挫折。苏联的成功经验和此后的教训，一方面表明马克思发现的"新型的政治形式"是科学有效的，另一方面，也说明仅有理论建设还不够，必须在现实的政治生活中进行社会主义的政治文明建设，没有社会主义政治文明建设，"新型的政治形式"的合理性就得不到体现，社会主义制度的优越性就得不到发挥，无产阶级政权就得不到巩固。因此，国家政权问题是革命的首要问题，无产阶级革命不仅要夺取国家政权，而且要学会组织和掌握国家政权。

最后，是中国共产党对于建设社会主义政治文明所作的理论发展和制度创新。中国共产党在领导中国革命的过程中，很早就学习将马克思主义的基本原理与中国具体的革命实践相结合，从中探索符合中国特点的新型的国家政权形式，其中，第一次国内革命战争时期建立的中华苏维埃共和国，抗日战争时期在根据地建立的"三三制"政权，都是这方面的有益探索。基于这些探索，1940年毛泽东在《新民主主义论》中，系统阐述了新民主主义政治建设的构想，从中国的社会性质和抗日救亡的历史任务出发，在不同阶级性质的国家政权中，选择了"几个革命阶级联合专政的共和国"的国家政权形式。毛泽东认为，要在上述阶级性质的国家中建立民主的国家政权，就必须采取以普选平等的选举制为基础，以民主集中制为原则的人民代表大会制度，"国体——各革命阶级联合专政。政体——民主集中制。这就是新民主主义的政治，这就是新民主主义的共和国。”新中国建立后进行的社会主义民主政治建设，正是在这样一种国体和政体的框架下展开的。

总之，社会主义社会是人类社会发展的历史必然，社会主义政治文明作为新型的现代政治文明，其核心价值就是要赋予民主共和国以新的内容，使民主共和国成为广大人民当家作主的共和国。用马克思的话说，就是使民主共和国在无产阶级专政条件下成为可以使劳动者不仅在政治上，而且在经济和社会上获得解放的政治形式。这种政治形态与资产阶级共和国政治形式之间的一个重要差别在于：在社会主义民主共和国下，“社会把国家政权重新收回，把它从统治社会、压制社会的力量变成为社会本身的力量：这是人民群众把国家政权重新收回，他们组成自己的力量去代替压迫他们的有组织的力量；这是人民群众获得社会解放的政治形式，这种政治形式代替了被人民群众的敌人用来压迫他们的社会人为力量。”①

三、社会主义政治文明的基本特征

马克思主义对社会主义政治文明建设的理论探索，是建立在对人类政治文明发展进程的历史把握基础上的，由此获得的对于社会主义政治文明基本特征的认识，是既强调这种政治文明在文明形态上所具有的现代文明特性，同时，也强调这种政治文明在价值取向上所具有的社会主义的本质规定性。若脱离人类政治文明发展的历史进程和现代政治发展的基本规律，则所谈论的社会主义政治文明是狭隘的；若脱离了社会主义的本质规定性，则所谈论的社会主义政治文明是肤浅的，两者缺一均不能获得正确的认识。从马克思主义关于社会主义政治文明建设的理论探索，和此后对其制度形态的具体实践来看，社会主义政治文明应该具有以下一些基本特征：

第一，国家权力属于劳动人民所有，建设大多数人统治的民主共和国。资本与劳动是现代经济与社会发展的两大基本要素，两个要素之间的取舍权衡，决定了社会主义政治文明和资本主义政治文明的根本差异，即到底是从资本出发，还是从劳动出发？列宁认为，社会主义民主之所以是新型的民主，就在于它从劳动出发，是绝大多数居民——即劳动者——的民主。在比较资产阶级民主和社会主义民主的本质差别时，列宁指出：“前者是把重心放在冠冕堂皇地宣布各种自由和权利上，而实际上却不让大多数居民即工人和农民稍微充分地享受这些自由和权利，相反的，无产阶级的或苏维埃的民主则不是把重心放在宣布全体人民的权利与自由上，而是实际保障那些曾受资本压迫和剥削的劳动

① 《马克思恩格斯选集》第2卷，人民出版社1995年版，第413页。

群众能实际参与国家管理”。① 由此可见，政权属于劳动者所有，是社会主义民主的灵魂。

第二，人民代表会议是实现人民掌握国家政权、管理国家的最好制度形式。社会主义政治文明作为新型的现代政治文明，既具有现代政治文明的一般特性，即同样是以“代议民主”作为制度基础，同时，又具有社会主义政治文明的本质规定性，即它所运行代议民主制度，不是议会制，而是人民代表会议制。列宁认为，“议会制度并没有消除最民主的资产阶级共和国作为阶级压迫机关的本质”，因此，社会主义民主必须摆脱议会制，代之以实现人民当家作主的人民代表会议制。就社会主义政治文明建设而言，人民代表会议制具有四大功能：一是联合最广大的人民参与国家管理；二是使国家政权与人民群众保持前所未有的密切联系；三是在制度上使代议民主同时具有代议制和直接民主制的长处，从而为社会主义民主的实践与发展提供更大的空间；四是使人民的自由权利与国家的权力在制度上获得统一，其制度安排是将现代民主政权的组织原则从权力分立的原则，改变为职能分工的原则，并以人民当家作主的制度形式来监督立法、行政与司法职能的实施。

第三，人民代表会议掌握国家权力，人民通过“有经验的代理人”——即人民代表——掌管国家事务。人民代表会议作为人民当家作主和管理国家的机关，掌握国家权力，它是一个在职能上同时具有立法和行政双重职能的“工作机构”。人民代表会议可以将立法、行政、司法的职能委托给由它产生的机构承担，并负责监督这些职能的运行。在人民代表会议制下，人民通过选举“那些真正通晓国家执政机关事务和领导这些机关的人”而管理国家事务，人民也只是有了自己的“有经验的代理人”后才可以说“真正掌握了国家”。当然，实现“当家作主”，就必须在人民和他们的“代理人”之间建立真正的代表关系，为此，人民代表会议制应该赋予人民“有更大的可能，用最容易最方便的方式来选举和召回代表。”② 由此可见，选举制度和人民对其“代理人”的监督罢免制度，是人民代表会议制所欲实现的“人民当家作主”目标的重要制度保障。

第四，民主集中制是社会主义民主的基本原则。人民“当家作主”，即最大多数人的最广泛的民主，必须与参与之有序、决策之集中以及政治活动的制度化相结合。“民主”与“集中”的这种有机统一，在国家制度建设中具体体现为以下四个方面的内容：一是在国家结构上，实行中央的集中统一领导与地方自治或自主的有机统一；二是在制度建设上，实行民主的建设与法制的健全

① 《列宁选集》第3卷，人民出版社1995年版，第745页。

② 《列宁选集》第3卷，人民出版社1995年版，第759页。

的有机统一；三是在领导方式上，实行集体领导与责任负责制有机统一；四是在民众参与上，实行民众广泛的自主参与和政党的有效领导的有机统一。

第五，共产党是动员和组织劳动人民参与国家管理的领导力量。现代政治是政党政治，政党已经成为现代政治生活的主导力量，不论是在资本主义的自由民主制度中，还是在社会主义的人民民主制度中，都起着重要的决定性作用。在社会主义社会，工人阶级是整个社会的领导阶级，共产党是工人阶级的核心组织，共产党的领导直接决定着人民当家作主的社会主义民主如何实践、能否实现。毛泽东认为，社会主义民主与资本主义民主的重要区别之一，就在于工人阶级的领导权。在《论人民民主专政》一文中，他指出：孙中山先生所说的“为一般平民所共有，非少数人所得而私”的民权主义，“是和我们所说的人民民主主义或新民主主义相符合的。只许为一般平民所共有、不许为资产阶级所私有的国家制度，如果加上工人阶级的领导，就是人民民主专政的国家制度了。”① 由此可见，人民代表会议制是实现社会主义民主的制度基础，而共产党的领导则是实现社会主义民主的政治基础。

第六，用法制来巩固和发展社会主义民主。马克思主义一向主张用法律推进和巩固社会主义民主，要求工人阶级在夺取政权后，通过两条途径来巩固和发展政权：其一，是改变所有制；其二，是实行新宪法。列宁还明确表示，在社会主义国家内，没有有效的法制，“那就根本谈不上维护文明制度或创立文明制度了”。② 从政治文明建设的角度看，将政治文明建立在宪法和由宪法构建的政治与法律体系上，是社会主义政治文明建设和发展的主要路径，同时，也理应成为社会主义政治文明的基本特点之一。它与社会主义政治文明的其他特征，一同来自于社会主义社会和社会主义民主的内在规定性，各个特点相互之间有着深刻的内在逻辑联系，在整体上引导着社会主义政治文明建设的战略发展和价值取向。

第三节 当代中国政治文明的制度建设

改革开放后，中国在社会主义政治文明建设上取得的一个重要理论成果，是将“政治文明”视为推进经济和社会发展的重要动力，将“政治文明建设”视为培育和积聚这种动力并使之持续发挥效能的过程。社会主义政治文明的发生、发展、成熟，以及向着更高政治文明形式的升华，是离不开现实的经济和社会发展基础的。新世纪后，随着我国全面进入小康社会，并进一步融入以

① 《毛泽东选集》第4卷，人民出版社1991年版，第1478页。

② 《列宁全集》第33卷，人民出版社1957年版，第326页。

"全球化"为背景的政治、经济和文化体系，中国的社会结构和经济环境将发生新的深刻变化。积极应对这些变化，实现执政方式的转型，不断提高社会政治文明的水平，是中国共产党人在21世纪的神圣使命。

一、依法治国是社会主义政治文明的制度形式

经过二十多年的现代化发展，中国形成了迎接全球化的两大制度积累：一是建立了社会主义市场经济体制，二是在全球经济和社会发展的制度体系中获得了推动中国发展的制度空间。但是，仅有经济体系的制度积累，不足以全然应对全球化对发展中国家的挑战，如何以更加"全球化"的执政方式介入世界的社会关系之中，是21世纪中国政治文明建设面临的重要问题。

1. 革命后社会的政治发展是依法治国的现实基础。以革命的方式建立起社会主义制度的社会，其社会的基本性质之一，在于它必须经历巩固、改造、建设、整肃等过渡时期，才能进入革命后社会的发展阶段。与过渡时期相比，革命后社会的政治生活将发生一系列重大变化，并突出表现在以下两个方面：

一是政治权力的运行方式和合法性来源发生了深刻的变化。革命后社会的经济和社会发展，尤其是社会主义市场经济体制的确立和完善，改变了过渡时期的权力运作方式和权力的合法性基础。在此之前，政治权力是中国社会发展的决定性力量，它依靠党的组织网络使党、国家和社会凝聚成统一的整体；在此之后，随着计划经济社会向市场经济社会的转型，公民开始摆脱身份束缚，实现了从"身份关系"向作为平等民事主体的"契约关系"的转变。公民的权利意识随着公民个人财富和社会财富的增加而不断强化，社会随着公民权利的强化和公共空间的形成而不断成熟，这一切都对国家的相对自主性和执政党的自律性提出了新的要求。就执政模式而言，无论是国家还是执政党，都不可能在革命之后重新依据革命的逻辑设定国家和社会的发展方向，而如何在新的经济、政治和社会环境中建立新的合法性基础，便成为中国政治文明建设的首要问题。二是现代化与全球化对第三世界国家政治发展的挑战。全球化是全球经济空间的变化，这种变化不仅不会导致国家衰落，反而对传统的国家功能和执政模式提出了挑战。正如有学者论证的，"全球化的经济过程仍然是以民族国家体系作为其政治保障的。我们甚至可以进一步地说，民族国家正以前所未有的姿态积极地干预当代的经济过程，并把自己看作是全球经济活动的最大的代理人。"① 这两大问题构成了依法治国的现实基础。

2. 理性化的权力运作模式是依法治国的制度要求。现代政治文明的基本要素之一，是政治权力的运作必须符合理性化的权力运作模式。美国政治学家

① 汪晖、陈燕谷主编：《文化与公共性》，三联书店1998年版，第5页。

塞缪尔·亨廷顿在论及欧洲国家的理性化过程时，指出："在欧洲，权威的合理化和权力的集中曾伴随着更为专门化的政府机构和部门的出现以及职能的区分。当然，这些发展变化是对社会的日益复杂及其对政府要求的不断增加的反映。行政、立法、司法和军事机构发展成为半自主但又是从属的部门，它们以不同形式对行使主权的政治实体（君主或是国会）负责。"① 也就是说，随着社会的发展和社会事务的不断增多，政治权力必须以制度化的形式构建权威、配置权力、规范权力和权利的运行。任何一个全能型的权力主体都不足单凭自身的"自由意志"实现现代国家的有效治理。

通过革命掌握政权，通过国家改造社会，是无产阶级政党进行社会主义革命和建设的基本政治逻辑，也是中国共产党进行革命实践的基本政治逻辑。在长期的革命和建设实践中，我们形成了全然依靠政治权力实施社会改造和建设的执政模式，一方面这种执政模式使集中统一的权力结构凝固化，另一方面，这种执政模式特有的效能及其所取得的成就，反过来又为集中统一的权力结构形态奠定了合法性基础。但是，改革开放和社会主义市场经济体制的确立，使传统的"党－国家－社会"的关系发生了深刻的变化，中国共产党不再是在党、国家和社会"三位一体"的结构下进行领导，而是在党、国家和社会三者各自相对独立的结构下进行领导，新的"党－国家－社会"结构要求党的领导体制相应地走出传统的模式，依据新的关系格局进行积极的制度创新。依法治国正是这一制度创新的核心。所谓依法治国，简言之，就是依据宪法和法律行使政治权力。它大体包含以下几个方面的内容：首先，党要"依从法律"。执政党在政治上处于领导地位，领导人民制定了宪法和法律，就必须带头在宪法和法律范围内活动，绝不能凭借其"领导地位"谋求凌驾于法律之上和超越法律之外的特权。其次，党要"依法治国"，即执政党的领导方式和执政方式要纳入法制化的轨道。执政党的主张必须经过法律程序才能上升为国家意志，贯彻和实施执政党的路线方针政策也必须遵循法律和制度规定。再次，执政党是以依法治国来发挥党的领导核心作用，既不是放任自流，也不是全盘包办，而是按照法律的规定和程序，本着"总揽全局、协调各方"的原则，规范党组织与人大、政府、政协及人民团体的关系，支持各方独立负责、步调一致地开展工作。最后，依法治国的目标是实现人民民主，保证人民群众依法行使民主权利。总之，在现代政治文明的制度框架下，任何一个国家的执政党都必须遵守宪政规范，将政治权力置于现代民主制度的原则之下，以合法的方式执掌政权、行使权力，协调执政党与国家、社会以及其他政治组织的关系。就当代中国的政治发展实践而言，理性化的权力运行模式实际上就是指符合宪法和法律

① 塞缪尔·亨廷顿：《变革社会中的政治秩序》，三联书店 1989 年版，第 101 页。

的权力运作模式，它要求中国共产党按照社会主义民主政治建设和发展的基本规律总揽全局、协调各方、依法治国。

3. 以依法治国推进社会主义政治文明的发展。人类社会政治文明的发展历程，是一个逐步从无序到有序、由人治到法治的演进过程。近代以来的中国政治发展，经历了从传统封建君主制到现代民主共和制的政治文明的转变，在此进程之中，中国人民，尤其是中国共产党人，不仅赋予这种新的政治文明形态最先进的本质特征——社会主义民主，而且还赋予这种新的政治文明形态鲜明的中国特色——如人民代表大会制、单一制、民族区域自治、共产党领导的多党合作和政治协商制度等。同样，依法治国作为现代政治文明的一个显著标志，既体现了政治文明发展的一般规律——法治和权威合理化等，同时，也涉及当代中国政治发展的特殊性，所要解决的是中国共产党的执政方式问题。

在社会主义革命后的市场经济条件下，什么样的执政方式才是正确的执政方式？党的十五大报告和十六大报告都对此作出了回答。江泽民在党的十五大报告中指出："共产党执政就是领导和支持人民掌握管理国家的权力，实行民主选举、民主决策、民主管理和民主监督，保证人民依法享有广泛的权利和自由，尊重和保障人权。"在党的十六大报告中，江泽民再次指出："共产党执政就是领导和支持人民当家作主，最广泛地动员和组织人民群众依法管理国家和社会事务，管理经济和文化事业，维护和实现人民群众的根本利益。宪法和法律是党的主张和人民意志相统一的体现。必须严格依法办事，任何组织和个人都不允许有超越宪法和法律的特权。"由此可见，正确的执政方式就是"依法治国"，因为只有依法治国才符合现代政治文明的基本要求，只有依法治国才能代表最广大人民群众的根本利益，只有依法治国才顺应社会主义市场经济发展的规律，只有依法治国才能使党按照社会发展的自身逻辑，实现对国家与社会的正确领导并保障人民当家作主，从而推进社会主义政治文明的发展。

总之，建设社会主义政治文明，必须实现人民当家作主；而要实现人民当家作主，就必须坚持党的领导；而坚持党的领导，又必须坚持依法治国。因此，在建设社会主义政治文明的过程中，必须将党的领导、人民当家作主和依法治国有机地结合起来，彻底改变从战争年代沿袭下来的由党的组织包办一切的"以党代政"的方式，而代之以适应社会主义政治文明要求的"依法治国"的方式。

二、民主政治是社会主义政治文明的制度内核

发展社会主义政治文明的核心要旨，是把坚持党的领导、人民民主和依法治国有机地统一起来。人民民主，是社会主义政治文明的核心内容；党的领导，是实现人民民主的重要保障；依法治国，是党领导人民实现人民民主的制

度举措。上述三点是统一的整体。人民民主是宗旨，党的领导是灵魂，依法治国是手段，三者相互联系、相互促进、互为因果，统一于我们党所领导的建设社会主义政治文明的伟大实践。具体说来，它主要包括以下几个方面的内容：

第一，人民民主是社会主义政治文明的核心内容。现代政治文明与传统政治文明的重要区别之一，就在于现代政治文明将民主作为自己的基本理念，这是民主内容上的同一性；但是，当民主外化为政治文明的具体表现形式时，由于“民主并不是一个同一的、无差别的存在，而是一个由不同要素构成、包含着矛盾和差异的现象。”① 因此，民主在形式上又必然表现出很大的差异性。资产阶级学者往往基于自己的价值观念或阶级立场，对民主作出令人莫衷一是的界定，混乱的根源就在于没有将民主的内容与形式相区分，没有弄懂“民主内容与形式的关系，同其他事物内容与形式的关系一样，也是内容决定形式，形式表达内容并反过来影响内容。”②

人民民主既是社会主义政治文明的价值追求，也是社会主义政治文明的制度体现，是民主内容与民主形式的有机统一，是社会主义政治文明建设的核心。所谓人民民主，就是人民当家作主，即我国宪法所规定的“中华人民共和国的一切权力属于人民”；这一界定并不只是具有价值上的意义，而且，还具有制度和组织上的意义，即我国宪法所规定的“人民行使国家权力的机关是全国人民代表大会和地方各级人民代表大会。人民依照法律规定，通过各种途径和形式，管理国家事务，管理经济和文化事业，管理社会事物。”也就是说，人民民主具体体现为人民代表大会制度、多党合作制度、政治协商制度、民族区域自治制度、基层群众自治制度等制度体系。与资本主义政治文明和资产阶级民主相比，社会主义政治文明赋予人民民主更高的内涵，它不仅要在形式上保障人民的民主权利，而且要在实质上确保人民当家作主，实现绝大多数人的自我统治、自我管理、自己成为自己社会的主人；而不是像卢梭批判的那样，英国人民“只有在选举国会议员的期间，才是自由的；议员一旦选出之后，他们就是奴隶，他们就等于零了。”③ 由此可见，人民民主是一个系统的政治文明的建设和发展过程，既要深入发掘人民民主的内在价值和精神，也要设计和完善人民民主的实现方式和制度安排，从制度上和法律上保障人民民主价值的实现，而领导这一事业的核心力量只能是中国共产党。

第二，党的领导是实现人民民主的重要保障。现代政治本质上是政党政治，政党是现代政治运作的主导力量。在社会主义国家，无产阶级政党是整个

---

① 童之伟：《法权与宪政》，山东人民出版社 2001 年版，第 549 页。

② 童之伟：《法权与宪政》，山东人民出版社 2001 年版，第 550～551 页。

③ 卢梭：《社会契约论》，商务印书馆 1980 年版，第 125 页。

政治生活的领导力量，党的领导是社会主义民主政治建设的基本前提。党、国家、社会所形成的高度紧密关系，决定了党的组织形态、制度形态和运作形态，将直接影响整个国家的政治生活。党要在这种影响中真正成为社会主义政治文明建设的领导力量，就不能脱离社会主义民主政治建设和发展的基本规律。

人民民主是中国共产党领导中国人民革命胜利的产物。作为社会主义政治文明的价值属性和制度核心，人民民主必然成为中国共产党领导我国社会主义事业发展，领导社会主义政治文明建设最根本的目标和动力。正如江泽民在十五大报告中指出的，中国共产党执政就是领导和支持人民掌握管理国家的权力，实行民主选举、民主决策、民主管理和民主监督，保证人民依法享有广泛的权利和自由，尊重和保障人权。在“七一”讲话中，江泽民对党的领导和人民民主的关系，再次作出精辟论述，他指出：“我们党始终坚持人民的利益高于一切。党除了最广大人民的利益，没有自己的特殊利益。党的一切工作，必须以最广大人民的根本利益为最高标准。”这也就表明，中国共产党始终是以推进社会主义民主化进程为己任，并以此代表和维护最广大人民的根本利益，保障人民民主权利的实现。总之，无论是历史发展还是现实实践，都表明只有中国共产党才真正代表了最广大人民群众的根本利益，并根据社会发展的实际状况、各个利益主体的不同需求、作出科学的、合理的决策，将纷繁芜杂的民主诉求统一于社会主义政治文明的建设实践中，保证人民民主沿着正确的方向有序进行，最终实现人民民主。

第三，依法治国是党领导人民实现人民民主的制度举措。邓小平同志很早就指出：在社会主义民主政治建设中，制度建设是一个更带有根本性、全局性、稳定性和长期性的问题，为此，必须实现民主的制度化和法律化。就法制层面而言，民主的制度化和法律化是指健全社会主义法律体系和法律制度；就行动层面而言，民主的制度化和法律化就是要全面落实十五大所确立的依法治国方略，而要适应建设社会主义法治国家的需要，就必须切实改革和完善党的领导方式和执政方式，实现依法治国。

就依法治国的制度意义而言，它是党领导人民治理国家的基本方略，是现代政治民主制度中的核心规则，其基本要件是将法律视为约束社会主体的普遍原则，使之成为规范权力、约束权力、防止权力腐败的制度性机制。在现实政治生活中，中国共产党处于政治权力体系的核心，能否实现法律对党的权力的有效规范，便成为能否真正实现依法治国的关键。因此，从规范权力的角度看，依法治国的一项重要举措就是要做到党的依法治国。另一方面，依法治国又不只是以规范权力为目的，其最终目标是要实现人民的民主权利，而依法治国本身就是人民民主原则的体现：在党的领导下按照法定程序制定的各项法律规范，必然是人民意志的体现；党依据相关法律规范所执之政，必然是人民根本利益的反映，法律最终使党执政为民的目标得以实现。依法治国既是依法治国的前提和必要条件，也为保障党的领导、发展人民民主提供了政治和制度上的保障。因此，“依法治国”说到底就是党要依据人民民主的价值理念和制度要求，领导和组织人民实现当家作主的民主诉求。无论是要求党在宪法和法律范围内活动，要求党依法管理国家、社会事务和经济文化事业，还是要求党在明确的法律框架下实施对国家和社会的政治领导、组织领导、思想领导，其根本点都是要实现社会主义民主的制度化和法律化，即实现人民民主。因此，依法治国是党的领导和人民民主的有机统一，它从制度和法律上保证了党的基本路线和基本方针的贯彻实施，保证了党始终发挥总揽全局、协调各方的领导核心作用，保证了党领导下的人民民主的有效落实和顺利实现。

第十五章　国际政治

第一节　国际政治的含义

一、国际政治的含义

国际政治是国家之间、国际组织之间和其他政治行为主体之间的政治关系的总和。按照这一定义，国际政治的基本含义是：

第一，国际政治发生于国际社会的多个行为主体之间。它首先和主要发生于国家这一行为主体之间。在国际政治的发展过程中，它也发生于其他行为主体之间。

国际社会的行为主体，即国际社会中具有特定的利益和主张、参与国际社会活动的能力和稳定的组织形态的实体，它一般具有如下基本特征：

国际政治行为主体具有特定的自身利益和利益要求，这些利益和利益要求，支配着其基本目标和价值取向，它们既是国际社会行为主体存在和活动的基础，也是国际政治关系得以形成的前提。在国际政治生活中，国际政治主体的这些利益要求，通常是以对于国际关系、国际政治问题、有关外交战略和政策的主张和见解的方式出现的；国际政治行为主体具有特定的行为能力，这就是说，国际政治行为主体具备参与国际社会的相互交往、表达和实现自己的利益要求，影响其他国际社会行为主体的能力。国际社会行为主体的这种行为能力，是其成为行为主体的基本资格；国际政治行为主体具有特定的组织形态。特定的组织，是国际社会行为主体的基本依托，因此，国际社会行为主体一般都具有特定的、相对稳定的组织形式，这些组织的状态、相互关系构成及其行为和行为方式，构成了国际政治和国际关系的基本内容。在国际社会中，也存在着个人行为主体，但是，这种个人行为主体往往是以特定组织的代表的身份出现和存在的。非代表性的个人虽然在特定情况下可能对于国际政治产生一定的影响，但是通常并不构成国际社会的行为主体。在其现实性上，国际社会的行为主体具有多种具体形态，一般来说，它们包括主权国家、国际组织、政党、政治团体、某些跨国公司以及代表不同组织的个人等等。正是这些行为主体，是国际社会的基本单元。而在这些多种行为主体中，国家因其特定的性质和能力，成为最重要的行为主体。

第二，国际政治的本质内容，是国际社会行为主体之间的政治关系。在这些关系中，国家之间的政治关系是基本政治关系，而国际政治其他行为主体之间的政治关系，或是由国家之间政治关系派生出来的，或是围绕着国家之间关系产生的，因此，国家之间的政治关系在国际政治中具有根本性的地位和作用，它影响和制约着其他主体之间的政治关系。作为国际政治行为主体之间的政治关系，就其内容来看，这种政治关系基本由三个层次的关系构成：

第一层次，利益关系。其一，在国际政治中，利益是以不同的国际政治行为主体作为基本存在单元的。国际政治生活中的利益类型是丰富多样的，但是，它们总是以归属于特定利益主体的形式而存在的，利益总是特定利益主体的利益，国际政治中的利益，实际就是国际政治中不同行为主体的利益。其二，这种利益关系是不同行为主体之间的全面利益联系。利益是利益主体需求的满足，任何利益主体都具有多方面的需求，因此，利益主体的利益也是多方面的。在国际政治中，行为主体同样具有多方面的利益需求，它们之间的利益关系，包含着这些行为主体所具有的各种利益之间的全面联系。其三，这种利益关系包含利益共同和差异及其利益矛盾两个方面。国际政治行为主体之间建立的利益联系，具有同一性和矛盾性的双重特性。这种双重特性，具体体现为这些行为主体之间的共同利益和利益矛盾。在不同的行为主体的不同利益关系中，共同利益的一面与利益矛盾的一面占有的地位不同，从而决定了不同利益关系呈现不同的实际状态。由于国家是国际政治中最重要的行为主体，因此，国家利益构成了国际政治中最重要的利益。所谓国家利益，就是作为国际政治行为主体的国家的需求的满足。在国际政治中，国家利益是多方面和不断发展的，这其中最基本的内容可以概括为国家的生存和发展的利益。国家的生存利益，主要是国家的安全、主权独立、领土完整和人民生存的要求的实现。国家的发展利益，则主要包含国家的经济和社会发展、科技的进步、人民生活水平提高等要求的实现。国家与国家之间的利益关系，主要是国家的这些利益内容之间的关系，这一利益关系在国际政治诸多行为主体的利益关系中处于主导地位：一方面，它决定国际政治的基本利益分布状况，确定国际政治的基本内容，支配国际政治的根本方向。另一方面，它影响着国际政治中其他利益关系的形成，不同程度地渗透和体现在其他利益关系的性质和内容中，并制约着其他利益关系的发展。在当代，随着科学技术的进步和生产力的发展，全球环境保护、全球生态均衡、打击国际恐怖主义和犯罪等人类共同面临的问题成为人类的共同利益，这些共同利益的维护和实现问题已提上国际社会的日程，成为国际政治的重要内容。尽管如此，人类的共同利益的实现和维护仍然需要依靠国家为主体的国际政治行为主体的合作和努力。

第二层次，力量对比关系。在国际政治中，诸行为主体的利益构成了其从事国际政治活动的基本出发点，围绕着这些利益要求，各行为主体聚积各种力量，作为在国际政治生活中实现自己利益要求的凭藉。国际政治诸行为主体的力量，是这些主体拥有、掌握和控制的多方面、多形态因素的总和。就其构成方面来看，它们包括诸行为主体的经济力量、军事力量、文化力量、意识形态力量和政治力量。在这其中，经济力量是诸行为主体力量的基础，是其他力量因素存在和发展的基础依托，它对于诸行为主体力量的构成可能、强弱状况、实际效用等等具有决定性的影响和作用。如同恩格斯在阐述暴力与经济力量的关系时所指出的那样，“暴力的胜利是以武器的生产为基础的，而武器的生产又是以整个生产为基础，因而是以‘经济力量’，以‘经济情况’，以可供暴力支配的物质手段为基础的”。就其实际状况来看，诸行为主体的力量既包括它们拥有、掌握和控制的现实力量，也包括它们可动员、可动用和可转化的潜在力量。国际政治诸行为主体的力量，在其相互之间利益关系形成的基础上，构成了相互之间的力量对比关系，国际政治活动即是围绕着这些力量形成的对比关系而展开的纵横捭阖的活动。

在国际政治中，国家力量是国际政治诸行为主体力量中最重要的力量。在国际政治中，国家力量即国家的综合国力，它是一个国家的物质力量、制度力量和精神力量的有机总和。国家的物质力量主要由国家的自然环境、自然资源、人口、经济实力、科技力量、军事实力等因素构成。制度力量主要包括制度的保障力、动员力、激励力、政府的组织力、决策和贯彻力、政府的效率等。国家的精神力量则主要是国家凝聚力、民族意志、教育水平、国民素质、理论、战略和政策水平等。国家力量之间的对比关系，在国际政治力量对比关系中具有举足轻重的地位和作用，它决定着国际政治关系的实际状况，支配着各国外交战略和策略的制定和实施，因而构成了国际政治力量对比关系的基轴。

第三层次，国际政治行为主体之间的相互作用关系。国际政治诸行为主体的利益和力量对比关系，是国际政治的深层关系，在现实的国际政治生活中，这些深层的关系必然体现为诸行为主体的活动和相互作用，而诸行为主体的相互作用关系，构成了它们追求、维护、实现自己利益要求，运用和增强自身力量的现实途径。在国际政治中，诸行为主体的相互作用是多层次、多方面、多渠道、多方式的。不过，一般说来，这些相互作用关系，主要表现为诸行为主体实行的对外政策、对外交往活动以及由此形成的国际政治行为主体的活动规则。国际政治行为主体的对外政策，是指这些行为主体处理国际政治问题的基本原则和行为准则。它一般可以分为两个层面的政策，即战略性政策和常规性政策，前者是根据行为主体的长远重大战略利益制定和实施的政策，后者则是针对具体问题而制定和实施的政策。国际政治行为主体的对外活动，就是这些行为主体的实际行为。在国际政治舞台上，这些行为是多种多样的，其主要表现为诸行为主体之间的斗争、冲突、对抗、竞争、合作、协商、联盟等等，正是这些活动和行为，在国际政治舞台上形成了一幕幕活剧，构成了国际政治的日常现实内容。国际政治行为主体的活动规则，则是这些行为主体在长期的相互作用过程中逐步形成的，并且得到其共同认可和遵循的基本行为规范，它们包括国际政治关系的基本准则、国际法以及若干国际条约等。这些活动规则，规定了国际政治行为的范围和限度。

第三，国际政治是国际社会的政治关系体系的总和。国际政治作为各国和其他国际政治行为主体之间形成的普遍政治联系体系，具有如下基本特点：

国际政治关系是全球性的政治联系。这种全球性，首先是指行为主体范围的广泛性，这就是说，在全世界范围内，只要符合国际政治行为主体特点的主体，都是国际政治体系的行为主体。同时，它也是指行为主体资格的普遍性，任何国际政治的行为主体，无论其强弱、大小如何，影响力和能力如何，都是构成国际政治关系的有机部分。此外，它还表明国际政治联系的广泛性，它包括了全球所有国际政治行为主体之间的相互联系。因此，国际政治既不是孤立的一个国家或其他行为主体的对外政策和活动，也不是两个或多个行为主体的简单的双边关系或多边关系，而是所有行为主体的全球性整体政治联系。

国际政治关系是诸行为主体之间的有机政治联系。国际政治是国际社会政治关系的总和，这种总和不是国际政治诸行为主体政治关系的简单相加，而是其政治关系的有机构成。这就表明诸行为主体之间发生和存在着各方面的利益联系，这种利益联系是国际政治的有机纽带。同时，它表明，国际政治是诸行为主体力量相互作用的合力结果。如同恩格斯指出的那样，“历史是这样创造的：最终的结果总是从许多单个的意志的相互冲突中产生出来的……这样就有无数互相交错的力量，有无数个力的平行四边形，由此就产生出一个合力，即历史结果”。[①] 国际政治关系是有序的政治关系。国际政治行为主体之间的政治联系，是诸行为主体基于自身的利益和相互的利益关系、自身的力量和相互的力量对比关系，按照特定的原则和规则排列组合而成的。这种排列和组合，构成了国际政治的特定秩序，因此，国际政治是诸行为主体之间有序的政治联系。国际政治的有序性，表现为诸行为主体之间联系的既定状态，表现为诸行为主体在国际政治秩序中的地位的既定状态，也表现为国际政治秩序规则的既

① 《马克思恩格斯选集》第4卷，人民出版社1995年版，第697页。

定状态。国际政治秩序不是一成不变的，恰恰相反，随着国际政治行为主体政治经济状况和相互联系状况的变化，它必然不断地发生变化。

国际政治关系处于不断变化和发展中。国际政治诸行为主体的利益和相互利益关系处于不断发展和变化之中，同时，诸行为主体的政治经济发展的不平衡，是世界各国和其他国际政治行为主体发展的普遍规律。在这一规律作用下，其力量和相互的力量对比关系亦处于不断消长之中，因此，国际政治关系必然随之处于不断的变化和发展之中。

在人类社会的发展史上，国际政治是随着国家的产生和发展而逐步形成和发展起来的。自国家产生以后，就有了国家之间的政治关系。不过，在奴隶社会和封建社会，由于生产力水平的落后和社会分工的不发达，自然经济构成了社会经济的主导成分和国家的经济基础，这种经济是自给自足的经济，建立在这种经济和经济活动方式基础上的国家政治生活，是以闭关自守作为基本特征的。虽然在漫长的奴隶社会和封建社会中，国家之间也有某些交往，但是，这些交往一般局限于毗邻区域，交往规模极其有限，而且这种交往一般也不具有广泛利益联系的必然性和有机性。因此，在这一时期，既不存在现代意义上的国际社会，也不存在现代意义上的国际政治关系。

近代以来，随着生产力的发展，资本主义生产关系得以确立和迅速发展。资本主义生产关系，是建立在资本私有制基础上，通过雇佣劳动生产和市场交换获取和实现剩余价值的生产关系。在资本主义上升时期，这一生产关系的确立和发展促进了生产技术的进步和生产力的提高，促进了社会生产分工的发展，同时，也大大扩展和深化了市场和交换关系的形成和发展。因此，在资本主义生产关系形成和确立的过程中，资本积累和扩展的运动不仅越出了传统自然经济的村落和社区范围，打破并逐步消除了封闭的自然经济的障碍，而且越出了国家的边界，在世界范围内逐步形成了国际分工和统一的市场体系，从而使得世界各国都卷入了日益频繁而丰富的相互交往之中，“过去那种地方的和民族的自给自足和闭关自守状态，被各民族的各方面互相往来和各方面的互相依赖所代替了”①。正是在这一背景下，国家之间大规模的、范围广泛的、经常性的和以实现各自利益为导向的相互交往不仅成为必要，而且具有技术和政治经济的可能，因此，以国家之间政治关系为中心的国际政治关系即逐步形成。

二、国际政治与国内政治的联系与区别

国际政治主要是国家之间的政治关系，它与国家内部的政治也有着密切的

---

① 《马克思恩格斯选集》第1卷，人民出版社1995年版，第276页。

联系。这种密切联系在于：国内政治是国际政治的基础和出发点，而国际政治是各国国内政治在国际范围和领域中的延伸和相互作用。这一联系的具体体现是：各国在国际政治关系中的主导性利益要求，是其国内政治中占据主导地位的统治阶级利益的对外延伸。国家是阶级统治的机器，因此，一国的国内政治本质上是统治阶级利益和意志的体现。统治阶级为了维护自己的统治地位，实现其利益和要求，不仅需要保持国内政治秩序的稳定，履行相应的社会职能，而且必须在国际范围内创造有利的环境和条件，并谋求国际利益。因此，各国在国际政治中的主导性利益，不过是其统治阶级利益和意志在对外关系这一特定领域中的体现。在各国国内政治中占据统治地位的利益和意志，必然构成该国在国际政治中的主导性利益和意志，这两方面利益之间存在着本质上的高度统一性。如邓小平在论述我国国内政治与对外政策的一致性时所指出的那样，“中国要集中力量搞经济建设，把我国建设成为现代化强国，我们需要一个和平的国际环境，也正在努力创造和维护这个和平的国际环境。”①。各国在国际政治中的力量，是一国综合国力在国际政治中的运用。各国在国际政治关系中的地位、政策、活动和行为，是以其在国际政治生活中的国家力量为凭藉的。一国在国际政治中的国家力量，是由其综合国力构成的，这种综合国力，集中反映和体现着一国国内政治状况。一方面，一国国内政治是其综合国力的有机构成成分，国内政治的制度力量、政府能力、效率、政治决策和实施效率等等，都是构成一国综合国力的重要因素，这些因素的状况，直接决定和影响着一国综合国力的强弱。另一方面，一国国内政治状况，往往又决定着综合国力的其他构成因素能否以及在多大程度上得到开发，决定着这些因素能否以及多大程度上有机结合为其综合国力，决定着国家的统治阶级和统治集团能否以及在多大程度上运用其综合国力。由此可见，一国国内政治状况对于其综合国力的形成、发展、实际状况及其运用，进而对于一国在国际政治中的地位、作用、影响、政策和实际活动，都具有决定性的意义。就此而言，一国在国际政治生活中运用国家力量展开活动，谋求国家利益时，实质不过是将其国内政治的力量运用于国际领域。各国的对外政策和活动，归根结底是为国内政治服务的。在阶级社会，统治阶级的一切政策和活动，都是为维护和实现自己的统治地位和利益服务的，依据国家统治阶级利益和国家力量制定的对外政策，展开的对外活动，同样也是服务于统治阶级的地位和利益要求的。同时，由于统治阶级的地位和利益要求不仅首先体现在国内政治上，而且必将最终落实在国内政治上，因此，对于统治阶级的地位和利益来说，一国的国内政治更具有根本性的意义，这就决定了包括国家对外政策和活动在内的一切其他政策和活动，

① 《建设有中国特色的社会主义》（增订本），人民出版社 1987 年版，第 112 页。

都必然要最终归宿和服务于国内政治。一国对外政策和活动对于国内政治的这种归宿和服务，首先表现为对外政策和活动对于国内政治的服从性，即对外政策和活动必须以国内政治为依据和出发点，必须遵从国内政治的要求，必须以国内政治的转移为转移；同时，它也表现为对外政策和活动对于国内政治的服务性，即对外政策和活动应该为国内政治创造外部条件和机会，对外政策和活动的成果应该为国内政治所利用；此外，它还表现为对外政策和活动的作用和效果，最终需要以国内政治为标准进行评价和检验。

国内政治与国际政治是相互影响和相互作用的。一国在国际政治中的利益、力量、战略、策略和政策活动，根本取决于该国统治阶级的利益和意志，取决于该国国内政治状况，从这个意义上讲，国内政治是国际政治的基础，是一国建立、发展、削弱乃至废止与他国政治关系和选择对外关系政策方针方式的决定因素。但是，另一方面，国际政治对于国内政治也具有重要的影响，一国在国际政治活动中的成败，将会影响该国统治阶级利益和意志能否和在多大程度上得以实现，会增强或削弱该国统治阶级统治地位的政治合法性基础和统治力量，会影响该国国内政策和政治能否和在多大程度上得以贯彻、实行和发展。在特定情况下，一国在国际政治活动中的成败，会改变国内政治的发展方向和进程，甚至会引起国内政治的根本性变革。但是，国际政治与国内政治又是不同范围和背景下的政治，这种范围和背景的不同，使得国际政治具有与国内政治不同的内容和特点，从而形成了两者之间的区别，一般说来，这些区别主要是：在正常情况下，国内政治存在着一个公共权威，这一权威本质上是统治阶级的权威，形式上却具有公共性。在国内政治中，这一权威具有普遍性、最高性和强制性的基本特点。所谓公共权威的普遍性，是说它对于国家范围内的任何成员和任何公共事务，都具有权力作用和影响的合法性、统一性和有效性；所谓公共权威的最高性，首先表明它是国家范围内的唯一最高权威，排斥其他同等权威的存在。同时，也表明它是国家的最高意志，要求其他意志必须服从这一意志。所谓公共权威的强制性，意味着在国内一切政治力量的对比中，统治阶级的权力是最强大的力量，公共权威以此为后盾，贯彻实施着统治阶级的意志。正因为国内政治中存在着这种公共权威，才使得国内政治可以按照统治阶级的意志有效运行。相形之下，在国际政治生活中，却不存在这样的公共权威，这就是说，在国际政治中，任何国家、国家集团或者其他力量，都不具有使自己的权力和权威成为世界范围内。

普遍、统一、有效的权力和权威的能力，都不可能使自己的意志成为最高意志，而要求国际政治的其他行为主体服从这一意志，都不可能完全强制贯彻和实施自己的要求。正如国际政治学者福兰特·L. 格林斯顿等人指出的那样，“没有一个行政部门或一整套相互配合的行政部门，能在具有世界性影响或有总体统一原则的全球性政体的名义下进行管理。没有一个法庭或成宝塔状排列的各个法庭，能在国际争端中有例行的绝对司法权。”① 因此，国际政治不可能像国内政治那样，完全按照一个统一的权力意志运行，而只能在各种利益和力量对比的基础上形成和发展。

需要特别指出的是，在国际政治发展的历史和现实中，产生并存在着全球性的国际组织，比如第一次世界大战以后的国际联盟和第二次世界大战以后的联合国。但是，这些国际组织本身及其决议都是各国协商和表决的结果，其实施决议的力量和效果却要取决于成员国的贡献程度，因此，这些组织远不具备国内政治中公共权威的效力。此外，在国际政治发展的某些时候、国际政治的某些范围内或者某些事务和问题上，某些国家或国家集团可能实施和贯彻霸权，但是，这种霸权不可能在国际政治的全部范围内和全部事务上得以有效实施。国内政治与国际政治的第二方面显著区别在于，两者的利益构成和内容有所不同。就国内政治而言，其利益构成主要是阶级利益、阶层利益和其他社会集团的利益。统治阶级的利益是国内政治的主导利益和主要内容，与此同时，被统治阶级与统治阶级的利益冲突和斗争，其他非统治阶级与统治阶级的利益竞争和合作，同样构成了国内政治的重要内容。除了阶级的利益之外，各阶级内部的阶层的利益以及由各种社会关系为纽带形成的社会集团的利益，在国内政治生活中也具有重要影响和作用。国内政治主要是建立在这些纵横交错的利益关系网络基础上的。而在国际政治中，其利益构成了除各国统治阶级的利益之外，还包含各国的民族利益、国家之间的共同利益和全人类的共同利益。在国际政治中，国家具有双重特性，它首先具有阶级特性，体现和实现着国家统治阶级的利益。同时，它又具有民族的特性，因此，各国的国家利益中包含着该国全民族的利益，这种民族利益即该国全民族生存和发展的利益，其主要内容包括维护国家主权和领土完整、维护民族的尊严、维护民族的基本生活方式和生产方式、维护民族文化和风俗习惯，保证民族的发展等，它们构成了国际政治的特定利益内容。此外，不同的国家和民族之间在国际政治关系中形成的相互共同利益，全人类在生存、发展和相互交往过程中面临的共同问题并由此在国际政治中体现出来的人类共同利益，同样构成了国际政治的重要利益，它们是国际政治的特定利益内容。

国内政治与国际政治在行为主体方面的不同，也是两者之间的重要区别。国内政治是阶级、阶层、政府、政党以及政治团体活动的舞台，因此，其主体主要由这些力量构成。其中，阶级与特定的生产资料所有制联系在一起，因而是最稳定、最具有决定作用的政治主体，而政府、政党等则是国内政治中最活

① F.L Glin MOll - etc, *International Politics*, p.416.

跃的政治主体。而在国际政治中，尽管存在和活动着其他行为主体，但是，最重要、最具有决定意义的行为主体是主权国家，从这个意义上来讲，国际政治主要是国家活动的场所。因此，国内政治的力量对比主要存在于不同的阶级、阶层、政党和政治团体之间，其政治格局是这些力量之间相互作用的结果。而国际政治的力量对比则主要发生和存在于主权国家之间，国际政治的基本格局主要是主权国家或者国家集团力量相互之间作用的结果。

第二节　国际政治的行为主体

一、主权国家

主权国家是国际政治中最重要的行为主体，也是构成当代国际社会的最基本的实体单位。主权国家在国际政治中的这一地位，是由主权国家的特点及其在国际政治中的作用决定的。首先，主权国家能够最大限度地调动和运用其控制的一切资源，形成国际社会最强大的行为主体和实体。国家是“从社会中产生但又自居于社会之上并且日益同社会相异化的力量”。① 这一力量对于国家范围内的资源具有广泛、有效的动员和控制力。在国际政治生活中，国家为了谋求、维护和实现自己的利益，可以最大限度地运用其范围之内的经济、军事、文化和政治资源的力量，形成巨大的国际政治行为能力，这种能力，是任何其他国际政治行为主体无法与之比拟的。其次，主权国家是人类生活诸共同体的唯一合法总代表。在现代社会，人类社会生活的共同体，主要是以国家为单位构成的，因此，在国际政治中，人类生活诸共同体主要是以国家的面貌出现的，这就使得国家成为诸共同体交往的合法总代表，从而成为国际政治的主要行为主体。再次，国家之间政治关系决定着国际政治的现实状况和发展趋向。国家的巨大力量和特定性质，规定了国家在国际政治中具有举足轻重的角色和作用，因此，国家之间的政治关系，不仅是国际政治最重要的内容，而且直接决定着国际社会的现实状态、发展进程和总体趋向。

按照国际法的要求，在国际社会中，作为国际政治行为主体的国家，必须同时具备四个方面的基本要素：

（1）有固定的领土。国家的领土，包括领土、领水、领海和领空。领土是国家的自然载体，是一国人民生存和发展的基本依托，是社会生产和生活得以进行的物质基础和地理空间，是国家自然资源的来源所在，是国家安全的重要凭藉，也是国家力量的构成要素，因此，领土对于任何主权国家来说都具有极

① 《马克思恩格斯选集》第4卷，人民出版社1995年版，第170页。

为重要的意义。

(2) 有定居的居民。居民是国家这一组织的基本构成要素，是国家范围内社会构成的细胞，也是社会政治的本体。因此，一定数量的居民，是国家存在和组成的必要条件。对于国家来说，居民必须是定居于国家范围内的居民，才能成为主权国家的构成要素，因此，经常在国家之间迁徙的人群，难以组成主权国家。

(3) 有统一的政权机构。政权是国家权力的组织和制度性体现，在政治生活中，它是国家权力的实际承担者和运行者，是国家范围内的社会秩序和制度的组织者和维护者，也是国家的具体代表。因此，统一的政权组织，是国家正常和有序存在和运行的必要前提。

(4) 具有国家主权。国家主权是国家具有的独立自主地处理自己的对内对外事务的最高权力。这就表明，国家主权是国家对内的最高权力和对外的独立权力。对内的最高权力，是指国家对于所辖范围内的一切事务的政治统治权，对外的独立权力，是指国家自行决定和处理一切对外事务的权力，这种独立权力，是由国家对内的最高权力决定的。在国际社会生活中，国家主权主要体现为国家的独立权、平等权、自卫权和管辖权。

在这四个方面的要素中，国家主权是主权国家至关重要的构成要素，它对于国际政治生活中的国家具有特别重大的意义。首先，国家主权是国家获得参与国际政治生活能力的基础。国家只有拥有主权，才能调动和凝聚国内的各方面资源和力量，形成统一的国家力量，组织对外交往，从事国际政治活动。主权缺乏或残缺的国家，只能是一盘散沙，不能形成参与国际组织的有效力量。其次，国家主权是国家成为国际政治独立行为主体的必要条件。国家主权意味着国家具有独立自主的权力，在国际政治中，它可以使国家按照自己的意志和利益，确定享有和行使权力的范围，确定在这个范围内是否行为、在多大程度上行为和以何种方式行为。因此，只有拥有完整主权的国家，才具有完整的国格，才具有独立参与国际政治生活的资格，才是完整意义上的国际政治行为主体。再次，国家主权是一国在国际政治中具有与他国平等地位的重要保证。在国际政治关系中，国家主权是一国获得和确保与他国平等地位的凭藉。国家之间的政治关系正是在主权的意义上具有平等性。就此而言，一国只有具备完整的主权，才能获得和确保自己与其他国家的平等地位，而主权丧失或不完整的殖民地半殖民地国家，则不具有与他国的平等地位。最后，国家主权是国家参与制定和遵循国际关系准则的基本前提。一切国际关系准则，只有建立在主权国家认可的基础上才是有效的，这就表明，国家只有拥有主权，才有资格参与制定国际关系准则；一切国际关系准则，只有在各国主权得到尊重的前提下才能得到遵循。在国家主权问题上，一些西方学者极力宣扬限制和否定国家主权。如法国学者波利蒂斯在《国际法的新趋势》一书中认为，国家主权有悖于国际法，应该予以限制或否定。著名的《奥本海国际法》一书的修订者劳特派特则认为，国家主权妨碍国际和平，因此，必须使国家让出部分主权。其他一些政治学家和国际政治学家如拉斯基、汉斯·摩根索、爱德华·H.卡尔、肯尼斯·汤普森等，也都主张限制国家主权。这些观点，在理论上是不能成立的。首先，世界和平的维护，必须建立在尊重各国主权的基础上，只有世界各国的主权得到维护和尊重，这些国家才可能以平等的、和平的方式协调相互关系和世界公共事务。而如果以某些国家的霸权为凭藉，以牺牲另一些国家的主权为代价来维持和平，不仅和平得不到维持，而且只能引发动荡和战争；其次，国际法的制定和实施，也必须以相关主权国家的认可为前提，任何国际法如果仅仅是少数国家意志的体现，这样的国际法就必须予以调整和修正。如果强行要求以限制部分国家的主权为代价来维持这种国际法，既有悖于国际法的基本原则，实际也不可能得到实现。最后，在世界历史上，正是资本的全球运动和帝国主义的霸权扩张，造成了民族和国家之间的不平等、相互矛盾和冲突，引起了战争，形成了不合理的世界政治经济秩序，这种状况恰恰是发展中国家主权没有得到尊重和保障的结果。从现实政治层面来讲，西方学者的这些观点表面上似乎为了维护国际和平和国际法，但是，本质上却是为了限制发展中国家的主权，维护和实现资本主义国家的利益和资本扩张的要求。因此，要想真正维护世界和平、建立和有效实施公正合理的国际政治经济秩序和国际法，重要的不是限制发展中国家的主权，而是应该反对霸权主义和不合理的国际政治经济秩序，切实保证发展中国家在获得政治独立以后，实现经济的发展，维护其国家主权的完整性和独立性，以进一步作为主权国家在国际政治中发挥作用。

二、国际组织

国际组织是国际政治中的重要行为主体。国际组织包括国家之间的国际组织和非国家之间的国际组织。国家之间的国际组织，是若干国家为了特定的目的和利益，通过共同签订条约而建立的常设性组织。现代国际法确认，这种国际组织具有国际法主体的资格。非国家之间的国际组织，则是由个人、社会团体或者政党所建立的国际组织。这类国际组织一般不具有国际法主体的资格，但是，由于它们在国际政治中具有广泛和重要的影响和作用，因此，不具备国际法主体资格并不妨碍它们作为国际政治主体的地位。

国际组织是国际关系发展到一定阶段的产物。在国际组织产生以前，不少思想家就曾提出过建立世界性组织或世界性政府，以解决人类共同事务，维护世界和平稳定的设想。但是，由于现代意义上的全球国际关系尚未形成，国家之间关系的处理尚不需要常设的国际组织来充当重要角色，因此，这些设想并没有转变为现实。只是在资本主义世界政治经济体系形成之后，国家之间的交往逐渐频繁复杂，以国际性常设机构协调相互关系的要求日益迫切，才使得国际组织应运而生。就国际组织的发展来看，它最初发端于国际性会议。1648年，为结束欧洲三十年战争而召开的威斯特伐利亚会议，开启了以国际会议方式协调国家关系，解决国际问题之先河。及至19世纪中叶，随着科学技术的发展和国际交往增多，国际事务日益增加，为处理这些事务，在国际会议的基础上形成了专门领域的常设性国际机构，如1865年建立的国际电信联盟、1875年成立的万国邮政联盟等，现代意义上的国际组织由此问世。

19世纪末，随着资本主义向垄断阶段发展，人们在世界范围内的联系更加紧密，国家和国家集团之间的矛盾和冲突更加频繁尖锐，为协调国际关系，国际组织也从专门性组织逐步发展成普遍性组织，并成为国际政治的重要行为主体。

尽管当今世界国际组织数量众多，其影响和作用也各不相同，但是，就一般意义上来说，国际组织仍然有其基本特点，这些特点主要是：

（1）国际组织都具有参与国际活动的能力。在国际组织中，国家之间形成的国际组织具有直接承担国际法规定的权利和义务的能力，这种能力主要表现在：它们在特定的范围内具有建立和维护国际关系的能力，其中包括建立与相关国家或国际组织的关系，派遣和接受拥有外交特权的使节，协调相关的国际关系，处理相关的国际事务等，它们具有在特定范围内与其他国际法主体订立国际条约并履行这种条约的能力；它们还具有维护自己权益的能力和相应手段，包括为维护自己权益提起和应付诉讼、要求和支付国际赔偿的能力和手段等。国家之间的国际组织的这些能力与主权国家的法律和行为能力不同：在国际政治中，主权国家之间组成的国际组织的能力，取决于各成员国的认可，因此，它来源于主权国家，是主权国家赋予的，主权国家之间的国际组织的能力是有条件的和相对的，而主权国家的法律和行为能力在既有的条件下由自己决定，在此意义上是绝对的。非国家之间的国际组织虽然不是国际法的主体，不具有承担国际法权利和义务的能力，但是，在国际政治活动中，这类组织常常也具有与其活动和要求相应的能力。

（2）国际组织的基本存在和活动依据是参与者所签订的条约，超越或者违背条约规定的机构、职权和活动，均为非法或无效。国际组织的存在和活动，是建立在参与者的认可和同意基础上的，这种认可和同意的基本形式是条约。这些条约一般由三个要素构成，即缔结条约的主体，必须是具有缔约和履约能力的至少两个以上行为主体；这些主体有确实的需要和明确的意思，对于作为条约客体的事项规定相关的权利和义务事宜；这些主体就这些事宜和权利义务内容已经达成一致。条约是国际组织合法性的基础，因此，它是国际组织活动的基础，规定着国际组织和参与者可作为与不可作为、作为的合法与非法的边界。

(3) 国际组织的原则是各参与者之间的地位平等，互不干涉内部事务或者个人事务，更不得侵犯各参与者自己的权利。就国家之间的国际组织来说，国际组织是国家群体为特征的共同体，这种共同体的组成前提，是各参与国家地位的平等，即国家不论大小、强弱、贫富，在国际组织内的地位都是平等的，其权利和义务都是对称的，因此，国际组织对于任何国家的歧视和不平等对待，不是导致该国际组织的破产，就是导致其失效。同时，国际组织涉及和处理的事务，只能是各参与国之间的共同事务，而不能干涉其他各国内政，更不得侵犯各国主权。就非国家之间的国际组织来说，同样必须以各成员的平等为组织原则，不干涉各团体成员或个人成员自己的事务，不侵犯它们的权利。

在国际社会中，国际组织具有各种各样的形态，为区分不同的国际组织，人们常常按照不同的标准，把国际组织划分为不同的类型：

按照其基本性质、活动目标和范围划分，可以把国际组织划分为一般政治性组织和专门性组织。一般政治性组织以政治事务的处理为主，同时，涉及广泛的经济、军事事务，拥有广泛的权限和职能，其典型代表如国际联盟、联合国等；专门性组织是以特定业务范围的事务处理为基本职能，拥有专门权限的组织。这类组织可以是政治性的，如国际大赦组织，也可以是非政治性的，如世界气象组织、国际海事组织等。

按照其成员构成和处理事务的地域范围划分，可以把国际组织划分为全球性国际组织和区域性国际组织。全球性的国际组织，是由世界范围内的所有国家或其他成员组成的国际组织，它处理世界范围内的相关事务，并且具有相应的能力和权限。如联合国就是主权国家组成的这类全球性组织。区域性国际组织，其成员、处理事务、目标、权限都具有区域性特点，如东南亚国家联盟等。

按照其活动的内容和领域划分，可以把国际组织划分为不同领域的国际组织，就此而言，人们常常把国际组织划分为政治性国际组织，比如非洲统一组织等；经济性国际组织，比如石油输出国组织、世界贸易组织等；军事性国际组织，比如北大西洋公约组织等；文化卫生科技性国际组织，比如世界卫生组织、国际通信组织等。需要指出的是，由于国际交往关系日益错综复杂，其发展变化也相当迅速，因此，国际组织的性质、作用、功能和发展变化也相当复杂，这就使得国际组织的分类越来越复杂化。实际上，按照不同分类标准划分的国际组织类型相互也是交叉的。此外，在实际国际政治生活中，任何国际组织都兼有多方面的因素，因此，国际组织的不同类型，只能指明不同国际组织的主要特征。

三、其他国际政治行为主体

除了主权国家和国际组织之外，在国际社会中还存在着其他的国际政治行为主体，这些行为主体主要是活动于国际政治舞台上的政党、政治团体以及个人等等，这些行为主体一般不是国际法的主体，不承担国际法意义上的权利和义务，但是，其在国际政治中的力量、影响和作用，决定了它们是国际政治的行为主体。

政党是阶级或者阶层的先锋队组织，它是国内政治的基本力量和行为主体，不过，在当今世界上，政党已经不仅是国内政治的主要力量和因素，而且成为国际政治活动中的重要力量。政党或者政党联盟可以是国际政治的特定主体，政党之间的关系和政党外交构成了国际政治关系和外交活动的重要内容。政党在国际政治舞台上进行特定形式的活动，以谋求、维护和实现其所代表的阶级或者阶层的利益。就作为国际政治行为主体的政党来看，大体可以分为两种类型，一类是在国内政治中处于执政地位的政党，这类政党常常把国家的对外政策目标与该政党的对外政策目标联系在一起，并且围绕着国家的整体内外战略和政策展开自己的国际政治活动。同时，由于该类政党处于执政地位，因此，其从事国际政治活动的能力往往很强，在国际政治生活中具有相当的实际影响和作用。另一类是在国内政治中处于非执政地位的政党，这类政党常常把国际政治活动作为实现自己在国际范围内的政治目标，谋求特定政党利益，并提高自己在国内政治中的地位和影响力的途径。

在当今国际政治中，具有广泛影响力和重要作用的政党主要有共产党、社会民主党、民族主义政党以及绿党等。共产党是工人阶级的先锋队组织，它以共产主义在世界范围内的实现和全人类的彻底解放为最终目标，以无产阶级国际主义为重要原则。自问世以来，共产党一直对于国际政治具有重大影响，今天，它仍然是国际政治中的重要力量。社会民主党以改良资本主义政治和社会为纲领，自产生以来，也在国际政治生活中产生了重要影响。今天，各国社会民主党，尤其是其国际性组织——社会党国际在国际政治中具有相当影响力。民族主义政党一般是发展中国家的政党，这类政党以民族国家的独立和发展作为政治目标，在第二次世界大战以后的民族国家独立过程中，这些政党发挥过重要作用，在和平与发展成为国际政治主题的今天，这些政党对国际政治仍然具有重要影响。绿党是以环境保护作为政治纲领和政治目标的政党，随着环境问题成为国际政治的重要课题，这类政党的地位和作用也在不断增强。

作为国际政治行为主体的政治团体，主要包括一些政治运动和政治组织。这些政治运动和政治组织，一般由民间政治力量自发组成，具有明确的政治目标、政治主张或者政治性质，具备从事国际政治的能力，并对于全球性政治事务、区域性政治事务或者重大国际政治问题具有相当的影响力。除了政治运动和政治组织之外，一些政治经济一体化的经济组织如跨国公司，在国际政治中也具有广泛的政治影响力，它们常常以自己巨大的经济实力，左右国际政治事务的处理，制约主权国家的权利和能力，影响其他国际组织，甚至作为特定的政治工具，影响乃至左右一些国家的内政和政治进程，这就使得这种跨国公司具有鲜明的政治色彩和政治性质，在这个意义上，它们也可以被视为国际政治主体的政治团体。

在国际政治中，个人也可以成为其行为主体，这些个人主要是一些对于国际政治能够产生影响的人物。一般来说，这些个人主要是由具有广泛影响的政治家构成的，这些政治家往往具有对于国际政治关系的深刻洞察力和分析力，具有驾驭和处理国际政治事务的高超能力和政治智慧，具有特定的国际政治主张，对于国际事务的处理和国际政治进程具有深远的影响力。需要指出的是，这些政治家在对于国际政治产生影响力时，固然具有个人素质的原因，但更重要的还是因为他们是以主权国家的代表的身份出现在国际政治舞台上的。除了政治家以外，其他的个人如金融家、经济学家、学者、国际活动家、文化人士等，也都可以成为国际政治的行为主体。

在国际政治活动中，政党、政治团体和个人等国际政治的行为主体可以起到主权国家和国际组织起不到的作用，它们可以提供和创造非政府性和非国际组织性的对话和信息渠道，使得国际交流和沟通具有更大的广泛性和普遍性；它们可以协助配合国家和国际组织，展开各种谋求国家利益和国际组织利益的活动；它们可以在广泛的范围内，解决国家和国际组织不能够、不适宜、不愿意、不应该涉及或解决的国际性事务，从而满足国内及国际社会的需要。此外，它们还可以表达国际社会中各方面的意志和要求，影响国家和国际组织的决策，进而间接地影响国际政治。尽管如此，这些国际政治的行为主体与国家和国际组织相比较，其在国际政治中的地位和作用还是有限的。

第三节　国际政治基本准则

一、国际政治基本准则

国际政治的基本准则，是一切国际政治行为主体在国际政治活动中都应该遵循的行为规范，它体现在国际政治活动的一切成文的和不成文的原则、规章和规则之中。国际政治的基本准则，具有如下特点：

(1) 普遍性。这种普遍性主要体现在，国际政治基本准则对于一切国际政治行为主体具有广泛的适用性。这就是说，国际政治的基本准则，是包括国家、国际组织和其他一切国际政治行为主体在从事国际政治活动时都应该遵循的行为规范。

（2）共识性。国际政治的基本准则，是建立在大多数国际政治行为主体的普遍共识基础上的。一方面，国际政治的基本准则，是建立在大多数国际政治行为主体形成的共识基础上的，单个国家或者少数国家的认识和主张，不能成为国际政治的基本准则；另一方面，只有得到大多数国际政治行为主体的认可和同意，国际政治的基本准则才能发生效力。

（3）规范性。国际政治的基本准则，是国际政治诸行为主体应该遵循的规范，因此，它们是国际政治生活的基本规则，具有建构国际政治经济秩序的功能。同时，作为国际政治的基本规范，含有特定的价值主张。这种价值主张集中体现着特定时期国际政治生活的价值取向，支配着国际政治的具体规范，并且是国际政治的基本是非标准。

（4）约束性。国际政治基本准则对于国际准则行为主体具有相当的约束力，这种约束性既体现为道德性约束，即通过国际政治的道德主张和道德评价机制对于其行为主体形成的约束，又体现为实际性约束，即通过国际组织或其他国际政治调节机制对于国际政治主体的逾矩行为进行的实际限制和惩罚。需要指出的是，由于国际政治缺乏统一的强制性权威，因此，国际政治的基本准则只有不同程度的约束力，而不具有强制力。

国际政治基本准则是国际政治历史发展的产物，随着国际政治的发展而不断发展。近代以来，国家和其他国际政治行为主体的交往日益频繁和复杂，在这种交往过程中，国家和其他诸行为主体之间不断发生矛盾和冲突，为了限制和解决这些矛盾和冲突，使国际政治生活从无序向有序发展，国家和其他诸行为主体之间逐步发展和形成了一整套的行为界限和原则，这其中，得到国际政治大多数行为主体认可和同意的行为界限和原则，即成为国际政治的基本准则。随着国际政治的不断发展，这些基本准则在内容、作用范围、作用效力等方面也随之发生相应的变化，从而形成了国际政治不同发展历史时期具有的不同基本准则。

第二次世界大战以后，随着国际政治的基本力量及其相互关系不断发展变化，国际政治的基本内容发生了很大变化，正是在这一背景下，形成和确立了系统完整的新的国际政治基本准则。根据《联合国宪章》、联合国大会通过的《国际法原则宣言》、《各国经济权利和义务宪章》等国际文件以及各国在对外交往中的普遍共识，当代国际政治的基本准则主要是：各国主权平等；以和平方式解决国际争端；互不干涉内政；互不侵犯；和平共处。

各国主权平等，是对于国际政治基础和前提的规定。这一原则首先确认各国主权的完整独立。这就是说，确认各国都拥有完整独立的主权。具体而言，即确认各国的政治独立、经济自主和领土完整。所谓政治独立，即各国可以按照自己的意志独立选择社会和政治制度、政府形式，制定和实施法律和政策，进行对外活动；所谓经济自主，即自主决定经济政策，开发经济资源，发展经济，不受他人经济控制，排斥别国或他人的经济特权；所谓领土完整，即一国领土不容分割，国家对于其领土拥有完整的管辖权，包括对于领土范围内的事务和居民拥有完整的管辖权。主权平等原则也确认各国主权之间的平等性。这就是说，一切国家，无论种族、大小、强弱、贫富，在国际政治生活中，其主权一律平等。具体而言，就是主权国家作为国际政治成员的国际人格的平等；各国所承担的国际权利和义务的平等。同时，主权平等原则还确认各国应该互相尊重主权。这就是说，在国际政治生活和各国的交往中，必须互相尊重对方的主权，而不得采取任何贬低、歧视、排斥别国主权的态度和行为。以和平方式解决国际争端，是对于国际政治矛盾、纠纷和争执解决方式的主张。在国际政治生活中，由于各行为主体利益、文化背景、认识程度和水平的差异，不同行为主体在处理相互关系和世界事务过程中发生矛盾和纠纷是不可避免的，这一规定正是针对国际政治诸行为主体之间的矛盾和冲突状况确定的。它的核心要点主要在于，要求在国际政治中发生矛盾、纠纷和争执的各行为主体，只能以和平的方式作为解决问题的途径，而反对诉诸战争、使用武力或者武力威胁手段。同时，它要求国际政治诸行为主体之间的一切矛盾、纠纷和争执，无论其发生的原因是什么，其性质、程度、规模和范围如何，都应该以和平方式予以解决，因此，一切武力或者武力威胁的解决方式都是不正当的。互不干涉内政，是对于国际政治行为主体相互关系中行为范围的限定。这一原则首先表明，国际政治诸行为主体的内政与对外关系之间有着明确的界限。所谓内政，是本质上属于国家内部管辖的事务。具体地说，它包括确定社会和政治制度，制定和实施各项法律和政策，制定经济和社会发展战略，处理国内各方面的事务等等。对于这些事务，国家拥有最高决定权和处置权，因此，它们是一国权力的专属领域，而不属国际政治和国家之间关系的范围。这一原则同时表明，任何国家、国家集团或者国际组织，都不得以任何借口和理由，以任何方式干涉一国的内政。“国际关系新秩序的最主要的原则，应该是不干涉别国的内政，不干涉别国的社会制度。”① 互不侵犯是对于国际政治行为主体行为方式的限定，它是与以和平方式解决国际争端的原则的相对应的规定。这一原则规定，国家在国际交往中不得以任何借口和理由，发动侵略战争。这就是说，任何国家都不得以武力、武力威胁或者其他方式侵犯其他国家。关于国际政治中的侵略行为，1974 年 12 月 14 日第 29 届联合国大会通过的《关于侵略定义公约》

① 《邓小平文选》第 3 卷，人民出版社 1993 年版，第 359 页。

以明确的条款进行阐述，按照这一文件，所谓侵略，是指“一国使用武力或者以违反联合国宪章的任何其他方式去反对另一国的国家主权、领土完整或政治独立的行为”。这些行为既包括直接的武力侵犯和武力威胁，也包括对于别国进行的颠覆、渗透和战争宣传。和平共处是对于正常状态下国家之间关系的倡导，它是指导现代国际关系的基本准则。这一原则规定，无论不同的国家在社会政治制度、意识形态、历史文化传统、民族和种族以及国家利益方面相同与否，在国际交往中，都应该在尊重国际法和其他国际政治准则的基础上，彼此尊重，发展友好关系，和睦相处，并且实行广泛的国际合作。因此，它反对一切非和平和非合作方式，不主张以社会政治制度、意识形态或者文化历史、民族等方面因素作为选择处理国家之间关系方式的依据。

二、国际法

国际法，又称国际公法，它是国家在彼此交往过程中形成的，用以规定国家等国际法主体的国际活动和行为，调整国家等国际法主体之间的关系，具有约束力的原则、规范和制度的总和。在现代国际关系和国际政治中，国家以及其他国际法主体的国际活动涉及领域十分广泛，活动内容相当丰富，在此基础上形成的国际法的构成内容也日益丰富，其具体法律、法规日益多样。尽管如此，国际法的基本组成内容仍然可以概括为平时法、战争法和中立法。平时法是对于正常状态下国家以及其他国际法主体的主权、管辖权、外交规则与惯例、谈判与条约的规则等等的规定。一般来说，平时法适用于和平状态下的国家等国际法主体之间的关系，在战争状态下，它仅仅适用于非参战国。由于平时法是对于国家等国际法主体之间关系的一般性规定，因此，它在国际法中具有基础性地位。

战争法是对于战争状态下交战国之间的关系的基本规定，其基本内容包括战争状态下交战国之间调整相互敌对行为的规则，调整交战国与非交战国、中立国之间关系的规则。这些规则主要规定的是战争状态下国家可作为与不可作为的边界，以及国家选择其作为方式的原则和规则。

中立法规定的是战争状态下中立国的形成规则，中立国应该承担的义务和实际享有的权利等等，它适用于特定战争状态下的中立国，也适用于永久中立国。

国际法是国际关系和国际政治准则的重要组成部分，它具有国际关系和国际政治准则的一般特点。同时，国际法又是国际关系和国际政治准则中的法律组成部分，它既有与一般国际关系和国际政治准则的不同之处，又有与国内法的不同之处。这些不同之处，综合构成了国际法的基本特点：

（1）国际法的主体主要是国家。在国际关系和国际政治中，国家是国际法律关系的主要参加者，具有独立承担国际法规定的权利和义务的能力，因此，国际法的主体主要是国家。国际法调整的一般也是国家之间的关系。不过，在现代国际关系和国际政治中，由主权国家组成的国际组织地位、作用和能力不断增强，因此，它们也成为现代国际法的合法主体。

（2）国际法是由主权国家在处理相互关系的过程中形成的，它的主要法律渊源是国际条约和国际惯例。国际条约，是由两个以上国家在相互交往过程中正式达成的协议，它包含国家之间在政治、经济、法律、文化、社会、军事等方面相互承担的义务和享有的权利的规定。这些条约一般包括国家之间的条约、宪章、盟约、规约、专约、公约、协定等等。作为国际法渊源的国际条约，一般必须得到多数国家的认可，而不被多数国家认可的国际条约，不构成国际法的渊源。国际惯例，则是国家在长期交往过程中形成并得到多数国家认可的调整和规范国家之间关系的习惯。这些习惯一般是不成文的原则和做法。作为国际法的惯例，必须是长期形成，并且在国际关系实践中被多数国家反复援引和一贯遵循的习惯。同时，它必须具有对于各国的实际约束效力。

（3）国际法的约束力的基础，是相关国家承担的相关国际义务，其执行主要靠相关国家的自动、自愿和自觉。在国际社会，国家是国际法规定的权利义务的承担者，也是国际法的创立者。而没有一个凌驾于国家之上的、统一的强制性权威机构来约束国家的国际行为，维护国际法的原则和规定，惩罚逾越国际法的行为。国际法庭也是以当事国的自愿接受其管辖作为其受理案件和实现判决效力的基本原则，而不具有强制管辖权。因此，国际法的约束力，必须而且只能建立在相关国家承担的义务之上。国际法的实施和实现，依靠的相关国家对于实际履行所承担的义务的自愿和自觉。

在国际政治中，国际法具有其特定的积极作用，这些作用主要是：

（1）国际法是保障有序的国际政治关系的法律条件。在正常情况下，国际政治关系的有序性，是国际政治活动和交往得以顺利进行和发展的必要条件。国际法一方面为这种有序性提供了基本规范和准则，另一方面则以其特定的约束力，为这种有序性创造了特定的保障性条件。

（2）国际法是确定国家等国际法主体政治权利和义务的法定依据。就其内容来讲，国际法规定的是国家在国际政治和其他国际性活动中应该承担的权利和义务。国际法的这种内容特点，使得国家在国际政治关系和活动中所应该承担的义务和应该享有的权利，具有了稳定、确定和明确的依据，从而便于国际政治行为责任的划分和对于实际行为的相互监督。同时，国际法可以使国家在国际政治活动中明确合法作为与不合法作为的界限，从而使得判定其实际政治行为具有法律依据。

（3）国际法为裁定和政治解决国际冲突和纠纷提供了法律标准和原则基

础。在国际政治中，国家之间的矛盾、冲突和纠纷是经常发生的，国际法为判定这种矛盾、冲突和纠纷的是非、责任提供了基本的参照系。同时，国家之间解决这些矛盾、冲突和纠纷的方式是多种多样的，而以政治方式解决，乃是解决矛盾的重要方式。在以政治方式解决矛盾和冲突、纠纷的过程中，国际法即是国家之间进行谈判、协商，乃至提交第三方进行仲裁的原则性基础。国际政治的实践证明，只有在这些原则基础上，国家之间的矛盾、冲突和纠纷，才能得到妥善解决。

(4) 国际法为非常状态下的国际政治关系提供了基本准则。国际法规定了国家之间处于战争状态时的基本行为规则和原则，这就确定了国家之间在对抗和战争条件下应该遵循的国际政治行为的合法范围、方式和规则，从而在一定程度上可以抑制战争和对抗的恶性发展，保护基本人权。国际法规定了交战国与非交战国以及中立国之间的关系原则，从而不仅确定了非常状态下不同国家交往的基本规则，而且在一定程度上可以限制国家之间的非常状态和战争在涉及范围上的蔓延。

第四节 国际政治格局

一、国际政治格局

国际政治格局是指在一定时期世界主要矛盾作用下，在世界范围内形成的基本政治力量对比状况和总体态势。按照这一定义，国际政治格局有如下基本含义：

(1) 一定时期内的世界主要矛盾，是国际政治格局形成和发展的基础。在国际政治中，由于各行为主体在历史、经济和社会发展水平、社会和政治制度、民族和种族、地理、文化等诸多方面存在着差异性，由于这些行为主体对于国际政治事务的认识和期望存在着差异性，因此，当这些行为主体围绕着特定的国际政治、经济、文化等问题形成相互之间的关系时，就会使得这些自身的差异性转化为相互利益关系中的差异性，进而造成各行为主体利益关系中的矛盾性。在世界范围内，国际政治诸行为主体之间的关系形成了错综复杂的国际政治关系体系，各行为主体之间利益关系的矛盾性由此体现为多层次、多方面、多内容的纵横交错的矛盾关系。

在国际政治发展的不同历史时期，在各行为主体形成的错综复杂的利益矛盾关系中，必然有一种矛盾关系占据着主导地位，支配、制约和影响着其他矛盾关系的发展，这一矛盾关系即是特定时期的世界主要矛盾。围绕着这一矛盾，构成了国际政治行为主体或者行为主体的集合体相互之间的矛盾关系。这种主要矛盾和矛盾关系，构成了国际政治格局的形成基础，围绕这一矛盾和矛盾关系形成的国际政治内容，则构成了国际政治不同历史时期的主题。

随着国际政治诸行为主体的发展和变化，其利益要求和实际力量也会发展和变化，由此导致各行为主体之间利益关系和利益矛盾的发展和变化，在这一过程中，世界主要矛盾必然会随之发展和变化，进而使得国际政治格局发生变化和更新。

(2) 国际政治格局是以世界范围内的基本政治力量为主干而形成的。在国际政治中，各行为主体就是为谋求、实现和维护各自利益而形成的力量主体，因此，国际政治中的利益矛盾，在现实性上，表现为国际政治诸力量主体之间的矛盾。在特定时期内，支配、制约和影响着国际关系其他矛盾发展的世界主要矛盾，具体体现为国际政治基本政治力量之间的矛盾，这些基本政治力量构成了国际政治格局的主干。

一般来说，构成国际政治格局的基本政治力量具有如下特点：第一，它们是世界范围意义上的国际政治基本力量。这就是说，在全球范围的国际政治活动中，它们具有强大的主导力和广泛的影响力，而不是仅仅具有区域性的主导力和影响力，因此，在区域性政治中具有影响力的力量，不能算作国际政治的基本力量。第二，它们是特定时期内世界主要矛盾关系的承担者。在国际政治发展的特定阶段，世界主要矛盾就是这些基本政治力量之间的利益矛盾。因此，承担着非世界主要矛盾的国际政治力量，不能被看作世界基本政治力量。第三，它们可以是国际政治行为主体构成的，也可以是国际政治行为主体的集合体构成的。因此，国际政治基本力量不同于国家力量，不过，在国际政治的基本力量中，国家或者国家集团是其构成主体，而其他国际政治行为主体则以国家或者国家集团为核心集合成国际政治基本力量。第四，国际政治基本力量以经济力量为基础。但是，与国家力量类似，这种政治力量是多种力量因素构成的综合力量，经济力量仅仅是其构成的基础性因素，因此，国际政治基本力量并不等同于其经济力量。

(3) 国际政治格局是国际政治基本力量之间的组合方式和构成状况。这种组合和构成的基本含义是：首先，它是国际政治基本力量的总体组合和构成，一方面，这种组合和构成包括了全部国际政治的基本力量在内；另一方面，它是国际政治基本力量有机的整体构成，这就是说，它是国际政治基本力量及其相互有机联系的总和。其次，它是国际政治基本力量以一定的方式组合和构成的。这种一定方式指的是国际政治基本力量之间的联系形式，比如对抗与非对抗、支配服从与平等协商、掠夺剥削与被掠夺被剥削、合作联盟与非合作联盟的形式等等。再次，它是指国际政治基本力量的相互关系构成的总体形态和现实面貌，因此，它不是指单个国家或者单一国际政治基本力量的具体状态，尽管这也是国际政治格局涉及的内容，但却不是其主要内容。国际政治基本力量的组合方式和构成状态，是与国际政治行为主体之间的利益关系和各主体的力量状况紧密联系在一起的。国际政治诸行为主体之间的利益关系的内容、状况和程度，是国际政治基本力量组合和构成的根本原因。而国际政治诸行为主体及其集合体的力量状况，这些力量彼此之间的消长和对比状况，则是国际政治格局如何构成和呈现何种实际状况的重要因素。

二、国际政治格局的形成和发展

世界性的国际政治格局，是在现代国际政治关系发展的基础上形成和发展的。15 世纪前后，资本主义生产方式逐步在欧洲取得社会经济主导地位，在资本增殖冲动和科学技术发展的双重作用下，资本开始了大规模的对外扩展运动。从 17—19 世纪，随着西方工业革命的完成，资本主义生产在全球范围内迅速扩展，到 19 世纪中叶，统一的世界市场得以形成，而“资产阶级，由于开拓了世界市场，使一切国家的生产和消费都成为世界性的了。”① 在此基础上，初步形成了全球范围内的国际政治格局。19 世纪末，资本主义从自由资本主义阶段向垄断资本主义阶段发展，在对外关系上，资本主义国家奉行帝国主义政策，疯狂地瓜分和再瓜分世界，划分势力范围，确立了帝国主义在全球的统治地位，形成了帝国主义统治和掠夺世界的政治格局。这一时期的世界主要矛盾，是西方资本主义和帝国主义国家对于殖民地半殖民地人民的掠夺、剥削和压迫，与殖民地半殖民地人民反掠夺、反剥削和反压迫的斗争之间的矛盾。国际政治中的基本政治力量，是帝国主义的力量与殖民地半殖民地的反抗和斗争力量。

随着垄断资本主义的发展，帝国主义政治经济发展不平衡的规律加剧了帝国主义国家之间的矛盾，在此基础上，帝国主义国家分裂为同盟国和协约国两大集团，使得国际政治格局在帝国主义国家与殖民地半殖民地国家对立之外，又增加了帝国主义国家集团对抗的新内容。这种对抗，引发了第一次世界大战。战争削弱了帝国主义国家的力量，加剧了帝国主义国家与殖民地半殖民地国家之间的矛盾。同时，俄国无产阶级突破了帝国主义世界统治体系的薄弱环节，成功地发动了十月革命，建立了世界上第一个社会主义国家，并形成了重要的国际政治力量。因此，第一次世界大战后，国际政治格局发生了重大变化，社会主义国家的力量，殖民地半殖民地国家争取民族解放的力量和帝国主义国家的力量，构成了国际政治格局的基本力量。社会主义国家、殖民地半殖民地国家与帝国主义国家的对立和斗争，是国际政治的主要矛盾，战争与革命

① 《马克思恩格斯选集》第 1 卷，人民出版社 1995 年版，第 276 页。

成为时代的主题。

20 世纪 30 年代的世界性经济危机，使得德、意、日等帝国主义国家走上了法西斯道路，从而引起了第二次世界大战。战后，国际政治格局变化发展，呈现不同的发展阶段和新的特点。

第二次世界大战，使得国际政治力量对比关系发生了深刻的变化，这种变化主要体现在：战争严重削弱了资本主义世界的力量，尤其是严重削弱了欧洲资本主义的力量。老牌的资本主义国家如英国、法国等虽然取得了战争的胜利，但是，其国民经济遭到沉重打击，国家实力大大下降，同时，其殖民地纷纷要求独立。因此，这些国家丧失了战前在世界资本主义体系中的主导地位。而德国、意大利、日本等国作为战败国，国民经济处于崩溃的边缘，并且丧失了其在国际政治中的政治大国资格。

战争使社会主义阵营得以形成和发展。战后，在反法西斯战争胜利的基础上，欧洲的南斯拉夫、罗马尼亚、波兰、捷克斯洛伐克、德意志民主共和国、匈牙利、阿尔巴尼亚等国建立了社会主义国家。亚洲的越南、朝鲜、中国等国，也取得了民主主义革命的胜利，并且先后走上了社会主义道路，成为社会主义国家。这些国家与苏联、蒙古等社会主义国家连成一体，形成了强大的社会主义阵营，成为国际政治中的强大力量。

战争使得美国和苏联成为国际政治中的超级大国。在第二次世界大战中，美国本土没有成为战场，同时，战争带来了美国军事工业的急剧发展，并带动了国民经济的迅速发展，从而使得美国的国家实力急剧膨胀。战后的 1945 年，美国的工业生产占了资本主义世界的 2/3，对外贸易出口占了 1/3，黄金储备占了 3/4。同时，美国具备了先进的科学技术力量和军事力量，控制着核武器。这就使得美国成为资本主义世界的霸主，其影响广及世界而成为超级大国。苏联在战争中虽然遭到很大损失，但是，其军事力量却得到了迅速发展。战后，苏联国民经济得到迅速恢复，工业和科技处于世界领先地位，加之被视为社会主义阵营的代表和联合国安理会常任理事国的地位，也成为世界超级大国。因此，战后国际政治的基本力量，是社会主义国家的力量和资本主义国家的力量，而以美国为首的资本主义阵营和以苏联为首的社会主义阵营之间的矛盾，构成了这一时期的世界主要矛盾。以非战争性对抗和对立为核心内容的“冷战”，是这两大力量的基本互动方式。正是在此基础上，形成了两大阵营对峙的国际政治格局。

自 20 世纪 50 年代中期开始，原先的殖民地半殖民地国家兴起了国家独立和民族解放的浪潮，这一浪潮迅速冲破了世界殖民主义体系，使得一大批亚、非、拉殖民地半殖民地国家先后摆脱了殖民主义枷锁，获得了国家独立和民族解放，形成了一大批发展中国家。这些发展中国家与发展中的社会主义国家在维护国家主权、独立，发展国家经济，反对殖民主义、帝国主义、霸权主义和不合理的旧的国际政治经济秩序方面，具有广泛的共同利益。在此基础上，这些国家形成了国际政治中联合和协作的力量，这种力量相对于美国、苏联组成的第一世界和其他发达国家组成的第二世界，组成了第三世界。1955 年 4 月的万隆会议，标志着第三世界的形成，此后，第三世界的力量作为国际政治的重要力量得到不断发展，其发展经济和主张和平的要求逐步成为国际政治的主要内容。与此同时，战后形成的资本主义和社会主义两大阵营内部矛盾在不断发展。在资本主义阵营内部，由于西欧和日本在战后恢复后，经济得到迅速发展，经济实力大大增强，从而形成了独立的经济中心。随着经济实力和独立性的增强，西欧和日本在国际政治中的独立意志也有了不同程度的增强。这就形成了西欧和日本与美国之间的政治经济矛盾，造成了它们在国际政治中对于美国的相对独立性。在社会主义阵营内，由于苏联推行大国沙文主义、大党主义和霸权主义，导致了社会主义阵营内部矛盾的形成和加剧，东欧国家对于苏联的离心力增强，20 世纪 60 年代初爆发的中苏大论战，导致了中苏关系的破裂，标志着社会主义阵营的解体。

第三世界的崛起和两大阵营内部矛盾的发展变化，使得世界主要矛盾发生了变化，原有的两大阵营的矛盾逐步蜕变为美国与苏联争霸世界的矛盾，这一矛盾被称之为“东西矛盾”。新兴的第三世界即发展中国家与发达国家的矛盾逐步突出，成为国际政治的主要内容，这一矛盾被称之为“南北矛盾”。因此，东西矛盾和南北矛盾逐步取代了两大阵营的矛盾，成为世界主要矛盾。由于美国苏联两霸的超强政治经济军事实力和争夺世界霸权的对抗性，因此，东西矛盾本质上是战争问题。同时，由于发展中国家与发达国家的矛盾是剥削与反剥削、限制与反限制的矛盾，因此，南北矛盾本质上是发展问题。作为世界的主要矛盾，这两对矛盾决定了国际政治的主题是和平与发展问题。因此，邓小平就此指出：“现在世界上真正大的问题，带全球性的战略问题，一个是和平问题，一个是经济问题或者说发展问题。和平问题是东西问题，发展问题是南北问题。概括起来，就是东西南北四个字。南北问题是核心问题”。① 正是在东西南北矛盾的基础上，形成了以三个世界的力量为主干、东西南北关系交错的国际政治格局。

20 世纪 80 年代末、90 年代初，在各种复杂的内外部因素作用下，苏联解体，东欧国家剧变，这一变化使得“冷战”结束，并给国际政治格局带来了深刻、长远和复杂的影响，使得国际形势出现了复杂多变的局面。当代世界正处于大变动的历史时期，这种变化的基本特点是，美国和苏联两霸主宰世界的两

① 《邓小平文选》第 3 卷，人民出版社 1993 年版，第 105 页。

极格局已经终结。“世界各种力量正在进行新的分化组合。美国成为唯一的超级大国，欧盟、日本、俄罗斯、中国几大力量也相对突出，广大发展中国家整体实力增强。”① 世界向着多极化的方向发展。

进入新世纪以来，在经济、政治、科技、宗教、民族等多方面因素作用和相互作用下，世界的力量组合和利益分配正在发生新的深刻变化，国际政治格局的多极化趋势继续深入发展，并成为当今世界的重要特征。构成国际政治格局的基本力量重新分化组合，其在相互交往过程中，进一步彼此借重、相互牵制、竞争共处。在这一过程中，单极与多极的矛盾，称霸与反霸的斗争，成为21世纪国际政治格局多极化发展趋势中国际斗争的焦点。在这一焦点的背后，实际是东西南北矛盾的深入发展，在这些矛盾作用下，和平与发展仍然是当今世界的主题。

第五节　经济全球化与国际政治

一、经济全球化的含义

经济全球化，是在科技进步和市场经济作用下，生产要素和产品超越一国甚至几国的界限，在世界范围内流动的规模不断增大，形式不断增多，在世界经济分工体系的作用下，经济的活动范围扩展到全世界，经济资源在世界市场上予以配置并且配置效率提高，各国经济相互依赖程度日益加深的发展趋势。

由此可见，作为世界经济的发展趋势，经济全球化的基本含义是：

1. 经济全球化的根本动力是生产力和科学技术的发展。人类社会生产力和科学技术的进步，使得生产力的社会化程度极大提高，生产规模极大扩展，生产的分工进一步深化和细化，这就使得生产的发展必然要求越出国家范围，扩展到全世界。这就是说，生产力的发展使得生产资料的社会化、生产过程的社会化和生产产品的社会化具有世界范围的特性。而科学技术的发展和进步，尤其是20世纪以来人类科学技术在通信联络、信息技术、航空航天、生物工程等方面的突破性发展，既赋予了生产力以全球范围的社会化属性，又使得生产力在世界范围内的发展和扩展成为可能，并且引发了世界范围的产业结构调整。

2. 经济全球化的基本方式是市场经济在世界范围内的扩展。作为社会经济活动的方式和有效理性配置经济资源的机制，市场经济自产生之日起就具有无限扩展趋势。在其发展过程中，市场经济不仅突破了自然经济的社区村落扩

① 《江泽民论有中国特色社会主义》，中央文献出版社2002年版，第515页。

展到特定国家的全国，而且进一步突破国家的地理和政治范围，扩展到全世界，从而在世界范围内形成生产、交换、流通的有机市场经济体系，使得各国范围内的经济过程、经济规则和经济活动与世界市场紧密联系。在此基础上，经济资源的配置得以在全世界范围内进行，作为市场主体的企业逐步形成跨国公司，进行跨国甚至全球的经济活动，世界范围的贸易体系和规则得以形成。

3. 经济全球化的具体体现是生产要素和生产产品在全球范围内进行超越国界的市场流动。经济资源在全球范围的配置，国际市场在全球范围的运行，生产、交换、流通过程在全球范围的开展，这些活动表现在物质、信息、服务等形态上，一方面体现为生产过程的人力、资本、物力、信息、技术等生产要素在世界范围的投放和获取，另一方面体现为交换和流通过程的商品、服务等生产产品在国家之间乃至全球的销售和价值实现。因此，经济全球化催发物流、资金流、信息流甚至人力资源的跨国全球运动。

4. 经济全球化的经济联系效应是各个国家和各个地区的经济相互联系和相互依赖程度加深。市场经济的全球拓展和世界分工体系的形成，使得各国和各地区的经济联系日益紧密和加深，一方面，跨国投资和国际贸易活动使得各国各地区经济依存度迅速提高，另一方面，跨国公司的扩展和兼并，在市场主体的意义上强化和深化了各国各地区的经济联系。因此，在经济全球化的作用下，各国各地区经济形成了与世界经济紧密联系的全球经济网络。

经济全球化的发端，是近代以来资本的跨国运动，在生产力社会化发展和市场经济机制驱动下，国际经济关系得以在世界范围内的扩展，世界经济体系得以形成。但是，20 世纪 50 年代以来，尤其是近 20 年来，随着科学技术的进步和世界经济的发展，技术创新、知识应用、贸易投资和金融活动日益国际化，各国经济的相互交流、相互依存日益加深，这就使得经济全球化进程大大加快，成为世界经济发展的重要趋势。

经济全球化具有双重功能，因此，“经济全球化是一把双刃剑”。① 一方面，作为社会生产力发展的客观要求和必然结果，经济全球化有利于生产要素在世界范围内的合理和优化配置，有利于拓展生产力和科学技术的发展空间，有利于产业结构的全球调整和新的发展机会的形成，有利于各国经济技术发展的相互交流合作，有利于世界经济的发展和稳定。另一方面，由于西方国家掌握着经济全球化的主导权，由于世界经济中西方国家经济技术的强势地位，由于不合理的国际政治经济秩序和规则的存在和作用，由于西方国家极力推行其发展模式、政治制度和价值观念，企图通过经济全球化进行对于发展中国家的政治军事文化渗透、干涉甚至颠覆活动，因此，经济全球化会使得世界经济政

① 《江泽民论有中国特色的社会主义》，中央文献出版社 2002 年版，第 519 页。

治发展呈现不平衡状态，使得发展中国家的经济主权、国家安全面临严峻威胁，使得南北贫富差距进一步扩大，使得国际经济、贸易和金融的运行风险产生对于发展中国家的巨大冲击和损害，从而使得经济全球化在加深国家之间经济相互联系和依赖的同时，也加剧其间的竞争、矛盾和冲突，并且加剧一国内部的贫富两极分化。因此，经济全球化“可以有两种发展趋势，一种是，推动它们朝向合理的方向发展，促进公正合理地配置世界资源，促进各国生产力的发展，促进全球多边贸易体制和公正合理的国际经济新秩序的建立，从而造福各国人民。一种是，任凭它们按照不合理的规则运行，进一步加剧世界资源配置和经济发展的不平衡，继续扩大南北发展差距，加剧贫富分化和环境恶化。”

二、经济全球化与国际政治

经济全球化趋势在对国家经济活动和世界经济联系发生广泛而深刻影响的同时，对国际政治产生了多方面深刻而久远的影响，提出了国际政治的一系列新问题。

1. 经济全球化与国家主权。国家主权是国际政治关系国家这一行为主体的最重要的构成要素，是现代国际政治关系和国际格局的构成基础。在国际政治中，国际主权具有的决定和处理自身国内事务的自主性和至上性，决定和处理对外事务的独立性和平等性，是完备意义上的国家存在并且作为国际政治行为主体发挥作用的基本条件，也是国家主权的基本特性。但是，经济全球化的发展固然会带来国家主权之间联系的加强，但是，在现有世界经济格局和政治经济秩序之下，经济全球化的消极作用也会带来对于国家主权的多方面制约，其主要包括：经济全球化过程中经济强国的主导权及其经济利益和要求对其他国家主权的制约；跨国公司的力量和活动对国家的力量、国家主权正常行使甚至国内政治的影响和制约；西方国家操控的国际经济组织的力量和规则对国家主权的限制和制约；不合理的国际政治经济秩序及其规则对于国家主权的制约；经济全球化造成的国际范围内的贫富差距的扩大和贫穷国家对于富裕国家的经济依附关系对于该国国家主权的制约；经济全球化造成的一国内部的贫富分化对于该国国内政治稳定的影响和国家主权的损害，如此等等。因此，在经济全球化发展过程中，国家主权的至上性、自主性、独立性和平等性受到严重挑战，国家主权的管辖范围、职能、权限、方式和规则会受到很大的影响。

尽管如此，国际政治以国家作为基本行为主体构成的事实并没有改变，作为国际政治行为主体的国家必须以完整属性意义上的国家主权为首要要素的基本特性并没有改变。同时，经济全球化的发展，实际上也是以主权国家的参与为首要条件的，全球经济联系的方式和规则，也是以主权国家的采纳和遵行为必要前提的，因此，虽然在现有国际政治经济秩序下，经济全球化的消极作用会对于国家主权产生广泛而深刻的影响和制约，但是，国家主权的完整性、自主性、平等性仍然必须得到尊重和维护，只有这样，才能维护和保障各国享有平等和内政不受干涉，保障各国平等参与国际事务的权利、平等发展的权利和共同发展的权利。

2. 经济全球化与国际组织。随着经济全球化的发展，国家之间、民族之间、地区之间经济联系的加强，国际组织的作用不断得到强化，其规则首先在经济层次，而后逐步在社会和政治层次刚性化。同时，大量新的国际组织不断出现，有些国家之间形成的国际组织甚至逐步代替了主权国家的某些职能，而大量的非政府国际组织不断形成。国际组织的活动也日益活跃，范围从经济逐步扩展到社会政治和文化等广泛领域，甚至形成了对主权国家原有意义上内部事务的国际干预。事实上，国际组织已经成为国际政治的重要行为主体。

经济全球化带来的国际政治中国际组织的这种变化，应该从两个方面来认识：一方面，国际组织的发展和活跃，是国际政治发展的必然趋势，是世界经济联系日益广泛和深入的必然结果，它对于加强和发展各国、各民族和各地区的联系和交流，对于促进各国和各地区之间的协调和合作，对于解决区域性、甚至全球问题具有特定的积极功能。另一方面，在西方经济强国操控经济全球化主导权，操控跨国公司，操控某些国际经济组织甚至政治组织的状况下，国际组织可能成为西方强国和霸权主义操纵国际政治的工具，成为发达国家剥削、掠夺和压迫发展中国家的工具。

因此，在经济全球化过程中，应该本着有助于平等公正的国际政治经济新秩序的建立和发展，有助于遵循国际政治的基本行为准则，有助于积极促进人类的进步，发展人类的和平的原则，积极促进国际组织的发展，参与国际组织的活动。

3. 经济全球化与国际政治格局。经济全球化的发展，对于国际政治格局产生着深刻而久远的影响。就当前来看，与经济全球化趋势并存并生的是国际政治多极化的格局。就两者的关系来看，国际政治的“这种多极化是与日益发展的经济全球化和科技进步相互结合、相互促进的，它的最终形成将经历一个漫长、曲折、复杂的演进过程。”①

经济全球化对于国际政治格局多极化具有促进作用。经济全球化的积极作用，使得生产的要素和产品在全球范围内流动，使得世界资源在全球范围内实现公正合理配置，使得一国经济与他国经济的联系日益紧密，经济和技术交流和合作加快，各国和各地区经济相互联系和相互依赖程度加深，从而给国家和地区经济发展带来了机遇和条件，这就使得世界各国经济具有不同的发展机

① 《江泽民论有中国特色的社会主义》，中央文献出版社 2002 年版，第 518 页。

遇，从而有可能在经济全球化过程中正确抓住机遇，利用有利条件，获得经济和社会的发展，增强综合国力。同时，在经济全球化过程中，区域经济一体化进程会随之加快，区域经济联系更加密切。在此基础上，获得发展的国家和国家集团会在国际政治格局中形成多元力量，从而促进国际政治格局向多极方向发展。但是，需要指出的是，经济全球化的消极作用，会使得西方国家，尤其是美国这样的经济强国借助于对于经济全球化的主导权和对于国际组织和规则的主控权，按照西方的政治制度、发展模式和价值观，力图建立西方资本主义强国的一统天下和单极世界，从而激化发达国家和发展中国家的关系。因此，经济全球化对于国际政治格局的多极化的促进作用，只有在正确把握和引导经济全球化趋势，建立新的国际经济秩序，维护发展中国家的主权、平等、发展权和共同发展权的过程中，才能实现多极化的国际政治格局，实现世界各国的协调和共同发展。

国际政治格局的多极化对于经济全球化同样具有促进意义。国际政治格局的多极化意味着世界各国得到共同发展，意味着世界多个国家和国家集团的综合国力的提高，意味着各国和国家集团平等参与国际事务的权利得到维护，特别意味着发展中国家的政治经济主权、发展权和共同发展权得到维护，这就为新的国际经济秩序的建立创造了前提条件。在此基础上，国际关系的基本准则真正成为国际真正的行为准则，国际关系趋向民主化，国际和国际集团之间以平等协商、互利合作的方式处理相互关系和有关政治经济文化社会事务，处理人类的共同事务。这就促进经济全球化向着有利于世界和平和发展的方向发展，并且在这个方向上加快进程，使得经济全球化成为造福于人类的历史过程。

由此可见，就其内在基本联系和历史趋势来看，经济全球化和国际政治格局多极化具有相互促进和相互结合的关系。但是，它们之间的相互促进和结合，必须在正确把握促进经济全球化的趋势，建立新的国际经济秩序的基础上才能得到良性发展。

4. 经济全球化与全球治理。如同任何事物都具有两面性一样，经济全球化使得全球经济联系和活动规则趋向紧密和统一，使得各国政治文化社会等方面联系趋向加强和深入，使得各国、各民族和各地区之间相互依存趋向加深，与此同时，也派生和强化了各经济活动主体、国际政治主体、不同的文化、意识形态、宗教、种族以及不同的公民群体之间相互排斥性，由此激化了其间的矛盾和冲突。在经济全球化过程中，前一趋势和效应，使得人类面临前所未有的新的共同问题和解决这些问题的迫切性，面临着超越国家范围，由各国政府以及各种非政府组织共同合作解决这些问题的必要性。后一效应则使得国际政治中的合作和协调具有全球性的重要影响和意义。经济全球化的两重效应及其要求，形成了经济全球化背景下的全球治理问题。

经济全球化进程推动了各国和各地区之间的联系和合作，促使国际政治新的合作和协调组织的产生和发展，促进了国际政治新的制度和规则的形成和成长，从而为全球治理创造了条件和可能。另一方面，由于不合理的国际经济政治秩序的存在，由于发达国家对于发展中国家在政治经济军事科技等方面的优势的存在，由于原有的国际规则大多是超级大国和发达国家制定和实施的，更由于霸权主义和强权政治在国际政治中的存在和发展，因此，经济全球化进程中的全球治理必须在拥有完整、独立、平等主权的主权国家的参与下，按照平等公正合理的要求进行制度的调整和规则的创新，按照有利于人类共同发展的目标，以和平协商和互利合作的方式实施和进行。这其中，尤其应该充分保障发展中国家在国际政治和全球治理中的主权和利益，充分考虑发展中国家的要求和意志，在尊重和考虑不发达国家和地区的历史、制度、文化、意识形态、宗教、民族和种族的差异性因素的基础上，形成共识性的治理规则、方案和方式。

后　　记

《政治学原理》（第二版）是教育部普通高等教育“十五”国家级教材规划项目。由吉林大学王惠岩教授负责组织国内各重点院校的政治学专业教授撰写，王惠岩任主编，韩冬雪、周光辉任副主编。

各章的执笔者如下：

第一章	绪论	韩冬雪	（清华大学教授）
第二章	国家与阶级	周光辉	（吉林大学教授）
第三章	国家的历史类型及其更替	周光辉	（吉林大学教授）
第四章	资本主义国家	王浦劬	（北京大学教授）
第五章	社会主义国家	王浦劬	（北京大学教授）
第六章	国家形式	谭君久	（武汉大学教授）
第七章	国家机构	谭君久	（武汉大学教授）
第八章	国家与民族	严　强	（南京大学教授）
第九章	国家与宗教	林尚立	（复旦大学教授）
第十章	政党和政党制度	朱光磊	（南开大学教授）
第十一章	政治团体	朱光磊	（南开大学教授）
第十二章	政治文化	韩冬雪	（清华大学教授）
第十三章	政治发展	严　强	（南京大学教授）
第十四章	中国的政治文明	林尚立	（复旦大学教授）
第十五章	国际政治	王浦劬	（北京大学教授）

以上各章由王惠岩、韩冬雪最后统一定稿。

编　者

2005 年 11 月